合作的互联网

贾开 胡凌 著

商务印书馆

推荐序

郑　戈

　　《合作的互联网》是公共管理学者贾开与法学学者胡凌合著的一部书，是兼具基础性与前瞻性的一部好书，也是一部直面数字社会基本事实，思考其中基本问题而不是按照学科逻辑来想象和建构问题并提出一厢情愿的"解决方案"的开拓性著作。当胡凌老师找我写序的时候，作为他在香港大学攻读博士学位时的导师，我是出于不可推辞的人情而应允的。但当我读完这部书后，却感到为本书写序是巨大的荣幸，不是"火前留名"的那种荣幸，而是在一座学术里程碑的基石上刻下姓名的那种荣幸。

　　在指出这部书的贡献之前，我想先确认它的非原创性。在本科生的学位论文都需要签署"原创性声明"的当下，指出一部著作的"非原创性"似乎是提前宣判了它的死刑。但我显然不是这个意思。当"原创性"成为一种普遍要求的时候，一方面使得它不再稀缺，实际上仅仅意味着"查重率"意义上的过关。另一方面也意味着对轻率的主观臆断的鼓励：许多的"填补空白"实际上只是读书太少的结果。本书无论从观点还是观点的表达形式来说都是两位作者在广泛阅读的基础上博采众长、辨异求同的结果。即使读者不同意作者的观点，仍能在阅读的过程中览文献之盛，观众说之美，借助作者精简的提炼了解互联网政治经济学和法学方面最基础和最重要的学者和学说。实际上，我本人便一直通过阅读胡凌的论文来追踪相关的理论进展,他不仅对这个领域已经成为经典的著作和论文了如指掌,更能够及时追踪到值得关注的最新文献。得益于合著者贾开的微电子、计算机科学和公共管理学术背景,本书涵盖了更广领域的文献梳理和知识提炼。这种根基厚实的著作使读者能够获得知识和思考力方面的提升,而不是读完之后只记住作者非常主观的"意见"并转瞬忘记。因此,好的人文社科作品往往是阐释、综合或迁移适用先前作品的作品,无论孔子还是亚里士多德都是优秀的文献整理者、解释者和"集大成者"。说到这里,读者们就知道我所说的"非原创性"并非贬义。换句话说,我认为本书的贡献在于它在先前理论基础上的迭代,而不是"原创"。

看到本书的标题时,我首先便想到了尤才·本克莱的《企鹅与利维坦:合作战胜自利》[1]。这部十几年前出版的著作便系统论述了"合作的互联网"为何可能以及如何可行。书名中的企鹅不是指企鹅这种呆萌的动物,也不是指"鹅厂"腾讯,而是指开源操作系统 Linux 的标志企鹅 Tux。本克莱以 Linux 和维基百科为例,指出"基于公地的大众生产"或"同侪生产"(peer production)可以成为互联网时代的主流生产方式,替代市场的"看不见的手"和政府的"看得见的手"这两种基于"自私的人性"假说的以市场为主要机制、以政府干预矫正市场失灵的现行机制。实际上,本克莱的所有研究都以分析和展示互联网中的合作为主线。其中,《网富论》[2]一书用五百多页的篇幅细致分析了互联网如何使得非竞争性的社会合作从边缘走向经济和社会的中心舞台。更重要的是,本克莱在自己的研究中贯彻的是政治经济学的分析思路,试图"将历史、权力、社会和物

---

[1] Yochai Benkler, *The Penguin and the Leviathan: The Triumph of Cooperation over Self-Interest*, Crown Publishing, 2011.

[2] Yochai Benkler, *The Wealth of Networks: How Social Production Transforms Markets and Freedom*, Yale University Press, 2006.

推荐序

质背景——制度、意识形态和技术——重新整合到我们对经济的分析中"①,这也正是贯穿于本书的思路。那么,本书的贡献到底在哪里呢?

首先是以合作主义为主线勾勒出了互联网发展"另一条道路"的完整轮廓。尽管本克莱等学者也专门讨论了合作式生产方式在互联网生态中的萌生与演化,但其讨论一方面主要针对现代社会科学(尤其是经济学)中以自利的个人为基本预设的理性行动理论(Rational Action Theory, RAT,简称"鼠论")以及作为前者之例外和"难题"的集体行动理论(Collective Action Theory, CAT,简称"猫论")。另一方面在借助开源软件和维基百科等少量例子来宣称互联网的兴起将使合作取代竞争的时候忽视竞争仍然是互联网经济的主要驱动力这一基本事实,从而在面对理想与现实的巨大落差时只能说互联网"未能兑现其承诺"——似乎互联网本身具有某种独立于参与者的内在品质似的。出于这种对互联网固有品质的信念,舍恩伯格和兰奇在最近的一本书中写道:

> 在我们的数字世界中,技术可能性与社会现实之间存在巨大差距。我们拥有平台和工具,可以让所有人轻松获取信息。但由于数据隐藏在严密守护的孤岛中,数字垄断企业与前数字时代的经济落后者和厌恶变革的公共部门联手行动。迄今为止,"社交"信息共享工具主要用于交流琐事或促进政治两极分化,这并不奇怪。相比之下,真正开放的数据访问可以使公民能够就当今的基本问题相互交换意见,并做出更明智的决策。②

---

① Yochai Benkler, "Power and Productivity: Institutions, Ideology, and Technology in Political Economy", in Danielle Allen, Yochai Benkler, Leah Downey, Rebecca Henderson, and Josh Simon (eds.), *A Political Economy of Justice*, The University of Chicago Press, 2022, p. 28.
② Victor Mayer-Schönberger and Thomas Ramge, *Access Rules: Freeing Data from Big Tech for a Better Future*, University of California Press, 2022, p. 148.

这里的"开放的数据访问"似乎是一根魔法棒,只要将它一挥,就能让隐藏在层层迷雾背后的神山显现出来。但本书明确指出:真正重要的并非非此即彼的二元选择,而是促进合作或竞争的具体机制。但对此展开深入探索的前提,却是承认合作作为另一条道路的历史与现实价值。为此,本书从互联网基础协议入手,借助万维网发明者伯纳斯-李对"数据竖井"现象的反思以及发起索利得(SOLID)开源项目作为替代性技术路径这一例子,展现了互联网发展的多重可能技术路径。进而,对多重可能路径的探索从技术延展到生产、组织和制度层面,系统描绘了在现实中已然存在但有待拓展、打通和夯实的"另一条道路"的地图。

其次是以互联网的技术、经济和政治现实为出发点,以其中存在的问题为目标,而不是以区隔得零零碎碎的学科视角所建构的"问题意识"为着眼点,为我们理解互联网发展至今所带来的政治经济变革及其问题提供了一套完整的理论工具。过度专业化所带来的偏狭视野以及大局观的丧失是一个不断被谈论但很难被逆转的"现代性"问题。教皇弗朗西斯在2015年《照看共同家园》通谕中说道:"作为技术特性的专业化使得人们难以看到大势。知识的区隔化对于具体应用来说是有益的,但导致了全局观的丧失,使人们看不到事情之间的关联,看不到苟且之外的远方,并最终使人们丧失了意义感。"[1]这是韦伯所说的"专家没有灵魂,纵欲者没有心肝"以及列奥·施特劳斯所说的现代人"零售的理智,批发的疯狂"的回响。但本书打通了生物学、认知科学、计算机科学、经济学、政治学、公共管理和法学之间的人为壁垒,对互联网生态进行了全面的剖析。这

---

[1] Pope Francis, Encyclical Letter Laudato Si' of The Holy Father Francis on Care for Our Common Home, The Vatican (May 2015), https://www.vatican.va/content/francesco/en/encyclicals/documents/papa-francesco_20150524_enciclica-laudato-si.html#_ftnref92, accessed on 15 July 2021.

种全局观对于理解互联网这一并非局限于单一领域的数字社会基础设施具有重要意义。

互联网是我们所处的时代的各种基础设施的基础。社交媒体已经基本上取代了邮政和电信,如今的年轻人大多数都没写过信,接听的大部分电话也来自快递员和外卖小哥。视频app已经取代了电视,以至于很多老年人感到看电视变得很困难,无法像过去那样简单地选台。电商平台已经碾压了传统实体店,百货公司纷纷倒闭。网约车已经取代了出租车,传统出租车也主要从网上抢单,而且因为价格较贵而抢不过快车。线上支付工具取代了现金和信用卡,以至于人们出门不带现金毫无问题,不带手机却寸步难行。基于互联网的各种服务往往以"共享"为标榜,其中有些还直接以基础设施提供者为公共形象,比如腾讯、百度、阿里都号称自己是国家数字基础设施的建设者,知网标榜为国家知识基础设施,而国家相关法律法规也认可了它们的基础设施地位,比如《关键信息基础设施安全保护条例》中就将这些网络平台运营者确定为基础设施的运营者。但这些平台企业实际上都是私营企业,其所提供的服务并不是普遍服务,其所追求的目的也不是公共利益而是企业利润。所有这些当下至关重要的社会现象都会在学科视野的切割下被琐碎化并进而隐身化。本书则使得其中环环相扣的问题得以清晰地呈现在读者面前。

再次,基于上述两个方面的贡献,本书实际上为数字科技及其应用所带来的新一轮"大转型"提供了一种理论,并为其迈向更加公平、更能促进人的尊严与自由的方向提供了一种改革思路。在此,我是将它类比于卡尔·波兰尼的《大转型》。《大转型》分析了西方"市场社会"兴起后的历史进程,指出了其中存在的"双向运动":一方面是市场系统的不断自我强化以及对社会各个领域的控制与主宰,另一方面是面对市场的脱嵌和主宰而保卫社会的反向运动。实际上,数字经济仍未跳出这种"双向运动"

的循环,而波兰尼本人早在 1947 年便指出:"如何在机器社会中组织人类生活是一个以全新的面貌摆在我们面前的问题。"[1]这个问题至今仍然摆在我们面前,但本书给出了可供参考的答案。

最后,我想指出本书中缺失的一个环节。本书致力于"多重可能性空间"的发现和呈现,但多重可能性的实现有赖于理解多重可能性及其意义的人的存在。实际上,早期的互联网发展方向构想者大多非常强调互联网的"创生性",强调计算机和互联网为个人通过与他人合作打造属于自己的创造力空间所提供的技术可能性。比如,自由软件运动的精神领袖理查德·斯托曼提倡四种自由:运行程序的自由、学习程序如何工作的自由、改变程序的自由以及与公众分享结果的自由。但自由需要追求自由的人付出艰辛的努力。就互联网时代的自由而言,人们需要驾驭齐特林所说的那种创生性的机器。[2] 这种计算机采用开源性操作系统和软件开发平台,个人电脑有什么功能,完全取决于每个人的自主设计,就像无线电爱好者自己组装的通信设备一样。而整个互联网也必须是一个开源的创生性网络,每个人分散的创造性活动汇聚成社会生产[3],再通过共享机制实现"各尽所能,按需分配"的网络共产主义。但实际的情况是,大多数人不愿意付出努力去学会控制自己的电脑,他们更愿意使用一切都设计好的、所见即所得的操作界面,哪怕在此过程中丧失自己的自由和隐私。这促成了像苹果计算机和 iPhone 这样的"智能终端"的兴起。所谓智能终端,实际上是机器变得智能,而人变得愚蠢。"对于像 iPhone 这样的设

---

[1] Karl Polanyi, "Our Obsolete Market Mentality", *Commentary* 3(2), 1947, pp. 109–117, 109.
[2] Jonathan Zittrain, *The Future of the Internet: And How to Stop It*, Yale University Press & Penguin UK, 2008.
[3] 关于社会生产的分析,请参见 Yochai Benkler, *The Wealth of Networks: How Social Production Transforms Market and Freedom*, Yale University Press, 2006.

备而言，一切都服从于显示。"①智能终端使得用户不用去考虑它的运行原理，不用去四处搜索和下载软件，不用关注显示之外的任何事情，而只用轻松地享受显示屏所带来的各种便利和乐趣。这显然给智能终端制造商和政府监视、追踪和操控用户提供了极大的便利。于是便有了今天的互联网生态：用户既无能力也无意愿去创造或控制任何事情，尽管不断发出隐私和个人信息方面的抱怨，但满足乃至沉迷于技术掌控者为我们提供的便利。有学者准确描述了这种自由与责任的主体缺位的普遍现象：

> 如果说"系统"已经成为我们这个时代的标语，我们理解自己在种族主义、生态破坏或经济不平等中承担的集体责任的方式，那么吸引流量就是影响世界的最重要方式。其有效性来源于体现我们之平庸的小习惯。我们越是彼此鼓励去"改变世界"，我们就越显得无能或是无力。②

个别天才的存在不太依赖于外部环境，但他们也改变不了总体的外部环境。改变需要很多人之间的合作。在此，教育就成了一个非常重要的前提。当务之急是在已经被我国的公共政策所强调的"数字素养"教育中引入对互联网"多重可能性空间"的教育，否则，具备数字素养的人无非就是在现有的资本与技术合力打造的空间中游戏、消费和劳动的人。他们将强化而不是改变现有的空间架构。约翰·杜威是较早关注到公共教育与工业民主之间关系的思想家，他在1912年的一篇文章中便指出："我

---

① Brian Merchant, *The One Device: The Secret History of the IPhone*, Little, Brown and Company, 2017, p.331.
② Antön Barba-Kay, *A Web of Our Own Making: The Nature of Digital Formation*, Cambridge University Press, 2023, p.3.

们所讨论的关于教育的任何问题,就其对民主之未来的影响而言,都不及产业教育。它的正确发展比其他任何领域的发展都更能使得公共教育体现民主价值。而其错误处理必将通过在学校内外培育和强化阶级分殊而强化我们当前处境中的各种反民主倾向。"① 可以说,杜威敏锐地看到并指出了作为本书两大理论基础的生产理论和多重可能性理论之间的关联:只有对自己所处时代的主要生产力和生产关系有着充分理解的人,才可能看到不同的可能性并去探索之和实现之。而要成规模地培养这样的人,就需要有杜威所说的"产业教育"。有学者针对青少年沉迷网络的现状,指出与其徒劳无功地劝人戒网,不如培养青少年创造性地使用互联网工具的能力。熟悉数字技术的青少年应当具备如下特质:(1)愿意尝试并能接受失败;(2)能够管理失望和无聊;(3)能够使用各种不同的模型;(4)理解设计逻辑,知道一种技术为什么被设计成某种特定的形态并知道如何用它来实现自己的目的;(5)有实操技巧,能够在现有架构中找到捷径和 bugs,从而为己所用。② 这一类的研究可以补充本书在关注系统性问题的时候遗漏的人的主体性问题。

我想,本书所缺失的这一环节,即探索多重可能性的人的教育问题,也正是它可能发挥作用的空间。如果有更多的读者能够将之作为提升自己"数字素养"的进阶读本,抑或它能进入各个学科学生的必读书目,那么就会有更多的人认识到目前的互联网构型并非必然,从而重获创新的自由和勇气。

---

① John Dewey, "An Undemocratic Proposal", in Charles A. Bennett and William T. Bawden (eds.), *Vocational Education*, The Manual Arts Press, 1912, p.374. 此文后来被重新定名为"工业民主社会所需要的产业教育",这个标题更加符合杜威的正面主张。
② Cassidy Puckett, *Redefining Geek: Bias and the Five Hidden Habits of Tech-Savvy Teens*, The University of Chicago Press, 2022, p.4.

目　录

第零章　"旧想法"与"新想法"　/ 1

第一篇　起点

第一章　合作主义简史　/ 7
　　一、合作主义作为"另一条道路"的起源　/ 7
　　二、工业革命与合作主义　/ 14
　　三、数字革命与合作主义　/ 19

第二章　四要素作为分析框架　/ 27
　　一、技术　/ 28
　　二、结构　/ 34
　　三、规则　/ 42
　　四、理念　/ 53

第二篇　技术

第三章　控制的技术，还是开放的技术？　/ 65
　　一、从计算机到万维网：多重技术路线的可能性　/ 66
　　二、技术政治的选择：走向数字平台　/ 79

三、反思平台化互联网:新技术路线的可能性 / 90

第四章　平台作为数字基础设施的政治性 / 98
一、平台企业的性质 / 100
二、平台塑造的数字基础设施服务 / 107
三、个人信息、数字基础设施与公共性 / 113
四、个人信息生产与数字平台的再定位 / 123

第三篇　结构

第五章　数字福特与数字后福特 / 129
一、技术与结构的双重关系 / 130
二、数字福特主义 / 139
三、数字后福特主义 / 153
四、数字化转型的合法性困境:数字福特与后福特的选择 / 175

第六章　数字网络的三重定义 / 177
一、"网络"在数字时代的继承与变革 / 177
二、作为动态架构的网络 / 179
三、作为生产方式/关系的网络 / 185
四、作为基础设施和(私人)财产的网络 / 189
五、生产视角下市场网络与社会网络的再比较 / 194

第四篇　规则

第七章　两种财产权：从要素到架构　/ 199
　　一、事实规则的复杂性：以财产权为切入　/ 199
　　二、要素财产权及其后果　/ 202
　　三、作为财产的数字架构　/ 211
　　四、市场与社会之间：要素与架构的再平衡　/ 218
　　五、"数字财产权"还重要吗？　/ 226

第八章　"非法兴起"与互联网治理规则变迁　/ 229
　　一、生产方式对治理规则的突破　/ 229
　　二、"非法兴起"1.0　/ 231
　　三、"非法兴起"2.0　/ 236
　　四、浮现中的法律问题与后果　/ 240
　　五、框架的扩展适用　/ 244
　　六、数字经济的未来方向　/ 247

第五篇　理念

第九章　是机器，还是人？——关于智能的多重想象　/ 253
　　一、机器智能的前序：科学及科学方法革命的历史争论　/ 254
　　二、机器智能的本质与实现：从"两条路径"到数学机械化　/ 259
　　三、机器智能的另一条道路：人—机关系的频谱与选择　/ 269
　　四、机器智能理念的多样性与政策启示　/ 277

第十章 流动,还是整合?——生产性法律的多重想象 / 280
一、法律演进的逻辑追寻:以劳动法为切入 / 280
二、生产性劳动法的宪法起源 / 283
三、生产方式变化与劳动法的关联 / 290
四、司法如何"想象"生产方式 / 300
五、朝向生产性劳动法的整体制度建构 / 307

第六篇 未来

第十一章 两种数据秩序及其未来 / 315
一、数据秩序的"迷思"及其突破 / 315
二、原理:两种秩序及其推动力 / 319
三、网络化:流动导向的数据秩序 / 326
四、科层与属地:有限供给的数据秩序 / 334
五、未来:秩序的冲突与融合 / 339

第十二章 合作的兴起与互联网的未来 / 342
一、合作理论的再回溯 / 344
二、合作的互联网作为另一种可能 / 352
三、作为"新想法"的合作未来 / 364

参考文献 / 366

后记 / 384

第零章 "旧想法"与"新想法"

2018年,《牛津词典》将"技术反冲"(Techlash)列为当年年度词汇,并将其定义为"针对大型技术公司(尤其是位于硅谷的大型数字企业)日益增长的权力与影响力,(社会中出现的)强烈而又广泛的负面反应"①。考虑到我们总是习惯于将技术创新视为推动社会发展的源动力,技术反冲现象的兴起仍然令人意外。不过2018年见证的诸多标志性事件却说明,我们可能正在进入"转折期":"剑桥分析"丑闻揭露了数字社交平台被用于政治操控的可能性,《一般数据保护指令》(General Data Protection Regulation, GDPR)作为"史上最严格数据保护法"开始生效,欧盟委员会以反垄断为由创纪录地向谷歌开出了50亿美元罚单,而时任法国总统马克龙在当年的世界互联网论坛上更是直言"互联网到了转折点"。

在马克龙看来,在接近三十年的快速发展之后,互联网(以及更一般的网络空间)越来越凸显出三方面重大风险:互联网的稳定性与安全性正在受到日益增加的网络犯罪与网络攻击的威胁,互联网的内容和服务正在被不法分子利用而使得憎恨、暴恐等内容弥漫其中,包容宽松的监管环

---

① Lnclwig Siegele, "Reining in the technology giants will take time", *Economist*, 2020. https://www.economist.com/the-world-ahead/2020/11/17/reining-in-the-technology-giants-will-take-time. 最后访问时间:2023年6月1日。

境并不必然使得互联网能够维系并发展联合国所确定的人类社会基本价值。①

与领导人的担忧相比,社会公众感知体现出了类似态度。爱德曼公关公司每年发布的《全球信任度调查报告》显示,2012年至2022年的10年间,尽管人们对于技术部门的信任度始终最高,但相比于金融、娱乐、能源等其他行业领域,技术部门却是唯一一个信任度下降的领域。2020年报告更具体地指出,超过60%的人认为"技术发展步伐太快、数字技术模糊了真相、政府无力规制新兴技术风险"②。

埃里克·波斯纳和格伦·韦尔在《激进市场》一书的开篇曾指出,对于自然资源异常丰富且人民"友好、富有创意、开放"的巴西而言,其所面临的不平等、腐败、经济停滞问题,预示着"增加税率和再分配、强化市场和私有化、提高政府和专家水平"的传统处方失去了时效,由此引出以下问题:"这就没有更好的办法了吗?这个城市(里约)能够逃脱不平等、停滞和社会冲突的命运吗?除却桑巴舞和海滩带来的愉悦,里约是不是预示着纽约、伦敦和东京的未来?"③

与波斯纳和韦尔的反思类似,对于曾经被寄予希望的互联网而言,当前的转折困境同样意味着传统发展模式的失效,由此引出以下问题:难道没有其他办法了吗?互联网,以及建基之上的数字化转型进程,能够逃脱垄断、政治操控、虚假新闻、隐私侵害的命运吗?除去数字世界带来的愉悦,互联网(以及更一般的数字技术)是不是预示着生物、能源、环境等其

---

① IGF, "IGF 2018 Speech by French President Emmanuel Macron", 2018. https://www.intgovforum.org/multilingual/content/igf-2018-speech-by-french-president-emmanuel-macron. 最后访问时间:2023年6月1日。
② Edelman, *Global Report: Edelman Trust Barometer 2020*.
③ 埃里克·A.波斯纳(Eric A. Posner)、E.格伦·韦尔(E. Glen Weyl):《激进市场》,胡雨青译,机械工业出版社2019年版,第17页。

他新兴技术的未来?

波斯纳与韦尔将导致里约问题的根源归咎于"(旧)想法",或者也可以说,"缺乏(新)想法"。[①] 我们对于互联网的反思亦是如此。举例而言,我们习惯于将物理世界的产权概念延伸于数字空间,并试图基于数据产权的界定来重新分配利益;我们习惯于将雇佣劳动、公司组织的传统形式移植于数字商业版图,并试图通过强化乃至回归基于合同的法律关系,以平衡不同价值目标的张力与冲突;我们也习惯于将未来的希望寄托在"技术银弹"(silver bullets)(尤其是颠覆性技术)的突破,并试图通过全面的数字替代以推动新经济的发展,同时解决市场、社会的失灵或风险——但这些都只是我们对于互联网的旧想法,其或者来源于上一次技术革命的路径依赖,或者受制于我们所处时代的思想局限。要为互联网的转折困境找到出路,我们必须解放思想,在源头上寻找另一条道路,从而开创互联网新的可能性。因此,本书试图以"合作主义"的理念与理论作为起点,尝试着勾勒出互联网的新想法。

[①] 埃里克·A.波斯纳、E.格伦·韦尔:《激进市场》,胡雨青译,机械工业出版社2019年版,第18页。

第一篇
起　点

第一章 合作主义简史

一、合作主义作为"另一条道路"的起源

在不同的理论视阈下,合作主义似乎总是作为不同于惯常认知的"另一条道路"而存在。进化论及社会科学的历史争论,便是对此的最好注脚。

(一)进化论视角下的合作

人为什么会有眼白?考虑到包括黑猩猩在内的220种灵长类动物都没有眼白,或者说至少没有明显的眼白,人类为何如此不同?

在现代人类进化论的研究中,目光合作假说是眼白的各种解释中较有代表的一种:其认为眼白代表方向明确的目光,能够向对方传递我所关注目标的信息,并因此可以令近距离合作变得容易——反过来,眼白的特殊存在也被认为是人类具有合作天性的证明。

尽管眼白的事实如此常见,但在达尔文的进化论看来,合作始终被视为异类问题而没有得到充分解释。达尔文曾说,"如果能证明某一物种特定功能的形成仅仅是为了他者的利益,那么它将会否定我的理论,因为这种功能是不可能通过自然选择形成的"[①]。达尔文的自然选择学说意味

---

① C. R. Darwin, *On the Origin of Species*, ElecBook, 1997, p.175.

着只有能够成功实现自我繁殖的物种才能存活下来,因而这一学说并不能解释为何会出现有利于提升其他物种适应能力的行为功能。现代统计学与现代进化论的奠基者罗纳德·费希尔爵士进一步将达尔文的自然选择学说转换为基因演化的数学表达,其核心观点认为,能够增强某物种对环境适应能力的行为基因将在自然选择的过程中被累积,因而只有服务于个体利益的基因或行为才能被保留。[1]

事实上,达尔文并非没有认识到合作行为的"反常",其同样提出了两种原型解释:一方面,以蜜蜂与花朵的关系为例,花朵之所以会为蜜蜂提供更多的花蜜,是为了吸引前者的到来从而提升自身花粉被传播的概率,这也即合作提升物种适应力的"直接效应";[2]另一方面,以工蜂刺人为例,尽管它会死亡,但提升了与之具有相同基因的整个族群的存活率,这也即合作提升物种适应力的"间接效应"[3]。不过即使如此,达尔文并未将"合作"列为重要的演化行为,也未能解释其背后的重要机制。直到进入20世纪后,俄国著名哲学家彼得·克鲁泡特金在《互助论:进化的要素》中才第一次热情洋溢地描述了自然界的互助、合作行为。与达尔文认为"个体为了生存而残酷竞争"的观点不同,克鲁泡特金将观察视角转移至生态层面,并认为"合作才能带来更大的生存机会"。[4]

尽管具有启发性,但克鲁泡特金的论述仍然过于主观并缺少严谨的机制论证,直到英国演化生物学家威廉·唐纳·汉密尔顿的开创性工作,我们才得以系统理解合作在生物进化和社会进化中的机制类型。汉密尔

---

[1] R. A. Fisher, *The Genetical Theory of Natural Selection: a Complete Variorum Edition*, Oxford University Press, 1999.
[2] Darwin, *On the Origin of Species*, p. 89.
[3] Darwin, opcit, p. 72.
[4] A. Gardner, K. R. Foster, "The Evolution and Ecology of Cooperation—History and Concepts", *Ecology of Social Evolution*, 2008, pp. 1-36.

顿将不同物种/个体之间的相互影响关系视为解释合作行为的理论起点。不同于前人将合作与竞争相对立的视角,汉密尔顿首先对社会行为进行了两个维度的划分(如表1-1所示),互利与利他都构成了合作的两种类型。① 在此框架下,某物种/个体之于环境的适应程度既取决于自身行为(直接效应),也受到与其存在社会关联的他者行为的影响(间接效应)。汉密尔顿由此认为,合作基因及其行为之所以被自然选择所青睐,正是因为间接效应可能更好地提升自身对环境的适应程度。

表1-1 社会行为的类型化框架

		对他者适应程度的影响	
		+	−
对自身适应程度的影响	+	互利	自私
	−	利他	有害

基于该分类框架,汉密尔顿之后的研究者进一步总结了实现合作的具体机制。一方面,非强化或强化两种机制都可能推动合作带来直接收益(即互利行为)。非强化机制下,物种或个体的合作行为或者通过副产品,或者通过未来的反馈机制为自身带来收益,吸血蝙蝠的相互借血便是一个例证。通过此种合作行为,吸血蝙蝠不仅能够确保整个族群的存活,同时也有助于其自身在未来缺少食物时得到他者的帮助(反馈)。② 强化机制是指相关方或环境因素将鼓励合作并限制破坏合作的行为,这既可能发生于熟人群体之间的以牙还牙行为,也可能源于来自第三方的奖励或监督/惩罚机制。例如在蜂群中普遍存在的杀死非王后卵现象,工蜂组

---

① W. D. Hamilton, "The Genetical Evolution of Social Behaviour", *Journal of Theoretical Biology*, 1964, pp. 17-52.
② K. R. Foster, "Diminishing Returns in Social Evolution: The Not-So-Tragic Commons", *Journal of Evolutionary Biology*, 2004, pp. 1058-1072.

成的"警察部队"将检查并吃掉其他工蜂产的雄性卵,以避免其与蜂王卵相竞争。但当蜂王去世时,这种监督/惩罚机制将失效而不同工蜂将展开新一轮竞争。①

与之相对,有些合作行为虽然有利于他者提升对环境的适应度,但不利于自身。此种合作行为之所以发生,源于物种聚集、亲属歧视或者信号机制等其他解释。② 首先,有限空间内的物种聚集将增加区域内人口的相关性(人口黏度),使得"邻居"往往是家谱亲戚,由此导致无差别的利他行为;其次,根据与自身基因近似程度的不同,可能产生差别性利他行为;最后,通过特定的信号机制以显示自身属于特定群体,从而促进该群体内近似者之间的利他行为。但值得注意的是,这三种机制并不绝对带来利他行为,例如在物种聚集中,特定空间内的有限资源也可能加剧竞争,进而阻止合作。③

从达尔文到克鲁泡特金再到汉密尔顿,生物进化论和社会进化论的已有研究为我们勾勒出了合作行为的基因源头及其触发机制。相比于达尔文对于物种竞争与自然选择的强调,以汉密尔顿为代表的研究者更加重视不同物种间相互影响关系的重要性,并以此为基础延伸出了合作行为的解释理论。此时,进化论意义上的合作行为,仍然遵循了适者生存的逻辑,但并非通过物竞天择的机制,而代表了另一条道路。在此意义上,合作也不是对竞争的否定或替代,而是对复杂进化现象及其机制的补充与完善。正如克鲁泡特金在《互助论》中所指出,"只要我们研究现实生

---

① T. Wenseleers, F. L. Ratnieks, "Enforced Altruism in Insect Societies", *Nature*, 2006, p.50.
② W. D. Hamilton, "Geometry for the Selfish Herd", *Journal of Theoretical Biology*, 1971, pp. 295-311.
③ P. B. Stacey, J. D. Ligon, "The Benefits-of-Philopatry Hypothesis for the Evolution of Cooperative Breeding: Variation in Territory Quality and Group Size Effects", *The American Naturalist*, 1991, pp.831-846.

活中的动物行为,我们便会发现,即使存在战争与灭绝,但相互支持、互相帮助、共同防御等现象同样大量存在,甚至更多"①。

(二) 集体行动视角下的合作

如果说进化论视角下的合作被视为另一条道路的原因在于达尔文物竞天择理论的主导性地位,那在社会科学领域,从亚当·斯密(Adam Smith)到加勒·哈丁(Garrett Hardin)、曼瑟·奥尔森(Mancur Lloyd Olson),他们围绕分工、协作、集体行动的论述便是这样的主流——不过与进化论难以忽视现实中广泛存在的合作行为类似,人类生产生活活动中普遍存在的集体行动,仍然要求我们正视社会交往过程中的合作行为。

对于斯密来说,每个人基于自身利益最大化的理性决策,在"看不见的手"的推动下将同时实现集体收益最优。虽然斯密并没有对该结论做出更详细的论证,但后世似乎直觉性地将这一规律奉为了真理,直到哈丁、奥尔森的反思,才更为深入地解释了集体行动的悲剧或困境。在哈丁看来,个人的理性决策并不能带来更高的集体收益,其反而会带来公共资源的过度消耗或过度负载。② 在草场资源的场景下,每个牧民多增加一头牛羊的收益将归于自身,但其对于整个草场的新增成本却为牧民所共担,收益与成本的不匹配使得每个牧民都倾向于放牧更多牛羊,以致草场资源的最终枯竭。类似地,在污染排放场景下,每个人排放污染的收益将归于自身,但其对于环境的影响却为所有人共担,这也将导致过度排放以致超过环境承受力。在这样的"公地悲剧"面前,哈丁认为任何"技术性方案"都将无能为力——除非约束个人的决策自由。③ 承继哈丁的观点,奥

---

① P. A. Kropotkin, *Mutual Aid: a Factor of Evolution*, PM Press, 2021, p.32.
② G. Hardin, "The Tragedy of the Commons", *Science*, 1984, pp.1243-1248.
③ G. Hardin, opcit.

第一篇　起点

尔森在《集体行动的困境》中进一步指出集体规模大小对集体行为的影响,认为集团越大,就越不可能提供最优水平的集体物品①。

从表面上看,哈丁、奥尔森是对斯密"看不见的手"的批评,但他们实则共享着同一逻辑。在他们的理论框架下,合作行为都是不存在,或者不重要的。事实上,哈丁、奥尔森对于人类集体行动行为逻辑的研究,在很大程度上都可被视为受到以斯密为起点的古典经济学的深刻影响。在古典经济学视角下,单个市场主体行为的边际影响是可忽略的,市场最终会在供需曲线的影响下达到均衡。这一思想被哈丁和奥尔森所继承:在将个体视为相互独立的理性决策主体基础上,他们认为在集体层面,每个个体决策之于集体行为结果的边际影响都是可忽略的。正因为此,奥尔森才认为小集体更容易实现集体行动,原因就在于小集体中每个个体决策都是可识别的,其影响也是可区分的,因此才会激励(或约束)不同个体参与其中(即实现合作)。

与斯密、哈丁、奥尔森的论述逻辑不同,合作作为另一条道路的价值与意义在卡洛·罗斯(Carol Rose)教授围绕公地喜剧(comedy of the commons)的论述中得到了更为全面的解释。② 罗斯的分析始于对公共产权(Public Property)这一例外现象的观察。在经典产权理论(同时也是人们长久的惯有思维)看来,排他性私人产权才是实现资源优化配置的最佳制度安排:其一方面赋予了产权所有者获得全部投资回报的收益权,并因此有利于激励资源所有者的开发投入;另一方面,在明确不同资源所有者的

---

① 曼瑟·奥尔森:《集体行动的逻辑》,陈郁、郭宇峰、李崇新译,上海人民出版社2018年版,第38页。值得注意的是,尽管哈丁并没有直接指出规模大小对集体行动的影响,但其关注的人口问题事实上也暗含着类似逻辑。在其经典论文中,哈丁直截了当地指出,当人口数量膨胀时,公地资源一定会在某种形式上崩溃。

② C. Rose, "The Comedy of the Commons: Custom, Commerce, and Inherently Public Property", *The University of Chicago Law Review*, 1986, pp. 711−781.

基础上,通过市场交易机制也能够实现资源配置的再调整,直至每个人都获得其最想要的东西(这也即著名的"科斯定律")。但现实中广泛存在的公共产权现象却对上述逻辑提出了疑问,例如潮落之间出现的土地往往被认为应置于公共产权而非私有产权的制度框架下,才能充分释放其价值。面对这样的例外现象,罗斯提出了新的理论解释,其认为不同于私人产权对于个体的强调,公共产权保护的是人与人之间的交往行为(interactive activities)。也正因为此,对于某些资源而言,更多人参与并不一定意味着边际价值的降低,而更可能是边际价值的提升——因为规模越大,该群体的社会性(sociability)才越强,由此才能够扭转公地悲剧以实现更高的规模收益,后者也即公地喜剧。

尽管罗斯的经典论文是围绕法律制度的渊源及其机理解释而展开,但其更重要的价值,或许是提出了不同于斯密、哈丁、奥尔森的另一条分析思路。前三者看重的是个体选择,并认为当单个主体行为的边际影响可被忽略时,搭便车似的公地悲剧现象将不可避免。正因为此,实现集体行动的关键便是通过特定的机制设计,以体现出单个主体行为的边际影响。与之相比,罗斯的贡献是注意到了不同主体间交往关系的重要性,并将其视为人类社会的内生性质。此时,规模越大的群体反而能更容易实现集体行动(或公共价值),因为每一个新增个体事实上都将增加(而非降低)整个群体的边际收益。

也正是因为罗斯对于新思路的启发,我们才能最终发现合作的内生价值:在个体主义的分析思路下,我们事实上并不关心不同人之间是否会产生互利或利他的合作行为;但当交往关系(或社会性)成为分析基础时,合作行为便自然将成为关注焦点。

值得强调的是,无论是进化论视角还是集体行动的分析,都不是以合作反对竞争,或者以交往关系分析替代个体主义分析。二者更多以互补形式呈现了人类生产生活活动的复杂性。例如哈丁等认为,当有限空间内的集体规模较大时必定导致公地资源的崩溃;但在进化论看来,有限空间内的物种聚集将增加区域内人口的相关性(人口黏度),反而导致无差别的利他行为。因而事实上究竟会出现何种结果,仍然取决于其他制度的选择或设计。换言之,真正重要的并非非此即彼的二元选择,而是促进合作或竞争的具体机制。但对此展开深入探索的前提,却是承认合作作为另一条道路的历史与现实价值。

在理论上界定合作作为另一条道路的可能性与重要性基础上,接下来的分析将进入历史视角,从生产力革命与演化过程中,观察曾经出现过的合作模式。与进化论和集体行动分析类似,在生产力分析中,合作仍然往往为主流理论所忽视,并没有被提升到另一条道路的高度而引起充分重视,但这并不能否定其在推动生产力发展过程中的关键作用与价值。事实上,我们将看到,无论是在工业革命还是数字革命进程中,合作作为一种生产组织模式从未消失在历史长河之中。

二、工业革命与合作主义

长久以来人们总是将工业革命与批量生产(mass production)联系在一起,似乎二者本就是一体两面的同一现象:工业革命的技术创新推动了生产力发展,批量生产这一生产组织模式则成为与之匹配的生产关系被广泛采纳。批量生产作为生产组织模式的基本内涵在于,细化分工的劳动过程通过被安置在专用机器上的半技能化或去技能化工人所完成,进而形成大量标准化产品以满足同质化、大规模的稳定市场需求。批量生产之所以被认为与工业革命相匹配,很大程度上可归因于其实现了数量效率,即能以更低成本生产更多数量的标准化产品,这一逻辑的典型代表在理论上体现为亚当·斯密著名的"别针工厂",在实践中则体现为福特汽车高地公园(Highland Park)工厂的 T 型车(Ford Model T)生产线。

但正如斯密分工理论存在致命缺陷一样,批量生产被视为工业革命时期主流生产组织模式的观点,事实上缺乏严谨的理论支撑和实践背书。斯密分工理论的错误在于其将技术分工等同于社会分工:生产任务的细分(即技术分工)并不等于单个工人只能完成一个步骤,同一个工人也可以完成多个步骤从而成为多技能工人(即社会分工)。① 斯密分工理论的此种缺陷,使之从根本上忽视了生产组织模式另一条道路的可能性:当单个工人被认为只能完成一个工作环节时,生产组织的核心问题便聚焦于市场需求的稳定与扩大,而无需考虑生产过程的协同或者工人技能的提升;与之相比,一旦承认多技能工人的重要性,则必然需要面对不同工人(或者生产单位)在不同层面的合作问题,如何制约投机或搭便车行为从而发挥并促进多个生产单位的积极性,便上升为更重要的目标。② 针对斯密分工理论的反思,为我们打开了想象另一条道路的理论空间,而这也正是各国生产组织模式呈现出多样性的复杂现实。

事实上,自 18 世纪后半叶工业革命开始后的很长一段时间内,不同地区产业在接纳并实现机器大工业方面存在较大异质性:美国普遍性地实现了批量生产,但法国在很大程度上保留了灵活专业化(flexible specialization)特征,而英国则被视为介于二者之间。③ 所谓灵活专业化,是指高技能工人在使用通用机器过程中生产出小批量且多样化产品的生产

---

① 崔之元:《鞍钢宪法与后福特主义》,《读书》1996 年第 3 期。
② J. Zeitlin, "The Historical Alternatives Approach", in G. Jones, J. Zeitlin (eds.), *Oxford Handbook of Business History*, Oxford University Press, 2008, pp. 120-140.
③ C. F. Sabel, J. Zeitlin, "Historical Alternatives to Mass Production: Politics, Markets and Technology in Nineteenth-Century Industrialization", *Past & Present*, 1985, pp. 164-166.

模式,其在生产组织层面体现出自组织、分散化、临时化等特征,并因此不同于批量生产模式的一体化整合特征。① 法国的丝绸产业是灵活专业化生产模式的经典案例。不同于作为原材料的棉花产业,丝绸本身作为终端产品及其与时尚的紧密关联使得丝绸市场体现出较强的定制化、多样化、动态化特征,因而即使面临工业革命以机器提升数量效率的诱惑,丝绸产品对于颜色、样式的质量要求仍然使得传统外包制(putting out system)生产模式具有较强竞争力,包括织布工、设计者、出口商在内的广泛主体共同形成了灵活专业化生产模式,并推动了法国(尤其是里昂地区)丝绸产业的长期繁荣。直到 20 世纪 60 年代,法国政府支持并购和重构丝绸产业的改革打破了此种合作共生系统,织布工等灵活生产者在被广泛纳入大工厂生产体系的同时,丝绸产业也最终走向了批量生产——但其结果却并不尽如人意,法国(里昂)作为产业中心的地位逐渐衰落,并最终被意大利(米兰)所取代。②

更明显体现批量生产不一定适用于丝绸产业的另一案例是 19 世纪二三十年代英国和法国的对比。1824—1826 年间,为复制机器大工业在棉花产业的巨大成功,英国政府采取了一系列去规制措施(例如取消进口限制并约束工资保护法律的实施)以推动丝绸行业的批量生产,但结果却并不如人意:1816—1831 的 15 年间,里昂地区的丝绸织机数量翻了一倍,而在随后 15 年里又翻了一倍至 60000 台,且其中一半织机都分布在里昂周围的农村地区;相比之下,伦敦斯皮塔菲尔德地区作为与里昂的可比区

---

① A. Cottereau, "The Fate of Collective Manufactures in the Industrial World: the Silk Industries of Lyons and London, 1800-1850", in C. F. Sabel, J. Zeitlin (eds.), *World of Possibilities: Flexibility and Mass Production in Western Industrialization*, Cambridge University Press, 1997, p. 86.
② Sabel, Zeitlin, *World of Possibilities: Flexibility and Mass Production in Western Industrialization*, p. 158.

域,在 1826 年之后其丝绸产业即进入持续的衰落进程,到 1853 年仅剩余不到 5000 台织机。①

批量生产模式在不同地域的异质性说明,其并非在任何环境下都是最优选择,灵活专业化作为另一条道路不仅是可能的,甚至也是必要的。那么,我们究竟应该如何在理论上对另一条道路的存在做出解释呢?相关研究从三个层面逐次递进地给出了新的理论分析。

首先,最为直接的解释来自传统经济学理论的延伸。惯常认为,技术、人力、资本、市场等因素将影响生产组织模式的选择或结果,因而生产模式的异质性在很大程度上反映的是资源禀赋的差异性。具体而言,充裕的低技能劳动人口(例如农业人口向工业的转移)、稳定的市场需求(例如战后对标准化且低价格产品的庞大需求)都是促进批量生产模式兴起的重要原因,而劳动人口的缺乏以及动态变化的市场需求则被视为维系"灵活专业化"生产模式的关键。

其次,尽管传统经济学理论的延伸具有一定解释力,其仍然低估了灵活专业化作为另一条道路的重要性。事实上,市场需求并非外生,而很可能是与生产组织模式相互影响、相互建构的动态过程。换言之,并非由于市场需求的稳定与否才导致了或批量生产或灵活专业化的生产组织模式选择,而更可能是在政治、社会、文化等制度性因素影响下,作为生产单位的分散主体所做出的策略性应对。对于批量生产模式而言,劳动者被视为习惯于投机或做出搭便车行为的理性经济人主体,因而劳动过程管理的关键是放弃或者抑制劳动者的主体性,转而建立标准化的作业流程以减少交易成本;与之相比,灵活专业化的生产组织模式更多将劳动者视为嵌入到特定制度文化下的社会人,其对于自身技能的荣誉感、对于劳动规

---

① Cottereau, "The Fate of Collective Manufactures in the Industrial World: the Silk Industries of Lyons and London, 1800-1850", p.78.

范的遵从在很大程度上都将克制投机并促进信任与合作。由此,究竟何种生产组织模式将成为主流,事实上取决于我们看待劳动者的态度,以及在此基础上所做出的管理决策。在此意义上,生产组织模式的演化更多体现为两种管理理念的政治斗争,而并非简单取决于资源禀赋要素差异的经济现象。

最后,显而易见的问题在于,劳动者往往同时兼具经济人和社会人属性,因而劳动过程管理事实上很难基于劳动者属性(更偏好工资还是社会关系)的区分做出选择。因而第三种理论认为,应该跳出对于劳动者个体的人性假设而聚焦生产组织过程本身。就此而言,企业理论可能为我们提供了新的解释框架。一方面,对于批量生产模式而言,科斯以交易成本为基础提出的标准企业理论与之一脉相承。科斯认为,为避免由于不可完全契约化投资(专用性投资)而引起的挟持(hold-up)问题,企业间的垂直整合是必需的——这也往往被认为是亨利·福特在高地公园工厂基础上修建更大规模的胭脂河(River Rouge)工厂的关键原因。但另一方面,更严谨的企业史研究发现,即使降低与供应商的垂直整合程度,通过标杆管理、同步工程、误差检测与矫正等一系列实用主义机制,"从监督中学习""开放创新"等具有明显合作特征的灵活专业化生产模式仍然是可行且重要的。[1] 具体而言,1926年通用汽车公司并购费希尔车身公司的案例往往被视为标准企业理论的经典案例:费希尔车身公司由于担心专用型设备难以服务于通用汽车之外的其他厂商,所以它拒绝根据通用汽车公司要求在后者装配厂附近投资修建冲压厂;而为了加强对费希尔的控

---

[1] S. Helper, J. P. MacDuffie, C. F. Sabel, "Pragmatic Collaborations: Advancing Knowledge While Controlling Opportunism", *Industrial and Corporate Change*, 2000, pp. 443-488.

制,通用汽车公司最终决定将其并购;①但事实上,通用汽车公司决定并购费希尔车身公司的目的并非为了转移控制权,而是旨在将费希尔兄弟招募进通用公司以帮助其构建合作体系。

上述关于灵活专业化作为另一条道路的三种理论解释都表明,工业革命背景下批量生产模式的流行,并非源于其具有生产效率方面的绝对优势,也不是因其能够解决投机或搭便车导致的交易成本问题,而更多体现为特定历史时期、特定制度环境、特定权力关系下的权变选择,但批量生产模式对于不同生产单位相互合作空间的抑制却使得我们在很长时间内都忽略掉了另一条道路的可能性。以此为起点,当技术创新推动工业革命走向数字革命之后,我们才更应该全面还原不同生产组织模式的整体面貌,在打破合作主义"枷锁"的基础上,释放出其作为另一条道路的变革性。值得注意的是,从工业革命朝向数字革命的技术进步,并不必然导致合作主义的兴起,社会、市场、法律等多重因素的桎梏仍然会限制合作主义变革潜力的释放。

三、数字革命与合作主义

与工业革命类似,数字革命并非源于单一技术创新的产业变革,而是作为一系列通用技术(General Purpose Technology, GPT)更迭的持续演化。加拿大西蒙菲莎大学荣誉教授理查德·利普西(Richard George Lipsey)在其重要著作《经济转型:通用技术和长期经济增长》(*Economic Transformations: General Purpose Technologies and Long-Term Economic*

---

① B. Klein, R. G. Crawford, A. A. Alchian, "Vertical Integration, Appropriable Rents, and the Competitive Contracting Process", *The Journal of Law and Economics*, 1978, pp.297-326.

Growth）一书中，对通用技术的内涵及其在推动长期经济增长中的关键作用做出了较为系统的论述。① 利普西指出，通用技术往往具备两种关键属性：使用范围的广泛性，以及使用类型的多样性。举例而言，电灯虽然具有较为广泛的应用，但其仅仅只能用于照明，因此还不能被视为通用技术；与之相比，蒸汽机的应用既具有广泛性，又能为汽车、轮船、飞机等不同场景提供动力来源，因此其可被视为通用技术。在利普西看来，正是由于通用技术才推动了长期经济增长，其在应用过程中的溢出效应往往带动其他技术或业态的发展，而接续不断的通用技术便维持了可持续的经济增长。举例而言，电的发明推动人类社会进入了电气时代，但电力作为通用技术促进经济增长的边际效应将伴随着时间的推移而降低；不过在电力应用过程中促发了电子计算机的发明，后者又带来了新一轮的通用技术革命，由此使得可持续的经济增长得以维系。

对于数字革命而言，计算机、互联网、大数据、人工智能乃至区块链，或许都可被视为构成了接续不断的数字通用技术，并持续性地推动了产业演化与变革。在此过程中，数字革命究竟带来了何种生产组织模式的革新，仍然是没有共识性答案的争议问题。相较于批量生产被视为工业革命标配的惯常认识——尽管如上一节所指出，该观点存在极大偏误——何种生产组织模式是数字革命时代的标配，却并非那样显而易见。不过即使如此，以 20 世纪四五十年代计算机的发明为起点，站在当前时点对过往七十余年的数字革命历史展开回顾，我们仍然可以从中梳理出生产组织模式演化变革的四个阶段。而基于对这四个阶段的反思性分析，我们也不难发现，工业革命时代曾经被掩盖在批量生产阴影下的合作生产，正在逐渐展现其强大的生命力与变革力。

---

① R. G. Lipsey, K. I. Carlaw, C. T. Bekar, *Economic Transformations: General Purpose Technologies and Long-Term Economic Growth*, Oxford University Press, 2005, p. 93.

第一章　合作主义简史

首先将数字革命对生产组织模式的冲击展示在世人面前的,需要归功于20世纪七八十年代兴起的"未来学"。丹尼尔·贝尔(Daniel Bell)在1973年出版《后工业社会的来临》,将电子系统、小型化、数字化、软件视为彼时技术革命的四个要素,进而勾勒出了不同于前工业社会、工业社会的后工业社会形态。[1] 阿尔温·托夫勒(Alvin Toffler)1980年出版的《第三次浪潮》,则将电脑、电子、信息、生物技术视为新产业的基础,在描述弹性化生产、利基市场、兼职工作、媒体小众化等新趋势的同时,也指出了产销者作为新形态的普及。[2] 与之类似的还包括尼葛洛庞帝(Nicholas Negroponte)、里夫金(Jeremy Rifkin)等人提出的"数字化生存""零边际成本社会"等新概念与新愿景,它们共同构成了彼时对于数字革命时代生产组织模式变革的观察与畅想。

尽管具有启发性,但"未来学"仍然更多局限于描述,其并没有对数字革命时代的劳动过程、管理机制乃至更根本的劳动者动机、行为模式给出解释。随后的讨论从两个方面做出了突破。一方面,曼纽尔·卡斯特(Manuel Castells)的"网络社会三部曲"从组织结构的角度,较为系统地提出了网络作为一种全新组织形式的变革性。基于信息流动而形成的网络关系被普遍认为构成了数字世界的主体结构,并因其扁平化、开放性、鲁棒性强等特点成为传统社会变革的方向和趋势。正如卡斯特所言,"网络建构了我们社会的新社会形态,而网络化逻辑的扩散实质地改变了生产、经验、权力与文化过程中的操作和结果"[3]。另一方面,或许也更为重要

---

[1] 丹尼尔·贝尔:《后工业社会的来临》,高铦、王宏周、魏章玲译,江西人民出版社2018年版,第33页。
[2] 阿尔温·托夫勒:《第三次浪潮》,朱志焱等译,生活·读书·新知三联书店1984年版,第360页。
[3] 曼纽尔·卡斯特:《网络社会的崛起》,夏铸九、王志弘译,社会科学文献出版社2001年版,第569页。

的,则是知识经济作为与农业经济、工业经济相并列的经济形态受到重视,进而在此前提下开始对"什么是企业、什么是企业边界、什么是产权"等重大制度问题的传统答案提出挑战。①彼得·德鲁克(Peter Drucker)于1993年出版的《后资本主义社会》(Post-Capitalist Society)中明确提出了"知识社会"的概念,并认为其本质是"后资本主义社会",因为正是"知识的运用与创造"而非"资本"才是经济增长的源动力。②事实上,德鲁克的洞见早在1957年就为诺贝尔经济学奖获得者、麻省理工学院的罗伯特·索洛(Robert Solow)所发现,后者因此提出了建立在知识和技术进步基础上的经济增长理论。这些研究探索最终转化成了1996年经济合作与发展组织(OECD)出版的"以知识为基础的经济"系列报告,进而推动知识经济逐渐成为各国普遍性的发展战略。需要指出的是,无论是德鲁克还是索洛乃至经合组织,其理论提出的时代背景都根植于数字革命的浪潮之下——而也正是在基于计算机、互联网等一系列数字技术的发明与普及之后,知识作为推动经济增长的根本动力才得以凸显。在承认知识作为根本生产要素的前提下,如何组织、协调知识生产便成为亟待解决的问题。就此而言,强调"干中学"的"学习型社会",③建立在灵活分工、团队合作、动态生产基础上的"后福特主义",④以及突破产权约束的"开源组织"⑤和超越企业边界的"开放创新"⑥,都在各有侧重的同时共同阐释了数字革命下生产组织模式的新变化与新特征。

---

① 崔之元:《"知识经济"与"永恒的三角形"》,《读书》1999年第4期。
② 彼得·德鲁克:《后资本主义社会》,张星岩译,上海译文出版社1998年版,第8页。
③ K. J. Arrow, "The Economic Implications of Learning by Doing", *The Review of Economic Studies*, 1962, pp. 155-173.
④ 崔之元:《鞍钢宪法与后福特主义》。
⑤ J. Lerner, J. Tirole, "The Economics of Technology Sharing: Open Source and Beyond", *Journal of Economic Perspectives*, 2005, pp. 99-120.
⑥ H. W. Chesbrough, "The Era of Open Innovation", *Managing Innovation and Change*, 2006, pp. 34-41.

知识经济在理论上的优势同样也体现为现实中的巨大生产力,而这又尤以蓬勃发展的开源软件为代表。以 20 世纪 80 年代理查德·斯托曼(Richard Stallman)发起的"自由软件运动"为起点,开源软件在其短短几十年的发展历程中,已经成为数字时代人类共同的知识宝库。程序员将源代码直接公开在网络,任何人都可以下载、使用、修改。这不仅促进了知识的传播,也在客观上加速了软件行业乃至整个数字领域的技术发展进程。正如谷歌首席经济学家哈利·范里安(Hal Varian)所指出,基于开源软件的组合式创新才构成了数字时代的基石。

对"未来学"与"知识经济"的讨论构成了数字革命背景下生产组织模式变迁研究与实践的前两个阶段,但伴随着技术创新与应用进程的深入,新模式并不一定会按照学者们的美好畅想而一帆风顺地发展下去,无论是旧制度的束缚或反击,还是新模式自身发展过程中的风险乃至异化,都将对新模式能否带领人类走向更美好未来的乌托邦愿景构成威胁,而这也是已经或正在发生的现实。

知识经济在生产组织模式上最明显的逻辑可被定义为"开放促进创新"。考虑到法律规则的作用往往是界定生产生活行为的边界,因而所谓开放,在很大程度上也意味着寻找法律的漏洞乃至打破法律规则作为边界的束缚。正如乔治城大学法学院教授朱莉·科恩(Julie E. Cohen)所指出,"法律、制度以及技术控制的空隙和不一致才保护了日常实践的游戏(play)空间,而这也才为众多生产者的创造性活动提供了机会"[①]。但法律规则反映的是权利的博弈与平衡,当规则间隙成为知识经济生产过程的必要空间时,这种平衡势必会被打破并将因此引发法律的反弹。

举例来说,自 20 世纪末互联网开启商业化进程之后,贯穿始终的一

---

① J. E. Cohen, *Configuring the Networked Self: Law, Code, and the Play of Everyday Practice*, Yale University Press, 2012, p. 6.

个重要矛盾点便是版权保护与开放的冲突。1999年,提供在线音乐下载服务的奈普斯特(Napster)公司成立,一时间风靡全美。但很快,美国唱片公司起诉奈普斯特侵权。2001年美国地区法院判决奈普斯特败诉,网站上的免费下载音乐服务被禁止。奈普斯特的基本逻辑在于用户直接生产内容(提供音乐下载服务),用户也直接消费内容(下载音乐),而这正是哈佛大学法学院教授尤才·本克莱(Youchai Benkler)提出的"大众生产模式"概念的关键所在。[①] 互联网全面绕开了中间介质的角色,它不仅将个体从信息生产的桎梏中解放出来,同时也将信息传播的渠道直接置于个体之间。此时,信息的生产和传播都已不再受制于大公司的偏向性选择,用户本人真正成为生产和传播的主体。但奈普斯特网站上大量涌现的、在彼时法律意义上的盗版音乐,却无可争辩地影响了版权持有人利益。在此背景下,奈普斯特的倒闭不可避免。不仅如此,传统产权制度还以进一步的扩张来应对新兴技术革命下的业态变革。1998年,美国国会通过延长版权保护期法案,将原来的"作者身后50年"保护期延长至70年。事实上,这已是200年来美国多次延长版权保护期限的又一次推进。该法案随后引起了社会的强烈反弹,埃尔德雷德诉阿什克罗夫特(Eldred v. Ashcroft)一案即针对该法案的合宪性问题提起诉讼。但2003年最高院判定原告败诉,延长版权保护期法案没有违宪。

但即使如此,法律上的败诉并不能阻碍数字革命进程。伴随着产权制度的不断扩张,同样风起云涌的是要求开放信息、知识共享的社会运动,而这一运动的标志性事件便是2013年阿伦·斯沃茨(Aaron Swartz)的自杀。作为"点共产主义"(Dot-Communism)的积极倡导者和实践者,天才程序员斯沃茨一直致力于推动共享、开放的网络空间的形成。2011年,

---

[①] Y. Benkler, *The Wealth of Networks: How Social Production Transforms Markets and Freedom*, Yale University Press, 2006.

斯沃茨从商业数据库杰斯特(JSTOR)下载大量学术期刊文章并在网络上免费公布。随后,联邦检察院将其拘捕并对其提起诉讼。但斯沃茨拒绝认罪,并最终以结束生命这种最为激烈的方式表达着自己的反抗——对传统产权制度在数字革命时代的反抗。

旧法律与新业态的斗争最终以两种形式实现了和解。一方面,法律制度框架本身做出了调整。以美国分别在 1996 年和 1998 年通过的《通信规范法案》(*Communications Decency Act*,CDA)和《数字千禧年版权法案》(*Digital Millennium Copyright Act*,DMCA)为代表,法律最终选择了扶持新兴产业的发展,宽泛的安全港原则免除了数字平台的连带责任,进而为硅谷的崛起提供了制度保障。① 另一方面,在网络效应的催化下,新兴数字平台迅速完成了市场规模的扩大与集中,垄断性平台在沿袭开放性的同时也开始逐渐规范市场秩序,既缓和了与版权所有者的紧张关系,也打造了新的数字壁垒以阻碍后来者的挑战。

如果说奈普斯特时期数字革命新业态与传统法律的冲突构成了第三阶段的话,垄断型数字平台的崛起则成为第四阶段的重要特征,并看似形成了较为稳定的生产组织模式:依托对大量数据或关键节点(例如应用商店或支付)的掌控,数字平台向其他生态参与者开放接口,后者的自发生产在平台的管理控制下实现了产品化、服务化的商业转型。

尽管显著区别于工业革命时期的批量生产模式,但我们也很难将垄断型数字平台的组织模式定义为"灵活专业化"。外卖、网约车平台上的劳动者既不同于"放在门口"(Putting Out)体系下的外包织布工,也不同于知识经济理论视野下的开源程序员。更严峻的挑战在于,正如技术反冲现象所警示的,垄断型数字平台所代表的数字生产组织模式事实上引

---

① A. Chander, "How Law Made Silicon Valley", *Emory Law Journal*, 2013, pp. 639-694.

致了一系列治理风险。日益强化的监管压力不仅改变了 20 世纪末"安全港原则"的基本理念,甚至也提出了我们是否需要退回到批量生产模式监管体系的疑问。

在此背景下,我们或许正在进入数字革命下生产组织模式演化的第五阶段。当垄断型数字平台并不代表理想模式时,另一条道路又在何方?

以开源软件为代表的"知识经济"形态很清晰地证明了分散主体合作的强大生产力,但其仍然要面临如何协同分散个体的生产过程以实现规模经济的组织挑战。事实上,依托分散式、自组织网络社群的开源模式,虽然从产出结果来看体现了强大的生产力(例如蔚为大观的开源软件产品),但组织过程却充满了冲突、变化与不稳定。数字平台作为交易撮合者、过程管理者、产出控制者的多重身份,在解决组织挑战的同时也部分褪去了分散性、自组织的生产特征,并最终可能"异化"为新的桎梏。如何找到新的平衡点(甚至是突破点),不仅是走出数字革命当前困境的必然要求,也是实现美好数字未来的必经之路。

在本书接下来的内容中,我们将陆续展开对此的探索性回答,而我们所提出答案的起点,便是重拾"合作"在互联网以及一般性数字革命背景下的价值。

第二章 四要素作为分析框架

第一章以历史视野解释了另一条道路存在的可能性,在拒绝单一模式必然性的基础上更加强调了合作主义的价值。合作主义之所以是重要的,既因为它在相当长一段时间内都被主流理论所忽略,故而当前有必要打破固有思维的窠臼以更全面地理解技术革命影响下生产组织模式的多样性选择空间;同时,又因为面对互联网在发展五十余年后的当前困境,合作主义更可能提供一种有效的改革思路。

但本书的意图并不旨在为互联网的未来提供路线图乃至解决方案。在技术创新与产业发展的不确定性面前,任何先知式的预言都可能在时间的冲刷下失去意义。不过这也并不代表我们对于未来无能为力,梳理互联网演化的历史过程、理解我们可能存在的多重选择空间,事实上更有利于启发具体改革的探索与落地。考虑到历史本身的呈现与解读极易受到结果的影响,成王败寇、优胜劣汰的功能主义视角,往往会引导着分析者关注取得胜利的一方而忽视失败一方所代表的其他可能性。进化论中我们关注物竞天择而忽略互利利他、集体行动中我们关注个体理性而忽略社会交往、工业革命背景下我们关注批量生产而忽视灵活的专业化、数字革命背景下我们关注平台垄断而忽视其他生态,都是典型案例。但事实上,历史呈现的结果并非必然,当前占据主流的技术方案或业态模式,并不一定是彼时最优,多重因素都可能对方案或模式的选择产生影响。因而更重要的,或许是将被忽视对象重新置于分析范畴之中,并基于对比分析明确影响历史演化的多重因素,从而最终还原在每个时代都将出现的多重可能性空间。也正是在此意义上,合作主义作为被历史所忽视的另一条道路才体现出更重要的价值与意义。

沿袭这一思路,本章将聚焦技术、结构、规则、理念这四个维度,以建构起讨论历史多重可能性空间的分析框架,而这也将引导全书后续四个部分的阐释逻辑。我们将指出,建立在互联网(以及更一般的数字技术)基础上的生产组织模式变革,不仅仅遵循技术主导、效率最优的逻辑,其所处的关系结构、制度规则、文化理念环境将同样在变革过程中扮演重要作用。只有还原四个维度的影响过程,我们才可能完整理解数字革命背景下,呈现在我们面前的多重可能性空间。

一、技 术

我们当前对于生产组织模式变革的兴趣,在很大程度上源于数字技术革命带来的想象空间。乐观主义者热情称颂技术创新推动社会发展的进步意义,而悲观主义者则不断警示技术失控带来的风险与威胁。但表面上的丰富讨论并不能掩盖在涉及数字技术革命的诸多根本性问题上,我们仍然存在着诸多的模糊与混淆。典型问题例如,当讨论人工智能导致失业以及不平等问题时,我们是否意识到人工智能事实上包括"替代"和"使能"两种类型,而它们对于劳动的影响却截然不同?类似地,当大型数字平台正在面临越来越强的监管压力并在制度上被要求透明、公平、开放时,我们是否意识到平台经济的当前困境可能同样源于互联网基础技术框架的缺陷,而任何基于既定框架的制度修补都不能从根本上回应治理需求,探索新的技术框架应同样被置于改革思路之中?

实践改革层面的反思要求我们重新定义"技术"在数字时代的内涵与

特征,并在此基础上理解生产组织模式可能存在的多重变革空间。技术往往被理解为人类改造世界的手段、方法或技能的总和,但这一功能主义视角的定义并不能完整解释技术对于人类生产生活的全部影响。我们需要意识到,针对同一个功能性问题存在多重技术解决方案,究竟选择何种方案仍然取决于其他因素,而特定方案的选择也将放大或限制其他因素之于人类社会的影响。这一逻辑概括而言,一方面体现为技术路线的多样性与选择,另一方面则体现为技术类型化及其影响结果的政治性。

事实上,上述两方面讨论正是技术哲学家兰登·维纳围绕技术政治的分析框架。[1] 在传统视野下,尽管我们大都承认技术的发展应用将改变权力结构,而技术所处的社会环境也将影响其发展应用的结果,但将技术本身视为政治性的观点,仍然似乎有些离经叛道。但在维纳看来,传统观点的局限性正在于没有打开技术的黑箱,往往会陷入技术决定论或社会决定论非此即彼的两个极端。作为人造物的技术,其本身所具有的多条技术路线,以及不同类型技术天然与特定政治体系相匹配的倾向性,都是技术本身政治性的集中体现。如果我们试图勾勒出数字革命时代生产组织模式的多重可能性空间,那么打破技术本身的黑箱,理解数字技术的多样路线和不同类型,便成为绕不开的前提。

(一) 技术路线及其选择

技术路线概念是相对于将技术方案视为"最优、唯一、必然"的决定论观点而言,其更强调针对相同的功能性问题,我们事实上存在多条解决路径,而不同路径的差异不仅仅体现在实现层面,其往往还反映了解决问题的不同价值理念,以及评价技术绩效的不同指标。同时,一旦我们接受了

---

[1] Langdon Winner, "Do Artifacts Have Politics?", *Daedalus*, 1980, pp. 121-136.

技术路线的多样性假设,具体技术路线的选择便体现了不同社会因素的博弈和妥协——但与强调技术演化完全决定于社会因素的观点不同,此时我们更强调技术本身属性作为特定因素参与选择过程的主体性。①

国际象棋算法的演化历史便清晰体现了技术路线的多样性及其选择过程的内在逻辑。② 国际象棋算法在相当长时间内都是人工智能领域研究的核心和焦点议题,研究者往往认为象棋算法的突破即象征着通过计算机模拟实现了人类智能。前苏联数学家亚历山大·科诺罗德(Alexander Kronrod)曾将国际象棋比作人工智能研究的"果蝇",赫伯特·西蒙(Herbert A. Simon)又进一步将此比喻延伸至认知科学领域,由此可见国际象棋算法的重要性。就具体实现而言,美国数学家、信息论创始人克劳德·香农(Claude E. Shannon)认为相关探索大体可以总结为两条路线:A路线通过"蛮力"计算方式穷尽所有策略以寻找最优解,而B路线则强调以启发式逻辑识别对弈局势以聚焦最有可能获胜的特定策略。A、B路线的差异不仅仅体现在具体实现流程或模式上,其事实上也反映了人工智能研究历史上的核心争论:人工智能研究的目的究竟是在结果层面重复人类行为即可,还是要在过程中也模仿人类的思维模式? A路线无疑是前者的体现,而B路线则遵循了后者的精神。从随后的发展历程来看,A路线取得了巨大成功而B路线却逐渐淡出人们视野,导致这一结果的原因并不能简单归结为算法效率的高低,而是包括算法在内的多重因素共同作用的结果。技术发展史的研究指出,美国和苏联的"冷战"竞争以及20世纪70年代各研究组为争取日益减少的人工智能研究资助的竞争,都直接导致了国际象棋算法研究过程中"比赛"文化的盛行;而A路线能够

---

① 贾开:《数字未来的多重技术路线》,《文化纵横》2021年第12期。
② N. Ensmenger, "Is Chess the Drosophila of Artificial Intelligence? A Social History of an Algorithm", *Social Studies of Science*, 2012, pp. 5-30.

充分利用计算机硬件性能提升的发展红利,及其模块化结构易于调试组合的技术特征,都更加适应"比赛"压力下的成果突破与展示。换言之,A路线在技术层面的功能特性与当时时代的社会需求共同决定了国际象棋算法的演化结果,但这一结果却不一定是最优选择。虽然A路线能够有效吸引公众对于人工智能研究的关注,但过于迎合比赛规则反而影响了人工智能基础研究的进展,聚焦于特定比赛目标的研究导向使得A路线算法很难被应用于其他领域。正因为此,当1997年IBM"深蓝"战胜卡斯帕罗夫之后,国际象棋便逐渐失去了其在人工智能领域的光环并逐渐为人所淡忘,而"深蓝"也被IBM雪藏,且开发它的部门也逐渐被解散。

(二) 技术类型化及其政治性

打破技术黑箱的另一视角是理解不同技术类型及其影响结果的政治性。换言之,我们面对的任何技术,从其对于人类生产生活活动的政治影响来看,都可以被划分为不同类型,而这一分类逻辑又包含两种情况。

一方面,技术与特定类型的政治系统相匹配,或者该技术的运行要求以特定政治系统的建立为前提,或者虽不以之为前提但更适合在特定政治系统下运行。刘易斯·芒福德就曾指出,"人类史上存在两种技术,一种是威权型的,另一种是民主型的。前者以系统为中心,功能强大但不稳定;后者以人为中心,灵活持久但功能却相对弱小"[1]。芒福德的分类事实上就反映了技术与政治系统相匹配的内在逻辑。以核技术和太阳能技术为例。在丹尼士·海耶斯(Denis Hayes)看来,核技术的高风险使之要求被置于集中控制的权威组织体系之下加以管理,因而核技术的普遍使

---

[1] Lewis Mumford, "Authoritarian and Democratic Technics", *Technology and Culture*, 1964, pp. 1-8.

用将会导致威权社会的形成;与之相比,太阳能的分布式特性使之更适合松散的自组织管理模式,因而其与更加自由的包容型社会相契合。①

另一方面,技术应用将对不同人群带来差异化影响,在增加部分人群收益的同时也缩减了其他人群收益。自动化技术对于劳动就业以及社会不平等的影响即是该机制的典型案例。以荷兰经济学家扬·廷贝亨(Jan Tinbergen)的开创性工作为起点,经济学家一般将不平等视为技术与教育的竞赛(race between technology and education)。具体而言,新技术(或技术革命)往往会提升对于高技能劳动者的需求,因而除非教育系统产出技术工人的速度高于新技术对这些工人需求的增长速度,否则技术型工人和非技术型工人的不平等将加剧。在技术与教育的竞争过程中,经济进步也将随之发生。该理论不仅与20世纪70年代之前的历史相符合,也在很大程度上指导了现代教育体系的改革与完善。然而,如果经济进步只是技术和教育之间的竞赛,我们会预期技术工人的工资超过其他人,但这并不表明非技术工人的工资会下降——不过20世纪80年代之后的"大逆转"现象却对此提出了疑问,即彼时所有人的工资都开始下降。麻省理工学院教授达龙·阿西莫格鲁(Daron Acemoglu)从技术分类的视角对"大逆转"现象提出了新的解释框架。② 在阿西莫格鲁看来,新技术可被划分为"使能技术"和"替代技术"。在使能技术主导的情况下,经济进步取决于"技术和教育的竞赛"的观点仍然成立,新技术在提高技术工人生产力的同时也使他们的工资上涨;而在替代技术主导的情况下,新技术使得所有工人的技能都变得多余,从而带来工资下行的压力。正是在此

---

① D. Hayes, *Rays of Hope: the Transition to a Post-Petroleum World*, W. W. Norton & Co Inc., 1977, p.159.
② D. Acemoglu, D. Autor, "Skills, Tasks and Technologies: Implications for Employment and Earnings", *Handbook of Labor Economics*, 2011, pp.1043-1171.

意义上,对于技术做出类型学上的划分,便体现出重要价值。

(三) 互联网与数字技术提出的"新问题"

当我们试图解构互联网的技术"黑箱"时,多样性技术路线和政治性技术类型便成为展开分析的两个视角。以此为起点,两方面问题的探索可能是重要的:互联网的技术路线和技术类型是什么,相比于工业革命时代而言其又体现了何种差异性和特殊性?

对于第一个问题而言,我们首先需要回到互联网的发展历程中,在拒绝将当前技术框架视为既定、最优、唯一的决定论观点前提下,去观察那些曾经出现但又一度消亡的技术路线,并理解影响不同技术路线竞争、选择的时代因素。在此过程中,同等重要的任务是总结互联网,以及更一般的数字技术所代表的不同类型及其政治影响。与核技术或太阳能技术类似,互联网与更一般的数字技术并非价值中立的物理现象。互联网端对端的扁平式结构尽管带来了民主式的大众生产,但可规制的开放式架构同样催化垄断型数字平台成为新的集权点。在此意义上,我们需要进一步对互联网及数字技术的不同路线做出类型学上的划分,而这也正是第三章的工作。

对于第二个问题而言,我们需要将数字技术的演化特征置于生产方式变革过程中加以考量,从而更完整地展现出技术的偏向性(也即政治性)。在兰登·维纳的框架下,多重技术路线分析仍然聚焦于技术逻辑本身,而技术政治视角则要求将技术与其所处的社会环境联系起来,并在技术与环境的互动过程中来分析其对不同主体的差异化影响。在工业革命时代,技术政治性往往体现为批量生产模式下大机器对于劳动者的排挤或异化,而这一特征又通过流水线式的分工管理过程得以实现。在数字革命时代,数字技术的政治性特征是什么,其又通过何种过程得以实现呢？在第四章的讨论中,我们将从数字平台作为基础设施的视角,对此问题作出回答。由此我们也将看到,个人信息的生成、流动、处理等技术性方案,在数字平台的框架下完成了认证、连接乃至规训功能,进而在支撑起互联网庞杂业态的同时导致了平台与边缘的分化。

二、结构

技术黑箱的解构还只是理解数字革命时代生产组织模式多重可能性的一个维度(或者环节),各主体在推动技术创新应用过程中形成的关系结构则构成了另一个维度。结构维度关心的是各主体行为,以及基于该行为而形成的主体间关系的特征与规律。从类型学划分角度讲,各主体行为可被区分为"结构"与"策略"两种,前者是较长时间内形成的稳定且不易改变的共识、常规或习惯,后者则更多体现为临时性、非理性或随意的决定或行动。在此意义上,"结构"与"组织"这一概念较为类似,但"组织"往往表现出的对于具有明确目标、角色、边界等特定结构的青睐,掩盖了"结构"本身所具有的多重可能性,而后者却正是我们关注的焦点。

就具体形式而言,结构在已有讨论框架下一般被界定为市场、科层、网络三种。以科斯关于"市场—科层"的二分法为基础,网络组织则被视为介于二者之间的第三种结构形态。首先,市场环境下交易者相互独立,基于合同的关系结构尽管能够保证交易行为的灵活性,但过于简化的价格信息既不适用于重复交易,也无法促进交易主体之间的相互学习进程,从而也就难以提升不同主体间的协作能力和协作水平。其次,科层组织通过有计划的劳动分工、层级化的权威体系、纵向一体化的产权结构实现了大规模的生产协作并抑制了投机行为。但尽管如此,僵化的固定结构仍然压制了个体成员的主体性,从而阻碍了组织学习进程且无法适应变动的环境。最后,相比于市场和科层,网络结构下的交易行为既不是源于独立个体间的离散合同,也不是源于层级结构中的行政命令,而是建立在不同成员间相互依赖关系基础上的互惠合作。通过市场价格机制或者科层命令体系无法传递的隐含知识(Know How),在网络结构下却得到了释放。包括声誉、血缘、共同的价值理念在内的各种社会关系都能推进相互学习进程,而重复交易基础上形成的信任关系又进一步降低了不确定环境下的交易成本,并最终促成了成员间合作行为的发生。

尽管网络结构的特殊性引起了普遍关注,但反思性观点同样指出,无论是社会关系的纽带还是信任基础的支撑,都不足以维系网络结构中松散个体间持续的集体行动。不同成员间的每一次交易行为,既可能促进合作,也可能带来冲突,后者往往导致网络结构作为一个整体的破碎;而建立在共享、互惠基础上的利益分配机制又往往会受到投机者的侵害而不能持续。正因为此,即使是"网络社会三部曲"的作者卡斯特都不认为网络结构具有变革性的替代作用——如其指出,"网络可以改变生产模式,但就目前来看,我们仍然只能在资本主义体系下评估网络的影响"[1]。

无论围绕市场、科层、网络三个概念的争议如何,它们都构成了描述不同主体在生产组织过程中所形成关系结构的基础性框架——但其仍然未能覆盖全部可能性。从解决各主体间冲突以实现集体行动的组织目标来看,三种结构无一例外地都依赖于外生权威的干涉:市场结构下的合同关系需要以强制性法律作为保障,科层结构下的分工关系是以基于层级的权力体系为前提;即使是对于看似更灵活的网络结构,在冲突解决过程中也被认为需要依赖正式流程或者克里斯玛权威(Charismatic authority)。同时,三种结构的另一共性是都更偏好稳定不变的正式组织关系,并认为

---

[1] Manuel Castells, "Materials for an Exploratory Theory of the Network Society", *The British Journal of Sociology*, 2000, pp. 5-24.

稳定性是结构的函数,只有稳定的市场制度、科层权力、网络关系才能够维系成员身份以及集体行动的持久性。这两方面传统思维事实上都排除了自发秩序、临时组织(ad hoc)、开放组织等更多结构形态。以开源软件为例,自愿加入或退出的自发性、随机组合且动态演化的临时性,以及自由获取且资源免费的开放性,并没有导致开源作为一种生产秩序的崩溃,其反而带来了高效率且极富创造力的生产过程。站在开源软件视角,此时的关键就不在于确保组织结构的稳定性,而是维持主体间合作关系的鲁棒性。换言之,即使成员的自由加入或退出可能破坏正式组织形式,但只要促进主体间合作关系的机制仍然有效运行,那么我们同样可以获得有效的生产组织秩序。

由此,我们便可以从两个方面对生产组织模式的结构做出类型学划分:其既可能体现为具有正式组织形式的组织化结构,也可能体现为带有自发性、临时性、开放性特征的非组织化结构。这两种结构在不同技术革命背景下的表现和相对重要性都有所不同,而数字革命背景下,曾经被掩盖的非组织化结构将越来越凸显其价值。

(一) 组织化结构:市场、科层与网络

科斯的交易成本理论首先奠定了"市场—科层"二分的交互行为结构,而 20 世纪后半叶网络作为介于二者之间的第三种结构形态引起了更多的注意。随后管理理论的研究与改革开始朝着两个方面发展:一方面关注科层组织的内部改造,打破层级化的结构体系而形成扁平式的网络结构,将权力赋予成员个人以促进分散单元之间的协作、知识共享和学习进程,包括团队式组织、硅谷模式、N 模式等在内的各种网络组织形式被陆续提出,而这也由此构成了组织理论研究演进史上的后科层组织时代;另一方面则关注跨组织网络的形成及其演变,分析视角从关注

单个组织如何最大化其内部资源以形成核心竞争力,转变为如何通过外包或形成联盟以最高效地调动外部资源,从而试图克服核心刚性的困境。

不过无论市场、科层、网络在结构形态上的特征存在何种差异,三者的共性特征事实上都存在偏好固定组织形式的组织化倾向。所谓组织化倾向,可从以下五个标准来进行衡量:拥有可以代表其他组织成员做出决策的决策者、拥有正式的组织成员范围、拥有可以强制他人服从的科层权威、拥有畅通的命令-控制体系、拥有可以监督并制裁不服从行为的权力结构。① 科层结构的组织化特征无疑最为明显,结构中每个主体完成特定工作的责任、权力、利益都与其所处位置一一对应,因而是稳定的组织结构而非行为者本身在决定各主体的行为选择。相比之下,市场、网络结构并不一定完全符合这五个标准,但它们仍然在不同程度上体现了对部分标准的偏好。

对于市场结构而言,看似分散、随机、自主的交易行为仍然体现着依赖明确规则或边界的组织化倾向。围绕市场结构的论述可分为两个方面:完全竞争市场和不完全竞争市场。前者是经济学家所希望的理想状态,微观主体的理性行为被认为将自动实现市场资源的优化配置,但存在要求交易商品同质化、市场信息充分、参与者是价格接受者且能够自由进入或退出市场等前提条件。当现实情况难以满足完全竞争市场要求时——而这往往又是常态——市场结构向企业式科层结构转变在所难免。以亚当·斯密为起点,并经科斯、威廉姆森、哈特、钱德勒所发展的企业理论,其核心观点即在于,企业之所以存在,或者更一般意义上产权之所以存在,都是为了降低交易过程中的机会主义风险。当潜在的交易对

---

① G. Ahrne, N. Brunsson, "Organization Outside Organizations: the Significance of Partial Organization", *Organization*, 2011, pp.83-104.

象拥有对于另一方来说不可缺少的资源的控制力时,他将索取高于初始合同规定的额外回报,因而企业(以及产权)这种结构化制度安排为限制敲诈或欺骗行为提供了保障。科斯更进一步指出,只有当企业内部协调成本高于控制机会主义风险成本时,市场结构才会保留,而技术进步、制度改革的目的在很大程度上都致力于降低企业内部协调成本以更好控制必然存在的机会主义风险。在此意义上,无论是建立明晰的产权制度,还是将更多的交易活动置于企业内部,其都体现了试图形成具有明确规则要求或边界范畴的组织化倾向。

相比于市场或科层,网络结构体现了更强的灵活性、动态性。在放松产权明晰等明确规则要求,且同时避免形成固定科层结构的情况下,依托不同成员间的相互依赖关系,网络结构仍然能够实现有序组织。但这并不代表网络结构就不再偏好组织化倾向,从解决成员间冲突以形成决策共识的视角来看,其依然具有此特征。在组织理论的历史演进中,有相当部分的学者认为网络组织是不稳定、不可持续的,而解决办法主要体现在三方面:首先,应将正式的科层结构引入网络组织,具体措施包括选举出可以代表其他组织成员的决策者、建立可以强制他人服从的科层权威、拥有可以监督并制裁不服从行为的权力机构等;其次,依靠克里斯玛权威或精英,通过仁慈的独裁者来解决冲突、做出裁决并对社区进行管理,或者通过占据较高社会地位的精英以承担先期成本、积极动员其他成员等方式推动集体共识;最后,强调网络成员的同质化,频繁互动过程固化了更加紧密且排外的网络关系,在此基础上形成的规范行为模式将降低成员间冲突的强度。由此不难看出,网络结构事实上仍然需要通过正式结构、固定权威、同质化行为模式来维持稳定、可持续的组织状态。

市场、网络、科层三种结构对于组织化倾向的偏好,提出的问题在于,这是否是各主体在生产组织过程中所形成行为关系的全部形态？换言之，在缺乏明确规则要求或固定权威关系，而各主体仍然保持独立性和异质性的情况下，我们能否实现集体行动或有序生产？对此问题的回答便涉及对于非组织化结构的探索。

（二）非组织化结构："无组织"的秩序

非组织化结构在实践中主要体现为以开源软件为代表的临时性、开放性、实验性结构形态，其并不致力于追求明确规则以清晰界定不同主体权责，或者引入外生权威以控制、管理内部冲突，而是强调宽泛目标引导下，保持独立性、异质性的诸多个体基于自愿原则形成小群体，进而在自由联合基础上形成规模化的过程。尽管相比于组织化结构，非组织化结构并不强调稳定性乃至确定性，但这不代表其就将走向混乱状态。通过强调成员间合作关系结构的鲁棒性，非组织化结构反而能够更适应变动且不确定的环境。换言之，即使成员随时都在加入或退出，成员间关系也往往变动，同时也没有形成为人所共识并遵守的明确规则，非组织化结构仍然可以通过支持自主决策、相互学习、动态调整的实验主义机制来维系有序状态。如果说组织化结构是一阶稳定的话，非组织化结构可被视为二阶稳定，因后者的稳定并不体现于结构本身，而是支撑结构的机制。

非组织化结构的理论基础可归因于安那其主义（anarchism）思想在组织理论领域的应用。安那其主义是 anarchism 的音译，其更为人所熟知的中文翻译是"无政府主义"。作为一种政治思想，安那其主义可以追溯至 1789 年的法国大革命，而大革命中无政府主义者的极端行为也使得安那其主义作为一种政治主张而备受争议。但就语义学而言，希腊语中的 anarchy 由 an（without）和 arche（principle）两个词构成，其字面意思是"没有规则"或"没有权力",而并非"没有秩序"。① 换言之,安那其主义并不一定是混乱的代名词,而是意味着不同于规则、权力主导下所形成秩序的另一种秩序。在安那其主义看来,人类社会既不是达尔文的物竞天择进化论,也不同于霍布斯的"所有人针对所有人的战争状态"论,合作、互助才是人类的天性。② 以此为思想起点,安那其主义认为,组织本身既非人类行为的目的,也非实现某种价值追求的手段,而是存在于人类的日常交往行为之中。③ 自治个体通过自愿、合作的形式,在一次集体行动完成后有机、有序地进入下一次组织过程,自然完成与所处环境的互动。

就具体的结构形态而言,安那其主义的主要观点体现在四方面:第一,任何结构就其功能而言都应该被局限于特定的目标和职责;第二,成员应该是自愿参与的,而非强制性;第三,在一定区域内,不同结构应该共存并相互竞争以获得所辖对象的支持;第四,通过直接民主或权力轮流的方式形成的集体结构是更容易被接受的管理模式,而不是被划分为不同的、专门化的政治功能。④ 在安那其主义的影响下,组织不再是管理者推动不同成员完成集体行动的场所或要素集合,而是被视为不同参与者对话、合作以满足各自需求并形成有序集体行动的自发过程。⑤ 此时,个人不再被视为管理者控制下毫无差别的螺丝钉,而是具有差异化属性的自治主体。即使是不同主体间的分歧与冲突,也不再被视为需要被抑制或解决的管理问题,而具有了鼓励对话以在不确定性环境中探索新解决方案的积极意义。同时,新方案的提出往往还会重构群体间相互关系,进而

---

① N. Mezza-Garcia, "Bio-Inspired Political Systems: Opening a Field", in T. Gilbert, M. Kirkilionis, G. Nicolis (eds.), *Proceedings of the European Conference on Complex Systems*, Springer, 2012, pp. 785–812.
② M. De Geus, "Peter Kropotkin's Anarchist Vision of Organization", *Ephemera*, 2014, p. 859.
③ C. Ward, *Anarchy in Action*, G. Allen & Unwin, 1973.
④ D. Miller, *Anarchism*, JM Dent, 1984, p. 8.
⑤ R. Kinna, *Anarchism: a Beginner's Guide*, Oneworld Publications, 2012, p. 5.

改变不同群体的利益格局,使得不同群体之间的关系随环境变动而不断重组,这也正是非组织化结构并不强调组织形态稳定性的原因所在,因其本身就依赖于组织形态的动态变化以维持对于不确定环境的适应。

于是,基于对两种结构形态的讨论,我们才完整勾勒出生产组织模式多重可能性的第二个维度。事实上,工业革命背景下,我们更多注意到了组织化结构的重要性,而非组织化结构并没有明显体现出来。直到数字技术革命的来临,我们才最终观察到了结构维度的完整谱系。

(三) 互联网与数字技术提出的"新问题"

基于组织化结构和非组织化结构两种类型的划分,互联网与数字技术发展应用提出的新问题在于:数字革命背景下两种结构的具体表现与载体是什么?互联网时代的生产组织模式主要体现了何种结构的特征?或者当前是否形成了不同于两个极端的新的混合模式?相应地,在生产组织模式已经发生变革的背景下,数字时代的生产组织结构本身又将体现出何种新的特点与演化规律?

对于第一个问题而言,我们关心的是理论在数字时代的落地与影响。正如前文所提及的,一方面作为互联网时代的新兴组织现象,开源软件对传统产权理论以及更一般的生产过程理论都提出了疑问与挑战,其凸显了非组织化结构的可能性及其相比于组织化结构的独特性。但另一方面,这并不代表互联网时代生产组织模式的关系结构就完全体现为非组织化结构。事实上,尽管哈佛大学法学院教授尤才·本克莱以开源软件为案例提出了基于公地的大众生产(Common Based Peer Production, CBPP)这一一般性概念,但其仍然不得不承认,在很长一段时间内,开源软件(或许再加上维基百科)是我们仅有的案例。斯坦福大学技术史教授保罗·戴维(Paul David)提出了类似疑问:"以开源软件为代表的大众生产模式是否可作为主流生产模式支撑互联网时代的发展？"①事实上，互联网开启商业化进程之后迅速崛起的数字平台在很大程度上都已经对以开源软件为代表的非组织化结构做出了修正，并逐步走向组织化结构。在此意义上，我们面对的可能不是非此即彼的二元选择，而是两种结构新的混合与折中。与之相对，无论是组织化结构还是非组织化结构，其本质上都是特定生产组织模式在数字时代的具体体现。在此意义上，我们更需要回答的根本问题在于，数字时代究竟将涌现出何种生产组织模式，而它们又将体现出何种异于工业时代的变革性？更具体而言，如果说开源软件是数字时代的标志性产物，那么它究竟反映了何种生产组织模式的创新？第五章将从福特与后福特主义的对比分析视角对此问题作出回答。

对于第二个问题而言，我们关心的重点则从生产组织模式的宏观视角，转向了中观层面的具体结构视角。工业革命时期，我们看到的，或者说吸引我们大部分注意力的，是基于"市场—科层"二分框架的组织化结构。伴随着数字化进程的深入，以网络为核心特征的新型生产组织结构逐渐成熟并成为主导。但我们究竟应该如何理解数字时代的网络？它具有何种不同于过往时代的新特征，它又是如何调动、协调不同主体在数字时代的生产合作过程，并最终产生深远的政治经济意涵？第六章将对此展开讨论。

三、规则

在技术革命引发生产组织模式演化的历史讨论中，规则，或者说政治制度的安排，并非一直都是很重要的影响因素。以亚当·斯密的论述逻

---

① Paul A. David, "Understanding the Emergence of 'Open Science' Institutions: Functionalist Economics in Historical Context", *Industrial & Corporate Change*, 2004, pp. 571–589.

辑为例,劳动分工提升了劳动生产率,但需求却受限于市场规模的大小,因而政府的作用在很大程度上仅体现为放松对于市场的管制,例如通过降低关税或税收、降低交通成本、调整收入分配以提升购买力等方式来刺激需求、扩大市场。换言之,效率导向的技术分工逻辑主导了生产组织模式朝向批量生产的变革演化,而在此过程中,体现政治制度安排的规则逻辑,并没有起到决定性作用。

但在第一章我们已经指出,不同国家在实行批量生产方面的差异化现象,却对上述理论提出了疑问。技术史研究甚至指出,蒸汽机、固定投资、集中式厂房等古典经济学理论框架下的重要因素,事实上并没有在英国工业革命转型期间扮演重要角色。① 一方面,始于 15 世纪的圈地运动导致大量农民失去土地并涌入城市,以及大量海外殖民地对于标准化产品的庞大需求,在很大程度上都推动了英国工业革命时期批量生产模式的采纳与流行;但另一方面,仍然存在的大量技能型工人,使得英国与法国类似,在较长时间内都保留了灵活专业化的生产特征,这也使之成为介于美国和法国之间的第三种模式。② 而法国之所以能够抵御批量生产模式的冲击而保留住灵活专业化,在很大程度上也被认为归因于其庞大的技能工人以及由工匠和商人共同组成的同业公会的政治影响。事实上,20 世纪 60 年代法国丝绸产业朝向批量生产模式的转型,也并非出于经济效率的考量,而来源于法国政府改革理念的转变。

对于工业革命历史的简短回顾说明,生产组织模式演化并非斯密理论表达的那样具有技术决定论特征。体现政治特征的制度规则,仍然对

---

① D. Greenberg, "Reassessing the Power Patterns of the Industrial Revolution: An Anglo-American Comparison", *The American Historical Review*, 1982, pp. 1237−1261.
② Sabel, Zeitlin, "Historical Alternatives to Mass Production: Politics, Markets and Technology in Nineteenth-Century Industrialization".

生产组织模式的选择与演化产生着重要影响。

接下来的问题在于,这种影响是如何发生的呢?

已有讨论一般遵循事后逻辑对此作出解释。以卡尔·波兰尼的《大转型》为代表,制度规则往往被视为保护性措施以抵御工业革命推动下的市场扩张对社会生活带来的侵蚀与风险。在此逻辑下,技术革命,以及与之相伴随的产业或组织变革,往往被认为兴起于制度规则的空白(lawless space)处,而在形成大规模影响之后,制度规则再对此作出回应以将其重新纳入治理框架之中。这种解释尽管具有启发性,但将技术产业革命与制度规则变化分隔开的思路却并不一定符合现实。

与之相比,科恩在《真相与权力之间:信息资本主义的法律建构》(*Between Truth and Power: The Legal Constructions of Informational Capitalism*)一书中则提出,制度规则从来没有离开过技术产业革命的任何一个环节,二者的相互建构才最终推动了生产组织模式的演化过程。利普西在《经济转型:通用技术和长期经济增长》一书中,沿此逻辑对一般通用技术的发展演化作出了五个阶段的划分:阶段一是引入阶段,新的技术刚刚出现,但其还处于与前一代技术相匹配的治理环境之中,因此发展应用较为缓慢;阶段二是助推阶段,基础设施、公共政策、法律规范等治理环境开始调整以助推新兴技术的新发展,该阶段往往充满了不同利益主体的冲突与不确定性,而技术本身的产出仍然有限;阶段三是爆发阶段,与新兴技术发展规律相适应的治理环境改革已经完成,新的组织形态也逐渐稳定,生产力开始进入高速增长阶段并由此体现出新兴技术的变革价值;阶段四是饱和阶段,利用新兴技术来创新新产品、新流程、新组织架构的边际收益开始降低,当前技术带来的边际产出也逐渐饱和;阶段五是"挑战"阶段,当前技术开始受到新出现的技术的挑战,并再次进入阶段一的迭代发展。

基于上述历史的回顾,规则作为第三个维度被纳入到了本书的分析框架。延续前两个维度的分析视角,此处我们仍然要提出的新问题在于:当我们试图解释互联网未来发展的多重可能性时,规则扮演了何种作用?更具体地说,规则究竟如何体现出多重可能性,以至于其能够与多样性的技术、结构组合在一起,从而最终影响互联网的未来?类似于技术、结构维度的分析,我们此处关注的仍然是往往被主流理论所忽略的"另一条道路",而也只有通过呈现未被展开的可能性,我们才能够在更广阔的空间中探索制度创新。不同于前两节的类型化分析逻辑,本节主要以代表性案例分析为主,选择财产权规则和治理规则来体现"规则"的多重可能性。

(一)财产权的迷思:统一产权与权利束的分解

所谓财产权的迷思,在本节并非指围绕财产权制度安排有效性的争议讨论,而是指财产权本身制度设计理念的内在悖论。

尽管财产权的制度重要性已经得到了普遍认可,但对于其在激励生产方面的有效性却始终存在诸多争议。以知识产权为例,不断扩大的保护范围、不断延长的保护时间在巩固产权持有人利益的同时,也招致了其他利益相关方的严厉批评。就制度初衷而言,知识产权对知识生产和创新的激励作用往往通过两方面得到解释:一方面,以埃德蒙·基奇(Edmund Kitch)的期望理论为代表,其认为对于知识产权的宽泛保护能够强化生产者对于未来收益的期望,从而激励要素投入以促进创新;另一方面,对于产权保护可能导致的知识限制乃至垄断行为,约瑟夫·熊彼特(Joseph Alois Schumpeter)的破坏性创新理论为此提供了辩护,其认为新技术带来的破坏性创新将突破既得利益者的约束并使其被后来者所取代,因此知识产权保护的壁垒不足为虑。但这两方面解释受到了经验研究的反驳:哈佛大学教授乔希·勒纳(Josh Lerner)在针对全球 60 个国家

150余年知识产权政策变迁的经验研究表明,如果用该国居民的专利申请数来衡量创新水平的话,更强的知识产权保护政策反而对知识创新产生了负效用;[1]类似的国别研究也表明,相比于具有很强知识产权保护水平的欧洲国家,某些保护力度更弱的国家反而拥有具有更强创新力的产业。[2]

导致争议的原因往往归咎于知识产权制度在知识公开和生产激励这两个目标上的权衡取舍。一方面,知识生产的客观规律要求知识公开。正如托马斯·杰弗逊(Thomas Jefferson)在1813年写给巴尔的摩一位发明家的信中所提到,"当人类创造出某种知识之后,它应该像火或者空气一样,被自由地传播且不受任何阻碍或束缚"[3]。技术史学的研究同样认为,现代科学的迅速发展以18世纪欧洲工业革命为起点,而这一巨变得以发生的前提是17世纪中后期大量官办研究机构的出现,以及开放科学文化的形成。在此之前,欧洲在知识探索方面仍然沿袭了炼金术时代带有浓厚宗教意味的封闭、隐秘传统,新航道的发现被视为商业机密,工场新技术的发明被紧紧攥在少部分工匠手中,所有的技术进步和知识积累都秘而不宣。正是因为"组织形式和科学文化"的改变,才最终带来了科学技术的巨大进步。[4] 但另一方面,知识一旦公开又将不可避免地带来搭便车现象,从而伤害知识生产者的积极性。此时,自由市场的价格机制不能提供任何有益帮助:不仅生产者难以对知识产品定价,购买者也难以实现对知识产品的排他性使用。正是面对这样的两难平衡,知识产权制度

---

[1] Josh Lerner, "Patent Protection and Innovation Over 150 Years", *NBER Working Paper*, 2002.
[2] H. J. Chang, "Intellectual Property Rights and Economic Development: Historical Lessons and Emerging Issues", *Journal of Human Development*, 2001, pp. 287-309.
[3] P. A. David, "Tragedy of the Public Knowledge 'Commons'? Global Science, Intellectual Property and the Digital Technology Boomerang", *Research Memorandum Series*, 2001.
[4] David, "Understanding the Emergence of 'Open Science' Institutions: Functionalist Economics in Historical Context".

的建立才被视为"天才的社会发明":通过保证发明者的排他性所有权,知识产品可以成为能够进行市场交换的"商品",并因此满足知识生产者的激励动机;但同时,知识产权的申请需要以公开为前提,并辅以一定时间期限为界,从而满足知识公开的社会需求。针对知识产权制度有效性的质疑,无外乎是两个目标的平衡出现了偏差,对此的改革似乎也就局限于政策策略上的修正(例如对知识产权保护期限的调整)。

但我们将指出,上述分析仍然未触及知识产权,以及更一般的财产权制度的内在悖论,而也正是在对悖论的反思中,我们才能打开财产权制度的黑箱,以进一步展开对多样性财产权规则的想象空间。

传统观点对于包括知识产权在内的财产权的理解,往往是从统一财产视角展开分析,所有权、处置权、收益权都集中在同一主体之手,由此也建构起相对于他人的排他性边界。在边界之内,财产所有者拥有绝对权力;而在边界之外,则通过市场交易实现财产权的转移。但这一理解远不是财产权作为协调人类社会生产生活关系基础制度的全部内涵,其忽视了财产权作为权利束的可分解性——而也正是在将财产权分解为不同权利并赋予不同主体的过程中,我们才看到了规则的全部可能性。

将财产权视为统一财产的传统观点至少存在两个方面的根本缺陷,并将出现双重悖论。一方面,它不仅不能促进资源优化配置,反而可能因所有者的排他性权利而拉低资源利用水平,产生反公地悲剧。按照詹姆斯·布坎南(James M. Buchanan)的分析框架,公地悲剧和反公地悲剧事实上是对称的二元现象:[1]前者源自资源使用权的多人分配,而后者则是资源排他权的多人分配。换言之,为解决公地悲剧,我们诉诸排他性财产权的确立,但它又导致了反公地悲剧;为解决反公地悲剧,我们便不得不

---

[1] J. M. Buchanan, Y. J. Yoon, "Symmetric Tragedies: Commons and Anticommons", *The Journal of Law and Economics*, 2000, pp. 1-14.

约束排他性财产权,由此放松对于多人使用的限制,但这又可能导致公地悲剧。非此即彼的两难选择由此构成了财产权的第一重悖论。另一方面,财产权的制度初衷在于以排他权划定范围边界,从而支持所有者在交易过程中获得物质收益并进一步激励其对所拥有资源的要素投入。但这一逻辑事实上将人作为资源所有者的多元生产动机简化为物质收益,这反而不利于非物质动机的释放。在此意义上,本身为了促进生产的财产权制度反而成为制约生产的桎梏,由此构成财产权的第二重悖论。

  导致财产权双重悖论的关键原因,可以归结为统一财产理论视角割裂了人类生产生活活动的关联性,并因此忽略了财产占有、支配、收益等活动的外部性。事实上,每个被分配全部财产权的决策者都可能将外部不经济施加在持有相似权力的其他人身上,并最终导致集体收益的损失。解决双重悖论的核心思路,便在于打破统一财产的传统理念,分解财产权利束,并基于利益相关方在协同生产过程中的不同身份和作用,匹配以相应权利类型。已有理论与实践也体现出了此种特征。

  举例而言,针对第一重悖论,美国著名法学家、耶鲁大学法学院教授圭多·卡拉布雷西与斯坦福大学法学院教授道格拉斯·梅兰梅德在1972年合作提出的,基于"财产规则"与"责任规则"来解构"统一财产"权的分析框架便具有积极意义。① 财产规则下,只能基于权利主体的同意才能进行交易;而责任规则下,即使非经权利主体同意,通过给予合理补偿也能实施强制交换。责任规则在很大程度上能避免"钉子户"等反公地悲剧问题,原因就在于其避免了单纯赋予某一方主体绝对产权,而在一定程度上将处置权与所有权相分离。

  针对第二重悖论,开源软件实践中形成的"左版权"(Copyleft)制度即

---

① G. Calabresi, A. D. Melamed, "Property Rules, Liability Rules, and Inalienability: One View of the Cathedral", *Harvard Law Review*, 1972, pp. 1089-1128.

是典型代表。开源软件生产过程的关键在于开放，但为了防止开源程序员向社群免费公开的劳动成果被别人占有，其同样要解决投机风险。左版权制度的基本内涵在于，它并不强调排他与控制，而是允许后来者的免费使用和再开发、再发布，但同时要求后来者不能将原开源代码据为己有。更为严苛的左版权协议甚至要求，如果后来者使用了开源代码，那其开发的代码也应开源，这也即病毒条款。由此可知，左版权制度事实上更加包容地承认了人的多元动机，并通过分离代码的所有权、使用权、开发权（发布权）而体现了全新的生产激励逻辑。

如果对本小节围绕财产权规则的讨论做个总结的话，本节在形式上可概括为统一财产权与财产权利束分离的差别，并在此基础上体现出财产权规则的多重可能性。此外，就实质意义而言，本节同样体现了聚焦个体和聚焦关系的差别与联系：传统的统一财产权理念仍然建立在个体主义的基础上，强调排他性控制的边界与独立性；但如反公地悲剧或开放创新机制所揭示的，统一财产权带来的外部性影响要求我们打开边界，重新认识财产权的关联性，也正是在此意义上，财产权利束的分离才显得尤为必要。在特定情形下究竟应该选择何种财产权规则方案仍然是一个具体实践问题，但本节的讨论至少打开了财产权规则的黑箱，发现了其同样具有的多重可能性。

（二）治理规则与实验主义

作为对于20世纪七八十年代全球财政与经济危机的回应，在世界银行的推动下，"治理"作为破解发展困境的新方案被推上了全球舞台。从概念内涵上讲，"治理"往往被认为具有更少的政府、更多的多元参与，更少的垂直体系、更多的扁平结构，更少的人为干涉、更多的自动决策等特征；但相关批评同样指出，"治理"概念包装下体现的仍然是西式民主制度的意识形态,"把政府请回来"不仅具有理论自洽的必要性,也是对全球各国治理现实的真实反映。① 基于这两方面的争议,政府—社会的二元划分也构成了讨论治理规则的基本框架。沿袭本节解构规则黑箱、探索规则多重可能性的分析思路,我们的主要观点,仍然是试图跳出将"治理"视为政府—社会二元结构的传统视角,在新环境下讨论"治理"作为一种规则的多重可能性。

分析的起点是我们对于治理环境和治理问题性质变迁的理解与界定。现代社会的复杂性对各领域的治理挑战主要体现在两个方面:无知与不确定性。② 无知是指与具体问题相距较远的政府部门往往缺乏应对的信息或资源,而市民社会与私人部门的基层实践者却因为了解情况而知道如何处理,因而解决方案便是创建多元参与的机制以有组织地把各主体汇集起来,这便构成了治理概念的基本内涵,并以此为基础形成了政府—社会二分的二元结构。在该结构下,我们传统的治理框架往往由各个层面的委托—代理关系所构成(人民相对于立法者、立法者相对于执行者、上级行政者相对于下级、行政者相对于社会多元主体):委托者具有明确的目标并充分理解实现该目标的条件,在给予资源保障的情况下激励其他参与者(代理人)去实现目标。围绕治理概念内涵中"政府多一些还是少一些"的争论,事实上也可理解为委托—代理框架下委托者、代理者关系的调整。

不过,我们面对的系统性失灵问题还不止于无知,更为普遍的挑战还在于不确定性,此时政府决策者和基层参与者都欠缺解决问题的能力,应

---

① G. Capano, M. Howlett, M. Ramesh, "Bringing Governments Back in: Governance and Governing in Comparative Policy Analysis", *Journal of Comparative Policy Analysis: Research and Practice*, 2015, pp. 311-321.
② C. F. Sabel, J. Zeitlin, "Experimentalism in the EU: Common Ground and Persistent Differences", *Regulation & Governance*, 2012, pp. 410-426.

对之策就不限于多元主体的汇集,而是要形成共同研究、共同学习进而不断改进的动态过程。在不确定性的挑战下,委托—代理框架也失去其意义,传统意义上的代理者(例如政府外的多元主体)的责任已经从严格的执行目标转变为探索完成目标的多种可能性甚至是修正目标。正因为此,基于政府—社会二元划分的治理争论已不再具有积极意义,更重要的则是形成被称为实验主义治理的动态机制与过程。

实验主义治理源于哥伦比亚大学法学院教授查尔斯·赛伯(Charles F. Sabel)和阿姆斯特丹大学公共政策教授乔纳森·泽特林(Jonathan Zeitlin)对欧盟治理政策的总结性思考和提炼。欧盟治理面对的基本困境是不存在支配一切的政府权威能够设置共同目标,而各国的条件和实践的多样性使得采用和执行统一规则相当困难。在这样的背景下,传统的治理方式根本无法应对多头政治和政策多样性带来的挑战,实验主义治理便应运而生。

就制度内涵而言,实验主义治理注意到了持续增长的变动和不确定性对于传统科层制治理与委托—代理关系的冲击,并试图通过建构共同学习的制度框架以作出应对,而这又主要体现为四方面要素的迭代循环:宽泛性目标的设定、自主性的执行过程、对治理结果的同行评估以及治理方案的适时调整。实验主义治理的基本逻辑在于,强调一线治理者的自由裁量权,并试图通过同行评估与方案调整以实现政策学习,从而适应不确定的治理环境。为了激励一线治理者并避免自我规制的松散与混乱,实验主义治理提出了改变现状机制(Destabilization Regime),它赋予了个人或集体以松动或挑战当前制度的权利及能力——此时的当前制度既包括政府主导下形成的法律法规或公共政策,也包括企业、媒体等其他主体形成的既有利益格局——从而在事实上成为激励多方主体参与的重要制度设计。一方面,从政府的角度来看,改变现状机制要求政府通过公开评议、公开论证的方式,接受其他主体对于公共政策的批评与建议并做出改进;另一方面,从其他多元主体的角度来看,通过政府对其他主体施加的不合作成本,改变现状机制迫使各方主体主动寻找能够更好解决当前问题的新方案,由此启动共同学习进程。

实验主义作为相对于传统治理概念的突破,并不意味着它是对后者的替代。究竟在哪些条件下可以出现或适合实验主义治理,仍然是一个进行中的问题而远非已经成熟的判断;同时,实验主义本身是过渡性的临时现象,还是可以自我维持并长久存在的稳定结构,也是需要进一步回应的关键问题。但无论如何,基于对治理环境和问题的无知或不确定性区分,我们仍然可以跳出国家—社会二分结构,识别出治理规则的多重可能性。

(三) 互联网与数字技术提出的"新问题"

以财产权规则和治理规则为例,本节对规则本身的多重可能性作出了解释。在此基础上,一方面,互联网与数字技术发展应用同样提出了两个新问题:数字革命背景下,规则作为促进互联网发展并回应政治经济社会影响的重要因素,它本身存在哪些可能性空间?而一个能够释放最先进生产力的未来互联网,又要求何种财产权规则的改良或革新?另一方面,治理规则作为对技术变革引致社会风险的回应,在数字时代又将出现何种不同于工业时代的新特征与新变化?

对于第一个问题,我们关心的是互联网背景下出现的新型规则形态,以及在多重可能性基础上,讨论传统规则在互联网时代的不适应性及相关方向性改革。在该问题的分析中,我们又尤其聚焦财产权规则。数字革命时代,虚拟物品和数据等新型要素不断出现,而基于传统自由主义经济和法律思维的所有权观念仍然占据着主导,并试图从物理世界进一步扩展至数字世界。但我们的分析将指出，基于互联网合作主义理念和实践，传统财产权观念事实上无助于建设一个共享的世界，不仅容易发生反公地悲剧，还会影响统一数字市场的形成，传统财产权应当发生改变。第七章的主要内容将围绕此展开。

对于第二个问题，我们关心的是对于不同的技术与生产方式变革而言，与之相适配的治理规则的调整与重构。从工业革命到数字革命，新旧生产方式转换过程中会发生规则的合法性危机，而好的公共政策和司法政策能够看到这一点，并在关键的时候帮助推动新型生产方式确立合法性，从而加速新型生产力的扩展。第八章围绕数字化变革的历史过程梳理而展开，将探讨在生产方式革命的过程中，与之同时发生的治理规则变化，以及二者之间的相互影响进程。在此基础上，我们试图表明，数字革命的开放性、动态性、不确定性特征，已经从根本上改变了工业革命以来所建立的治理规则体系。以突破既有规则为特征的"非法兴起"过程，不仅是对现实需求的适应性变化，更是对数字未来的渐进性重塑。上述讨论便构成了第八章的主要内容。

四、理念

在生产力和生产关系的讨论框架下，理念往往都不被视为一个独立因素而纳入考量，但它在潜移默化中影响着人们的行为与选择。更为重要的是，理念在很大程度上构成了生产模式自我强化、自我实现机制的重要环节——也正是在此意义上，本书将其视为打开历史多重可能性空间的第四个维度。

尽管本书反复强调的主题是生产模式的多重可能性，但在具体历史演化过程中，特定生产模式的流行会挤压其他可能性空间，以致最终只呈现出单一结果。换言之,不同可能性并非在相同条件下公平竞争,占据主流的生产模式将通过限制技术、结构、规则的演化而影响其他模式的生存机会,这也即生产模式的自我强化、自我实现机制。在此过程中,理念的作用不可或缺,其一方面作为先导性观点推动改革朝向特定模式发展,另一方面也作为应用结果受到特定模式的应用影响。此时,从概念内涵上讲,理念便具体体现为人们对于技术、结构、规则的主观认识与评价,尤其在面对多重可能性空间时,它指对于特定路线或方案的偏好、信任或支持性态度。需要指出的是,这种偏好并不以利益、权力的比较考量为前提,而主要反映人们的认知、心理、感情。事实上,面对技术、结构、规则多重可能性中的任何一种选择,理性行为者都将面临不确定性困境。即使在满意原则的引导下,有限理性也不能帮助他作出最优或次优选择,因为他甚至都不知道评价的标准是什么。

(一) 理念的主导性与隐蔽性

工业革命时期人们对于批量生产模式的偏好甚至崇拜便是体现理念重要性的典型案例。① 19 世纪初,当英国工业革命的浪潮逐渐兴起并在棉花产业取得巨大成功之后,法国里昂地区的丝绸行业弥漫着对于其本身灵活专业化生产模式的怀疑以及是否应该参照英国形成批量生产模式的纠结。1822 年,法国里昂和英国斯皮塔菲尔德地区的丝绸产业仍然处于相对均衡地位,二者都沿袭了传统的分散化生产组织模式,前者大概拥有 14500 台织机而后者为 12000 台。但彼时英国国内的政治经济环境已经完全转向支持机器大工业的热潮,棉花产业的成功使之急切地想将机

---

① Sabel, Zeitlin, *World of Possibilities: Flexibility and Mass Production in Western Industrialization*, p. 79.

器化、集中化的批量生产模式复制到丝绸产业,而其国内也普遍充斥着认为英国丝绸产业将击垮法国的乐观情绪。但随后的历史并没有按照英国人的预期发展。自1824—1826年间制造业的去规制化改革之后,英国丝绸产业便逐渐衰败以致最终消失在世界市场之中,而法国里昂地区的丝绸产业却处于不断扩张之中,在1816—1852年间织机数量翻了两番。不过令人惊讶的是,即使面对如此明显的结果差别,19世纪三四十年代,法国里昂地区仍然始终弥漫着英国工业革命会摧毁法国丝绸产业的担心乃至害怕。所有人都认为英国工业革命推动下的批量生产才是唯一有效的标准范式,而与该范式的差别大小就决定了其他模式的成功与否。即使里昂地区的丝绸产业仍然欣欣向荣,其还是被视为工业革命时代背景下的侥幸存活(survival),而并不被视为另一条道路,当然也不代表任何生产力层面的先进性。

英国和法国的案例对比明显体现出了理念的力量,而这种强化作用将伴随着批量生产模式的扩大而进一步压缩包括灵活专业化在内的其他模式的生存空间,并最终使得人们更为坚持将批量生产作为唯一模式的信念。在此意义上,理念与技术、规则、结构形成了正反馈作用,并体现为技术决定论、制度决定论、结构决定论等一系列"决定论"的基本思想,其在压缩多重道路探索空间的同时,也阻碍了不同国家基于本国现实选择其他进步道路的可能性。

不过不同于技术、规则、结构等要素的显示性,理念常常隐于其后而不易识别。以数控机床的发明与应用为例。[①] 技术史的研究发现,数控机床有两种可能的程序编制法:一种是由管理者初始时就给机器编制好统一程序;另一种则是由熟练工人将自己的操作录制后,再由机器编制程序

---

① 戴维·F.诺布尔:《生产力:工业自动化的社会史》,李风华译,中国人民大学出版社2007年版,第97—101页。

指令并不断进行调整(即录制加重放)。前者类似于泰勒主义,试图以管理者的知识替代工人劳动,后者则仍然相信熟练工人劳动技艺的重要性并给予其自主空间。在两条技术路线的竞争中,前者最终更多被美国企业界采纳。导致其胜出的原因,往往被理解为对于其能够带来更高生产效率的信念,及其符合管理者试图边缘化一线工人从而对机器实施直接控制的愿望——但这两方面的理念都并非事实。一方面,泰勒主义式的数控机床模式虽然能够提升标准化生产的效率,但丧失了生产的灵活性,而这在美国制造业与德国、日本制造业的竞争中非常明显地体现了出来,因此并不能主观判断录制加重放技术路线就是低效的。另一方面,技术发展史的研究发现,美国军方对于高性能战斗机复杂构件极其精密的规格要求(传统的人工加工手段难以达到相关性能指标),以及当时的计算机研制人员(主要是麻省理工学院当时的研究者)为了扩大其研究成果适用范围而采取了积极的宣传与推广策略,才是计算机控制机床模式在美国胜出的关键因素。前者反映了追求技术进步的军事要求(可被视为理念 A),后者则代表了非本行业科研工作者(在此处体现为计算机研制人员而非机床研制人员)的技术追求(可被视为理念 B),二者共同推动了计算机控制自动化机床成为美国数控机床的主要模式。换言之,管理层试图边缘化一线工人从而加强生产控制的愿望(可被视为理念 C)并非推动技术演化选择的关键变量。

总结而言,在这一案例中,理念 C 是我们的常规理解,而计算机控制自动化机床的演化结果也与理念 C 相一致,但这并不代表理念 C 就是导致该结果的主要原因,藏于之后的理念 A、理念 B 才是更根本的原因。值得补充的是,揭示出理念 A、理念 B 的关键影响有利于我们更全面认识到技术路线演化选择的多样性和不确定性。例如对于高性能战斗机的研制(涉及理念 B)而言,美国军方对于复杂构件的高规格要求并非唯一路径,其只不过反映了美国军方对于装载量大且其自身重量较轻机型的偏好，而同时期的苏联则偏好机型更小但配有大型发动机的战斗机。由此，美国空军通过采用新型加工手段来提高性能，而苏联空军则依靠扩大发动机规格并减小飞机规格进而降低复杂性来提高性能。

当完整复盘数控机床发展演化史的全过程后不难发现，表面上看到的理念并不一定是产生关键影响的真实因素，只有进入技术、结构、规则的多重路线演化历史中，才可能真正看到其背后的不同理念及其竞争。

（二）理念的多样性与跨社会比较：关于现代化的争论

围绕技术革命的讨论始终与现代化这一理念的定义与争议紧密关联在一起，工业革命甚至被简单化为现代化的起点。近年来以人工智能为代表的新一代数字技术革命，将算法的普及应用推到了新的高度，其同时拉开的产业革命与治理改革再一次将现代化的当代内涵与未来发展置于讨论的中心位置。讨论的核心问题包括两个层面：

于全球而言，过去历次技术革命推动了人类社会的现代化进程。尽管存在诸多争议，但普遍性的共识还是认为技术革命推动了持续性的经济增长、明显提升的生活水平以及民主化的政治进程。当前蓬勃兴起的数字技术革命，尤其是在新一代人工智能技术推动下算法的普及应用所带来的普遍性、深刻性数字化转型进程，提出的新问题在于：我们能否延续过去的现代化进程，抑或将面临现代化的终结，或者是将开启另一条现代化进程的道路？抛开斯蒂芬·霍金（Stephen W. Hawking）等人围绕人工智能未来的悲观预言不谈，很现实的问题在于：当深度合成、社交媒体机器人促成假新闻泛滥进而深刻影响社会信任、政治信任等根本性问题之后，当机器人、自动化决策系统大规模替代人类劳动进而深刻影响就业结构之后，当集中式数字平台或跨国数字经济企业在私有化社会公地资源进而在国际舞台产生实质影响之后,我们究竟需要何种数字技术革命,以及这种数字技术革命将带领我们走向何种现代化进程,便成为一个很现实且迫切需要回答的问题。

于中国而言,工业革命期间被滞后的现代化进程已经在一系列的政治经济革命中被逐渐弥补,而新一轮数字技术革命甚至被认为可能使中国实现从跟随者到领先者的超越,典型标志就是在跨国数字经济企业市值排名中,中国企业是仅次于美国企业的存在。但在这种表面现象之下,仍然掩盖着诸多重要问题。中国在数字时代的现代化赶超仍然遵循的是与西方同一条道路吗?无论是数字技术的创新发展,还是数字企业的增长扩张,中国是与西方采用的相同道路还是不同道路?如果并不存在两条道路的截然差别,那么中国的传统智慧和发展经验究竟为当前的数字现代化进程提供了哪些与众不同的价值与贡献?在已有研究视野下,研究者已经注意到了中国数字经济企业形成了不同于硅谷的另一条技术创新道路,但大都将原因归于威权国家的保护主义倾向或特殊的市场结构,其暗含假设仍然是认为至少在技术创新规律和路径上全球各国是同质化的、决定性的。[1] 不过我们同样也可以发现,无论是吴文俊围绕中国数学思想史的论断,还是达龙·阿西莫格鲁(Daron Acemoglu)、罗伯特·昂格尔(Roberto M. Unger)等人对于西方技术路线的反思,事实上都体现了在数字革命背景下探索多重技术路线,并在此基础上探索多重现代化路径的知识努力。在此意义上,中国传统智慧的价值可能仍然没有被全部挖掘,并尚未引起充分重视。

上述两个问题构成了在数字技术革命背景下讨论现代化的主要内容:前者可被视为时间维度下对现代化理念多样性的追索,而后者则是空

---

[1] K. Jia, M. Kenney, "The Chinese Platform Business Group: an Alternative to the Silicon Valley Model?", *Journal of Chinese Governance*, 2022, pp. 58-80.

间维度下对现代化理念跨社会比较的反思。对于中国而言,后一个问题或许显得更为重要,也更为沉重。以李约瑟之谜的提问为起点,中国到底与在近现代人类历史上扮演重要作用的科学及工业革命存在何种关联,始终是压在研究者与实践者心头的大石。传统理论框架一般认为,尽管中国历史上曾经有过科学技术的辉煌历史,但其注重实践经验而非一般性理论总结的不足,使得中国滞后于工业革命开启的现代化进程。但吴文俊对于中国数学思想史的分析表明,中国并不缺乏一般性理论的总结和继承(具体案例例如勾股定理、天元术、剩余定理以及几何与代数的早期融合)。由此引出的反思性问题在于:如果承认中国有一般性理论的总结(即并不缺少科学精神),那么为什么我们仍然滞后于由工业革命开启的西方现代化进程?

或者,我们需要重新调整对于现代化这一概念的理解与界定。新的问题在于:工业革命开启的现代化进程的内涵是什么,其是否为唯一路径,或者也只是多重可能性的一种? 在此反思下,中国的滞后可能就并非源于某些要素的缺失,而是源于我们对于现代化这一概念理解的局限性。换言之,现代化进程概念应该是包含多个层次、多条路径的复合概念,工业革命开启的现代化进程只是牛顿技术哲学理念指导下的一种可能性,而牛顿哲学本身在整个科学哲学体系中的局部位置,同样意味着以它为基础和指导的现代化进程的可能的局限性。

更进一步,如果我们承认现代化进程的多重可能性,以及中国与西方差异化的科学思想传统,那么我们很有可能在数字革命的背景下,挖掘中国传统智慧之于当前全球数字技术革命以及未来的现代化进程选择的补充价值。之所以是补充而非替代,原因在于我们并不致力于用单一的某种理念去代替另一种理念——这只不过是决定论思维的翻版;只有呈现出全部可能性,才是另一条道路的真正目的。值得注意的是,李约瑟曾指出,"中国传统数学将推动中国实现从前牛顿时代到量子力学的'阶跃'式发展"——尽管考虑到科学发展往往是渐进而非阶跃,这一论断还不够令人信服,但认为中国传统数学具有不同于西方数学的价值,及其更加适合于解释不同于牛顿体系的另一个物理体系的判断,从挖掘现代化理念多样性与跨社会比较的视角来看,也并非毫无根据。

(三) 互联网与数字技术提出的新问题

以理念的主导性、隐蔽性及其多样性与跨社会比较的回顾性分析为例,本节对理念这一维度的多重可能性作出了解释。在此基础上,互联网与数字技术发展应用提出的新问题主要体现在两点:一方面,数字革命的主导性理念是什么?当我们试图用数字技术(以及数据)来表现或者改造现实世界时,我们究竟是以何种理念为引导,而这种理念是唯一的,还是具有多重可能性?另一方面,与技术理念相并列的,是我们的治理理念。[①]在数字革命面前,我们究竟遵循着何种治理理念,而这一理念源自何处并又将对数字化转型进程带来何种影响?

对于第一个问题而言,我们关心的重点是在理念层面对数字技术的演化逻辑作出解释,这在当前背景下又尤其体现为智能概念的多维度解释与界定。如果工业革命的机器发展是致力于替代人类的体力劳动,当前的数字革命更追求对人类脑力劳动的模仿与替代,而后者便体现为各类型智能技术的普遍创新与应用。但此处提出的反思性问题在于,我们发展机器智能的目的就是为了替代人类吗?若如此,机器智能发展的知识源泉又究竟来自何处?对此问题的反思事实上体现为人—机关系的生

[①] 关于技术理念对治理方案选择的影响讨论,参见贾开:《算法社会的技术内涵、演化过程与治理创新》,《探索》2022 年第 1 期。

产性讨论。所谓生产性讨论,是指我们需要理解机器智能自身的生产逻辑,并在此过程中来界定人与机器的相对价值。第九章的主题即围绕这一问题展开,在此讨论中我们也将再次回到本书的主题:智能理念另一条道路的探索。

对于第二个问题而言,我们将进入治理理念的追寻,并尤其聚焦法律理念。尽管在围绕数字革命的诸多讨论中,我们已经充分展开了治理机制和体系的改革探索,但这些改革的核心理念究竟来自何处,影响不同法律制度选择的内在逻辑是什么,我们又应该如何评价这些主导性逻辑的合法性或公正性？相比于技术、结构、规则层面的分析,此时我们将更加深入法律的本质,或者说也是法律所根植的生产性过程的本质,来回应隐蔽在表象之后的理念性困扰。上述内容便构成了第十章的主题。

第二篇
技 术

第三章 控制的技术，还是开放的技术？

技术的发明应用究竟是生产力解放的福音，还是造成社会分化、环境污染、政治动荡等诸多问题的诅咒，始终是争论不休的永恒命题，而对技术进行分类似乎是解释其差异化影响的重要思路。举例而言，利普西对于一般通用技术这种特殊类型技术的聚焦，解释了技术作为经济长期增长根本动力的重要作用；芒福德对威权技术和民主技术的类型划分，在揭示技术政治内涵的同时，也影射着它对人类社会的不同影响；阿西莫格鲁对于使能技术和替代技术的区分，则在一定程度上解释了20世纪80年代之后所有人工资都开始下降的大逆转现象，而该现象在廷贝亨关于技术型工人和非技术型工人的传统分析框架下难以得到合理回应。

在他们的理论视野下，技术都不是单一概念，而是包含不同类型对象在内的复合概念。也正是基于对体现不同属性特征或差异化影响的技术类型的区分，我们才能有意识地选择特定技术路线，以使之符合决策者的目的与意图。在此意义上，技术便不应被局限理解为价值中立的客观现象，而是演化为体现特定价值倾向的人造物。

本章即围绕互联网的技术内涵展开讨论，试图在区分不同类型互联网的基础上，体现其影响人类生产生活的多重可能性。从表面上看，不同类型的互联网看似一个虚假命题，因为基于TCP/IP协议和万维网协议的网络结构具有确定的技术特征，似乎很难再对它做出进一步的类型划分——但这种理解事实上限制了我们探索未来互联网改革的思想解放空间：一方面，从历史视角来看，当前我们看到的互联网技术架构并非在形成之初即固定不变，它既不代表功能层面的最优解，也并不一定是最适合周围环境的合意解，还原技术演化历史过程的全貌并分析影响技术选择的过程因素，是打开互联网技术类型学分析的关键；另一方面，从系统视角来看，互联网的运行不仅仅建立在 TCP/IP、万维网等诸多协议基础上，由计算机、云计算、数据库、区块链等一系列技术方案所构成的技术系统共同支撑了我们所看到的广义互联网，而该技术系统本身的复杂性、多样性更是要求对它做出类型学的分析，以理解它对社会生产生活的差异化影响。

一、 从计算机到万维网：多重技术路线的可能性

"赛博空间"（Cyberspace）是我们对于当前数字化转型形态的称谓，其既包含了改造旧世界的积极探索，也体现了创造新世界的乌托邦愿景——正是在此意义上，我们便难以忽视赛博空间背后的价值意图与路线选择。不过在直接切入目的/动机问题之前，更为重要的理论前提是理解赛博空间究竟提供了哪些技术路线，以使得不同主体能够置身其中并做出博弈选择。值得注意的是，这并不意味着赛博空间外生于此选择过程。事实上，技术政治的研究仍然提醒我们，特定技术路线对于不同主体能力或权力的差异化影响，是推动技术路线竞争、选择的重要机制。但无论如何，首先呈现出技术层面的多重可能性，是我们打开赛博空间黑箱的基础性前提。

为完成此工作，历史主义和系统主义是本章切入的两个分析视角。前者试图回顾赛博空间的演化历史，并呈现出不同技术路线探索、竞争、选择的机制与过程；后者则要求认识到单一技术方案并不足以支撑赛博

空间的变革影响,多重技术方案的系统组合才是关键。以此为起点,本节将追溯计算机、微电子、互联网这三种技术方案的历史演化过程。在很大程度上,赛博空间可被理解为建立在"计算"与"连接"这两个概念基础上:①一方面,意大利科技哲学和伦理思想家卢恰诺·弗洛里迪(Luciano Floridi)在其重要著作《哲学与计算》(Philosophy and Computing)中指出,计算重要性的凸显源于信息的生产、存储、处理成为人类社会当前阶段的关键特征;②另一方面,以卡斯特关于网络社会的论著为代表,行为体之间复杂且多样的结构连接关系开始成为关注焦点。在此意义上,我们对于赛博空间多重技术路线的考察,首先需要回答的是在计算、连接这两个领域曾经出现过的差异化探索。

(一)雅卡尔织布机与冯·诺伊曼、图灵:计算机的思想起源与差异化探索

计算机的发明史往往被追溯至雅卡尔织布机(Jacquard Loom)的设计思想与原理。无论是被誉为"计算之父"的查尔斯·巴贝奇(Charles Baggage),还是IBM前身的创立者、打孔卡片制表机的发明人赫尔曼·何乐礼(Herman Hollerith),他们设计并发明计算机器的思想源头都与雅卡尔织布机密不可分。但不为人所熟知的是,在工业革命的研究史上,雅卡尔织布机并没有得到充分认可,更为出名的则是往往被誉为第一次工业革命开端的珍妮纺纱机(Spinning Jenny)。人们对于珍妮机的关注在很大程度上受到技术决定论的影响,认为珍妮机对于生产效率的提升降低了技

---

① 在不同视角下,对赛博空间基础概念的概括可能存在分歧。例如弗洛里迪即将计算(computation)、自动控制(automatic control)、模型化(modelling)、信息管理(information management)视为四个基础领域,但这并不影响本节此处关于多重技术路线的讨论。参见 L. Floridi, *Philosophy and Computing: An Introduction*, Routledge, 2001, p. 4。
② Floridi, opcit, p. 15.

能工人需求,并因此导致了工场手工业的衰亡和机器大工业的崛起。但这一理念忽略了多重技术路线的存在可能性,以及不同技术路线具有差异化优势的客观特征,而雅卡尔织布机和珍妮纺纱机正是代表了两条技术路线:雅卡尔织布机以打孔卡片来控制编织图案的样式,因而可以通过灵活更换卡片来适应多变的市场需求;珍妮机则主要通过增加纱锭数量来提高纺纱功效,因此有利于实现生产单一产品样式的规模经济。与珍妮机对技能工人的排斥不同,雅卡尔织布机仍然维持了技能工人的重要地位,并更适应根据订货需要而展开的小批量生产。① 事实上,雅卡尔织布机所使用的打孔卡片正可以被理解为技能工人知识的积淀,而多样化的编织图案样式也只能来源于技能工人的"潜在知识"创新。从结果来看,尽管珍妮机在英国取得了更为普遍的应用,但在农业人口众多的法国,雅卡尔织布机在相当长的时间范围内都占据着重要乃至优势地位,这与本书第二章围绕英法丝绸产业发展历史的对比分析也具有类似性。

雅卡尔织布机和珍妮纺纱机的对比再一次呈现出了多重技术路线的可能性,而以雅卡尔织布机为思想起源的计算机发展史同样如此。在现代计算机发展史上,约翰·冯·诺伊曼(John von Neumann)和艾伦·图灵(Alan M. Turing)是两个标志性人物,而他们对于计算乃至智能本质的探究,同样体现出差异化的两条路线。

对于冯·诺伊曼来说,其兴趣在于寻找生物体(大脑)、数学逻辑与机器的相通性,他强调在理解生物智能机制的基础上将其数学模型化,并用以指导智能机器或计算机器的设计与制造。② 作为现代计算机的设计者,冯·诺伊曼对于机器智能的思考始终与计算机的制造与实现联系在一

---

① 崔之元:《1848 年的马克思、托克维尔和蒲鲁东》,《二十一世纪》2018 年 6 月刊。
② S. J. Heims, *John von Neumann and Norbert Wiener: From Mathematics to the Technologies of Life and Death*, MIT Press, 1980, p.209.

起,因此他也始终面临着双重复杂性的挑战:一方面是生物体智能机制不清晰并因此难以通过逻辑模型得以表达,另一方面则是如何在有限时间、有限资源内模拟生物智能的运行过程。1943年沃伦·麦卡洛克(Warren McCulloch)和沃尔特·皮茨(Walter Pitts)关于神经元网络的模型化研究推动了前一个问题的部分解决,而冯·诺伊曼则提出以"自动机"(automata)模型来解决第二个问题。受到生物体"由简入繁"演化进程的启发,冯·诺伊曼认为复杂性计算可以基于简化的自动机模型通过自我复制、进化而得以实现,同时他也建构了包含29个状态的自动机模型。[1] 但即使如此,自动机模型仍然不能回应的问题在于,简化模型能否且如何在自我复制和进化过程中形成解决复杂问题的能力——而这却恰恰是生物进化的特征所在。

与冯·诺伊曼相比,图灵则提出了另外一条实现并判别机器智能的方式,即关注智能行为的结果而并不在意它是否是对于生物(人脑)的模拟。在图灵看来,"思考""智能"等问题过于模糊以致难以定义,但从行为结果的近似性上则可以清晰界定计算的标准,而这也正是图灵测试的基本内涵。[2] 以此为起点,图灵不再如冯·诺伊曼般关注机器实现的具体部件或结构,转而聚焦计算机的算法设计问题,并基于图灵机模型提出了"可计算问题等同于图灵可计算"的理论命题。随后,哥德尔、波斯特、邱奇等人的工作被证明与"图灵机"在计算能力上是等效的,由此强化了数学领域的可计算判定问题与计算机领域的算法设计问题的等效性,而这也正与大卫·希尔伯特(David Hilbert)的公理化数学系统理论存在内在

---

[1] H. Mühlenbein, "Computational Intelligence: the Legacy of Alan Turing and John von Neumann", in C. L. Mumford, C. J. Lakhmi (eds.), *Computational Intelligence*, Springer, 2009, pp. 23-43.

[2] A. Turing, "Comupting Machinery and Intelligence", *Mind: A Quarterly Review of Psychology and Philosophy*, 1950, pp. 433-460.

的关联性与一致性。①

由此,冯·诺伊曼和图灵从不同角度探究了实现计算机器的方式与途径。概括而言,其事实上反映了研究者对两个层面复杂性的反思与回应:环境(生物)复杂性和计算复杂性。在冯·诺伊曼看来,计算机器的实现方式有两条路径:图灵式或者皮兹式。② 他更偏向后者,因为图灵计算模型虽然具有数学上的形式化优点,但忽略了计算的时间与资源挑战。不过,冯·诺伊曼的自动机模型虽然简化了计算复杂性,但它仍然面临着如何理解并模型化生物智能复杂性的挑战。值得注意的是,冯·诺伊曼和图灵对于计算本质以及计算机器实现方式的差异化探索同样不存在优劣之分。尽管冯·诺伊曼结构成为现代计算机的基础,但它在非数值计算方面的低效,以及总线瓶颈的约束都使得当代计算机科学领域始终存在着寻找非冯·诺伊曼结构的持续努力,而图灵机高度简洁的模型化数学框架无疑有助于推动后者的发展。

如果跳出具体技术逻辑的研讨,从探索赛博空间多重发展可能性的视角来看,冯·诺伊曼和图灵的分歧同样代表着两条发展路线:冯·诺伊曼试图模拟人脑的努力将不得不面临双重复杂性的挑战,这也使之不得不承认计算(或智能)的限度与边界,并在此前提下探索人—机合作(或赛博空间与物理空间交互)的可能性;与之相比,图灵试图从公理化数学视角构建"通用图灵机"的努力,在逻辑上绕开了双重复杂性的现实挑战,这也使之更可能倾向于以赛博空间代替物理空间的发展路径。当然,我们仍然不能判断这两条路线的比较优势:这一方面是由于对此的评估永

---

① Y. Gurevich, "Foundational Analyses of Computation", in S. B. Cooper, A. Dawar, B. Löwe (eds.), *How the World Computes*, Springer, 2012, p. 267.
② T. Haigh, M. Priestley, "von Neumann Thought Turing's Universal Machine Was 'Simple and Neat', but that didn't Tell Him How to Design a Computer", *Communications of the ACM*, 2020, pp. 26-32.

远都将是留给未来的不确定性问题,而我们事实上也欠缺进行评估的一般性指标体系;另一方面,相对优势比较的答案往往取决于作答者的身份和角色,计算机器对于不同人群、不同时间阶段相同人群的差异化影响,都使得试图获得一般性结论的努力南辕北辙。这也再次印证了本书所反复强调的主题——恰恰因为不同技术路线在性能或功能上不存在绝对优劣的差异,我们才能够跳出技术决定论的思维局限,在起点上认识到"计算"概念,以及更具体的计算机器所存在的多重技术路线,并在此基础上指导未来的改革探索。

冯·诺伊曼和图灵的思想比较可被视为在技术内涵层面对"计算"(以及更具体的"计算机器")本质的差异化探索,但"计算"的多重路线还不仅体现于对此实质内涵的争议,作为技术外在形态层面的多样性分析同样至关重要,而这在计算机发展史上又具体体现为大型计算机与微电子之间递归循环的历史演化过程。

(二)大型计算机与个人计算机:递归循环的历史演化

所谓计算机技术递归循环的历史演化,是指不同技术路线在发展过程中交替出现,且同一种技术路线在下一次的出现将体现出比上一次更加丰富的内涵,而这种变化恰恰又建立在其他技术路线发展的基础之上。基于递归循环的历史演化视角,我们可以总结出三方面技术发展特征。第一,技术发展过程是非线性的。尽管很多技术方案都将在历史长河的洗刷下逐渐消失(例如何乐礼在19世纪末发明并应用的制表机),但这并不代表技术发展是决定性的线性过程,许多在特定历史阶段衰落的技术方案反而可能在下一阶段重新崛起。第二,技术发展过程在长期阶段是非竞争性的。尽管短期内我们往往看到不同技术方案间的竞争,以及遵循优胜劣汰原则的技术演化过程,但在长期来看,当前阶段的胜出者反而可能成为淘汰者在下一阶段重新崛起的基石。第三,技术发展过程是环境嵌入式的。不同于将技术发展视为客观规律或者遵循特定经验法则(例如摩尔定律)的观点,环境嵌入更强调当前阶段技术发展路线受到所处环境的影响,而该环境又是上一阶段技术路线所塑造的演化规律。计算技术形态在大型机和个人电脑之间的递归循环,即体现了这三方面特征。

在计算机发展史的常规叙述中,从大型专用计算机向微型通用计算机的发展往往被视为技术进步的标志。1946 年,世界第一台电子计算机埃尼阿克(ENIAC)在美国宾夕法尼亚大学诞生,服务于弹道计算的埃尼阿克建立在电子真空管的基础上,其重量接近 30 吨、机房占地面积 170 平方米,每秒钟能完成 5000 次加法或 500 次乘法或 50 次除法,比人工计算快 20 万倍。伴随着硬件设备从电子真空管向晶体管再向集成电路的迈进,计算机不仅在形态上不断走向微型化,在性能上也实现了指数级增长。很典型的对比是,当前任何一台个人电脑或智能手机所搭配的中央处理器的计算速度都达到了万亿级,早已不是埃尼阿克可比拟的。同样重要的差别在于,彼时埃尼阿克还仅仅只能用于弹道计算,且每一次计算问题的改变都要重新调整电子管的连接布局,以致使用起来非常麻烦;与之相比,伴随着计算性能的提升,个人电脑早已演化为通用计算机,标准化、可交互操作系统不仅支撑了丰富应用生态的形成,也塑造了赛博空间的结构和内涵。推动此过程发生的两个重要节点,可总结为冯·诺伊曼结构的提出以及 IBM System/360(S/360)大型机的成功。

冯·诺伊曼在埃尼阿克研制尾声加入了进来,在注意到它需要复杂过程才能切换计算方式的困难之后,冯·诺伊曼提出了纳入程序存储器的新的计算机结构框架。将程序指令和数据同时放入存储器,使得不改变计算机连线布局而仅通过调整程序指令就能实现多种计算方案的切换,而这也在事实上将专用计算机转变为通用计算机,由此形成了奠定现代计算机基础的冯·诺伊曼结构。另一个里程碑事件则是 IBM S/360 大型机的历史性成功。在投资 50 亿美元(投资额甚至超过了"曼哈顿计划")并历时三年的研发过程之后,IBM 于 1964 年推出了 S/360 大型机,它不仅帮助 IBM 在计算机市场维系了长达二十余年的统治地位,也在事实上拉开了计算机商业化应用的序幕。在 S/360 之前,计算机市场呈现出碎片化格局,不同厂商的产品相互独立,为计算机量身定做的操作系统或应用软件很难被移植或升级到其他机器;S/360 的核心创新之一即是提出了兼容性理念,它不仅在计算机硬件或外设设备上实现了标准接口,重新开发的操作系统更是成为行业基准。换言之,正是 S/360 的成功,才在统一计算机市场的同时让各个商业领域认识到计算机的变革潜力,并最终开启了数字化转型的历史进程。

以冯·诺伊曼结构和 S/360 大型机为基点,同时受益于快速发展的集成电路产业,计算机的微型化、普及化、商业化以"一日千里"的速度快速发展。1977 年的 Apple II 个人电脑、1981 年的 IBM 个人电脑、1983 年的惠普触摸屏电脑 HP-150、2007 年的苹果 iPhone,一个又一个的划时代产品在短短的二十余年时间里被不断推出,并最终塑造了蔚为壮观的由个人电脑与智能手机所支撑的数字世界。在此过程中,大型计算机似乎逐渐淡出了人们视野,并成为了历史古旧。但正如本节对技术递归循环发展特征的总结所启示的,计算机的发展史并没有按照决定论的逻辑往前发展,反而是体现出了非线性化、非竞争性、环境嵌入式特征,而这又主要体现在云计算兴起之后大型机概念的回归与重塑。

2009 年 IEEE 计算机学会(IEEE Computer Society)发表的组刊文章对计算机发展范式的历史演化进程进行了概括,其大致被划分为六个阶段:第一阶段,是大型机阶段,用户通过键盘或显示器等终端控制主机进行计算;第二阶段则进入个人电脑时代,此时的微型计算机能够独立完成日常工作;第三阶段,不同的个人电脑开始在局域网内流通信息、分享资源;第四阶段,不同的局域网开始组合形成互联网络,从而允许更广泛的信息与资源流动;第五阶段被认为迎来了网格计算或分布式计算时代,通过促进计算资源、存储资源的共享以节省资源、提升效率;第六阶段则最终进入云计算时代,互联网络上的云计算资源开始以可拓展的简易方式得到迅速普及。[①] 事实上,在第五、第六阶段,我们已经再次看到了微型计算机让步于大型机的明显趋势。

云计算的兴起在本质上是服务于更多业态的数字化转型进程,在降低能力门槛、资源门槛的情况下,使得没有技术能力、欠缺资源的产业场景同样能够受益于数字技术的变革潜力。从技术形态上讲,云计算与大型机存在着天然的近似和重要的差别。从近似性上讲,云计算与大型机都继承了时分复用(time sharing)的概念,并都采用了"客户端—服务器"结构,作为服务器的主机端承载着主要的计算资源、存储资源并支撑着应用程序的运行,而客户端则更多扮演着数据输入和输出的角色。从差异性上讲,云计算相比于大型机的重要突破在于其可扩展性、可配置性,使得云计算在事实上可被拓展为没有计算与存储上限的超大计算机。

正是基于云计算与大型机之间近似性和差异性的分析,我们再次回到了本章围绕多重技术路线的讨论。往往被认为是时代弃子的大型机,无论是其内在理念还是技术架构,在云计算时代又重新回归并得到了新的发展,而这也再一次从技术外在形态层面呈现出了"计算"的多重可能性。接下来,我们将要讨论的是赛博空间的另一支柱——"连接"的多重可能性。

[①] J. Voas, J. Zhang, "Cloud computing: New wine or just a new bottle?", *IT Professional*, 2009, pp. 15-17.

（三）万维网是历史的必然还是巧合？

如果说"计算"支撑了数字化转型的技术可能性，"连接"才真正把这种可能性推广至人类社会生产生活的方方面面。事实上，正是万维网（WWW）的发明与普及才拉开了数字世界商业化进程的序幕，也正是在此过程中，我们才开始了赛博空间的建构，及其与物理空间的融合。但站在当前时间节点，我们想提出的问题是，这一过程是否是必然的？我们是否还存在不同于万维网架构的另一种赛博空间的可能性？——对此问题的追索，推动着我们回到了20世纪的最后十年。

"互联网已经不再局限于程序员群体，它已不再属于我们，我们不得不接受这一现实"——互联网基础协议 DNS 的发明者、美国计算机科学家保罗·莫卡派乔斯（Paul Mockapetris）在1995年11月所发表的这个观点不仅代表其本人，同时也是整个技术社群对20世纪90年代之后互联网发展趋势的无奈承认。[①] 推动这一变化发生的重要技术创新，正是缘于万维网的发明与应用。1990年，英国计算机科学家蒂姆·伯纳斯-李（Tim Berners-Lee）发明了万维网，成功将超文本嫁接到因特网。在此之前，互联网仅仅只是互相连通的电脑网络系统，它仅支持文本信息的传输与交流，而且相互割裂的独立网络也使得互联网的真正价值并未体现出来。万维网的发明，使得互联网真正成为人类知识资源的全球集合，文件、图片、视频等各类型数字资源通过超链接和统一资源标识符相互连通和传输，而这也才真正拉开了互联网商业化进程的序幕。

不过值得注意的是，万维网并非试图将相互割裂的独立网络联系在

---

① M. L. Mueller, *Ruling the Root: Internet Governance and the Taming of Cyberspace*, The MIT press, 2002, p. 105.

一起的最早尝试。在伯纳斯-李发明万维网协议之前,同样试图将不同网络互联在一起的公弗协议(Gopher)已经存在。不同于万维网协议,公弗协议本质上是一个目录索引系统,它将所有的网络资源以目录形式集中编目在一起,用户通过公弗网站查找其所需的网络资源。很显然,这是一个集中式互联网结构。虽然万维网协议在性能上优于公弗协议,但由于先发优势,公弗协议仍然被越来越多的网络所接受,而万维网协议面临着被排挤出局的危险。正当伯纳斯-李为此一筹莫展时,明尼苏达大学(公弗协议的发明者)宣称将对采纳该协议的网络收取专利费,而这一举动彻底埋葬了它的前途。伯纳斯-李随即宣布万维网协议免费开放,由此一举超越公弗协议而成为互联网的主流通信协议,并最终将相互割裂的不同网络打通为统一的互联网。

  随后的发展历史便为人所熟知,当越来越多的地域、人群开始接入互联网之后,其规模效应逐渐显现,并创造了一个又一个商业奇迹。但这是否意味着万维网就是最好并因此唯一的技术发明呢?站在当前视角来看,答案很可能是否定的。作为万维网的发明人,伯纳斯-李对此的反思无疑是最具有代表性的。

  2019年,在纪念万维网诞生30年的时间节点上,伯纳斯-李对当前互联网乱象做出了高度凝练的概括,并对造成乱象的原因做出了深刻反思。在伯纳斯-李看来,当前互联网乱象集中在三点:蓄意传播恶意内容以影响政治进程(以剑桥分析事件为代表)、系统设计存在漏洞以致激励错配、技术被滥用导致网络极化。[①] 解决问题的办法固然可以诉诸法律规则制度的建设与完善,但技术本身的发展与创新仍然是最为根本的解决方案之一。伯纳斯-李进一步指出,上述三个问题在某种程度上都可归结于初

---

① Web Foundation, "30 years on, what's next #ForTheWeb?", 2019. https://webfoundation.org/2019/03/web-birthday-30/. 最后访问时间:2023年6月1日。

始互联网架构设计的缺陷与不足,并因此导致后续商业化进程在一定程度上走向了人类社会价值的反面。

万维网的初心是缔造一个全人类能够协同创新的自主空间,不同的知识在网络汇集、开放,进而累进式地创造出更多的人类智慧。[①] 为实现这一目标,万维网的关键创新在于两方面:将超文本技术嫁接到互联网,以使得图片、视频、音频等更多类型的信息可以在互联网上传播;同时,采用单向链接方式,使得任何人都可以在资源所有者无须做任何回应的情况下链接该资源,从而最大限度地维系开放性(即开放链接是默认状态)。一方面,万维网独特的技术设计拉开了互联网商业化进程的序幕,产生了开放促进创新的积极影响,以维基百科、开源软件为代表的公地喜剧也实现了推动全人类协同创新的美好愿望。但另一方面,万维网设计之初没有考虑到的短板与不足,则在互联网普及应用过程中凸显了消极影响。主要聚焦链接开放性的技术方案,反而忽略了其他要素的开放性,而后者伴随着人类社会数字化转型进程的深入显得更加重要。具体而言,万维网以网页为中心的技术架构并没有将应用程序与数据分离开,这便导致用户数据被分割在不同网页(其背后是不同公司)而难以开放共享。伯纳斯-李将此种情况形象地比喻为数据竖井(Silos)。更严重的问题在于,数据竖井一方面使得商业公司可以拥有大量用户数据并因此享有网络效应,另一方面也造成了激励错配,使得所有公司都致力于收集并垄断用户数据而非提升应用服务的水平。后者带来的直接后果便是对于用户隐私的全面侵犯。同时,也正因为商业公司拥有大量用户数据,基于数据挖掘而推荐广告的商业模式才成了互联网公司最为成功,也最为普遍的盈利手段,这又反过来强化了商业平台公司收集并控制用户数据的动机。

---

① Tim Berners-Lee, "Read-Write Linked Data", 2009. https://www.w3.org/DesignIssues/ReadWriteLinkedData.html. 最后访问时间:2023年6月1日。

缘起于万维网的发明而开启的互联网商业化进程,在当前却引发了集中的反思与批评。用户欠缺对于自身数据的控制权,商业平台公司为获取数据而侵犯隐私、散播虚假新闻等治理乱象,平台垄断者凭借数据优势而对市场竞争产生不利影响,都是当前互联网全球治理的焦点议题,而它们事实上都可归咎于万维网本身的缺陷与不足。

正是因为看到了这样的问题,伯纳斯-李发起了索利得(Solid)开源项目,以试图通过技术方案的创新将互联网拉回到"初心"的轨道。该开源项目的核心理念在于通过将应用程序与用户数据分隔开,将数据的控制权交回到用户手中,以借此改变互联网商业业态的主流模式。索利得的这一理念事实上与欧盟在《通用数据保护条例》(General Data Protection Regulation, GDPR)中提出的数据可携带权(Right to Data Portability)一脉相承,但不同之处在于,数据可携带权在实践过程中往往更重视不同商业平台公司在应用程序接口(Application Programming Interface, API)方面的标准化和统一性,而这种思路仍然沿袭了传统万维网框架下应用程序与用户数据集成在一体的技术路径,因此并没有从根本上改变数字商业平台公司试图收集用户数据并打造数据竖井的行为动机。与之相比,索利得则采用了不同技术路径,用户在互联网上产生的数据都被存储在特定位置并因此与提供服务的应用程序(或网页)相分离,商业平台公司必须首先要获用户同意才能获得数据以提供服务。由此带来的影响在于两个方面:一方面,数据竖井现象被消除,任何数字平台公司都不拥有用户数据,而经由用户同意,不同商业平台公司都可以调用同一套用户数据,由此打破了网络效应并促进了市场竞争;[1]另一方面,互联网商业化进程中的激励错配被消除,此时数字平台公司的动机不再是收集并控制用户

---

[1] 较为形象的案例便是用户只需要一个账号就可以登录所有应用,而不需要针对不同应用使用不同账号,且不同账号的数据也并不关联。

数据,而是提升并创新其产品服务,隐私侵犯、虚假新闻等互联网乱象得以从根本上得到解决。同时,值得注意的是,索利得并不以限制数据应用为目的,其本质上仍然是以促进应用、开放为宗旨,这也再次体现了伯纳斯-李所反复强调的互联网初心——实现全人类能够协同创新的自主空间。

我们并不能确定索利得开源项目的未来是否会像万维网一样成功,甚至是否有可能替代万维网,但伯纳斯-李的"二次"创业至少提醒我们,互联网并非一蹴而就的完美架构:一方面,万维网与公弗协议的竞争在很大程度上也是历史的巧合,如果明尼苏达大学不为公弗协议申请专利,我们能否形成基于万维网协议的全球互联网或许仍然存在不确定性;另一方面,即使万维网成为主流,三十余年后索利得项目对它的挑战说明互联网本身的技术演化仍然没有停止,历史并未被终结。在此意义上,我们同样看到了"连接"技术的多重可能性。

二、技术政治的选择:走向数字平台

从计算机到万维网的历史演化与反思性分析,呈现出了赛博空间技术路线的多重可能性,它在丰富我们理解互联网技术全貌的基础上,提出的新问题在于:面对技术路线的多重可能性,我们又如何形成了当前的技术、业态、制度格局?

对此问题的回答当然可以从资源、文化、法律等多重因素上给予解释,但技术本身的演化规律同样至关重要,而这一点却往往为人所忽略。惯常以来,人们多将技术视为客观现象而并不在意其在发展路径选择方面的重要影响,或者认为不同发展路径的影响是类似乃至相同的(即技术中立观),因而也无须被纳入社会演化的影响框架分析。但将技术视为客观或中立现象的观点恰恰忽略了技术政治的丰富内涵,没有认识到技术路线事实上也包含着对于特定政治结构的偏好,或者将对不同群体带来差异化影响。芒福德对于威权技术和民主技术的区分,以及阿西莫格鲁对于使能技术和替代技术的界定,都是此类技术政治观点的典型体现。

对于互联网(或者更为一般的赛博空间)发展现状而言,普遍性共识是我们当前已经形成了以数字平台为核心的数字化商业结构。而在互联网发展初期,分布式、松散化的网络社群组织却是主导型形态。彼时兴起的开源软件、维基百科等全球性协作现象,以及端对端服务、门户新闻网站、社交媒体等新兴业态,都在很大程度上体现了社群特征和分布式创新规律,并被持续性地保留了下来。但伴随着数字商业平台的崛起并形成垄断结构,以数字平台为中心来控制核心瓶颈资源,并同时向其他生态参与者开放外围资源的数字平台架构开始占据主导地位。

网络社群和数字商业平台这两种数字生态结构的政治影响是截然不同的,前者更多依赖分散主体的自发行为,而后者则体现了较强的控制性和组织性。本章无意于比较这两种结构在影响社会总福利水平或不同群体福利水平方面的差别——尽管它也是重要的——更前提性的问题在于,我们究竟如何从网络社群结构走向了数字商业平台结构,这一过程是如何发生的?特别地,结合本节的讨论主题,互联网自身的技术演化究竟在此过程中扮演了何种角色?

围绕此问题,本节将聚焦三个标志性技术议题的分析。通过对技术演化历史过程进行梳理,本节试图揭示互联网技术自身的发展逻辑将如何推动网络社群结构向数字平台结构的转变。值得注意的是,尽管很多讨论往往都将平台视为一种组织结构的变革,但在互联网语境下,平台本身也意味着技术架构的选择与设计,此时的技术与组织演化实则形成了不可分割的统一整体。也正是在此过程中,我们才能理解,看似客观、中立的技术演化,事实上仍然体现了技术政治的丰富内涵与深远影响。

(一) IBM 个人电脑的兴衰与数字平台的序幕

从大型机向个人计算机的演化并不仅仅代表着计算机形态的差异,更意味着两种产业生态结构的变迁。正是基于个人计算机的形成与发展,以数字平台为核心的商业架构才逐渐形成,并真正拉开了数字生态繁荣发展的历史性进程。

计算机大型机时代的生产模式并没有体现出与工业革命时期的本质差异。IBM 涵盖软硬件各个模块的一体化设计、制造能力,在铸就 S/360 巨大成功的同时,也塑造了它在计算机市场的"蓝色巨人"地位。但 IBM 的辉煌并未止步于此,1981 年 IBM 个人电脑(IBM Personal Computer)的推出,更进一步将其推向了顶峰。不过 IBM 个人电脑的重要价值并不局限于 IBM 本身,它对于微软和英特尔的孕育或许才更为重要,因为它最终开启了"数字平台"时代的新序幕。

IBM 个人电脑并非首创者。1977 年 4 月首次举办的西海岸电脑展(West Coast Computer Faire)在旧金山开幕,而展览上斯蒂芬·乔布斯(Steve Jobs)的苹果 II 个人电脑(Apple II)以及康柏公司(Commodore)的 PET 个人电脑才被广泛认为是个人电脑的起点。尽管引起了轰动,但围绕"个人电脑是否是未来"的争议或质疑仍然甚嚣尘上,而彼时 IBM 首席执行官弗兰克·凯瑞(Frank T. Cary)的决定最终奠定了个人电脑市场随后的辉煌。与大型机集中研发、耗时漫长的特点不同,个人电脑市场快速更新的步伐对计算机生产过程与管理组织模式都提出了完全不同的要求。事实上,即使在最开始的时候,个人电脑的产品更新速度都是非常快的。自 1977 年 4 月苹果 II 和 PET 首次亮相后,8 月份 Tandy 公司就推出了 TRS-80 并在个人电脑中第一次加入了电子游戏。① 在凯瑞的推动下，威廉·洛维(William Lowe)提出了不同于 IBM 历史上任何一次产品开发过程的新路径，即绕开公司内部烦冗的科层流程，以开放架构广泛邀请合作伙伴加入，而微软和英特尔正是在此背景下乘上了 IBM 个人电脑的这艘大船。事实上，如果说 IBM S/360 大型机孕育出了《人月神话：软件项目管理之道》(The Mythical Man-Month: Essays on Software Engineering)这本经典著作的话，IBM 个人电脑则创造了"协同工程"(co-engineering)这样的新理念，二者都代表了数字生产过程中不同主体分工合作模式的全新探索与核心经验。

值得注意的是，在 20 世纪 70 年代末，微软和英特尔都不是其所在领域的最强者。对于微软而言，数字研究(Digital Research)是当时个人电脑软件开发市场的领头羊；对于英特尔而言，摩托罗拉(Motorola)和齐洛格(Zilog)都能生产出更好的集成电路。② 但巧合与不确定性再次在重大历史事件中扮演了重要角色。尽管洛维等人首先接触的是微软，但后者并没有令前者信服，并因此又转向了数字研究公司，然而同样未能与之达成共识。洛维的核心诉求是在限定时间内以采购服务的方式获得个人电脑所需要的操作系统，但微软和数字研究都不认为"操作系统"的巨大投入能够换回足够收益。所幸的是，微软改变了自己的想法，并通过并购另一家恰好有一定基础的公司来完成 IBM 的要求，而这便是 DOS 系统的前身。

伴随着 IBM 个人电脑的巨大成功，微软和英特尔也因此正式走上历

---

① Brian Santo, "The Consumer Electronics Hall of Fame", 2018. https://spectrum.ieee.org/the-consumer-electronics-hall-of-fame-tandyradioshack-trs80-model-1. 最后访问时间：2023 年 6 月 1 日。
② Ajay Shah, "Windows + Intel = Wintel?", 1998. https://www.mayin.org/ajayshah/MEDIA/1998/wintel.html. 最后访问时间：2023 年 6 月 1 日。

史舞台。尽管 IBM 仍然是个人电脑产品的定义者,但微软和英特尔在开放生态中的影响力却与日俱增。值得注意的是,IBM 与微软的合同给予了微软极大的开放权力,即 IBM 并不限制微软将它为 IBM 个人电脑开发的操作系统向其他个人电脑厂商出售,这在很大程度上可能要归因于彼时美国司法部正针对 IBM 展开的反垄断调查。① 有趣的是,1982 年当里根政府放弃起诉 IBM 之后,IBM 便不再采用开放策略,而是全部由自己来一体化开发。恰恰也正是因为 IBM 的"宽容",才将微软推向了整个产业,并实质性地推动了个人电脑市场的蓬勃发展。1983 年 1 月,《时代》杂志的年度人物第一次将"个人电脑"印上了封面,由此也可见彼时的热潮。

  但对于 IBM 而言,虽然个人电脑市场由它拉开序幕,但并不必然意味着它将始终处于领先者地位,IBM 传统的公司组织结构和产品导向的生产理念并不适应快速发展的个人电脑市场。在经历初代产品的成功后,1983 年 1 月 IBM 将个人电脑部门重新整合到公司的科层组织之中,但迟滞的决策过程却开始影响个人电脑部门对市场反应的敏捷性。更为严重的问题在于,IBM 管理层并没有意识到个人电脑与大型机等其他产品的本质差别。② 在他们看来,个人电脑及其应用软件应该遵循与其他产品类似的质量管控流程,没有漏洞(bug)的软件才能被推向市场;但恰恰相反的是,个人电脑及应用软件强调的却是以更快速度推向市场,并在应用过程中由用户来发现问题进而敏捷回应——这也正是开源软件成功的秘诀。大型机与个人电脑在产品发展规律上的差异,事实上反映的是两种

---

① "The Rise of the Wintel Empire", *ABCNews*. https://abcnews.go.com/Technology/story?id=98348&page=1. 最后访问时间:2023 年 6 月 1 日。
② James W. C "How the IBM PC Won, Then Lost, the Personal Computer Market", 2021. https://spectrum.ieee.org/how-the-ibm-pc-won-then-lost-the-personal-computer-market. 最后访问时间:2023 年 6 月 1 日。

生产模式的根本差异：前者强调的是集中式研发，而后者则更为依赖开放式架构。只有在开放架构下，个人电脑才能够吸引足够多的软件开发者和参与者，从而丰富个人电脑的使用场景与功能，这是完全不同于大型机的另一种生态结构。

生产过程与组织模式的迟缓或保守还只是 IBM 战略错误的一个表现，另一个关键问题则是它在产品设计过程中对于"可兼容性"的忽视。与传统产品不同，个人电脑的使用价值在很大程度上取决于应用软件的丰富程度，而这也决定了个人电脑的生产者需要与应用软件的开发者形成共生数字生态，前者在推出新产品过程中需要考虑后者的移植成本。1984 年 IBM 发行的个人电脑新型号初代电脑（PC Junior）却反其道而行之。不兼容性在给其他生态参与者带来巨大移植成本的同时，也引起了他们对 IBM 个人电脑产品市场定义权的反思。在此之前，IBM 往往被视为个人电脑产品的定义者，其他厂商多采取跟随策略并因此实现了个人电脑市场的规模效应；但初代电脑的不兼容性最终将市场推向了微软和英特尔的怀抱，后两者的联合（也即 Wintel 联盟）在为个人电脑市场提供新标准的同时，也最终奠定了开放式平台架构的主导性。与 IBM 的产品思维不同，Wintel 联盟为个人电脑市场提供的是"芯片+操作系统"的标准平台，个人电脑生产商根据该标准平台定义产品，而软件开发商也根据兼容性接口自主开发软件产品或提供数字服务，后者不需要担心因前者所生产个人电脑产品的不兼容性而带来专用性投资成本。可以说，以 Wintel 联盟为基础的个人电脑市场的新发展，真正开启了平台架构在数字世界的主导性地位，并以此为起点逐渐延伸至赛博空间的各个领域。

（二）移动互联网的崛起与数字平台的演化

伴随着智能手机的普及，以个人电脑为基础的 PC 互联网迅速完成了

第三章　控制的技术,还是开放的技术?

向移动互联网的转变。这一过程并不仅仅意味着人们连通方式的变化,更代表着技术演化路径日益呈现出平台化倾向,以致出现了超级平台。以市值规模为标准,诸多数字平台公司已经超越绝大多数国家的国民生产总值。例如2021年12月,苹果公司的市值已经接近3万亿美元,甚至超越了英国2020年的GDP总额。值得注意的是,这一变化过程仅仅只经历了15年——苹果公司在2006年以前的市值甚至不到100亿美元。从表面上看,支撑数字平台公司庞大市值的,是蓬勃发展的数字商业服务以及使用该服务的海量用户,但数字技术的平台化转型同样是不可忽视的重要因素。

1996年,互联网早期布道者、电子前沿基金会创始人约翰·佩里·巴洛(John Perry Barlow)发表《网络空间独立宣言》,淋漓尽致地表达了互联网跨越地理边境并因此免除于主权国家管辖的政治理念。"在我们聚集的地方,你们没有主权"[1],言简意赅的论断,不仅表达了网络自由主义者的乌托邦诉求,同时也意味着一个新的全球网络空间的形成。巴洛之所以对互联网寄予如此理想主义的期盼,最根本的原因在于技术层面——互联网的"端对端"(Peer to Peer)开放式架构,使得任何人都可以不受限制、不受约束地接入网络空间,这也在形式上绕开了基于地理疆界的传统主权权威的影响与控制。事实上,也正是基于这种"端对端"的开放式架构,才涌现出了类似于奈普斯特的共享型新业态。尽管存在盗版侵权的争议与质疑,但"端对端"结构在功能上实现了用户之间信息的直接联系或资源的直接交换。2009年横空出世的比特币(Bitcoin)以及随之开启的区块链(Blockchain)时代,也可被视为"端对端"结构的更新版本。

不过"端对端"结构并非互联网发展的终点。个人电脑产品生产过程

---

[1] John Perry Barlow, "A Declaration of the Independence of Cyberspace", 1996. https://www.eff.org/cyberspace-independence. 最后访问时间:2023年6月1日。

中所呈现出的平台结构,逐渐被移植到其他技术领域以至形成了平台化趋势。与"端对端"结构相比,平台结构继承了其开放性、可交互性、可拓展性等特征;不过与此同时,平台结构的关键差异则在于,它充分利用了数字技术的体系化特征,并通过控制核心层次或关键环节以实现对其他层次或环节的影响。

在个人电脑(PC)互联网时代,数字技术的体系化特征主要体现在两个维度:技术层级与网络化。一方面,技术层级是指数字技术体系是由一系列层级结构所组成,上层技术往往依赖于下层技术,由此使得下层技术可被视为上层技术的基础设施,而上层技术则是基于下层技术的特殊应用。就 PC 互联网而言,自下而上的技术层级大致可划分为硬件层(Hardware)、逻辑层(Logical)、中间层(Middleware)、应用层(Application)、内容层(Content)。其中,硬件层包括计算芯片、存储设备、接口总线等,逻辑层包括信号传输协议、操作系统等,中间层包括计算框架、应用程序接口等,应用层包括系统原生应用、浏览器等,内容层则具体涵盖媒体、资讯等业态。在 PC 互联网时代,Wintel 联盟即是在硬件层、逻辑层这两个基础层级分别抓住了计算芯片、操作系统这两个关键环节,通过向上开放的平台化策略既实现了规模效应,也使其能够维系对个人电脑产业的控制力。另一方面,数字技术的体系化特征还体现在从个人电脑到网络化的延伸上。个人电脑作为产品而独立存在,其本身也涵盖前述五个技术层级;同时,基于互联网的连接功能,若干个人电脑相互连通以形成局域或全局网络,由此进一步延伸出"客户端—服务器"的主从式架构,或者"软件即服务"(SaaS)、"后端即服务"(BaaS)、"基础设施即服务"(IaaS)等系列云计算架构。网络化体系同样涵盖前述五个层次,只是它可能提出不同的功能要求,并因此体现出差异化的技术形态。例如在操作系统层面,个人电脑以微软的视窗操作系统(Windows)为主流,但它不适应服务器的运行功能要求,而后者更多通过 Linux 或 Apache Tomcat 来满足。

相比于 PC 互联网,移动互联网不仅进一步延伸、丰富了技术层级或网络化这两个维度的内涵,同时更发展出了应用服务这第三个维度。在技术层级维度,移动互联网的典型变化是安卓和 iOS 操作系统的崛起,它不仅冲击了视窗操作系统的垄断地位,更重塑了不同技术层级之间的相互关系。尤其是安卓操作系统作为开源软件的演化过程,极大释放了智能手机生产商的竞争空间,使之在硬件制造与操作系统的博弈过程中获得了更大的议价权。在网络化维度,移动互联网带来了更丰富的产品系统,从个人电脑、智能手机进一步延伸至可穿戴设备、物联网等多种类型,也同时加速了数字化转型进程。在这两个维度之外,移动互联网的新变革是应用服务作为第三个维度开始凸显其重要意义。在 PC 互联网时代,不同应用服务之间的关联度并不强,搜索引擎、电子商务、社交媒体等应用服务之间相互独立;进入移动互联网之后,不同应用服务相互嵌套已经成为常态,在此过程中也分化出了多重层级。举例而言,移动应用商店、移动支付、地图等应用服务作为通用功能已经成为新的基础设施支持着其他应用服务的开展,而即时通信、打车等垂直应用也可以凭借其海量用户基础吸纳其他应用服务以构建数字生态。在此背景下,移动互联网时代的跨界应用、跨界竞争已经成为常态。事实上,一项市场调研发现,在 2010 至 2022 的十余年间,移动应用安装包大都膨胀了数十倍乃至数百倍。[①] 举例而言,微信安装包从 2011 年 1.0 版本到 2022 年的 8.0.24 版本膨胀了 575 倍,QQ 安装包在 8 年间增加了 37 倍,而抖音安装包从 2019 年问世到 2022 年增长了 6 倍。如果进一步仔细分析安装包的具体内容,则可发现绝大部分文件和代码都是用来实现跨界功能的。例

---

① 张晨阳:《11 年膨胀了 575 倍,手机 App 安装包为什么越来越大?》,《DT 财经》2022。https://www.pingwest.com/a/270439. 最后访问时间:2023 年 6 月 1 日。

如微信作为即时通信 app 逐渐加入了支付、电商、资讯等功能,抖音作为短视频逐渐加入了群聊、电商等功能,而滴滴作为打车应用也加入了电商、支付等功能,它们无一不在建构并重塑应用服务维度的层级化、体系化结构。

与"端对端"结构相比,数字平台的关键便在于通过控制数字技术体系中的瓶颈(bottleneck)资源,以撬动并定义其他生态参与者的价值创造行为。在 PC 个人电脑时代,瓶颈资源仅体现为中央处理器芯片和操作系统,这也使得 Wintel 联盟成为核心平台,并定义了个人电脑产品以及建基之上的数字商业生态的演化逻辑。在移动互联网时代,瓶颈资源沿着技术层级逐渐上移,并广泛体现为浏览器、移动应用商店、移动支付、地图、超级 app(例如微信)等都多重形态,而在争夺这些资源控制权的过程中,也从不同领域涌现出了多样性数字平台。

通过对 PC 互联网向移动互联网的演化过程分析不难发现,尽管互联网的繁荣缘起于"端对端"技术架构的创新,但这远不是数字技术演化的终局。平台型技术架构的兴起与主导,在很大程度上反映了多重技术路线相互竞争的结果,而在此过程中技术政治的属性特征可见一斑。不过即使如此,两点补充性说明至关重要。

一方面,尽管平台型技术架构的主导是现实,我们仍然不能认为它是不可避免的,或者必然发生的技术趋势。事实上,在上一节关于万维网和索利得两种方案的反思与竞争分析中我们已经很清楚地看到,平台型技术架构的兴起,在很大程度上可以归因于万维网将应用程序与用户数据集成在一体的特殊设计。从伯纳斯-李对数据竖井现象的反思中不难发现,这并非唯一方案。将二者分离的索利得方案正是体现了对于另一条道路的探索。我们可以做出合理想象的是,如果 1990 年伯纳斯-李拿出的最初方案是索利得而非万维网,平台型技术架构的兴起或许并没有表面看上去那样自然而然——而这也再一次说明了技术演化路径本身的多重性与政治性。

另一方面,即使平台型技术架构成为主导,这也并不意味着以"端对端"架构为依托的网络社群组织就丧失了生存空间。虽然开源软件、维基百科似乎成为仅有的代表性案例,而 Uber、Airbnb 等披着共享经济外衣的数字平台又似乎注定了建构具有共同精神的网络社群只不过是乌托邦幻想,但这些都不足以对另一条道路宣判死刑。事实上,2009 年的比特币,以及随后蓬勃发展的区块链相关业态,都仍然体现了对于摆脱中心控制以实现自由组织的有力探索。更根本的,如果拨开平台型架构的表层外衣,将视线从少数几个光彩夺目的超级互联网平台公司转移开,并以更广阔的视角观察产业数字化转型进程,我们不难发现,支撑各个场景、各个领域数字化转型的,正是无处不在却又生机勃勃的开源软件与开放知识——而这也正是谷歌首席经济学家哈尔·范里安(Hal Varian)曾提出过的著名的"范里安定律"。在范里安看来,数字时代的技术创新之所以能实现指数级增长,并不是因为我们能够不间断地发现颠覆性创新,而是因为我们基于海量开源软件实现了组合式创新。① 在此意义上,或许基于"端对端"架构的知识生产与传播才是被掩盖在数字平台海平面之下的巨大冰山。

正是基于上述两点反思性分析,我们需要意识到,数字平台同样并非互联网的终局。否则的话,我们将只能看到针对关键瓶颈资源的竞争与垄断,而看不到互利或利他合作的空间与价值。但这样的局限性思维事实上将平台型架构推向了没有希望的未来,近两年全球范围内对于超级平台公司的广泛批评就体现了此种困境。在此背景下,新技术路线的探

---

① 哈尔·范里安、约瑟夫·法雷尔、卡尔·夏皮罗:《信息技术经济学导论》,韩松、秦安龙、姜鹏译,中国人民大学出版社 2013 年版,第 5 页。

索,不仅是重要的,也是迫切的。

三、 反思平台化互联网：新技术路线的可能性

反思互联网,是指对互联网,或者当前赛博空间技术现状的反思,这既包括对历史上未出现或未形成主流的其他技术方案的猜想,也包括对未来互联网发展可能出现的多重技术路线的猜想。二者的起点都源自于当前互联网技术方案或发展模式的不满,并试图在此基础上探索更好科技的努力。但另一方面,我们事实上很难对"更好科技"做出明确定义,因而与其说探索多重可能性是为了找到更好科技,不如说是呈现出更好科技的可选项,以使得不同主体能够在更大的思想解放空间中进行比较和选择。在此意义上,本节将从两个视角展开对新技术路线的分析。

从区块链到 Web 3.0 的系列技术关注的是具体技术类型。事实上,从互联网初期的"端对端"架构到平台型架构,再到区块链与 Web 3.0,我们经历的是一个递归式轮回。一方面,区块链、Web 3.0 在继承"端对端"架构的同时,吸纳并重新组合了新的技术功能以试图更为彻底地实现分布式创新,而这为数字平台困境的破局提供了新的可能性。另一方面,与具体技术类型的分析不同,"分叉"(Fork)讨论关注的并非新技术本身,而是寻找、实现新技术的重要方法论。以开源软件的演化现实为基础,"分叉"淋漓尽致地体现出了数字时代新技术路线的诞生过程。围绕"分叉"的讨论,将为我们探索新技术路线提供指南针。

（一） 从区块链到 Web 3.0

自 2009 年比特币诞生之后,区块链及其衍生技术便拉开了"狂飙"的

第三章　控制的技术，还是开放的技术？

序幕。区块链之所以能够吸引如此多资金和人才的涌入，以致形成蔚为大观的技术体系，本质上可归结于人们对分布式技术变革能力与业态想象空间的期待与热情——也正是在这一点上，我们才能将区块链视为"端对端"架构的递归式轮回。

　　作为区块链的思想与技术起源，比特币淋漓尽致地体现了分布式架构的价值内涵与技术逻辑。比特币孕育于密码朋克(Cypherpunk)网络社区试图实现加密货币的长期努力之中。2008年10月31日，"中本聪"①在密码朋克社群发布了名为"比特币：一个端对端电子现金系统"(Bitcoin: A Peer-to-Peer Electronic Cash System)的白皮书，并于次年1月在SourceForge.net②上发布了约有3万1千行的比特币客户端源代码，由此标志着比特币在技术上的诞生。

　　从演化历史来讲，密码朋克社群脱胎于20世纪90年代艾瑞克·休斯(Eric Hughes)③、提摩西·梅(Timothy May)④和约翰·吉尔摩(John Gilmore)⑤等人在美国旧金山地区组织的小型聚会，其动因在于反对美国政府在二战后对密码学研究与应用的压制。在某次聚会中，作家朱德·米尔洪(Jude Milhon)第一次提出了"密码朋克"这个词，其源于"密码学"(Cipher)和"网络朋克"(Cyberpunk)两个词的结合。伴随着参与人数的不断增多，吉尔摩等人在1992年开设了邮件列表。1992年，休斯发表《密

---

① 到目前为止，"中本聪"的真实身份并没有被确认。甚至有人认为，"中本聪"可能不是一个人，而是一个团体。但无论怎样，比特币的创始人到现在为止也仍然是个谜。不过如果从"密码朋克"社区追求"匿名性"的精神内涵来讲，"中本聪"的身份并没有那么重要，这不仅仅是出于隐私保护的要求，更是对"任何人都可以成为中本聪"的坚持。
② SourceForge.net是一个主流的开源软件网站，许多开源软件的源代码都被上传到该网站供感兴趣的程序员阅读并开发。
③ 时为加州伯克利大学数学系教授。
④ 时为英特尔高级科学家。
⑤ 时为电子前沿基金会创始人之一。

码朋克宣言》①,集中反映了这一群体的思想和价值取向,由此也形成了较为稳定的密码朋克群体。如果用一句话来概括密码朋克诉求的话,便是它致力于建设一个匿名社会。在他们看来,隐私是信息时代公民权利的基础,只有建立在隐私保护基础上的开放社会,社会关系才能得到重构,个体的天性才会被释放出来,人类才真正进入了信息时代的自由社会。

不同于以前任何时代,数字技术的发展使得密码朋克社群认为可以通过代码创新以真正实现匿名社会的美好愿景。考虑到货币在现代社会中的重要地位,如何绕开央行、银行等中心媒介而实现能够兼顾去中心化和匿名性特征的电子货币,便成为密码朋克社群的重要努力方向。但长期以来,电子货币的研发设计都很难同时兼顾这两个目标——直到比特币的诞生。从技术逻辑上讲,比特币的核心创新点是实现了传统加密技术、"端对端"网络连接与通信、分布式数据库、工作量证明机制的组合式创新,从而能够在不依赖于第三方主体的前提下,完成货币发行与交易功能。

比特币在技术上的成功极大释放了人们对于分布式技术架构的想象空间,而它们又都浓缩在"区块链"这一技术概念之上,并持续性地引发了以太坊、不可通约化代币(Non-Fungible Token,NFT)、Web 3.0 等系列衍生创新。首先,以太坊在继承比特币基本框架的同时,将区块链数据结构中代表货币数量的数字替换为了合约,从而极大扩展了区块链的应用空间,使之具备了成为一般通用技术的基本特征。以太坊创始人维塔利克·布特林(Vitalik Buterin)的观点最明显体现出了此种潜力。在布特林

---

① Eric Hughes, "A Cypherpunk's Manifesto", 1993. http://www.activism.net/cypherpunk/manifesto.html. 最后访问时间:2023 年 6 月 1 日。

看来,"区块链是由一套协议构成的平台,任何人都可以将程序上传至该平台并使之自动运行,程序运行过程中的历史状态都将被记录并公开可见,而平台则按照加密经济学的方式确保程序能够按照平台既定规则持久地运行下去"①。

其次,相比于比特币和以太坊将区块链视为无差别数据的存储与传播网络的传统思维,NFT 的突破在于,它利用区块链技术实现了对于差异化数据的界定、识别与交易。长久以来,数字化转型的基本逻辑是将现实空间与赛博空间对应起来,在此过程中现实复杂性被同质化为无差别的 0/1 数据,并通过对数据的处理与分析来提升现实社会的运行效率;但我们很明显地意识到,现实社会并非都是同质化对象,即使是对于相同商品,不同人对其赋予的差异化情感都将使之具有独一无二的特殊属性,而数字化转型并不能反映出这种不可通约性——也正是在这一点上,NFT 基于区块链实现了技术突破。所谓"不可通约化代币",事实上是指基于区块链形成的数据溯源过程,使得网络中任何主体都可以通过智能合约实现对于该数据所有权的确认,而这一确认过程并不会限制数据的开放与使用。在此意义上,NFT 从技术上实现了权利束的分离,即数据的所有权、收益权与使用权并不必然被捆绑在一起,不同权利的分离在释放分布式创新潜力的同时,也有利于更多主体分享数字发展的红利。

在以太坊、NFT 等系列技术创新的基础上,Web 3.0 最终在当前迎来了新的发展机会。从概念上讲,21 世纪初在欧莱里媒体(O'Reilly Media)等的推动下,Web 2.0 概念被提出,它在互联网股市泡沫破灭的悲观背景下积极肯定了互联网的重要性,并指出互联网从仅作为门户网站的 1.0

---

① Vitalik Buterin, "Visions part I: The value of blockchain technology", 2015. https://blog.ethereum.org/2015/04/13/visions-part-1-the-value-of-blockchain-technology/. 最后访问时间:2023 年 6 月 1 日。

时代向双向互动、平台化特征的 2.0 时代进化的重要转型。在 1.0、2.0 的概念演化逻辑上，3.0 被自然提出，但它在长久时间里都未被赋予实质内涵。例如早在 2009 年伯纳斯-李就提出了 Web 3.0 的畅想，并认为"语义网"（Semantic Web）即是他所认为的 Web 3.0，但语义网的模糊内涵并不能让人清楚理解 Web 3.0 相比于 2.0、1.0 的本质差异所在。这一局面直到近年来区块链、以太坊、NFT 等系列分布式技术架构的创新，才实现了本质性突破。尽管仍然存在诸多分歧，但当前人们关于 Web 3.0 的讨论普遍围绕去中心化、去信任化等特征而展开，试图实现更少连通约束、更少边界门槛的分布式互联网。正如我们在万维网与索利得两种技术方案的比较分析中所指出，Web 2.0 时代的平台化互联网仍然充斥着数据竖井的割裂与阻碍；同时，Web 2.0 时代的赛博空间更多作为现实空间的映射，后者的集中式结构仍然被复制到赛博空间，并成为新的权力集中点。Web 3.0 所要求的，正是对于这两种现象的反思与改革，其一方面要求打破数据竖井式的约束与边界，另一方面也致力于建构不同于现实空间的新业态、新逻辑——正如比特币对传统法币的替代性变革。在此意义上，我们也最终可以理解，从 Web 1.0、Web 2.0 到 Web 3.0，它们事实上都遵循着追求分布式创新的一致性演化逻辑，而这无疑为我们突破当前平台化互联网困境提供了更为宏观的改革视野。

（二）永不停止的"分叉"

从区块链到 Web 3.0 的分布式技术演化，体现了平台化互联网之外另一条技术路线的可能性。不过，新技术类型的多样化与复杂性，使得列举式分析只能以点带面而难以完全覆盖，因而揭示多重技术路线丰富内涵的另一分析视角，便是解释寻找、实现新技术路线的方法论。开源软件领域普遍存在的"分叉"现象，即是此种方法论的典型代表。

"分叉"是开源社区中经常遇到的一个词语,它意味着社区内部对于代码发展方向存在争议,因而分裂为在一定程度上互不兼容的不同版本的过程。"分叉"一般源于社区程序员对于当前代码或者代码维护者的不满而在原代码基础上另起炉灶。成功的"分叉"将分流掉开源社区的部分程序员,甚至导致当前代码的渐渐消亡——但这并不意味着"分叉"是开源社区的"毒瘤",恰恰相反,正是因为"分叉"的普遍存在,才真正维系了开源社区不竭的发展动力与创新源泉。对这一"反常识"现象的解释,需要回到开源软件本身中寻找答案。

开源软件是指源代码可以被任意获取的计算机软件。开源软件是相对于闭源软件而言的,二者的差异主要体现在不同的软件生产过程与管理模式之中。从历史上讲,开源软件的故事缘起于一台打印机。1980年,施乐公司拒绝公开打印机源代码,使得理查德·斯托曼不能对打印程序进行修改以使之满足使用需求。斯托曼由此提出,"所有软件都应该是自由的,不仅应被自由地使用和传播,同时也应被自由地修改以适应人们的需要"[①]。斯托曼随后成立了非营利组织"自由软件基金会",并发起了"自由软件运动"(Free Software Movement, FSM)。斯托曼的观点更多只是表达了他对软件(以及更一般的人类知识)应该自由流动而不受限制的激进理念,尚未涉及更具体的软件生产过程;相比之下,埃里克·雷蒙德(Eric Raymond)则从软件开发规律出发,对 FSM 进行了修正并发起了"开放源代码计划"(Open Source Initiative, OSI),以强调分散式、参与式的开源软件模式在推进软件创新和提升生产效率方面的巨大作用。在雷蒙德看来,开源软件的关键不在于反对以闭源软件形式表现出来的私有产权,而是集中式、科层式的软件生产过程与管理模式。正如其所言,"(开源软

[①] R. Stallman, "Why Software Should Be Free", in D. G. Johnson, H. Nissenbaum (eds.), *Computers, Ethics and Social Values*, Prentice Hall, 1995, pp.190-200.

件)向相互竞争的创意开放了大门,以前所未有的速度和难以置信的性能创造着软件开发的奇迹"①。也正是在 OSI 的意义上,开放与参与、创新和不断提升的效率联系在了一起。

但为什么开放就能促进创新呢? 一个程序员,为什么愿意在得不到任何经济回报的情况下把自己辛苦劳作的知识结晶(代码)免费向社区开放,是什么样的动机激励着这样的行为? 同等重要的问题在于,如果不存在科层式管理的领导者,每个人都按照自己意愿参与或退出,开源软件究竟又如何实现分工与协作? 事实上,上述问题正是开源软件现象困扰传统经济学理论的关键所在,而"分叉"机制即是对此理论缺口的主要回应。

就激励动机而言,"分叉"意味着对参与者多元动机的承认、包容与鼓励。传统经济学的"经济人"假设过于片面地强调了短期、直接物质利益的激励作用,以致既忽略了长期或间接物质利益的可能性,也忽略了生产者具有心理、文化、归属、学习等多重动机的多样性。允许"分叉",意味着开源软件并不预先假设参与动机,而是通过源代码的直接呈现以及低门槛乃至无门槛的使用要求,默认程序员可能基于异质性动机参与软件开发与生产过程。在此过程中,程序员也可能因为动机的改变而随时离开或另起炉灶。虽然对于源代码而言,"分叉"减少了对它的支持与积累;但对于整个开源软件社区而言,它反而通过包容多样性动机而受益,这事实上也构成了开源软件不竭创新的源泉。

就分工协作而言,"分叉"意味着自选择、自组织、能人政治等机制的集合体。与科层制强调身份的归属与边界控制不同,"分叉"更多秉持的是对于自发组织秩序的肯定与维护。此时,分工协作以形成组织结果不再意味着管理者将不同成员组织在一起以完成集体行动的场所或要素集

---

① E. Raymond, "The Cathedral and the Bazaar", *Knowledge, Technology & Policy*, 1999, pp. 23-49.

合，而是被视为不同参与者对话、合作以满足各自需求并形成有序集体行动的自发过程。"分叉"打破了参与者在其他组织环境下都不得不面对的所有结构性约束，艾伯特·赫希曼（Albert Hirschman）笔下的三种选择（即退出、呼吁与忠诚）真正被置于生产者自己手中，以最终通过"自由对话、基于共识的决策、建立在个体联系基础上的小群体联盟"等复合型机制来实现合作生产。

在上述两个层面，"分叉"都意味着探索多样性技术路线的行为基础、组织基础。以此为起点再来理解平台化互联网就不难发现，平台对于技术体系中瓶颈资源的控制，事实上构成了限制"分叉"的结构性约束条件，而索利得相比于万维网的进步，也正在于打破了数据竖井以在技术结构层面为"分叉"准备条件。在此意义上，"分叉"并不仅仅意味着竞争，还意味着对于所有技术架构不间断地反思乃至否定，而这才是探索多重技术路线的更深层次内涵。

基于本章的梳理不难发现，数字平台作为一种技术架构的出现与扩张，伴随着开放式、分布式技术路线的起伏与演化，构成了数字技术革命背景下多重技术路线分析的基本脉络。借用兰登·维纳的框架，接下来的问题则在于数字技术的类型化及其政治影响分析。考虑到数字平台技术架构在当前的主导性，第四章将以数字平台为对象，在区分它作为基础设施的中立性与政治性的基础上，理解它在生成、流动、处理个人信息等各环节中的复杂功能及其对各市场与非市场主体的差异化影响。

第四章　平台作为数字基础设施的政治性

从一个抽象层面讲,互联网在中国二十余年的商业化实践本身促成了市场和社会的重塑,即重新将隶属于不同生产组织和网络中的生产要素抽取出来在更大范围内重新调配,并形成了稳固的新型交易与合作网络。在此过程中,生产要素为脱离既有环境以在一个流动性更大的环境中实现价值,需要重新建构一整套数字基础设施,而这也最终推动第三章所指的数字平台开始扮演起基础设施的作用。

需要强调的是,数字市场并非在真空中自然形成,而是依托既有生产网络和基础设施协同推进和演化,并需要各类辅助性机制以提供支撑。通常意义上的基础设施功能在于确证市场参与主体的真实唯一身份、实现资源有效匹配,并确保要素能够有序安全流动。为实现这些功能,就需要整合进入该市场网络的主体信息加以利用,否则数字市场无法成熟稳定。例如,如果不能确认市场交易参与者的真实身份,就可能出现欺诈、造假、侵权等行为,而真实身份认证在行为架构上实现了最为基本的行为约束,为行动者提供了稳定预期。再例如,如果缺乏对市场主体历史行为的评价,未来就可能出现一次性交易的机会主义者,从而无助于在整体上改进行为主体的行为标准——评分实际上就是对行为主体过往行为与历史的评价,从而有助于生产要素面向未来进行精确匹配。

从历史角度看,新型数字基础设施至少包括支付、物流、认证、金融、纠纷解决、信用等系统性权力,并从技术方案上升为制度规范。[①] 不同于传统基础设施,新型数字基础设施更多地是由私人数字平台进行开发,并帮助形成规模效应和网络效应——但在达到一定市场规模后,数字平台也可能形成反流动机制,限制要素的跨平台流动,因此后者也需要国家的认可与监管。在本章意义上,公共性就主要体现为围绕市场和社会展开的基础设施建设与治理,即国家如何为市场要素的有效流动提供系统性支持。后文将具体展示,个人信息在数字经济发展过程中起到关键作用,可以通过展示、数据产品、后台分析等方式发挥基础设施功能。由于这些功能是维系一个成熟的数字市场生长与扩展的必要条件,因此需要被纳入强制收集和使用的范畴,而不是简单地由个人同意决定,以免产生反公地悲剧。尽管按照目前形式上的用户协议和使用习惯仍然可以在整体上确保个人信息被持续生产出来,但在规范层面仍然有必要明确知情同意以外的合法性来源,使此类信息能够更好地应用于公共利益。

从方法论角度看,数字基础设施的分析视角首先是生产性法律理论的应用之一。[②] 这一理论视角主张,需要看到技术和商业模式带来的新型生产方式变革如何推动上层法律关系和相关制度的变化。数字市场和社会演化进一步推动了流动性和集合性价值的生成,但需要在具体治理过程中确保该市场能够平稳运行。在此意义上,数字基础设施的逐渐形成有助于我们更好地理解数字经济想要什么,以及如何通过法律推动实现个人信息的有效利用,并服务于公共利益的实现。需要注意的是,数字市场和社会的扩展是在特定架构中发生的,数字架构塑造了赛博空间,并通过"账户—数据—评分"三个主要机制在微观层面发挥作用,以形成对行

[①] 胡凌:《从开放资源到基础设施服务:平台监管的新视角》,《学术月刊》2019年第2期。
[②] 胡凌:《理解技术规制的一般模式:以脑机接口为例》,《东方法学》2021年第4期。

为主体的约束以及一整套完整的生产/控制过程。① 不难看出,上述数字基础设施的三种信息功能实际上与架构权力三要素一一对应,并因此可以进一步通过生产性法律理论思路展开分析。架构中的要素流动性和数字基础设施是互联网治理的核心概念:不仅展示性的数据要素需要流动,认证、匹配和声誉等辅助性要素信息也需要不断流动以成为公共资源的一部分,从而将更广泛的数字市场联系在一起,打通相互封闭的数字平台,而这也使得此类个人信息的公共性更加突出。

本章将从平台企业的性质入手分析平台经济发展过程中为何需要某种基础设施服务,其次简要分析基础设施服务的类型和技术功能,最后分析信息(包括个人信息)如何通过生产机制被转化成重要的基础设施服务,从而便利了数字经济中的要素流动和行为合作。

一、平台企业的性质

(一) 平台的内涵与外延

平台产生的背景是生产进一步社会化,而生产社会化的前提是完善的基础设施,否则交易费用和创新成本都会比较高,经济规模也不会快速增长。平台经济是中西方互联网发展到一定阶段的产物,但改革开放以来中国市场的特殊性是,线下用于支撑大规模市场交易的基础设施不发达,特别是服务于小规模群体甚至个人的基础设施服务还有相当大的扩展空间,而私人主导的互联网企业有动力和能力重新打造,甚至超越传统上仅为大型企业和商业活动提供的基础设施服务——后者往往由国有企

---

① 胡凌:《超越代码:从赛博空间到物理世界的控制/生产机制》,《华东政法大学学报》2018年第1期。

业运营,对信息技术带来的变化不甚敏感。同时,线下牢牢掌控大量资源和市场的企业巨头并不多,各行业也因此很容易受到信息技术的冲击和改造。

在此背景下,信息技术才最终为大众创新创业提供了空间和工具,而数字平台正是这一切的中介和推手。在形态上,平台可以是硬件终端、操作系统、应用程序 app、客户端软件、浏览器、搜索引擎,或是一个网站——但重要的不是外在形态,而是它们背后共通的东西,即允许大量创新和服务实现的技术和商业服务底层架构。传统的底层架构包括行业标准、基础通信设施、金融机构、交易所等,众多中间人起到了沟通交易信息和推动交易完成的功能。① 在互联网平台上,从生产到消费的诸多中间环节被消解,平台企业统一提供了强有力的交易基础设施服务。它们在内核上是技术服务,后来延伸至更多领域(详见第三节)。这些利用信息技术低成本运作的基础设施服务对平台企业而言具有下列明显价值:(1)使生产和消费之间的环节变得更短更快,价值生产迅速超越传统组织;(2)将"无组织"的零散市场要素尽可能组织起来,形成持续稳定的生产活动;②(3)对有能力提供更多基础设施服务的平台而言是一种竞争优势,使无能力提供的企业只能依附于大型平台,租用其服务,同时进行不同形态的价值交换(如数据交换)。

从经验来看,平台经济的核心构成要素包括下列四点(见图 4-1):

- 经由信息技术降低交易成本而不断增长的生产性资源,被纳入各种交易网络中,形成交叉补贴的双边市场;

---

① M. Krakovsky, *The Middleman Economy: How Brokers, Agents, Dealers, and Everyday Matchmakers Create Value and Profit*, Palgrave Macmillan, 2015.
② 这个过程反而被一些强调个体力量和赋权的论述遮蔽了,例如 C. Shirky, *Here Comes Everybody: The Power of Organizing Without Organizations*, Penguin Press, 2008。

- 伴随用户活动产生的大量数据；
- 使用算法对数据进行动态分析预测，帮助提升交易效率；
- 平台企业提供和不断改进的基础设施服务。

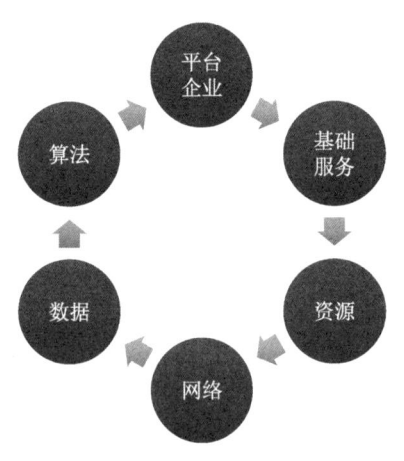

图 4-1 平台经济的构成要素

按照这一视角，平台能够基本涵盖所有基于互联网开展业务的企业实践，而越来越多的企业家和创业者也清楚认识到了平台型企业的优势和成本。平台不只是像 BAT 那样的寡头企业，而是体现在各种类型的互联网服务中，例如搜索引擎、社交媒体、电子商务以及更广泛的分享经济。值得注意的是，体量和市场占有率并非判断平台企业的主要标准——尽管我们可以根据体量和模式进行类型化，并主张只有同时具备前述四要素的企业才能放在平台这一框架下讨论，而某项要素较弱或缺失的服务专门化企业则很难被视为本章意义上的数字平台（例如一个纯粹的数据服务公司或快递公司）。本章希望突出平台是一个融合生产过程和基础能力的有机整体，而非一个静态目标。从这个意义上讲，有些企业是更加规范的平台——因为它们提升了平台企业市场的标准，并将其内化为自

第四章 平台作为数字基础设施的政治性

身的核心竞争力。

在现行法律上,平台的定义是"在网络交易活动中为交易双方或者多方提供网页空间、虚拟经营场所、交易规则、交易撮合、信息发布等服务,供交易双方或者多方独立开展交易活动的信息网络系统",这主要是根据平台在交易过程中的功能来规定的。① 但随着互联网的进一步发展,该定义越来越难以体现平台经济的复杂性。

首先,平台超越了传统企业组织,使企业能够以低成本管理传统企业边界外的生产和市场交易行为,并利用平台上各类活动获取经济价值,把内部管理生产要素的成本外化为平台上的交易成本,因而应被视为新型产业组织形态。事实上,即使互联网降低了社会范围内的信息成本,如果离开诸多支撑现代市场运作的基础设施,它也仍然只能停留在依靠赚取广告收入的"媒体"层面。互联网将生产和销售环节无缝连接在一起,使商品/服务的信息直达消费者,但销售、支付和流通成本仍然存在,在一段时期内仍然需要由某个市场主体在特定地域范围内提供这种公共品,这是平台企业存在的重要原因。从这个角度看,平台不过是进一步延伸了互联网发起的信息革命,为生产社会化提供了有力支撑。

其次,平台本身具有市场属性。② 双边市场理论较好地解释了生产性资源如何在微观层面通过交叉补贴被吸引到平台上。借助技术创新,数字平台以一站式入口的方式将多个服务集成在一个客户端软件或应用程序中,不断扩大服务范围和市场数量。在此背景下不同市场相互影响,最

---

① 参见《网络交易管理办法》第三条、《网络交易平台经营者履行社会责任指引》第二条、《互联网食品药品经营监督管理办法(征求意见稿)》第二十三条和《电子商务法》第九条。
② 阿鲁·萨丹拉彻(Arun Sundararajan)在《分享经济的爆发》一书中指出平台兼具企业科层制和市场的混合特征,这也使得传统反垄断调查面临新挑战。参见阿鲁·萨丹拉彻:《分享经济的爆发》,周恂译,文汇出版社 2017 年版。

终形成了相当复杂的市场体系、扩大了平台价值。此时,平台的出现有助于我们重新理解市场:传统的市场往往出现在集市、商场、连锁超市和交易所,其本身的形成是各种社会力量不断影响、聚合交易的结果;①而互联网平台以一种更加可见的方式调动资源,向市场施加比传统企业更广泛深入的影响力。事实上,平台的力量不在于对市场份额的简单占有和控制,而是通过实质性的投入推动市场交易便利化和理性化,并使信息更加对称,创新得以可能。②

再次,平台具有对交易的控制力。平台事实上对在线生产和交易具有一定程度的控制和管理权(部分来自行政义务),巨头平台甚至足以影响整个特定市场或相当份额的市场。如果说在发展早期,平台调动的是传统经济组织无法有效利用的闲置资源,那么在平台成熟后就有能力根据更充分的信息重新组织生产链条,并完成上下游产业的整合。在一个由智能算法驱动的平台上,生产和销售将会变得更加流程化和现代化,创造出传统企业和线下市场无法比拟的竞争优势。同时,一些平台对市场要素的定价有很大影响,甚至被质疑利用信息不对称榨取消费者和生产者剩余。这样一种私人权力超越了传统企业,越来越成为互联网治理中的重要主题。③

最后,平台已经在不同意义上被称为基础设施。例如马云倡导的商业基础设施,或者根据《网络安全法》,相当数量的互联网平台企业可被认

---

① R. Fisman, T. Sullivan, *The Inner Lives of Markets: How People Shape Them—and They Shape Us*, PublicAffairs, 2016.
② 从这个意义上讲,平台经济延续了韦伯意义上的社会生活"理性化"的过程,使比特、原子、金融、劳动都以同样的节奏流动起来,这个过程最终靠智能算法/人工智能得到更自动化的统合。
③ 对私人权力的系统讨论,参见周辉:《变革与选择:私权力视角下的网络治理》,北京大学出版社 2016 年版。

定为关键信息基础设施,并受到特殊监管和保护。① 本章认为,目前构成平台基础设施服务的诸多功能都不是特殊的,也谈不上自然垄断,它们都可以在法律和技术允许的范围内竞争,以模块化方式排列组合并加以使用。将平台视为基础设施的观点,其关键在于强调安全标准的提升和确保服务的不间断性——但这并不意味着忽视平台一级市场和二级市场的动态竞争,更不意味着固化巨头企业的市场地位,这便是下文继续讨论监管政策的前提。

(二) 平台经济的生产过程及法律结构

平台经济生产延续了早期互联网生产的基本特点,且变得更加强劲和复杂。接下来本节将简述平台经济如何围绕资源、数据和算法竞争进行演进,并需要何种法律结构的支持。

首先,大量围绕线上和线下服务的交易与合作活动(包括传统线下劳动和线上"非物质劳动"②)经由信息技术以低成本聚合在平台上,从而产生出大量价值,影响范围也不断从比特转向原子,并扩展到从制造到服务的各个经济行业与社会非经济领域。③ 经平台调动的生产性资源原本隶属于传统生产组织,按照传统生产方式匹配生产;而对既有财产权利和合约的侵犯就形成了新的利益群体和利益冲突。④ 如何让大量非专业化的

---

① 参见《网络安全法》第三章第二节。
② 莫里兹奥·拉扎拉托:《非物质劳动》,载许纪霖主编:《帝国、都市与现代性》,江苏人民出版社 2005 年版,第 139—152 页。
③ 例如,按照商业逻辑运行的社交网站就改变了人际交往的规范,人们在更多连接之后反而变得更孤独。相关反思见雪莉·特克尔:《群体性孤独》,周逵、刘菁荆译,浙江人民出版社 2014 年版;J. Silverman, *Terms of Service: Social Media and the Price of Constant Connection*, Harper, 2015。
④ 本书作者之一称之为"非法兴起",参见胡凌:《"非法兴起":理解中国互联网演进的一个框架》。

生产者产生经济价值,同时降低监管运营风险、对非雇佣关系的劳动者进行有效管理,就成了所有平台企业需要平衡考虑的问题。平台一方面依靠流量吸引投资和眼球,另一方面则尽可能探索持久的盈利模式,将不适合长期专业化生产的业余用户逐渐排除在平台红利之外。[①] 值得强调的是,平台向普通企业/个人提供的服务不单纯是简单的IT化转型,而是重塑生产和需求,提供深层次技术服务和信息服务。

其次,在线交易过程中产生了大量可被记录、存储、分析使用的数据,这些数据是在线活动的副产品,具有人类行为不断生成的可追踪的外部性,并可被用于预测行为人的未来偏好和行为选择,从而进一步推动在线交易。平台促成了数据从更具人身性质的隐私/个人信息向非人身性质的数据商品的转变。平台企业集聚的海量数据形成了集体性的数据池(data pool),对此展开分析将远比传统企业组织更有优势,也更有效率。[②]

最后,随着交易量和数据量的增加,越来越需要自动化的智能算法帮助管理线上交易过程,或动态推送信息内容和广告,并需要大量新型算法挖掘数据,以发现新的盈利空间。人工智能在这个意义上也是生产性的,因而它深深嵌入生产过程之中,并服务于平台经济的发展。[③]

上述生产过程最终塑造了平台和其上资源的复杂关系,由此也需要一整套适合平台生产的法律结构以确保其合法性。对平台而言,这种法律结构还应当包括如何高效有序地组织并服务于生产和交易活动,而这就是基础设施服务的重要功能。

[①] 例如,通过竞价排名、提供补贴、依托声誉机制打分等设计,甄别出用户是更专业的生产者还是普通爱好者,前者用经济利益加以激励,后者则用伦理观念加以鼓励。
[②] 阿里巴巴数据技术及产品部:《大数据之路:阿里巴巴大数据实践》,电子工业出版社2017年版。
[③] 胡凌:《人工智能的法律想象》,《文化纵横》2017年第2期。

二、平台塑造的数字基础设施服务

（一）平台基础设施服务的演进

本节试图表明,平台基础设施服务的出现是为了处理大量无组织的生产性资源,它是数字经济演化的内生结果。某些基础设施服务本应属于通常意义上的普惠基础设施或公用事业(如支付、物流、金融、征信),但无法适应和满足数字经济发展的需求;而传统上不被认为是基础设施的公共服务(如认证、纠纷解决)也可由平台提供。本章将这两类服务统称为平台基础设施服务。经济学研究早已表明,能够以低成本与社会成员分享的高效基础设施服务有利于降低整个社会的交易费用,[1]这在互联网时代已经成为现实,而本节更关注新型基础设施和普遍服务如何在私人平台企业主导下建立起来,并上升为体现国家意志的法律。

从经验来看,核心基础设施服务大致可以分为九类(技术服务、数据储存/分析、支付/结算、物流、认证、信用评价、金融服务、纠纷解决、行为管理/调控,如图4-2所示),它们在时间上并非同时出现,且在平台间差异较大。[2] 往往是平台交易越发达、市场复杂程度越高,越需要更多基础设施服务介入交易、降低交易成本。有些基础设施服务是平台自行选择的结果,有些则是法律的强制要求。

通常认为自然垄断性质的基础设施需要大量一次性前期投入,但这

---

[1] B. M. Frischmann, *Infrastructure: The Social Value of Shared Resources*, Oxford University Press, 2013.
[2] 这九种的选取只是就一般平台而言,不同场景下会有不同,例如地理位置和导航服务对调动线下资源的平台(如专车)来说更关键。从架构的视角进行的解释,参见胡凌:《论赛博空间的架构及其法律意蕴》,《东方法学》2018年第2期。

图 4-2 平台基础设施服务一览

一观点无法涵盖平台经济时代公共品服务的复杂过程。相比之下,基础设施服务成本不必然由平台企业亲自提供,也可以采取外包或 C2C 模式以给予用户更多选择权。针对某项基础设施服务,平台企业是否采用 C2C 模式和以下因素有关:(1)路径依赖效应;(2)缺乏相关牌照资质;(3)为增强自身控制力、凸显平台服务特色,往往不会在自己优势领域开展该模式;①(4)因技术成本降低而从 C2C 转向 B2C(或相反);(5)为避免直接侵权责任而进行成本权衡。通过外包或 C2C 模式,平台的某项基础设施服务在核心服务之外形成了新的二级市场;但平台仍需要在外包基础上掌握控制力(特别是数据)和协调力,以便为其核心交易服务提供不间断支撑。平台基础设施服务就是通过各种复杂的二级市场之间的互动而动态演进,这也表明构成平台的基本要素都可以还原成相互关联影响的多边市场(而不简单是"模块"的拼接、叠加和绑定)。从这个意义上说,平台企业是基础设施服务的集合,相关监管也因此需要还原到不同领域以针对不同服务特点——同时,单一领域的监管也无疑会对其他领域产生难以计算的外部性影响。

---

① 像支付、快递和征信等基础设施服务看上去是围绕核心交易行为展开的依附性业务,一旦形成规模和入口,也有能力促进上下游业务的一体化,成为交易链条中的核心环节和新的平台。

总之,平台基础设施服务支撑了生产的社会化,使其有别于传统企业和市场。一方面,这些基础设施服务的边际效用递增,而边际成本接近于零,能够支持不断扩大的不同领域/地域的市场交易,并远远超出受限于成本的有边界企业能力之所及;另一方面,平台企业和市场要素间保持了松散联系,前者为后者提供了实质性服务,并在一个更大社会范围内对生产过程进行管理和调控,其导向能力也超越传统垄断企业对市场的控制力。从这个意义上讲,平台基础设施服务是数字经济的重要组成部分,主要为调配、组织生产性资源服务,并超越了早先 IT 行业简单的平台战略,从而体现为一种视野更加开阔的生产组织战略。

现行法律已将一些基础设施服务确立下来(如技术、数据、认证服务),甚至以发牌方式展开监管(如支付、物流、征信),使率先进入某个基础设施服务市场的企业获得竞争优势。[1] 有资格和能力提供这类基础设施服务的平台,对资源和数据的吸引力和整合能力就越强,最终将形成富者愈富的局面。平台基础设施服务的投入是昂贵的,新兴企业往往需要付出更大成本(例如收购)获取牌照,或者直接依附于大型平台。同时也要看到,因技术创新和入口变换导致的基础设施服务更迭会使市场竞争变得更加激烈和难以预测,它们将潜在地重新调整,甚至颠覆既有产业链,从而推动数字经济的持续性演化。[2]

---

[1] 这是中国互联网立法的常态,先允许互联网企业和资本进行某种商业创新,一段时间后(通常是 1—2 年)市场稳定后出现独角兽公司,并成为市场寡头,再根据现有问题进行技术标准、市场准入、行为规范方面的监管。
[2] 相关研究,参见 C. S. Yoo, *The Dynamic Internet: How Technology, Users, and Businesses are Transforming the Network*, AEI Press, 2012;拉里·唐斯、保罗·纽恩斯:《大爆炸式创新》,粟之敦译,浙江人民出版社 2014 年版。

（二）平台责任与中立性

在平台提供基础设施服务的过程中,平台企业的民事与行政责任逐渐上升为焦点议题。一般认为,尽管平台不对其调动匹配的生产资源承担雇主责任,[①]它仍应对某些类型的在线侵权或非法行为承担较高注意义务或安全保障义务,而在另一些情形下承担较低注意义务或避风港责任。但问题在于,关于责任的讨论很难和平台企业的性质联系起来,相关思路要么延续了从索尼-奈普斯特(Sony-Napster)案以来的网络服务提供商的责任讨论,没能看到平台在实质功能上的变化;要么在整体上贴上"准公共设施"标签,单纯地要求创设新立法。[②]

网络中立(net neutrality)或技术中立是主张减轻平台责任的一个主要理由。传统网络中立理论讨论的是电信运营商作为传输管道的责任,但平台经济有很大不同。[③] 如果从市场资源管理的角度理解中立性问题,就会发现相当多的平台早已偏离了中立轨道,它们有动力组织生产资源并从中获利,或反之排斥竞争对手的服务。网络中立理论试图将平台与资源活动尽可能分离,但这一视角忽视了平台价值的直接来源及其选择资源的自主性;而另一个极端观点则会将平台及其流动的开放资源视为一个整体,要求尽可能地对上面的活动进行审查,而这也将不可避免地增加管理成本。几乎所有的平台责任规定都可以(甚至是随机地)落在这一光谱的不同位置上。

[①] 王天玉:《基于互联网平台提供劳务的劳动关系认定——以"e代驾"在京、沪、穗三地法院的判决为切入点》,《法学》2016年第6期。
[②] 特别由于平台基础设施服务和传统公共基础设施发生重叠,导致有观点主张模仿欧美反垄断法上的关键设施理论(essential facility),以准公共服务来监管约束平台。
[③] 中国语境下的网络中立讨论,参见胡凌:《网络中立在中国》,《文化纵横》2014年第4期。尽管电信基础设施由国企垄断,与大型平台企业的单向合作(如包月服务免流量)却一直存在,这也涉及传统的网络中立议题。

第四章　平台作为数字基础设施的政治性

平台基础设施服务为这类讨论提供了新视角。作为生产组织形态的平台已经深深介入交易过程,这不同于通过一个简单软件工具允许信息发布,并任由资源自行匹配。因此抽象来看,责任分配应当与平台介入交易过程的程度和能力相匹配——但这一原则在实际中很难划定边界。平台责任本质上是对(首先来自无组织市场要素)无法预期风险的处理和管理成本,而基础设施服务(特别是网规和纠纷解决机制)可以帮助尽可能降低同类风险,并将承担责任的成本控制在一定范围内。如果数字平台不在事前对基础设施服务进行投入,就会在事后风险发生后承担来自各方的压力和责任(如当事人、监管机构、媒体),并遭到声誉和经济利益的损失。由此,一个重要的监管思路是如何推动平台责任从外在转向内在,提升平台处理纠纷和实现资源有序流动的能力。经验研究发现,平台企业采取自我规制手段能更好地适应海量信息内容和服务的生产和交易。[1]这一观点的隐含逻辑在于,需要强有力的平台基础设施服务来维护市场秩序、建立基础数据库和信用体系,从而增强监控能力、认证能力、解决纠纷的能力,以保持在线活动的流程、顺畅与高效——特别是在监管机构能力不足的情况下,更是如此。[2]

单纯的侵权责任/行政义务研究未能看到施加平台责任产生的市场动态性影响。[3] 大型平台有能力承担更高的事前审查义务和事后侵权/处

---

[1] 戴昕、申欣旺:《规范如何"落地"——法律实施的未来与互联网平台治理的现实》,《中国法律评论》2016 年第 4 期。
[2] 和十年前相比,大型平台变成了当年它们通过"非法兴起"摧毁的竞争对手。例如,掌握大量正版影视音乐作品资源的利益群体,更有动力加强知识产权保护,以分销方式牢牢控制着文化产业的中枢;它们也更有技术能力监测和打击盗版,迫使盗版形态从深度链接到屏蔽广告不断发生变化。
[3] 实际上平台企业(无论大小)反对高责任水平的说辞也隐含了如下道理:如果平台加强审查,不仅增加内部管理成本,也会提高参与门槛,将部分用户排除在外。这一观点没有看到不同平台间的资源流动(对大小的影响各不相同),也没有说明平台加强管理和提升用户行为标准并不矛盾。

第二篇　技术

罚责任(甚至提供保险、事先赔付),而对小平台来说,同样的法定义务则成为对竞争不利的高昂成本。尽管在法律上很难一刀切地判断何种企业承担何种程度的注意义务(以及背后相关的资源投入),我们仍然可以提前判断法律责任调整对市场结构的影响。在其他条件不变的情况下,如果一般责任水平按照大型平台可承受的标准设定或提升,就会在不同领域将更多创业者驱动到大型平台上,以使用后者提供的免费基础设施服务——或者离开这些特定高成本领域,而这也是一些大型平台陆续采取开放战略的原因之一。① 而如果按照众多小平台和初创企业的体量降低平台责任水平,则可以预期有更多的创业者出现,提升竞争程度,但会增加监管负担。本章并非单纯主张应当增加或降低平台责任程度,而是希望将特定责任规则与市场结构联系起来,比较不同责任水平给市场带来的外部性,进而在互联网市场快速发展的背景下不断调整优化。事实上,要求减少平台责任的大型平台很可能从责任提升中潜在地获益,即获得更多本来可以自由创业的企业资源,否则这些资源就会投入到与其竞争的小型平台上。②

围绕平台塑造数字基础设施服务的责任与中立性争议,在微观机制层面缘于数字平台在个人信息生成、流动、处理等各环节所采用的技术性方案。但这些技术性方案不仅仅发挥了功能性作用,它们也逐渐通过数字技术基础服务的转化,体现为私人性与公共性的张力与平衡。

---

① 拥有巨大资源和数据的大型平台并非一开始就采用和第三方合作的战略,要么是因为迫于竞争压力可以动员更多技术力量挖掘数据,把蛋糕共同做大,要么是迫于社会压力,例如腾讯在3Q大战之后才意识到这一点。参见蓝狮子编:《X光下看腾讯》,中信出版社2011年版。
② 这里仍需要具体分析,如果一般责任水平和被监管/索赔的概率之乘积远低于放任风险发生能得到的金钱收益,平台就会放任,从而使责任要求的事前威慑失效。但就非金钱收益而言(如社会声誉,最终仍然反映在股价上),这种放任给大型平台带来的损害远比小型平台高。这就是为什么"抓大放小"是有效率的。

三、 个人信息、数字基础设施与公共性

如果从信息本身特征而言,大致可以将个人信息分为展示性信息和辅助性信息:前者由信息主体生产,由数字平台汇集使用,如视频、文字、图片等,并能够通过账户关联到信息主体;后者则在功能上区分为身份认证、连接匹配、声誉评价等核心制度,这些信息对于帮助维护数字经济和社会的有效运转十分重要。需要注意的是,这三类不同功能的信息在互联网产生之前的线下世界中就广泛存在,但只有在数字经济时代才得到重新发掘,并具有更大范围的边际价值。事实上,随着个人信息大量出现,对个人信息保护的强调是否会冲击既有功能和实践将以新问题的形式表现出来。例如,传统认证信息在一个更加广阔的数字市场中可能更具有创造性,但同时也对相关个人信息的使用和保护提出了新的要求:此时的新问题就在于,在继续强调这一认证功能的前提下,如何更好地进行个人信息处理规则的设计。又例如,传统社会中对社会主体的声誉评价一直存在,但只有在高度流动性的社会和市场当中,我们才需要将个人信息转化为数据产品的大规模社会信用或声誉评分机制,以满足现实生产和控制过程的需要。

(一) 认证信息的创设与使用

身份认证信息是一种十分特殊的个人信息,具有普遍性、唯一性和稳定性特点。它起源于现代国家对主权范围内各类治理要素进行精确管理的需求,是由主权权力创设出来的,并不完全归属于个人。对国家而言,主要存在两类可操作的身份标识符:(1)国家为全体公民统一发放唯一的

令牌或号码,可以做到一人一号;①(2)生物特征信息,如人脸、虹膜、指纹、静脉、步态等。② 但两者对身份认证的意义略有不同。对前者而言,国家发放的号码代表了主权权力(如统计和认证权力),是现代公民身份的合法性来源,也是他们享有权利、承担义务的权威身份凭证;而对后者而言,生物特征仅能表明该主体在物理和生物意义上是同一个自然人——尽管技术标准也可能需要国家权威确定予以赋权认可。身份认证不仅有助于国家的日常管理,也有助于平等主体间相互确认和展示真实身份,甚至帮助基于安全问题进行身份和行为追踪。③ 在传统的交易与社会合作过程中,往往是默认的熟人网络帮助验证参与者的真实身份和背景来确保安全;但在一个高度流动性的社会中,随着社会主体不断和其他陌生人主体进行交易合作,就需要不断确认对方身份以增强可信程度——这一过程往往通过国家创设的标识符加以实现,并随着技术创新而不断发生变化。例如,早期的身份证在线下主要是展示功能,但在线上环境中逐渐变成后台机读方式;随着技术的变化,电话号码、人脸、二维码都被逐渐开发出来以纳入这一框架,并成为认证基础设施的一部分。④

此外,认证信息除了一般性的个人基础身份标识符外,还包括其他证照、行业资质等广义的认证信息,这特别在电子商务领域在加强国家对市场主体的监管上起到重要作用。换句话说,随着数字平台将原来散落在

---

① 身份证是现代国家重要的认证权力体现,体现了对其领土上民众的登记与分类管理。类似的文件还有护照,相关分析,参见 J. C. Torpey, *The Invention of the Passport: Surveillance, Citizenship and the State*, Cambridge University Press, 2018。
② 相关分析,参见邱建华、冯敬:《生物特征识别:身份认证的革命》,清华大学出版社 2016 年版;汪德嘉等编:《身份危机》,电子工业出版社 2017 年版。
③ 《居民身份证法》第十三条规定:"公民从事有关活动,需要证明身份的,有权使用居民身份证证明身份,有关单位及其工作人员不得拒绝。"《旅馆业治安管理办法》第六条规定:"旅馆接待旅客住宿必须登记。登记时,应当查验旅客的身份证件,按规定的项目如实登记。接待境外旅客住宿,还应当在 24 小时内向当地公安机关报送住宿登记表。"
④ 胡凌:《健康码、数字身份与认证基础设施的兴起》,《中国法律评论》2021 年第 2 期。

不同组织、网络和环境中的主体通过注册账户的方式纳入更广泛系统,社会主体原来的次级身份就变得相对不重要,而普遍统一的身份信息则愈加有价值,而且必须以某种法律和技术方式加以利用。一旦特定账户通过实名制方式得到验证,就不仅可以确保该账户的使用者是真实和唯一的,也可以确保在交易过程中的可信程度,有利于数字平台继续识别用户的偏好和多元身份,从而使交易变得安全和可预期。

传统上个人信息大致区分为敏感个人信息和非敏感个人信息,其中敏感个人信息采用列举式方式进行,并在处理程序中得到更加严格的限制。例如,《个人信息保护法》规定,个人信息处理者具有特定目的和充分的必要性,方可处理敏感个人信息。敏感个人信息是一旦泄露或者非法使用,可能导致个人受到歧视或者人身、财产安全受到严重危害的个人信息,包括种族、民族、宗教信仰、个人生物特征、医疗健康、金融账户、个人行踪等信息(第二十九条)。特别地,关于作为一种特定种类生物信息的人脸信息,在使用过程中需要受到特别约束。① 不过值得注意的是,在一些个人信息保护的行业规范和地方社会信用规范中,实际上已经从传统分类转向按功能进行规定,专门将个人认证标识信息与其他个人信息区分开。例如,《个人金融信息保护规范》将个人金融信息内容区分为账户信息、鉴别信息、金融交易信息、个人身份信息、财产信息、借贷信息等;《重庆市社会信用条例》规定,自然人公共信用信息的归集以公民身份号码作为关联匹配的标识,无公民身份号码的,以护照等其他有效身份证件的号码作为关联匹配的标识,而法人和非法人组织公共信用信息的归集

---

① 《最高人民法院关于审理使用人脸识别技术处理个人信息相关民事案件适用法律若干问题的规定》第二条规定,"信息处理者处理人脸信息有下列情形之一的,人民法院应当认定属于侵害自然人人格权益的行为:……(三)基于个人同意处理人脸信息的,未征得自然人或者其监护人的单独同意,或者未按照法律、行政法规的规定征得自然人或者其监护人的书面同意"。

以统一社会信用代码作为关联匹配的唯一标识。

这帮助我们重新反思特定敏感个人信息的起源。从本章的逻辑看,认证信息的创设起源于国家治理,在国家提供公共服务的过程中不断被使用,并希望伴随国家治理能力的提升而得到增强。如果某种个人信息能够起到优质标识符的功能,就可能会被纳入身份制度。特定个人敏感信息在普遍性、唯一性和真实性维度都具有极大价值,符合成为身份标识符的要求。从这个意义上说,敏感个人信息不仅关于个人人格,也产生于认证权力以及由此出现的认证技术。认证信息需要得到特别保护,不是因为它属于某种个人敏感信息,而是因为认证信息使用的广泛性提升了该种信息的价值,一旦泄露或滥用会给正常的公共服务认证功能带来混淆和干扰。① 基础身份标识符首先应用于国家提供公共服务的场合,其他社会和市场主体如果也开始使用,就会淡化国家的权力效能,超越其原初使用领域,这也是为什么有主张认为生物信息的识别应当设置在关键领域并采取许可制度。② 按照本章的逻辑,其特殊保护的目的主要是防止淡化,增强而非减弱特定种类的认证信息效能。由此,敏感个人信息的范围是不断变动的,并往往和认证机制紧密结合在一起。

认证信息的创制在早期主要是线下基础身份信息,即身份证号码或身份证件图像,该种信息完全由国家创设,并在公共服务过程中使用。但随着技术的变化,认证信息又是变动的,这意味着国家需要重新在数字环境下创设一整套全新的标识符,或者在现有其他类型的个人信息的基础上加以生成和改造。就前者而言,公安部第三研究所曾经尝试研发的 eID

---

① 现有的讨论仅仅因为是人脸信息就认为该信息的保护值得特别关注,这可能反映了一种对人脸信息代表源于集体无意识的人格和社会网络安全焦虑,参见胡凌:《刷脸:身份制度、个人信息与法律规制》。
② 黄奇帆:《指纹、人脸、虹膜等特征识别技术公司应"先证后照"》,《南方都市报》2019 年 8 月 15 日。

是一个很好的例子,它是在身份证号码基础上以加密技术手段重新为用户生成作为公民身份的数字标记,并采取了一条硬件层面的发展路径,即将加密数据信息置于手机芯片或其他实体卡证的芯片中,将手机/卡片变成连接自然人主体和应用程序的可信中介。在理论逻辑上,eID 更强调国家赋予自然人以法定身份标识的前置程序,即"实体社会中自然人身份在数字空间的映射,是自然人在数字空间获取数字服务时代表其主体身份的数字标记的集合",它清晰地构建了一整套数字身份的技术标准。[1] 就后者而言,国家已经认可从电话号码到人脸信息作为新型基础身份标识符的实践,并不断完善。在这一过程中,像生物信息这样的个人敏感信息被转化为认证信息需要考虑诸多条件,例如技术普及成本、数据泄露风险、信息属性普遍唯一等。由于单一类型个人信息的认证无论如何都存在风险,因此需要多重因子认证。这一视角有助于我们跳出单一的个人信息保护视角,尝试从个人信息生产的其他主体视角思考其价值。此时我们将发现,个人信息在创制和处理过程中的价值是多重的,既涉及个人人格,也涉及其他主体。本章主张应当首先回到某些个人信息得到使用的基本认证功能下讨论,只要相关收益高于生产此类信息的成本,就可以思考相关制度设计以降低风险并加以利用。

(二) 个人信息如何嵌入连接网络

个人信息转化为某种抽象的连接网络信息是第二类实现其公共性的方式。从互联网生产的角度看,要素连接和分发网络起源于传统生产网络和组织,并逐步打破和吸纳了这些传统网络。[2] 传统网络的形成和个人

---

[1] 公安部第三研究所:《eID 数字身份体系白皮书(2018)》。
[2] 理论上也是一个市场吸纳社会的过程,类似的历史过程,参见卡尔·波兰尼:《大转型:我们时代的政治与经济起源》,冯钢、刘阳译,当代世界出版社 2020 年版。

行为轨迹有直接关联,并构成了他们的生活世界。但经由信息技术扩展的社会网络作为一个整体能够更加快速地生成,从而将更多的生产要素连接起来。从外部视角看,这一社会网络无疑是具有公共性的,并具体体现为数字平台上的基础设施服务。事实上,数字平台之所以能够产生价值,正是因为网络效应的出现,平台依据连接信息进行精确匹配,从而实现安全交易。有了稳定的连接网络,平台可以更好地提供信息、缩短交易流程、提供高质量的信息服务,以稳定地积累价值。从这个意义上说,社会网络是一个抽象的集合性权益,能够帮助一般生产要素的使用和流动。

在数字平台的语境下,连接网络中流动的一般生产要素主要体现为个人隐私信息。同时,随着社会主体在不同数字平台上活动日益增多,和他人连接的网络就超越了单一个体的行动轨迹,而成为相对独立的有价值的数据产品,进而脱离了单纯的隐私保护范畴。[①] 此时,在连接网络的创设过程中,合规的个人信息处理将起到十分关键的作用。个人信息处理本身就是一个虚拟身份再创造的过程,平台企业通过为账户设定的各类标签沿着网络进行内容分发、匹配和推荐,甚至做出自动化决策以引导账户行为。《个人信息保护法》初步提供了解决个人信息在处理过程中不被精确识别但允许生成连接网络的两种方式:一方面,从用户外部角度看,通过自动化决策方式进行商业营销、信息推送,应当同时提供不针对其个人特征的选项,或者向个人提供拒绝的方式;通过自动化决策方式作出对个人权益有重大影响的决定,个人有权要求个人信息处理者予以说明,并有权拒绝个人信息处理者仅通过自动化决策的方式作出决定(第二十五条)。另一方面,从平台内部角度看,平台可以采取相应的加密、去标识化等安全技术措施确保个人信息处理活动符合法律、行政法规的规定,

---

① 广东省深圳市南山区人民法院民事判决书(2020)粤 0305 民初 825 号。

并防止未经授权的访问以及个人信息泄露或者被窃取、篡改、删除(第五十一条)。此外,除了关联和识别标准,在司法领域也开始出现新的标准讨论,即通过特定信息重新结合识别所需的技术成本是否高昂这一标准来评估平台是否有能力利用该信息识别个人身份。① 如果(第三方)信息处理者能证明去标识化技术手段使得重标识风险较低,不具备识别特定自然人的能力的话,也可以进行去标识化处理。

在合规处理个人信息的基础上,信息网络通过"连接"开始真正发挥作用。此时的"连接"主要通过账户之间的访问与交易合作,将不同的社会主体和用户联系起来。无论该种网络是社交媒体网络、购物网络还是其他类型服务的网络,都会继续承载此类价值。连接一切曾经成为典型的平台经济意识形态,也成为主张技术中立和算法黑箱不受干预的根源。② 数字平台上的生产要素看起来是高度流动的,但这种流动实际上是沿着网络和架构流动。随着平台有能力对用户行为通过账户追踪和分析,平台越来越希望用户能够持续稳定地交易,从而使既有联系网络变得更加稳定,而在此过程中数字平台也事实上起到了重要的基础设施功能。和要素公共池类似,此类网络的生成就具有某种公共性特征,任何进入这一网络的参与人会潜在获得更多交易机会,网络也会伴随参与人的活动情况和质量而不断改进。这也是为什么掌握连接网络的数字平台的真正价值实际上来源于分发和预测。在这一过程中,基础设施更多由私人平台投入相关资源创设,将用户之间的各类关系都转化为有价值的商品,最终成为数字平台有价值的资产,且不允许竞争对手非法侵入。③ 从这个意义上说,和认证信息不同,分发网络具有某种依附性特征,依赖于账户行

---

① 广州互联网法院民事判决书(2021)粤 0192 民初 928 号。
② 胡凌:《连接一切:论互联网帝国意识形态与实践》,《文化纵横》2016 年第 1 期。
③ 胡凌:《网络法的"网络"理论》,《思想战线》2020 年第 1 期。

为的变动和要素流动。因此只要生产要素持续在特定平台架构中流动,平台就可以不断利用该网络进行自动化推荐、广告推送、匹配等行为。这也意味着这种基础设施不太容易进行跨平台扩展,因而在连接网络达到一定规模的时候就会出现反流动机制,从而限制要素跨平台流动,使数字平台的边界变得愈加封闭。

相当多的研究主张中国应当引入源于欧盟《一般数据保护条例》的数据携带权条款,认为这有助于推动基于用户自主选择的数据要素流动。[1]本章认为,推动数据流动的行之有效的方式并不一定是用户主导的携带和转移,因为一旦法律允许个人有权进行特定种类跨平台的数据转移,不仅容易出现第三方开发者模糊取得用户同意、进行大规模个人信息抓取从而破坏市场秩序的行为,还意味着转移的数据容易脱离了既有的价值网络,需要重新评估其价值,从而增加了社会成本,从后果看并不一定有利于良性有序的数据要素流动和增值。事实上,从目前的经验看,基于数字平台合作协议规定的 API 接口开放进行新型服务开发或者相互进入,都是开放连接网络的具体形式,其同时也意味着数据的某种流动和转移。这不仅可以避免数据无序爬取带来的市场混乱,还可以避免为作为副产品的数据产品进行单独定价,把蛋糕做大。从这个意义上说,较为稳妥的方案可能是允许隶属于不同数字平台的生产要素相互开放进入各自的连接匹配网络,即国家采取措施鼓励特别是大型数字平台及其生态系统相互进入交换流量和数据,而这也是共享数字基础设施的核心方式之一。[2]

---

[1] 丁晓东:《论数据携带权的属性、影响与中国应用》,《法商研究》2020 年第 1 期。
[2] 最近腾讯和阿里考虑相互开放生态系统、放松限制相互进入的新闻没有确证,却仍引起社会广泛关注。舆论普遍认为这一计划如果成真对互联网发展将有积极意义。

（三）声誉信息的强制披露

个人信息能够转换为基础设施功能的第三类信息是声誉信息,即特定主体在社会网络中因特定行为而形成的声誉与口碑。这一做法在数字平台商业化之后就被广泛采用,例如电商平台、分享经济平台之上的评分系统不仅可以部分解决传统经济学上的"柠檬市场"问题,还可以帮助推动要素流动,甚至成为灵活劳动过程管理和控制的工具。[1] 如果置于经典"代码理论"框架下看待,这一过程还意味着,社会规范被社会信用和评分机制取代而逐渐理性化,变成一种新型社会纪律和规制权力,体现在社会层面就是国家正在推行的社会信用机制。[2] 不论是平台评分机制还是社会信用机制,其目标都是为了通过柔性的信息方式对社会主体行为进行约束,并通过某种统一标准,赋予社会主体的过往历史行为以特定价值和意义。这些历史行为不断发生在经由连接网络而和他人展开的持续互动、合作与交易过程中,并将最终潜移默化地影响主体行为,帮助提升整体行为秩序。此时,声誉信息无疑降低了要素流动和交易的成本,与认证信息、连接信息共同成为坚实的数字基础设施。

不难看出,此类声誉信息机制与个人信息生产紧密联系,并需要以特定方式强制披露。这些方式至少包括:(1)直接披露和展示。例如交通部门拍摄十字路口违反交规的人员图像,进行公共展示,这更多体现了传统法律执行中的"羞辱"行为;在统一平台上公布老赖个人基本信息,供相关利益主体查询;对违规艺人或主播进行全网封杀等。(2)间接披露。例如建立各类专门数据库(如家暴、学术不端、违反师风师德),供特定主体或

---

[1] 胡凌:《分享经济中的数字劳动:从生产到分配》,《经贸法律评论》2019年第3期。
[2] 胡凌:《数字社会权力的来源:评分、算法与规范的再生产》,《交大法学》2019年第1期。

行业群体以一定程序进行查询。(3)数据产品。例如形成个人征信报告或社会信用评分等数据产品,允许社会主体查询并告知该个人,但不披露具体行为等。如果按照传统思维,根据平等主体之间个人信息知情同意使用原则,就不会有人愿意主动披露影响其声誉或对其不利的信息,因而需要由特定公共机构通过法律关系将其转化为信息公共资源,并要求强制披露,才能实现基于信息的柔性治理。

在功能作用上,声誉信息相当于连接网络之外的补充和支撑性制度安排,因为连接网络本身无法帮助人们判断信息传递过程中的真伪。传统上人们通过网络接收信息时,需要验证对方的真实身份或者不同程度的相关身份,然后才决定是否继续合作或者交往,而判断对方是否可信的依据往往在于外在声誉的积累。连接网络本身的效能还取决于人们过去的交易次数和质量,以及第一次是否有意愿进行接触等外在动力。如果没有这种公开披露的公共信息,很多基于风险厌恶的新交易网络就无法建立起来。因此这种公共信息必须以某种强制方式进行生产,而非自愿生产,并且通过一定的统一渠道和标准加以应用。和认证信息一样,何种个人信息能够被转化为声誉信息也是经常变动的。例如,《全国公共信用信息基础目录(2021年版)》就列举了11项应当纳入公共信用信息范围的信息和4类应当依法审慎纳入的信息。影响特定个人信息能够被转化为声誉信息的主要考虑因素包括:(1)该种信息的生产成本和技术普及情况;(2)该种信息是否具有一定的普遍性;(3)该种信息能否起到声誉作用,并能够潜在影响人的行为等。

值得注意的是,声誉信息和连接信息一样,都强烈地依赖于特定交往、合作与交易场景,并产生于连接网络。因此在特定平台上生成的特定声誉信息会带有较强的地域色彩。不同平台完全可以开发出互不兼容的评分标准,并引导用户调整其行为,这就意味着某些声誉或评价一旦脱离了特定平台网络就丧失了其价值。如果和上文讨论的数据携带权结合起来,就不难发现即使基于个体用户的数据转移选择是安全有序的,仍然无法确保同样的数据在另一个竞争性平台上获得原有价值,而这也将抑制社会主体转移个人信息的意愿和动力,因为这意味着数据转移之后价值很可能降低,或者至少没有能够反映出社会主体的历史行为和价值,甚至因为信息不对称而为新环境带来了潜在的合作风险。如果希望大量生产要素进行跨平台转移,就必须统一相关评价标准,在要素转移过程中也需要将特定种类的个人信息及其评价的声誉信息一并进行转移,才可能提供充分的激励以推动要素流动。这种思路也可以通过数字平台之外的中立公共机构加以引导,将特定种类的基于大数据分析形成的声誉数据产品通过成立合资企业的方式进行技术和应用层面的整合,然后才有可能逐步实现更大范围内的流动性。[1]

四、个人信息生产与数字平台的再定位

包括《个人信息保护法》在内的个人信息保护法律规范并不特别关注信息生产问题,但历史表明,整个网络法处理的核心问题一直都是有关信息生产和要素来源的合法性与效率问题。[2] 本章试图从更为基础的角度思考个人信息,即相当多的个人信息需要且正在被不断被转化为使市场有效运转的基础设施服务。只有从功能的角度出发才能理解个人信息为何以这种或那种方式被创设出来,并理解在特定功能下某种个人信息如

---

[1] 最直接的例子是百行征信的成立,由合资公司共享大型数字平台生成的个人征信信息,统一征信标准和分值,以便于流动。虽然目前"信联"的运作并不完善,但从长看来是一个既保留大型平台企业自主经营地位,又能通过中央权威加强基础设施建设的路径。

[2] 相关分析,参见戴昕:《"看破不说破":一种基础隐私规范》,《学术月刊》2021年第4期;胡凌:《"非法兴起":理解中国互联网演进的一个框架》。

何得到保护和更好地利用。只有在稳定生产的机制确立后，才能够进一步思考如何更好地发挥此类个人信息的公共功能。本章讨论的前提条件是，个人信息以低成本随时随地被大量生产出来，这归根于无处不在的信息技术以及由此催生出来的要素流动性。如果将要素流动性作为一个给定变量，那么接下来的问题就是伴随流动性带来的个人信息需要以何种方式加以最好地利用。

本章的讨论是多层次的，主要分析了个人信息如何从单纯满足私人利益转向实现公共利益的三种情形——但没有穷尽。作为例证，这三种情形实际上体现了信息的特定功能，目的都在于确保生产要素安全有序流动，以增加交易数量和整体价值。现有围绕个人信息或企业数据进行权属划分的讨论往往忽视了公共利益维度。为了确保这一广泛的市场和社会有效运作，就需要不断将个人生产的信息转换为公共信息，帮助生产要素不断流动，使在整个系统中活动的参与主体和生产要素获益。个人信息的生产性维度因此能够被带回学术讨论，并在此基础上强调个人信息的公共性，同时还涉及大量的公共和私人机构合作议题。本章对各类信息公共性的讨论也各有侧重：在认证功能部分，主要强调了国家对创制认证信息的主导性，以及该种信息如何更好地服务社会和市场；在连接功能部分，主要从私人平台角度分析用户个人信息如何被转化为为抽象的基础设施服务，且有利于提升整个市场的效率；在声誉功能部分，分别讨论了私人和公共机构如何将个人信息转化为能够用来判断交易安全和可信程度的工具，这不仅有助于执法过程，也是一种柔性的生产组织方式。

本章一定程度上还对公共性的抽象内涵进行了重新探讨。在数字平台产生之后，将公共和私人机构完全分开，并把公共机构的行为作为公共性的唯一内核可能无法完全反映现实变化。事实上私人主体主导的公共性同样存在，并成为公共性实现的一个过程，因为其搭建的数字基础设施有利于数字市场上的要素流动,并承担了相当的公共功能,这和公共机构主导的公共性难以完全区分开来。由此,重要的可能不是继续在法律层面区分和固化公私界限,而是从后果看公私合作如何有助于将个人信息作为私人生产要素转化为有利于更加广泛公共环境的要素,进而进一步探索如何将现有特定封闭的数字市场贯通连接起来。从这个意义上说,重要的可能并非对生产要素确权,而是从系统的角度使生产要素能够服务于更好的市场机制。围绕公共性的探讨还有助于我们理解在特定信息功能中如何分配权益的问题。传统场景理论无法进一步提供如何在特定场合下给予数字权益分配的指引,而个人信息的生产过程则隐含了需要考虑到特定个人信息被生产出来的目的和功能。如果允许个人对与其相关的信息拥有更强的控制力,则零散的个人信息无法形成公共资源池,并得到有效利用。类似地,那些实现市场有效运行的系统同样需要个人信息的不断转化和维护。

同时,本章也没有单纯从要素本身的行为规范入手进行讨论,目前大部分针对平台封禁和垄断行为的治理工作和政策仍然集中在防止平台二选一、[1]限制平台版权独家授权,[2]或者是否需要容忍一定程度的"非法兴起"[3]等举措。本章试图回到推动要素流动机制上,认为只有基于个人信息生产和整合需要发挥出基础设施功能,才能在一个更为基础和根本的层面实现要素跨平台流动。根据目前的经验,三类数字基础设施功能已经在不同数字平台内发挥了集聚生产要素以实现安全有序流动的功能,但为了进一步破除基础设施的反流动效应,就需要公共监管机构认识到如何才能在不影响商业和投资稳定预期、确保数字生产持续的前提下,更

---

[1] 陈兵:《互联网屏蔽行为的反不正当竞争法规制》,《法学》2021 年第 6 期。
[2] 徐聪颖:《论数字音乐版权独家交易的法律规制》,《知识产权》2021 年第 7 期。
[3] 胡凌:《从开放资源到基础设施服务:平台监管的新视角》。

为稳妥地推动不同数字市场进行连接,以最终实现全国范围的统一市场。

最后,回到第二章将技术视为第一个维度的分析框架,本章中的平台并未被定义为常规意义上的企业组织方式,而更主要体现为个人信息生成、流动、处理的技术方案的总和,并在实现认证、连接、规训功能的过程中扮演着数字基础设施的根本性作用。从技术政治的视角来看,平台作为数字基础设施的特征在很大程度上成为数字革命时代技术政治的主色调。即使经常被冠以"平台中立""技术中立"的外衣,数字平台在促进生产要素平台内流动的同时又限制了跨平台流动的基本功能,这仍然清晰体现出平台控制者与边缘参与者的分化格局。以此为起点,接下来的讨论便自然延伸至"结构"维度:当承认技术具有多重路线并体现出政治性特征时,我们又该如何通过组织结构的调整来选择并引导技术革命的演化轨迹?

第三篇 结　构

第五章　数字福特与数字后福特

　　技术变革会冲击权力结构进而影响社会分化的基本现实,已经得到了人们的普遍认可。支持这一观点的代表性著作有瑞士日内瓦高级国际关系及发展研究院世界经济教授里查德·鲍德温(Richard Baldwin)的《大合流:信息技术和新全球化》一书。鲍德温在书中认为,工业革命降低了贸易成本并推动农业时代的"本地生产、本地消费"演变为工业时代的"本地生产、全球消费",而这一转变使得工业生产集中于少数西方发达国家,并与其他欠发达国家的差距不断拉大,由此造成了"大分流"(The Great Divergence)式全球化。在鲍德温的分析框架中,工业革命的技术创新作为外生变量对全球生产格局产生了冲击,并最终导致了权力分化与冲突。

　　这一逻辑尽管简明,但在两个方面掩盖了技术发展影响权力分化、社会变革过程的复杂性:一方面,技术发展应用的后果是存在差异性的,其并不必然导致某种特定的权力分化与社会变革结果(例如工业革命并不必然导致所有西方发达国家都形成类似的产业结构并因而具有类似的比较优势);另一方面,技术发展应用的动力、过程往往内嵌于权力、社会格局之中,并受到后者的深刻影响(例如工业革命的技术发展轨迹在不同国家存在差异性)。围绕这两方面的深入分析才更全面呈现出技术变革引发社会变革的整体图景,而揭示这一复杂过程的关键,便在于将生产组织结构引入技术变革的分析框架之中。

生产组织结构的定义是指在生产组织过程中形成的、较为固定的人与人之间的关系,它既可能体现为包含控制与被控制特征的权力结构,也可能体现为生产收益占有、成本分担的分配结构。以此为起点,生产组织结构可被视为技术创新、应用的环境或条件:一方面,相对于技术创新、应用而言,不同国家、社会、公司的生产组织结构都有其独立性和历史性,并因而存在异质性;另一方面,当将技术创新、应用与生产组织结构关联起来加以讨论时,技术这一原本不涉及价值考量的人造物便不得不被置于目的论的争议之中,并因此要求对技术创新、应用本身做出合法性论证——而这便构成了技术与结构分析的双重关系。

一、 技术与结构的双重关系

(一) 技术嵌入结构与技术的目的

技术革命背景下,技术创新、应用与生产组织结构的关联分析体现为双重关系:既要注意生产组织结构的差异性及其引致技术应用后果的差异性,也要结合生产组织结构的变化来对技术发展、应用目的做出合法性论证。

正如第二章对19世纪初法国里昂和英国斯皮塔菲尔德地区丝绸产业的对比分析所呈现的,即使面对相同的机器工业变革,两个地区的技术应用后果也仍然呈现较大差异性:里昂维系了以技术工人为中心的分布式生产结构,而斯皮塔菲尔德则走向了机器大工业主导的批量生产模式。类似的案例在当前同样屡见不鲜。条形码和扫码器的普遍应用提升了零售业的供应链管理效率,这在美国形成了沃尔玛式的垄断结构并抑制了供应商和工人的博弈能力,但德国和丹麦出现了大型零售商与供应商、工

第五章　数字福特与数字后福特

人共享规模经济收益的情况,英国和法国则是工人共享收益而供应商却在大型零售商的垂直并购中被边缘化。[1] 近似技术引发差异化后果的现实复杂性,从两个层面对技术决定论提出了疑问:一方面,技术不应被视为跨地域、跨领域、跨时间维度的一般现象或规律,其会受到多重制度、文化因素的影响;另一方面,技术也不应被视为独立于市场、社会的外生变量,而是嵌入其中并与所处结构相互影响的动态过程。正因为此,当我们试图揭示数字技术应用发展的多样性路径时,必须要考虑的便是数字技术与特定组织结构的关联与相互影响。这既体现为对于数字技术应用之前,因历史因素而累积形成的组织结构特征的揭示,也体现为对于数字技术应用过程中组织结构变迁现象和规律的总结。

当我们意识到技术应用后果存在差异性时,另一个自然浮现的问题便是:我们为什么需要技术？或者说,技术的目的是什么？站在功能主义视角,这一问题或许是奇怪的:作为解决物理世界功能性问题的工具,技术难道具有目的,或者需要针对目的作出合法性论证吗？不过如果将技术变革的讨论与其所处生产组织结构联系在一起,考虑到权力结构、分配结构会因此而发生变化,那么无论对于风险的承受者,还是收益、风险的权衡者来说,围绕目的的讨论都是重要的。从历史上来看,这又主要包含两个层面的分析。

一方面,技术的目的首先体现为推动生产力的发展。如果将生产力定义为人类改造世界的活动的话,那么技术对于物理世界功能性问题的解决,无疑是在不同领域扩大了改造世界的范围并在不同层面提升了改造世界的能力——但这一视角无疑是不充分的,它往往秉持了孤立主义的分析视角,不仅将技术与其所处的社会关系分离开,也将技术创新者、

---

[1] B. C. Watson, "Barcode Empires: Politics, Digital Technology, and Comparative Retail Firm Strategies", *Journal of Industry, Competition and Trade*, 2011, pp. 309-324.

应用者相互独立,并因此难以看到技术与社会的相互关联以及技术创新应用过程中不同主体间的相互关联。以亚当·斯密的分工理论为例。在著名的"别针工厂"案例中,斯密极富洞见地指出,"劳动生产力最大的增进,以及运用劳动时所表现的更大的熟练、技巧和判断力,似乎都是分工的结果"。劳动分工的流程、方法此时便作为一种"技术"提升了生产效率(也即生产力水平)。

但正如清华大学崔之元教授在《鞍钢宪法与后福特主义》一文中敏锐指出,斯密的分工理论模糊了技术分工与社会分工的差别:前者是指将生产任务分解为不同步骤,后者是指将工人安排到不同步骤上。斯密关于"分工能增进生产力"的粗线条分析事实上掩盖了两种分工间的不同对应关系:技术分工既可以与社会分工相对应(即不同工人完成不同步骤),也可以不对应(即一个工人可以完成不同步骤)。前者体现了流水线的管理逻辑,而后者则可能包含更多样化的合作关系。二者的区分不仅仅体现出了"分工"概念本身包含的多重可能性,更重要的是其对管理者、劳动者的相对权力关系会带来差异化影响,并进一步导致社会结构的分化。于是,一旦我们将技术与完成技术、执行技术的人结合起来,我们便不得不讨论技术应用过程中所形成的人的关系问题,而这就进入了另一个层面的目的论分析:围绕技术是否以及在多大程度上会影响社会分化,而这一影响又是否符合正义原则的争议性讨论。

当把技术孤立来看时,关注点主要集中于技术功能是否完善,以及技术作为外生力量而对个体权利(例如隐私、财产)的冲击与影响;但当引入不同人之间关系的讨论时,目的论的关注点便更多转移至过程及结果的公平性与正义性问题——此时技术的发展应用将不可分割地和人与人之间的关系联系在一起。此时,我们既需要注意技术作为社会分化的新维度、新变量,也需要注意技术对于现有分化格局的强化或缓和。只有对技术分化效应是否符合公平性或正义性原则要求做出合法性论证,风险承受者或者风险、收益的平衡者才可能接受技术应用所带来影响的差异性。

不过值得注意的是,技术的分化效应分析往往被掩盖在看似客观的技术逻辑之下而被有意或无意地忽略掉。例如人们往往认为数字平台特殊的技术和业态发展规律使之具有网络效应、赢者通吃特征,但斯洛文尼亚哲学家斯拉沃热·齐泽克(Slavoj Žižek)的反思则揭示出了其背后的分化效应。在齐泽克看来,数字平台公司的巨大成就在一定程度上应被视为建立在对于"社会公地资源的私有化"(privatizing what Marx called our commons)基础上。① 具体而言,比尔·盖茨(Bill Gates)的巨大财富并非因为微软的产品质量更高或成本更低,而是缘于其创设了能够使全世界人民进行沟通的新媒介,并通过控制该媒介而持续性地获取高额"租金"。值得注意的是,该媒介的价值并不来源于单个个体的使用价值,而是全社会共同使用的公共价值。也正是在此意义上,齐泽克认为包括脸书、谷歌、亚马逊在内的诸多数字平台,其实质都是通过私有化社会公地资源以实现商业化利益变现。对于不同数字平台而言,其所依赖的社会公地资源大致都可被理解为人类公共知识或交往关系的积累,并在不同场景下以不同形式表现出来:社交媒体平台体现为用户间的社会联系,搜索引擎平台体现为用户搜索信息的偏好,电子商务、出行等撮合平台则体现为交易历史数据。与齐泽克相比,熊彼特的观点更为激进,它直接提出,技术创新的动力源自公司对于市场"权力"(power)的追求。在熊彼特的解释逻辑下,是垄断而非竞争推动了技术进步,因为正是前者为了在资本市场上获得更大回报,才不遗余力地寻找、开发新技术以拥有更多样化、更丰

---

① Slavoj Žižek, "We Need a Socialist Reset, Not a Corporate 'Great Reset'", https://jacobinmag.com/2020/12/slavoj-zizek-socialism-great-reset. 最后访问时间:2023 年 6 月 1 日。

富的专利储备。① 换言之,技术创新并非如传统古典经济理论所言来自完全竞争市场中理性主义个体的企业家行为,而是出于旨在实现市场垄断地位的权力需要。在此意义上,技术便再次与结构联系在一起,并因此要求被纳入"目的论"的分析,以最终揭示出技术与社会相互影响的内在过程。

上述关于技术与结构双重关系的讨论,都是试图强调结构(或者更具体的,生产组织结构)在分析技术发展应用引致社会变革中的重要作用,其核心观点可总结为:第一,结构具有相对于技术的独立性,其受到资源、历史、文化、理念等其他因素的影响;第二,技术可固化或改变既有结构,并在此过程中引发权力冲突、群体分化等结构变迁现象;第三,在引发结构变迁的过程中,技术需要针对其发展应用目的做出合法性论证。在此意义上,我们便需要进入针对结构的分析,去理解、勾勒出我们所可能处于的不同结构环境,并质疑、讨论其在技术革命过程中会带来的异质性结果。

在工业革命时代,围绕"结构"的分析主要体现为福特主义(Fordism)与后福特主义(Post-Fordism)的争论。本章需要解释的则是数字革命背景下,是否仍然存在"福特主义 vs. 后福特主义"的比较框架? 如果存在,数字革命又赋予了其何种新的内涵?

(二) 福特主义与后福特主义

尽管存在着概念内涵上的模糊与分歧,但无论是微观层面的工厂组织管理实践,还是宏观层面的经济发展模式选择,福特主义都作为 19 世

---

① T. Nicholas, "Why Schumpeter Was Right: Innovation, Market Power, and Creative Destruction in 1920s America", *The Journal of Economic History*, 2003, pp. 1023-1058.

第五章　数字福特与数字后福特

纪末20世纪初的流行概念而被广泛使用。肇始于亨利·福特（Henry Ford）在福特汽车公司的生产管理实践,并由安东尼奥·葛兰西（Antonio Gramsci）在《美国主义和福特制》（Americanism and Fordism）一文中的首次使用,福特主义逐渐被视为一套基于工业化和标准化大量生产和大量消费的经济、社会体系。就具体内涵来看,英国兰卡斯特大学杰出社会学教授鲍勃·杰索普（Bob Jessop）从劳动过程管理、经济再生产模式、治理范式、社会化过程四个层面对围绕福特主义的历史讨论做出了概括性解释。[①]

首先,福特主义式的劳动过程管理是对泰勒主义的继承,从技术分工向流水线的发展试图实现标准产品的批量生产（mass production）与规模经济（economies of scale）,并在此过程中要求维系庞大的半技能工人队伍（semiskilled labor）。福特汽车公司的T型车即是福特主义式劳动过程管理的典型,在其巅峰期甚至达到了美国汽车生产总量的60%。[②]

其次,微观层面的劳动过程管理事实上反映了宏观层面的经济再生产模式,而此时福特主义意味着基于大量生产和大量消费（mass consumption）的良性增长过程与逻辑:基于批量生产的规模经济提升了劳动生产率,相应增长的收入将扩大标准化的消费需求,由此增加的生产利润将进一步转化为针对批量生产技术与设备的新投资,从而维系劳动生产率的新一轮提升。在福特主义的理论假设中,这一经济再生产模式被认为能够自我实现,但事实上,如果考虑到不同经济部门的不匹配情况以及不确定风险的必然存在,福特主义式的经济再生产过程内在地要求诸多稳定

[①] B. Jessop, "Fordism and Post-Fordism: a Critical Reformulation", in A. J. Scott, M. Storper (eds.), *Pathways to Industrialization and Regional Development*, Routledge, 1992, pp. 54-74.

[②] J. B. Rae, *Henry Ford*, Prentice Hall, 1969, p. 36.

器。例如汽车的批量化生产不仅建立在流水线分工基础上,其同时还依赖钢铁、能源、道路、信贷等其他部门,而后者的波动将反过来对福特主义式经济再生产造成冲击,这也由此引出治理范式作为第三个层面的分析。

福特主义治理范式是指能够支撑福特主义式劳动过程管理和经济再生产模式的一系列制度规则、组织结构、社会关系的总和。在杰索普的概括中,这又具体涵盖工资、企业、金融、国家等各个方面。福特主义工资制度的关键在于形成基于雇佣关系的劳资谈判体系,在维系半技能工人队伍的同时确保收入随生产率的提升而提升,从而稳定能够支撑大量消费的需求市场。企业制度在很大程度上体现为纵向一体化的集成与扩张,以在控制产业链各环节的基础上维持批量生产与规模经济,此时的竞争关系更多体现为寡头竞争而非完全竞争。同时,福特主义式经济再生产同样依赖于生产信贷与消费信贷的扩张,而这也在事实上要求国家承担更加积极的财政与货币政策责任,以实现凯恩斯主义所要求的需求管理角色以维系大量消费水平。

福特主义的第四层理解是将其视为社会化过程,其具体是指与劳动过程管理、经济再生产模式与治理范式转型相匹配的政治、文化、环境变迁。事实上,当劳动与经济再生产过程从分散手工业走向流水线之后,劳动者也转而依赖基于雇佣关系的工资收入以及由国家提供的一般性公共服务,与之伴随的则是集中式城市网络结构的形成、家庭生活的私人化变革以及工业文化、朋克文化等的兴起。

福特主义的丰富内涵在扩大其影响力的同时,也带来了诸多疑问。一方面,尽管杰索普从四个层面对福特主义的理论内涵做出了较明确的界定,但现实的复杂性仍然对此提出了挑战。例如通用汽车公司总裁艾尔弗雷德·斯隆(Alfred Pritchard Sloan)提出的著名的"斯隆主义",它对于产品多样化属性以及"计划报废"市场营销概念的强调,便与福特 T 型车的标准化产品理念针锋相对,但斯隆主义仍然建立在批量生产模式基础之上,因而往往同样被归于福特主义之下。此时,究竟什么才是福特主义的核心特征,便仍然是可以讨论而远非毫无争议的重要命题。另一方面,更为深刻的问题却在于,福特主义很可能只是一种理念或理论,而并非普遍发生的事实。正如我们对工业革命时期法国、英国、美国差异化产业结构的回顾性分析中所指出,市场规模、劳动者结构、工会组织能力等非技术因素的不同情况,都使得在面对相同技术革命时,不同国家的反应呈现出异质性,而只有在非常特殊的情况(例如美国)下,福特主义才得到了真正的普遍实现。

在对福特主义的质疑和反思中,我们迎来了后福特主义。在查尔斯·赛伯与其他人一系列的经典研究中,后福特主义往往与灵活的专业化联系在一起,但究竟何为灵活,仍然是难以明确的模糊概念。如果沿袭杰索普的四层分析框架,我们大致可对后福特主义做出如下定义。第一,就劳动过程管理而言,福特主义一方面招致了劳动异化、血汗工厂的批评,另一方面也存在"重数量而非质量"且标准化产品难以满足多样化需求的不足;与之相比,后福特主义强调的是多用途机器与技能工人的灵活组合,并在此基础上实现范围经济(economies of scope)而非规模经济(economies of scale)。第二,就经济再生产模式而言,看似能够自我实现的福特主义再生产过程事实上难以长久维持,20世纪七八十年代西方国家普遍出现的生产率下降现象在很大程度上标志着福特主义的危机。无论是强调精益生产的日本丰田主义,还是试图从流水线转向生产岛的德国道路,都体现了后福特主义的新探索。[1] 此时的再生产逻辑演变为基于范围经济而提升的劳动生产率,以及在此过程中多技能工人福利的增加,从

---

[1] 张世鹏:《从福特主义到后福特主义——西欧资本主义发展的历史新阶段》,《当代世界与社会主义》1996年第S1期。

而在提升多样性产品市场需求的同时进一步深化范围经济。第三,就治理范式而言,打破雇佣关系与工资劳动边界而广泛出现的灵活就业、取代纵向一体化公司科层结构而普遍涌现的松散组织结构,都在成为后福特主义典型特征的同时,要求治理范式的相应调整。第四,就社会化过程而言,福特主义下被广泛接受的分工文化、科层政治在后福特主义下将同样存在向着自主性劳动、开放政治转变的趋势——尽管后者到底将体现出何种明确特征仍然是尚待观察的复杂议题。

但我们仍然不能认为,后福特主义就是对于福特主义的更好替代。一方面,我们甚至不能说后福特主义在时间上即是晚于福特主义才出现。事实上,作为后福特主义的典型,强调精益生产的日本丰田主义被认为发端于20世纪40年代末期和20世纪50年代,远早于一般所认为的福特主义危机时期(20世纪七八十年代)。[1] 另一方面,后福特主义也并非不存在相对于福特主义的短板。举例而言,灵活就业在有利于高技能工人、多技能工人的同时,也可能进一步边缘化低技能工人,从而造成劳动者群体的分化;相比之下,福特主义更能带来劳动者福利一般水平的提升。也正是在此意义上,福特主义和后福特主义都不是绝对意义上的最优结构,而更体现为生产组织结构的两种可能性选择,或者甚至被视为生产组织结构频谱上的两个极端。例如前文提到的"斯隆主义"虽然在很大程度上继承了福特主义的流水线结构,但在促进产品多样性方面则更类似于后福特主义特征。

尽管杰索普的分析框架为我们勾勒出了福特主义和后福特主义的大体样貌,但二者的根本差异究竟是什么呢?事实上,查尔斯·赛伯等人关于灵活专业化的阐释在理论和案例两个方面都受到过诸多批评与质疑,

---

[1] A. Sayer, "Post-Fordism in Question", *International Journal of Urban and Regional Research*, 1989, pp. 666-695.

英国社会学家安德鲁·赛耶（Andrew Sayer）更是指出"灵活"（flexibility）概念本身反而可能掩盖二者的本质区别——因即使在福特主义巅峰时期，公司间的交易合同关系也经常变动而并非长期稳定。① 就此而言，清华大学崔之元教授在1996年发表的《鞍钢宪法与后福特主义》一文，更具有启发性。在崔之元教授的比较分析框架下，福特主义与后福特主义的关键差异体现为两点：技术分工与社会分工是否一一对应，以及在生产关系上是经济专制还是经济民主。崔之元教授进一步指出，这两个关键差异的思想内核其实是一致的，福特主义本质上反映了以柏拉图为起点并延续至斯密及其后思想者的反民主理念。此时，反民主一方面体现为将技术分工与社会分工一一对应，看不到分工框架下管理者与执行者能够相互促进的重要性和必要性，乃至二者融合以形成新的分工框架的可能性；另一方面，这也体现为将政治从技术、经济分析中剥离出来的局限思维，将技术、经济视为能够自我实现的独立系统，从而忽视了二者难以离开生产关系分析的重要性——事实上，这也是本章聚焦技术与结构关联性分析的原因所在。

于是，我们才最终建构起福特主义与后福特主义作为两种结构的全部内涵。接下来的问题自然便是，在数字革命时代，二者究竟又将被赋予何种新的内涵并以何种方式表现出来？

二、数字福特主义

福特主义与后福特主义的争论并非只存在于工业革命背景之下。事实上，后福特主义兴起的很重要原因正是由于ICT技术的发展应用，跨地

---

① Sayer, "Post-Fordism in Question", p. 671.

域即时通信功能使得生产组织过程可以不依赖于本地化集中,中小企业网络或跨部门的协同合作才成为现实。但值得注意的是,这并不意味着 ICT 技术,以及随后兴起的互联网、大数据、人工智能等系列数字技术创新,就一定会推动福特主义向后福特主义的转型——这仍然只不过是技术决定论思维的简单化表现。恰恰相反的是,数字技术同样可被用于福特主义式生产组织结构之下,在提升批量生产效率的同时进一步强化福特主义结构的稳定性。事实上,技术演化史的多个典型案例都表明,同一种技术类型与不同生产组织结构并存的现象是普遍存在的。

杰·杰库玛(Ramchandran Jaikumar)1986 年发表于《哈佛商业评论》上的《后工业时代制造业》一文即指出,虽然"灵活制造系统"(Flexible Manufacutring Systems, FMS)被彼时美国企业广泛采纳以抵御来自日本制造业的冲击,但绝大多数美国制造业仍然欠缺后福特主义式的灵活性和多样性。[1] 类似的,第二章曾提到的斯坦福大学技术社会史教授保罗·戴维同样指出,当电动机取代蒸汽机时,人们往往以为这只是动力来源的变化,却没有意识到其同样会带来工厂分布乃至产业结构的变化,使得更具有后福特主义特点的分布式供能体系成为可能。[2] 历史上的类似案例都提醒我们,当讨论数字技术与产业组织结构变化时,不应该将其仅与后福特主义联系起来。数字福特主义不仅是可能的,或许在当前也是更为普遍的。延用杰索普的四层分析框架,尽管在经济再生产层面数字福特主义的特点尚不清晰,但我们仍然可以从劳动过程、治理范式、社会化过程三个层面勾勒出数字福特主义的具体体现。

---

[1] R. Jaikumar, "Postindustrial Manufacturing", *Harvard Business Review*, 1986, pp. 69-76.
[2] P. A. David, "The Dynamo and the Computer: an Historical Perspective on the Modern Productivity Paradox", *The American Economic Review*, 1990, pp. 355-361.

（一）数字劳动过程管理：福特制 2.0

将数字技术用于劳动过程管理以提升管理效率，是数字技术与福特主义最直接的结合，而这也成为备受争议的焦点议题。《人物》杂志2020年9月《外卖骑手，困在系统里》一文所引起的普遍性社会关注，即体现了对于数字福特主义的深入反思。但这也并不意味着我们要全面否定数字技术以及数字福特主义，更为关键的，还是回到福特主义结构本身，以揭示数字技术之于传统劳动过程管理模式的继承与更新。

福特制对于劳动过程的管理是建立在具有明确雇佣关系、基于流水线的半技能工人、超大型集中工厂基础上的"技术—科层"控制集合体。[①]一方面，技术控制（technical control）将劳动分工的环节、顺序、时间、数量都嵌入至特定技术体系之中，并以流水线的形式体现出来，而工人则在此技术控制体系之下完成被事先确定的半技能劳动；另一方面，科层控制则注意到了不能被技术化的劳动内容或相关环节，并进一步通过标准化、定式化的行为规范、工作手册以及管理者的监督评估加以补充。在"技术—科层"双重控制体系下，具体的管理工作被划分为调度（direction）、评估（evaluation）、规训（discipline）三个类别：调度涉及工作内容、目标、要求的界定，评估关注劳动者完成工作的好坏与程度，而规训则涉及奖惩以激励或约束劳动行为。但在"技术—科层"控制体系下，劳动者难以自主把握劳动过程的异化现象将同样引发反弹与抗争，破坏机器、消极怠工、辞职乃至罢工都是福特制下"反抗控制"的具体体现，而"控制"与"反抗"的竞争和平衡也构成了福特制下劳动过程管理

---

① K.C. Kellogg, M.A. Valentine, A. Christin, "Algorithms at Work: The New Contested Terrain of Control", *Academy of Management Annals*, 2020, pp. 366-410.

的主体内容。

数字技术之于福特制的影响便首先体现为对于"控制"与"反抗"这两个方面的赋能,并尤其着重于前者。事实上,无论是技术控制还是科层控制,数字技术都有利于更为全面和精确的调度、评估与规训。对于调度而言:劳动者的技能属性及行为特征可被识别、记录与分析,以使之更匹配劳动内容与目标要求;同时,每个分工环节的内容与要求,以及不同环节之间的交互界面,都可以得到更为精确的界定以更接近于理性模型。对于评估而言:不仅是作为产出的劳动结果,甚至是劳动过程都可以在覆盖全过程的数字感知网络中被记录并得到实时评估。对于规训而言:基于过程或结果数据而非经验判断的奖惩将表现出更为"客观"的特征,并因此有利于减少管理者负担。

尽管劳动者同样可以受益于便捷而快速的信息传播,并因此体现出更强的集体行动能力,但"反抗"所要面临的挑战往往变得更大而非更小。以规训为例,虽然劳动者同样可能受益于基于客观数据的奖惩机制(例如避免人为决策的不确定性与依附性),但数据产生过程的复杂性乃至黑箱性往往阻碍了其理解奖惩的内在逻辑,而"反抗"的对象从有形的管理者演变为无形的数字技术系统无疑也增加了新的难度。

不过如果数字技术对福特制劳动过程管理的影响仅限于对"控制"与"反抗"的差异化赋能,那么数字福特主义还称不上"福特制2.0"。真正赋予其2.0内涵的,还在于数字技术对于福特主义劳动分工本身的冲击与变革,而这又主要体现在两个方面。

一方面,福特制所要求的明确雇佣关系在数字革命背景下被瓦解,数字平台主导下的零工经济已经成为更为主流或重要的劳动形态,而在此新结构下,围绕雇佣关系建立起来的劳动分工、过程管理、福利保障乃至经济再生产体系都受到了极大冲击。正如第三章对于数字平台崛起过程的解释,数字技术的体系化特征使得资本和企业家有可能控制技术体系中的瓶颈资源,并通过开放创新以撬动其他生态参与者的价值创造行为。加州大学戴维斯分校马丁·肯尼(Martin Kenney)教授将数字平台生态体系中的劳动者划分为了四种类型:平台所有者及与之相关的风险投资者(例如社交媒体平台的创始人)、平台经济体系中的头部生产者(例如视频分享平台上的网红)、平台经济体系中的普通劳动者(例如出行平台的普通司机)、平台经济体系中的大众用户(例如搜索引擎平台或社交媒体平台的用户)。四类人群的人数逐次递增,但他们在平台结构中的经济收益却逐次递减(例如社交媒体用户免费贡献数据),从而形成了一个高度集中化的"金字塔"结构。在此意义上,数字平台结构已经打破了传统福特制中由"资本所有者—管理者—劳动者"构成的"委托—代理"与"二元雇佣"结构,取而代之的是由"瓶颈资源控制者—开放生态参与者"构成的"集中式网络"结构。所谓"集中",是指数字平台及其所有者仍然占据着生产管理的控制权、主导权;所谓"网络",强调的则是打破传统工厂、公司边界后,此种生产组织结构的可延展性(随时加入或退出)、可累积性(新加入者将增加网络价值而退出者并不在同等程度上减损网络价值)、可配置性(生态参与者的劳动过程以及在此过程中形成的生产关系可以被调整或干涉)。

另一方面,在新的数字生态下,提供多样化、个性化、定制化而非标准化产品或服务已经上升为更重要的目标,由此要求劳动过程管理的重点从控制走向激励与控制并重的双重逻辑。福特制的经济再生产逻辑是以大量生产和大量消费为核心,生产效率的提升是以标准化单一产品为前提并力图实现规模经济。但以斯隆主义对福特制的挑战为起点,直至丰田主义对全面质量管理的强调,质量逐渐取代数量成为经济再生产的关键①,并最终演化为后福特主义下的范围经济。数字技术推动下的经济发展同样契合了这一逻辑,并将其更为彻底地推向了多样化、个性化、定制化。以短视频平台为典型案例,用户行为数据被更全面地收集与分析,由此识别出的差异化偏好借助智能推送算法实现精准匹配;与此同时,基于数字平台的大众生产(peer production)潜力得到释放,并通过平台的调节以提供能够满足长尾市场需求的产品或服务。一旦从标准化转向多样化、个性化、定制化,这也意味着传统福特制要求劳动者在流水线和科层结构下严格遵循分工规则的控制逻辑,不得不同时向激励与控制并重逻辑而转变。此时,数字平台作为劳动过程的管理者,并不能完全界定分工环节或者劳动产出的内容与形式,其不得不依赖于经济或非经济的多重手段以激励劳动者自身主动性、创造性的发挥;但这并不意味着数字平台会最终放弃对劳动过程的控制,出于维护产品或服务质量的商业化要求,以及在分配结构中占据优势地位的目的,数字平台仍然在调度、评估、规训等各个环节保持着对于劳动者直接或间接的影响。激励与控制的兼顾此时才转变为劳动过程管理的新目标。

在承认上述两方面变革的基础上,我们还需回答的问题是:当"具有明确雇佣关系"和"生产标准化产品或服务"这两个重要条件都被突破之后,为什么我们还认为数字技术变革带来的不是后福特主义而仍然是福特主义?对此的解释可回到前述二者的本质差别上:当前的数字平台经济发展模式,并没有体现出分工框架下管理者与执行者的相互促进,仍然追求的是技术、经济系统的"自我实现"而未将带有"政治"属性的生产关

---

① 清华大学崔之元教授在《鞍钢宪法与后福特主义》一文中,更准确翻译了亚当·斯密在《国富论》中对数量与质量关系的看法。崔之元指出:"据斯密本人记载,当时就有人提出他的分工理论只是关于生产数量(而非质量)的理论,但斯密对此未加重视,仅以'质量难以定义'为由一笔带过:'质量的好坏,人言言殊。因此,一切关于质量的说法,我认为均不可靠。'"

系纳入考量。一方面,正如《外卖骑手,困在系统里》一文对外卖平台业态的反思所展现的,尽管数字平台需要"激励"劳动者自主性、创造性的发挥(例如在外卖平台中体现为激励骑手加入平台以及骑手能够在算法不能给出路线规划时的自主决策),但数字平台的劳动过程管理并没有真正将劳动者纳入其中,后者只是消极体现为数字平台算法改进过程中的数据反馈,而非对算法或平台决策本身的参与式调整与改进。另一方面,从数字平台的发展逻辑来看,当前主要体现为追求更全面、更大规模的数据获取,以最终实现在不需要依赖人的基础上的完全自动化决策,但这一思路同样在事实上排斥了围绕"人与人之间关系"讨论的政治逻辑——后者不仅体现为劳动成果收益分配上的政治博弈,还体现为劳动过程中可能包含合作、竞争等多重人际关系的集体行动。

正是在此意义上,我们才将数字变革与福特主义关联起来,并定义为福特制 2.0。不过这同样不意味着数字福特主义就是唯一路径,在数字后福特主义的论述中我们将发现另一条道路的并行存在。

(二)数字治理范式:技术答案主义

在杰索普的分析框架下,福特主义治理范式既是支撑、维系劳动过程管理和经济再生产模式的特定制度规则体系,其本身也是该种结构核心理念的集中体现。基于雇佣关系的劳资谈判体系、纵向一体化集成的企业结构、支撑大批量扩张的信贷政策,以及体现需求管理角色的凯恩斯主义式政府行为,都是工业革命背景下福特主义治理范式的典型代表。但数字技术创新应用背景下,数字福特主义在治理范式层面将体现出何种新的结构性特征,仍然是需要回答的重要问题。白俄罗斯作家叶夫根尼·莫罗佐夫(Evgeny Morozov)在 2013 年出版的《为拯救一切,请点击这里:技术答案主义的愚蠢》(*To Save Everything, Click Here: The*

Folly of Technological Solutionism)所提出的"技术答案主义"概念,可能可以作为理解数字福特主义治理范式变革的起点。

莫罗佐夫将技术答案主义视为硅谷核心意识形态,其所引述的代表人物观点便是例证:2011 年在 MIT 的演讲中,谷歌首席执行官埃略特·斯密特(Eric Schmidt)认为,"我们现在讨论的技术,并不是指某种硬件或软件,而是如何挖掘、使用海量数据以使世界变得更美好";类似地,脸书创始人马克·扎克伯格(Mark Zuckerberg)在 2008 年"西南偏南艺术节"(South by Southwest Festival)也指出,"(脸书公司的)目的并非为了赚钱,而是搭建起解决全球问题的基础设施"。[①] 在这些描述中,无处不在的感知设备全面收集环境与生产生活行为数据,以此为基础所展开的数据分析与决策为解决人类社会各个领域问题提供了个性化方案:智能推送算法与用户行为偏好数据的结合使得媒体能够不再刊发人们所不感兴趣的广告内容,智能调度算法与城市车流、人流数据的结合能够极大降低拥堵水平并提升城市运行效率,基于政府数据开放平台的众创、众包新兴业态能够有效调度社会多元主体参与公共治理进程——这些零散化案例在为具体领域问题提供解决方案的同时,也标志着它们在整体上形成了技术答案主义的全新意识形态。

在莫罗佐夫的论述中,它们的共性特征在于,其试图在效率优先的外衣包装下,以"透明(transparency)、确定(certitude)、完美(perfection)"的技术方案替代传统环境下"模糊(opacity)、不确定(ambiguity)、不完美(imperfection)"的治理过程;但同样如莫罗佐夫所批判的,隐藏在这一共性特征背后的基本假设,是将体现人,以及人与人关系的政治属性排除在基于数据而形成的理性闭环之外,而这一改革逻辑无疑会带来新的隐忧

---

① E. Morozov, *To Save Everything, Click Here: The Folly of Technological Solutionism*, Public Affairs, 2013, p. ix.

与风险。莫罗佐夫以投票行为为例展开的反思具有代表性:社交媒体平台(例如脸书)可以通过积分或其他量化指标来激励公民投票,这一技术方案虽然有助于在数据上提升投票率,但它却将投票这一政治行为异化为为了获取积分的经济行为,由此可能进一步淡化公民的政治热情。此处的关键在于,技术答案主义将投票率低作为问题来加以解决,但其所界定的问题内涵并非隐藏在投票率低背后的政治热情淡薄,而是聚焦投票率这一具体指标,由此产生的解决方案也主要将公民视为被动接受的消极主体,而非需要激发的行为主体。需要强调的是,技术答案主义在问题界定方面的这种偏差是内生性的,技术工程师主导下的解决方案在起点上就没有纳入利益相关方,这也导致技术官僚在简化现实复杂性的同时也放弃了对于民主价值的追求。也正是在此意义上,技术答案主义才与数字福特主义紧密联系在了一起。

沿袭技术答案主义视角,我们也可进一步理解工资、企业、信贷、政府等治理范式在数字时代的新面貌。就工资制度而言,工业革命时期形成的基于雇佣关系的劳资谈判体系在零工经济的冲击下被打破,技术答案主义给出的新解决方案则主要围绕精确计量而展开,公司不再需要通过管理者才能对劳动过程及结果进行监督与评估,取而代之的是无处不在的感知网络与决策算法。即时形成并在工作结束之后即撤销的劳动合同关系带来的是分散化乃至个体化的劳动者队伍,原本由工会所支撑的劳资谈判结构不复存在,劳动者直接面对的是抽象的"手机屏幕"而非具体的管理者。此时,一方面,算法体系管理下的所有劳动者都被一视同仁地置于相同规则之中,福特制下工会与非工会成员同工不同酬的分化问题由此不再重要。但另一方面,福特制下劳动者工资伴随生产率提升而增长且下降粘性大的规律被打破,技术答案主义将劳动者直接置于市场交易风险之中而使之不得不独立承受工资波动的不确定性,长期工资水平能否持续增长也因此丧失了制度性保障。典型案例如网约车、外卖业态。在这两个场景下,算法对于市场需求变化的精确计算被转化为针对劳动者单次劳动价格的动态调节并因而实时影响劳动者规模。此时,工资问题被简化为供需平衡的计算过程,而非劳资谈判的政治博弈,或者维系再生产体系持续运行的制度基础。在此意义上,技术答案主义事实上也改变了工资作为治理问题的实质内涵。

类似的,技术答案主义同样发展了福特主义下的企业制度,这又具体体现在平台化与去中心化这两个方面。一方面,企业的平台化转型在改变劳动过程管理模式的同时,也改变了企业增长的机制与结构。福特主义下对于纵向一体化的扩张追求,逐渐转变为对于技术架构的控制与占有。"架构"可被定义为包含目的性并将影响甚至控制参与者行为或态度的技术条件组合。移动应用商店之于移动互联网生态、搜索引擎服务之于互联网内容搜索、支付工具之于共享经济的多样化商业业态,前者都是影响或控制后者的架构。本书作者之一的系列文章,进一步提出了从莱斯格时代以代码为载体并主要体现控制性功能的架构1.0,到以开放创新、Web 2.0为代表并主要体现生产性功能的架构2.0,再到移动互联网时代以"账户—数据—评分"为框架并主要体现规训或治理术功能的架构3.0的演化过程。① 值得注意的是,架构并非经由设计者确定后便不可改变,架构的参与者在受到影响的同时也将反过来冲击架构的变迁,而不同架构之间的竞争也将最终推动架构的演化。由此,从组织层面对于纵向一体化的追求,到技术层面对于架构的控制与占有,技术答案主义完成了从福特主义向数字福特主义的进化。

对于纵向一体化而言,其遵循的是交易成本逻辑,即通过形成具有固

---

① 胡凌:《数字经济中的两种财产权:从要素到架构》,《中外法学》2021年第6期。

定组织结构的公司形式以降低不确定性(例如交易不可控因素)、资产专用性(例如交易需要长期投资)、交易重复性(例如交易需要多次进行)、有限理性(例如交易难以穷尽所有可能性)等因素导致的过高交易成本,并在此过程中通过公司结构的扩大以维持批量生产与规模经济;但对于架构而言,此时的关键不再是交易成本大小的比较,而是通过架构方案的设计与拓展以在实质上替代交易成本本身。在交易成本框架下,我们关注的问题是:为什么某些交易发生在公司而非市场? 而在架构框架下,我们关注的问题则演变为:为什么某些交易要发生在平台而非公司或市场? 此时,传统上仅仅包含供给方与需求方的单边交易关系,被转变为包含交叉网络效应的双边交易关系,架构的关键正在于以特定技术方案撬动此种交叉网络效应,从而在收益分配中占据优势地位。

不过,技术答案主义下的企业治理变化还不仅仅体现为平台化,以区块链为代表的去中心化技术方案同样是典型代表。不同于数字平台围绕架构的中心化趋势,区块链体现的则是更为彻底地以技术方案代替组织方案的探索。比特币、以太坊的业态创新极大地释放了人们围绕去中心化世界的想象空间,而这一乌托邦式想象的核心则是试图建立一个自动运行的数字社会。以太坊创始人维塔利克·布特林在其关于 Futarchy(未来治理术)的文章中对此作出了极为精炼的论述:[1](基于区块链的)代币不仅能够激励不同主体积极参与社区治理(将代币作为参与的奖励回报),其也能激励更高质量的参与(将代币锁定,如果它所代表的方案没有成为共识则该代币将被损失;反之则获得更多代币)。在这样的数字社会

---

[1] Futarchy 是布特林从未来学家罗宾·汉森(Robin Hanson)的理论主张中所借用的概念,试图对未来的政府治理模式进行新的构想。参见 Vitalik Buterin, "An Introduction to Futarchy", 2014. https://blog.ethereum.org/2014/08/21/introduction-futarchy/,最后访问时间:2023 年 6 月 1 日。

中,任何人为的组织形式不仅是冗余的,也是不必要的,链上治理由此成为数字社会的全部内容——但从布特林的阐述中不难看出,它与莫罗佐夫所批判的政治投票技术激励方案如出一辙,技术方案与经济激励的结合仍然从根本上忽视了投票(或更一般的治理参与)本身的政治意义与内涵。

在平台化与去中心化的两种趋势下,数字福特主义体现了不同于福特主义企业组织思想与理论的新发展。类似于围绕工资制度的讨论,它们都试图以技术方案去修正乃至替代其他组织与治理路径。而伴随着这一演化过程,我们要讨论的第三个层面,即社会化过程也自然呼之欲出。

(三) 数字社会化:"经济人"假设的计算化

社会化视角对于福特主义的解释,关注的是与福特式生产管理或治理范式相匹配的政治、文化、环境变迁。这既可以被视为福特式生产或再生产模式的结果,也可以被视为支撑、维系福特式生产或再生产模式的保障。以教育为例,福特式生产过程对于大量中等劳动技能工人的需要,自然推动了现代教育体系的诞生与演化,而后者又反过来成为维系福特式生产过程的重要支柱。类似地,以雇佣关系为基础的社会保障体系的普遍建立,既弥补了福特式生产模式冲击下传统自给式或社群式保障体系被瓦解出的缺口,也在促进总需求的同时维系了福特式再生产过程的自我实现。除此之外,伴随着大规模工厂的建立,大量人口聚集形成了现代城市并同时边缘化了乡村和偏远地区,而这种地理结构上的分化也同样推动了消费主义文化的兴起。

但数字福特主义的社会化特征又是什么呢?更具体而言,如果我们将福特制 2.0 和技术答案主义分别视为数字福特主义在劳动过程管理和治理范式层面的新特征,二者又将与何种社会化变革进程联系在一起?

它将沿袭福特主义的社会化过程,还是会体现出新的发展?

就福特制2.0这一劳动过程管理模式而言,福特主义时代聚焦中等技能的教育体系仍然可能是有效的。一方面在平台化"零工经济"的背景下,无论是网约车司机还是外卖骑手都只是作为中等技能劳动者被纳入生产过程,尽管他们与流水线工人存在工作环境、工作方式的差别,但平台通过算法下达的劳动过程管理指令仍然只要求劳动者遵照执行,以低技能门槛实现规模效应还是福特制2.0的主要追求。但另一方面,既有社会保障体系在福特制2.0下却面临着新的冲击与挑战。分散化的劳动者通过平台算法被整合在一起,而不再依赖传统雇佣关系,这也进一步瓦解了以雇佣关系为基础的健康、养老及其他一系列福利保障体系。以基本收入政策为代表的新改革被不断提出,但它是否会成为社会保障制度改革的主要方向仍然存在较大争议。在此过程中,"零工"劳动者的社会保障责任逐渐由企业转移至社会,这不仅意味着劳动者、企业、社会关系的重新定位,也预示着政府角色的重新定位。

就技术答案主义这一治理范式而言,社会化进程将主要体现为技术理性与经济理性的结合与普及。无论是平台化对于架构的塑造与控制,还是去中心化对于链上治理的乌托邦式崇拜,其共同特征都是将经济人假设嵌入数字技术设计与应用的过程当中,并试图在控制乃至排斥因人的主观性而带来不确定性影响的情况下,通过塑造新的数字规则以实现社会的可预期、自动化运行。为支撑技术答案主义的治理逻辑,数字福特主义自然要求社会化进程朝着经济人、理性人的规训方向发展。数字福特主义试图引导着人们放弃其他价值追求,并以可计算的经济效用作为唯一激励动机参与到技术理性主导设计下的规则环境之中。"以信息换便利"便是这样的典型案例。数字时代的普遍商业模式是为消费者提供免费服务,但同时要求获得消费者的个人身份或行为信息,以在进一步提供个性化服务的同时,扩大数据规模并实现直接或间接网络效应。在潜移默化中,消费者逐渐放弃了对于隐私、自主等非经济价值目标的坚持,而下意识地选择经济效用来作为唯一的决策标准。与前数字时代不同,数字技术为助推消费者的经济人转型提供了精巧且有效的技术手段,这既体现为消费者在享受服务过程中无知觉地贡献个人数据(例如在使用搜索引擎、社交媒体的环境下),也体现为消费者通过主动或被动行为以获取数字积分或数字评价(例如基于区块链的分布式自治组织环境下)。此时的数字技术已经不再作为价值中立的客观现象而存在,而是包含了特定的价值选择与倾向。

个体行为层面的计算化改造还只是经济人假设的一个层面,另一层面是对社会集体现象的重新解释与塑造。杰拉德·柯亨曾指出,"阻碍社会主义美好理念成为现实的关键问题在于我们并不知道如何设计一套机制以使之运行"[1],但信息技术的发展却似乎为此提供了可能。舍恩伯格在《大数据时代》与《重塑资本主义》两本书中,热情洋溢地推崇了大数据与智能算法的结合所带来的颠覆式变革。在舍恩伯格看来,传统经济形态下,交易双方会考虑所有交易信息并最终作出以价格形式体现出来的理性决策,但由于人类处理信息能力的不足以及可获得交易信息量的限制,价格仅仅反映了被极度压缩和简化后的交易信息,因此传统经济只能实现次优结果。相比之下,大数据对于复杂交易信息的还原以及智能算法处理海量信息的能力,都使得借助数字技术可以实现更为全面、理性的交易决策,进而取代价格机制成为新时代的"看不见的手"。在此意义上,经济人假设与计算化思路的融合将进一步被用于指导市场乃至国家治理体系的改革与建构。

---

[1] Gerald A. Cohen, *Why not Socialism?* Princeton University Press, 2009, p.57.

值得注意的是,尽管我们可以从个人和集体现象层面看到数字福特主义社会化进程的些许踪影,但对它做出整体性概括在当前仍然是困难而富有挑战的。一方面,这是源于我们尚没有形成具有共识性且被普遍采纳的制度实践,从而使得社会行为的规训仍然处于不稳定且动态变化的探索阶段。另一方面,这可被归因于数字后福特主义的竞争性挑战。工业革命时期,尽管后福特主义从未被完全挤出,但福特主义作为主导性模式的影响仍然十分突出。相比于工业革命,数字技术的开放性为后福特主义赋予了更强的生命力,并因此对福特主义的路径依赖提出了更强的挑战,而这也自然将影响社会化进程统一模式的形成。由此,接下来的分析将进入数字后福特主义的揭示与解释,并在与数字福特主义的比较中,理解数字时代多重"结构"的完整内涵。

三、数字后福特主义

20世纪后半叶围绕后福特主义的讨论在很大程度上都可被归因于以微电子、互联网为代表的数字技术(在彼时更为准确的定义应为"信息技术")的新发展。福特主义在促进规模效应并成为经济再生产主导型模式的同时,也逐渐受困于边际效应下降的一般规律。标准产品的市场需求逐渐饱和,多样性且定制化的长尾市场开始兴起。建立在规模经济基础上的福特主义不仅不能回应长尾需求,流水线式的生产过程在招致劳动异化批评的同时,也束缚了生产率的持续性提升。除此之外,同时出现的福特主义危机还包括能源与环境压力。这些问题在微电子、互联网等新型信息技术勃兴的背景下,被赋予了新的破局希望,而围绕福特主义危机解决方案的相关讨论就构成了后福特主义在彼时的主要内涵。

在彼时的讨论框架下,微电子、互联网的微型化、分布式技术结构在功能上被认为有助于支撑后福特主义作为灵活生产模式的管理要求。在打破福特主义组织层面的集中化结构基础上，新兴信息技术被认为能够以更为有效的信息传递和控制方式来实现类似目标，进而为更开放、更灵活的生产组织结构提供现实可能。但仅仅在技术功能层面认为微电子、互联网能够解决福特主义危机的思路，事实上并没有跳出技术决定论的理论局限，这也使得彼时的讨论仍然停留于福特主义而并未真正延伸至后福特主义的理论实质。伴随着微电子、互联网进一步朝着大数据、人工智能等普遍性数字技术创新应用的深入发展，我们当前才开始逐渐观察到数字后福特主义的全部样貌，而这又主要体现在两个层面。

一方面，数字后福特主义在形式和内容上都体现了更多样化、更灵活的工作形态和经济再生产形态。这不仅仅意味着劳动生产的组织结构从集中化走向了分布式，更意味着劳动生产本身的形式和内涵都开始发生本质转变。以零工经济为代表，传统公司结构的平台化转型尽管包含了福特制2.0特征，但它打破雇佣关系的门槛以更开放纳入多元生产主体的特征，仍然是朝着数字后福特主义方向转变的重要一步。不过这还只是劳动生产形式的变化，更为深刻的转变还体现在劳动生产的内涵上。在批判理论的研究视野下，数字化转型对劳动生产的本质冲击在于非物质劳动（immaterial labor）在资本积累和经济再生产过程中作用的攀升及其深远影响。与零工经济下的物质性劳动（例如外卖骑手的送货过程）相比，非物质劳动更多以知识经济、注意力经济、数据经济、广告经济为代表。后者不仅仅只是作为单独门类的经济领域而存在，而是更一般性地影响到了经济、社会、政治的各个层面。例如围绕谷歌和脸书的理论分析指出，它以广告为主要收入来源的资本增值逻辑不仅将人与人之间的社会关系转变并简化为经济收益，同时也激励了分散主体在内容生产方面的偏向性选择,而后者尤其促成了"假新闻"的普遍兴起。[1] 意大利社会学家和哲学家毛里齐奥·拉扎拉托(Maurizio Lazzarato)在《符号与机器:资本主义与主观性的生产》(*Signs and Machines: Capitalism and the Production of Subjectivity*)一书中,更为系统地将非物质劳动概括为主观性资本(capital of subjectivity)。在拉扎拉托的解释框架下,"主观性"作为人的内在情感、观点、偏好、注意力或(潜在)知识,被数字技术(例如大数据、人工智能算法)系统性地识别与挖掘,并转化为经济生产或再生产的原材料(raw material)。在此过程中,每个个体都被视为自主且分散化的决策主体并实现了自我雇佣和自组织的转变,而这也正是后福特主义基本特征的重要体现。

从劳动生产形式和内涵的转变来理解数字后福特主义相比于福特主义的新发展,并不意味着前者是对后者危机的克服或超越。恰恰相反的是,数字后福特主义在其本身演化过程当中就已经蕴含了新的危机。拉扎拉托将其总结为双重讽刺(twofold cynicism)[2]:人性化讽刺(humanist cynicism)与去人性化讽刺(dehumanizing cynicism)。就前者而言,这是指数字技术和业态在挖掘每个人主观性特征以体现其自主性、差异性的同时,又将每个人的数据置于预先设定好的不同类型组合,以实现经济再生产的目的;就后者而言,这是指以数据形式表现出来的人类行为,在功能层面与非人类行为并无差别,主观与客观、话语与事物都只不过表现为不同类型的数据而不具有实质差别。伴随双重讽刺的,则是个体层面和集体层面的双重危机。在个体层面,看似每个人都可以成为企业家、股东或

---

[1] R. Graham, "Google and Advertising: Digital Capitalism in the Context of Post-Fordism, the Reification of Language, and the Rise of Fake News", *Palgrave Communications*, 2017, pp. 1–19.

[2] M. Lazzarato, *Signs and Machines: Capitalism and the Production of Subjectivity*, Semiotext(e). 2014, p. 13.

利益相关方的自我雇佣过程,事实上也促使他们直接面对技术或业态的不确定性风险,并在分散化的过程中割裂了其他生产关系;在集体层面,看似将主观性资本纳入经济系统的生产率提升效用,事实上是以其他领域的政治、社会进程为代价,并使得此时的经济危机将同时体现为系统性的政治与社会危机。① 正因为可能同时出现的或积极或消极的两方面结果,数字后福特主义才不能被简单视为福特主义危机的良方——但数字后福特主义危机的确不同于福特主义危机,因它仍然是在体现并挖掘人的自主性过程中所出现的新危机。不过也正因为存在这样的两面性,我们才进入了数字后福特主义内涵分析的第二个层面:是否有可能引导它的发展,以实现对生产力和对人的真正解放?

对此问题的回答,是以探寻多重技术路线并将技术正义作为技术路线演化选择目标为起点而展开的理论探索与实践改革,它又具体体现为"创造更好工作"(Building a Good Job Economy)、②"赋能型人工智能"(Empowerment Artificial Intelligence)、③"包容性先锋主义"(Inclusive Vanguardism)④等不同视角的讨论与主张。这一系列观点的核心逻辑大致都可划分为两部分内容:在反对技术决定论的前提下解释技术路线演化发展的多重可能性,同时以促进"正义"为目标来讨论不同技术路线以及相关制度的选择。前者致力于反结构化的"破",而后者则更聚焦方向性的"立"。它们都注意到了数字技术革命并未带来普遍性繁荣却反而引致社会分化加剧的疑虑与担忧:这既体现为数字技术的生产率悖论,也体现为

---

① Lazzarato, *Signs and Machines: Capitalism and the Production of Subjectivity*, p. 8.
② D. Rodrik, C. F. Sabel, "Building a Good Jobs Economy", in D. Allen, Y. Benkler, L. Downey, R. Henderson, J. Simons (eds.), *A Political Economy of Justice*, University of Chicago Press. 2019.
③ D. Acemoglu, *Redesigning AI*, MIT Press. 2021.
④ R. M. Unger, *The Knowledge Economy*, Verso Books, 2022.

数字技术赋能仅限于特定地区(硅谷)、特定产业领域(互联网经济)而未被普遍扩散至其他国家(例如后发国家)或其他产业(例如农业)的孤岛悖论,同时还体现为因数字技术广泛应用而带来信任危机、极化危机、民主危机并招致技术反冲的创新悖论。面对这些在不同层面出现的分化问题,它们的共同主张是认为不能仅仅从分化的结果入手,而是要在生产的起点与过程中进行反结构化干涉。在拒绝技术发展、应用逻辑是既定结构的决定论观点基础上,要求将正义原则贯穿到技术路线选择与应用的过程之中。例如丹尼·罗德里克(Dani Rodrik)和查尔斯·赛伯在"创造更好工作"中提出应以实验主义治理框架来打破结构性条件的约束以创造更好工作的机会,并提升广泛主体参与生产过程的可能性,从而扭转数字技术革命带来的分化格局。类似地,达隆·阿西莫格鲁在指出人工智能具有"替代人"或"辅助人"两条发展路径的可能性基础上,认为前者的边际效用将伴随着越来越多的人类工作被人工智能替代而降低,在此背景下"辅助人"的人工智能发展路线将不仅有利于技术本身的迭代创新,也是实现可持续发展的关键。阿西莫格鲁对于"辅助人"的人工智能发展路线的重视,与罗伯特·昂格尔(Roberto M. Unger)围绕"包容性先锋主义"的论述是一致的。昂格尔在批判技术孤岛主义的基础上同样强调了人—机合作作为最先进生产力的当代体现,并指出应通过教育体系和工作体系、激励结构与管理体系、法律与社会制度这三方面结构性改革以最终实现"包容性先锋主义"。

总结而言,"创造更好工作""赋能型人工智能""包容性先锋主义"主张的共同特征都是要求在反结构化约束条件的前提下寻找多重发展路线,并在此过程中将政治分析纳入到技术经济生产体系之中,以最终实现普遍性、包容性的共同发展——而这也可被视为对于数字后福特主义危机的原则性回应。但是,这些改革主张是否可能真正落地实践?或者说,数字化转型进程哪些方面已经体现出了这些主张的具体内涵？对于这一问题的回答，便直接涉及数字后福特主义的具体体现形式，而本章接下来的分析将继续沿用杰索普的分析框架，从劳动过程管理、治理范式、社会化三个方面来进一步作出解释。

（一）数字劳动过程管理：开源软件的激励与组织

尽管相比于福特制的规模化大工厂，数字平台朝着释放分散劳动生产力的方向迈进了一步——但当前的数字平台经济发展模式在很大程度上仍然只能被视为福特制 2.0 而非数字后福特主义，其原因便在于分散劳动者并未真正被视为创新主体而纳入生产管理过程，经济民主也并未以管理原则的形式进入平台治理的讨论空间。与之相比，更全面体现数字后福特主义内涵的，则是开源软件的生产与组织过程。

本书第三章第三节已经对开源软件的基本概念做了介绍，并从探索多重技术路线的视角着重解释了"分叉"机制在促成分散程序员参与集体生产行动过程中的重要作用。不过开源软件作为一种普遍性生产现象，它在劳动过程管理方面相比于传统模式的变革与创新，还远不止于"分叉"机制。新型产权制度的设计，以及涵盖分工、激励、协调等各个环节的复合型治理机制创新，才构成了开源软件的更丰富内涵。

在福特主义视野下，私有产权，以及基于私有产权的排他性处置权、收益权，是形成福特制劳动过程管理模式的前提。无论是以雇佣合同关系激励劳动者加入科层制的管理体系，还是通过流水线式的技术分工来组织、协调大规模生产过程，都依赖于针对生产资料、劳动力以及商品产权的明确制度安排。但开源软件却打破了这一传统逻辑的定式思维：在缺少明确私有产权界定的前提下，遍布全球的程序员仍然愿意且能够有效参与软件开发进程，甚至是以营利为目的的商业公司也纷纷将本具有私有产权属性的软件代码贡献给社区。由此带来的新问题在于：为什么程序员/商业公司愿意把自己辛苦劳作的知识结晶(代码)免费向社群开放(激励问题)，而又是什么样的机制将分散参与者组织起来并最终生产出规模庞大且多样的开源软件产品(分工、管理问题)？——需要指出的是，在福特主义视角下，这两个问题事实上都可归结于私有产权界定这同一个制度问题；但在开源软件的新实践中，产权安排尽管仍然是重要的，但已经不再是唯一答案。针对前述两个问题的解答为我们打开了更丰富、更多元化的制度创新空间。

首先，我们仍然要对开源软件的产权制度设计做出解释，而这又可被分为"反产权"与"左版权"这两种视角。以理查德·斯托曼发起的"自由软件运动"为代表，它以一般公众许可证(General Public License, GPL)中的病毒条款为载体，对产权制度本身进行了否定：病毒条款要求所有采用"自由软件"代码的软件也必须要"自由"(即凡是采用了标注受 GPL 保护的代码，其本身也自动接受 GPL 的约束)。在斯托曼看来，"所有软件都应该是自由的"，排他性产权本就不应作为软件世界的制度基础。斯托曼的理念固然揭示了软件不同于其他产品的特殊性，但其激进的产权理念并不利于"自由软件"真正为大众所接受。导致这一局限性的根源在于，斯托曼对于"产权"概念内涵的理解，仍然束缚于所有权、控制权、收益权必须要统一在一起的传统观点。这也使得他为了打破产权的排他性，不得不同时否定所有权利，而这自然不利于其理念的推广与普及。与之相比，做出更大改变的则是埃里克·雷蒙德从"开放源代码计划"角度对"自由软件"做出的修正。雷蒙德认为，开源软件的关键不在于反对以闭源软件形式表现出来的私有产权，而是要打破集中式、科层式的软件生产过程与管理模式，因而改革的重点在于开放代码。但随之而来的搭便车问题则在于，如果没有恰当的产权制度设计，开放后的代码很容易被投机者通过申请版权的形式而占有——左版权的制度设计应运而生。左版权建立在现有著作权体制上,但不同于著作权的排他性要求,左版权允许用户的自由使用、传播。换言之,左版权同样承认代码发布者的所有权(并因此与病毒条款不同),但并不限制代码的使用、传播(并因此与著作权不同),其体现的是以所有权保护来促进更大开放性创新的新理念。在左版权的制度逻辑下,产权概念本身得到了更丰富的发展,代码所有权、发布权、传播权的分离在解决搭便车问题的同时,也为代码的开源开放提供了保障,进而为分散程序员的连续性创新提供了基础。以此为起点,开源程序员的参与动机问题便能够得到更多元化的解释。事实上,行为科学研究一直以来都强调人的多元动机,但在参与生产活动过程中,传统的产权观限制了非经济动机的释放,而左版权的开放产权逻辑则恰好为此提供了窗口和空间,随后的研究陆续提出了信号理论、[1]互惠行为、[2]礼物文化[3]等多重解释框架。由此也不难看出,开源软件参与者的具体动机解释或许是不重要的,更重要的是作为多元动机释放前提的新型产权制度安排。

不过,新型产权制度安排仍然还不是开源软件之"谜"的全部答案。它虽然能够有效解释"开源软件为何没有失败"的原因,但并不能作为对"开源软件为何能成功"的正面回答。左版权更像是防止参与者投机的防御机制,而非促进开源软件繁荣的动因。也正因为此,我们才会看到其实并不是每个开源软件都采纳了左版权制度。哈佛大学法学院教授尤才·

---

[1] L. Josh, T. Jean, "Some Simple Economics of Open Source", *The Journal of Industrial Economics*, 2002, pp. 197-234.
[2] M. M. Wasko, S. Faraj, "Why Should I Share? Examinations Social Capital and Knowledge Contribution in Electronic Networks of Practice", *Management Information Systems Research Center*, 2005, pp. 35-57.
[3] J. Bitzer, W. Schrettl, P. J. Schröder, "Intrinsic Motivation in Open Source Software Development", *Journal of Comparative Economics*, 2007, pp. 160-169.

本克莱甚至指出,"在开源的世界里,产权可能并没有想象中那样重要"①。由此遗留的另一个主要问题,便是开源软件的组织、协调问题。具体而言,在缺乏外界强制力对其进行约束、控制的情况下,自愿参与的个体之间如何实现合作行为?

最直接的解释来自克里斯玛权威的引导。对于很多著名的开源项目而言,其往往都有突出领导人的存在,典型代表例如 Linux 之父林纳斯·托瓦兹(Linus Torvalds)。自愿参与者服从的并非固定的科层结构,而是具有克里斯玛特征的领导人的分工安排与组织协调。这一逻辑固然具有一定解释力,但它仍然不足以对开源软件复杂、多样的集体行动给出全部解释。事实上,很多开源项目往往都会经历领导人的更替,而这一变迁并未导致项目的衰落,且领导人自身在开源项目正常运转过程中也并未直接产生作用,更多时候开源项目都是在自运行。即使对于林纳斯·托瓦兹而言,一方面其本人反复强调,"没有他,Linux 仍然也能运转得很好";②另一方面托瓦兹本人急躁的坏脾气往往受到社区的集体诟病,并一度使得诸多社区的重要贡献者离开,这也对克里斯玛权威究竟在多大程度上能够引导开源社区的合作行为带来了怀疑。

如果私有产权和克里斯玛型权威都不是促成开源软件集体行动的必要条件,那么这一生产过程的组织管理究竟是如何实现的?对此问题的分析将追溯至组织理论的历史演化。在第二章的分析框架中,我们曾讨论到安那其主义所关注的"非组织化结构"相对于传统组织理论的"组织化结构"的差异性特征,而二者的对比分析也正是回答开源软件组织问题

---

① Y. Benkler, "Practical Anarchism Peer Mutualism, Market Power, and the Fallible State", *Politics & Society*, 2013, pp. 213-251.
② 具体报道请参见 https://www.bloomberg.com/news/articles/2015-06-16/the-creator-of-linux-on-the-future-without-him,最后访问日期:2023 年 6 月 1 日。

的关键。

传统组织理论并非没有注意到以开源软件为代表的新型组织现象,只不过后者往往只被视为局部、暂时现象,而非蕴含着变革意义的另一条道路。瑞典社会学家戈兰·阿尔内(Göran Ahrne)和尼尔斯·布伦森(Nils Brunsson)在 2011 年的一篇文章提出了"完全组织"(Complete Organization)的概念,并用五个标准来衡量某一组织现象能否被视为"完全组织"。[1] 这五个标准包括:拥有可以代表其他组织成员做出决策的决策者、拥有正式的组织成员范围、拥有可以强制他人服从的科层权威、拥有畅通的"命令—控制"体系、拥有可以监督并制裁不服从行为的权力结构。任何不满足上述五个标准的组织现象均被视为不完全组织。在此理论框架下,开源软件的生产过程明显属于不完全组织:每个人都自主决策并因而不存在代表与被代表关系(或委托—代理关系)、任何程序员都可以随时进入或退出并因而不存在正式成员的界定、任何参与者都不具有相对于其他人的结构性位置并因而不存在科层权威、扁平化与公开化的信息交流替代了命令—控制体系、随时可退出(或"分叉")的制度选择使得不服从成为常态。此时,开源软件社群更类似于网络型组织,而按照阿尔内和布伦森的解释,这种不完全组织框架需要(或最终将)向完全组织靠拢,才能实现组织秩序。

但安那其主义却不这样认为。开源软件社群不仅不需要向"完全组织"靠拢,它所代表的恰恰是另一种组织秩序的崭新道路。在安那其主义的启发下,学者们对处于传统组织理论研究盲点区域的组织现象开始了系统研究。例如在针对占领运动的研究中,组织理论学者面对的核心问题是如何解释松散群体之间形成复杂集体行动的原因和机制。有的研究

---

[1] G. Ahrne, N. Brunsson, "Organization Outside Organizations: The Significance of Partial Organization", *Organization*, 2011, pp. 83-104.

则表明,"自由对话、基于共识的决策、建立在个体联系基础上的小群体联盟"构成了大规模群体运动的内部行动机制。[1] 概括而言,与管理学思路影响下的传统组织理论相比,安那其主义在组织形成、稳定性、问责性这三个方面提出了不同观点。

就组织形成而言,传统管理学思路强调科层组织是在既定目标下通过由上至下的理性设计和建构而成。由于网络型组织没有科层组织那样明确的结构,传统管理学思路一方面将网络组织视为既定状态,从而淡化对其形成过程的研究;[2]另一方面则将其视为在既定目标引导下,不同成员在长期互动过程中或在特殊媒介触发下形成的特殊结构。[3] 与之相反,安那其主义则将网络组织的形成视为不同小群体互相联合并逐渐规模化的自发过程。二者的区别在于,安那其主义并不强调既定目标引导下的自上而下的建构过程,而是重视自下而上的从成员互动行为中寻找网络组织形成的轨迹和过程。此外,传统管理学思路下每一个成员个体都是可被替换的,但安那其主义却特别强调不同个体自愿、主动形成小群体并进而在自由联合的基础上实现规模化的过程。正是基于上述观念的变化,对于网络组织的形成而言,安那其主义认为重要的不是在外力帮助下确认组织目标并设计出与环境相适应的组织结构,而是创造一个有利于信息交换的自由环境,以诱导不同个体网络关系的形成。

就组织稳定性而言,管理学影响下的组织理论认为稳定性是结构的函数,只有保持不变的科层结构才能长久地维系组织成员的稳定性以及

---

[1] D. Murray, "Democratic Insurrection: Constructing the Common in Global Resistance", *International Studies*, 2010, pp. 461-482.
[2] C.T. Goodsell, "A New Vision for Public Administration", *Public Administration Review*, 2006, pp. 623-635.
[3] R. Keast, M.P. Mandell, K. Brown, G. Woolcock, "Network Structures: Working Differently and Changing Expectations", *Public Administration Review*, 2004, pp. 363-371.

组织作为一个整体的稳定性。在这种思路的影响下,网络组织由于结构的灵活易变而被视为不稳定的象征。虽然它能够对环境做出快速反应,但被认为不能持续。相比之下,安那其主义则认为网络组织的稳定性不在于结构,而在于网络关系的鲁棒性。换句话说,网络组织的成员流动性大并不一定导致网络组织的崩溃,只要网络关系以及建基之上的协作行为仍然存在,整个网络组织就能继续运行下去。事实上,许多网络组织的结构虽然变化频繁,却仍然能够长时间地正常运转并完成特定功能。

就组织问责性而言,传统组织理论视角下,科层结构的层级控制才使得每一个成员的行为符合统一目标和既定规则,而网络组织则因其结构的模糊性被视为降低了问责程度。但在安那其主义看来,这仍然不符合网络组织的现实。事实上,网络组织成员同样能够协调一致地完成集体行动,只不过这不是基于控制和命令,而是源自成员之间基于自愿的互助合作与对话共识。需要指出的是,充分的对话一方面能够促进相互了解,这甚至能够改变对方观念以达成集体共识;另一方面,对话中所暴露出的观点或利益的分歧可能会刺激相关方提出更具包容性的提案,进而重构群体间相互关系以致改变不同群体的利益格局,而这也体现出不同群体随环境变动而不断重组的可能性。

正是基于这三方面的对比解释,开源软件的生产过程作为另一条组织道路的创新性才得以完全显现。安那其主义从组织形成、稳定性、问责性三方面的解释与后福特主义的内在精神具有一致性。也只有当我们从安那其主义的组织视角再来评估时,开源软件在缺乏私有产权和克里斯玛权威的前提下仍然能够实现一定组织程度的现象,便也不再成"谜",这恰恰构成了数字后福特主义在劳动过程管理维度上的具体体现。此时,每个参与者的自主性、异质性都得到充分尊重,并在对话过程中形成了开放且合作的动态组织架构,而这也与数字平台追求完全自动化决策并排斥"人与人之间关系"讨论的福特制2.0形成了鲜明对比。

（二）数字治理范式："可计算性争论"与实验主义治理

与技术答案主义试图建立一个基于"计算"的福特主义治理范式不同，数字后福特主义要寻找的是再次将人拉回到治理过程中的新改革，而这一改革的起点则是从理论上对这种计算乌托邦治理理念的反思与批判。

计算乌托邦治理理念的深入人心可从三个著名论断中得到支持。首先，2011年8月，网景公司创始人、硅谷著名风险投资公司安德森·霍洛维茨（Andreessen Horowitz）创始人马克·安德森在《华尔街日报》撰文，用"软件正在吞并世界"（software is eating the world）的观点言简意赅地形容了数字化进程带来的深刻转变。[1] 在其看来，软件，以及更一般的数字技术，并非仅仅作为"工具"而被嵌入人类社会之中，而是建构并成为人类生产生活的新空间，从而使得人类社会反过来嵌入数字世界之中。其次，伴随软件吞并世界过程的是人类生产生活规则的改变。哈佛大学法学院教授劳伦斯·莱斯格（Lawrence Lessig）在1996年和2002年相继出版《代码》与《代码2.0》两本专著，他提出了"代码即法律"（Code is Law）的核心观点，指出代码已经成为继法律、市场、社会习俗之外的第四种规则。[2] 无论是安德森还是莱斯格，他们都只注意到了数字化转型的结果，却没有具体分析数字化转型的复杂过程。事实上，无论是"吞并世界"的软件，还是"作为第四种规则"的代码，其都需要程序员的设计与开发，而这一过程的

---

[1] Marc Andreessen, "Why Software is Eating the World", *The Wall Street Journal*, 2011. https://www.wsj.com/articles/SB10001424053111903480904576512250915629460，最后访问日期：2023年6月1日。

[2] L. Lessig, *Code: And Other Laws of Cyberspace*, Basic Books, 1999, p.3.

本质则是依赖人的表达能力。不过迈克尔·波兰尼在《默会知识》(*The Tacit Dimension*)一书中却提出"人类知道的远比其能表达出来的更多"(Humans know more than he can speak)[①]。换言之,以人脸识别为代表,即使程序员作为人类能够很轻易地识别出一张人脸,他却并不能用任何语言或工具"表达"出来,并因此难以将识别人脸的能力转换为软件或代码,而这也无疑限制了数字化转型的普遍性和深入性。但受益于以机器学习为代表的新一代人工智能技术的新发展,数字软件能够基于大量数据或案例的训练而实现自我生产,由此突破了"波兰尼困境"并进一步扩大了数字技术的应用范围和深度。诸如人脸识别、自动驾驶、语音交互在内的诸多之前仅停留在想象中的"科幻场景",开始成为普遍可见的日常业态。

正是在这样的背景下,以技术答案主义为代表的计算乌托邦治理理念逐渐成为主流,并在潜移默化中影响着不同主体的决策行为。人们开始有意或无意地将复杂社会的运行进程映射至数字空间,并试图通过对数据的自动化处理以回应现实社会的治理难题。

姑且不说这种技术乐观主义"想象"是否会导致隐私侵犯、全面监控等治理风险,其究竟在多大程度上可以达到功能性目的,仍然是值得严肃对待的前提性问题,而这在历史上便体现为"可计算争论"。[②]

一方面,与计算乌托邦的理念相一致,许多人认为包括人类本身在内的现实社会都是可计算的。现代人工智能的奠基者之一马文·明斯基(Marvin Minsk)曾指出,"人类本质上就是机器"。[③] 类似地,赫伯特·西

[①] M. Polanyi, *The Tacit Dimension*, University of Chicago Press. 2009, p. x.
[②] "可计算争论"在当前的数字治理讨论中几乎被忽视,少量对此展开讨论的分析见贾开:《数字治理的反思与改革研究:三重分离、计算性争论与治理融合创新》,《电子政务》2020年第5期。
[③] P. McCorduck, *Machines Who Think: A Personal Inquiry into the History and Prospects of Artificial Intelligence*, CRC Press, 2004, p. 85.

蒙（Herbert Simon）同样在其1996年出版的《人工科学》一书中指出，"尽管不同于自然现象服从于自然法则而具有一种'必然性'，人工现象由于易被环境改变而具有'权变性'，但人工现象不会完全适应环境仍然反映了其同样具有凌驾权变性之上的必然性"①。人工现象的这种必然性（或者说相对于外部环境的准独立性）可以通过"消极的隔离、反应性的负反馈、预测性的适应"等多种方式得以实现，而这也证明了人工系统可被"经验"地研究（也即"人工科学"是可能的）。不过另一方面，与之争锋相对，反对者则对此持强烈怀疑态度，不仅强调感情、意识乃至精神作为人类独有而机器不能拥有的特殊品质，同时更以自然科学本身仍然存在不可计算的局限性否定了其试图计算更为复杂的人类社会的可能性。英国数学物理学家、2020年诺贝尔物理学奖获得者罗杰·彭罗斯（Roger Penrose）早在1989年出版的《皇帝新脑》一书即通过数学、物理学、生物学等各领域的争论对此作出了说明。首先，在数学领域，图灵在"通用图灵机"的研究中提出了"可计算问题等同于图灵可计算"的理论命题，而哥德尔、波斯特、邱奇等人的工作也被证明与"图灵机"在计算能力上是等效的，由此强化了数学领域的可计算判定问题与计算机领域的算法设计问题的等效性。但也正因为此，"哥德尔不可能定律"对于可计算判定问题的否定，在彭罗斯看来同样意味着"通用图灵机"的不可能。其次，在物理学领域，量子世界的不可测量性不仅打破了牛顿体系的精确性，也甚至引发了我们对于客观存在性的质疑。最后，在生物学领域，尽管我们往往将人脑神经元等同于集成电路中的晶体管开关，但人脑不仅仅只在临近神经元之间传递信息，相距遥远的两个神经元之间也可能发生信息关联的整体性（非局域性）决定了通过数字信号的开关模拟人脑信号传递方式的不准确性。

---

① 司马贺：《人工科学：复杂性面面观》，武夷山译，上海科技教育出版社2004年版，第15—16页。

上述领域围绕不可计算性的讨论最终都与人类本身的意识(或精神)是否可以通过人工智能的方式得以实现紧密相连,而前三者的否定回答最终也使得彭罗斯得出了"人类意识(或精神)不可被计算"的结论。

虽然西蒙和彭罗斯的争论开始于20世纪末,但到目前为止仍然没有形成最终结论。但无论结论如何,他们的严肃争论至少提醒我们关于"人类社会(包括人自身)是否可被计算化"这一问题的复杂性,以及信息技术是否且在多大程度上能够改造、变革乃至替代人类社会运行的不确定性。如果考虑到这一点,再结合第三章关于技术政治与多重技术路线的讨论,我们理应对"数字乌托邦"治理理念持更加严肃的慎重态度。正因为此,追求全面数字化转型以单独提升数字治理水平乃至最终替代传统治理体系的数字治理改革,应在承认(至少在现阶段承认)其局限性的前提下放松对于数字化、自动化、智能化的一味追求,重新理解数字技术对于人类社会治理的补充作用,进而重新定位数字治理与传统治理的相互关系——在此意义上我们才能说,这才是数字后福特主义相对于数字福特主义在治理范式上的差异特征所在。

那么,以承认可计算性挑战为前提的数字后福特主义治理范式,其具体内涵又是什么呢?与围绕福特主义和后福特主义的讨论类似,我们可能很难像福特主义那样总结出一套适合大规模批量生产的固定治理范式,但寻找能够体现后福特主义特征的典型治理案例仍然是可能的。对于数字后福特主义而言,数字治理与实验主义治理的融合即是这样的代表。

实验主义治理理论是基于欧盟治理实践而提炼出的一般性治理理论,强调通过建立临时性行动框架并在执行效果的评估过程中对行动框架加以深化或修正。[①] 实验主义治理注意到了持续增长的变动和不确定

---

① C. F. Sabel, J. Zeitlin, "Experimentalism in the EU: Common Ground and Persistent Differences", *Regulation & Governance*, 2012, pp. 410–426.

性对于传统科层制治理与命令—控制型规制方式的冲击,并试图通过建构共同学习的制度框架以解释并指导全球范围不同领域的政策变迁,而这又主要体现为四方面要素的迭代循环:宽泛性目标的设定、自主性的执行过程、对治理结果的同行评估以及治理方案的适时调整。实验主义治理的基本逻辑在于,强调一线治理者的自由裁量权,并试图通过同行评估与方案调整以实现政策学习过程从而适应不确定的治理环境;而为了激励一线治理者并避免"自我规制"的松散与混乱,实验主义治理同时依赖"改变现状"机制,通过以更坏结果威胁各方从而倒逼其共同探索可能的治理路径。[1] 基于对实验主义治理理论内涵的简单阐述不难发现,其关注的是不同主体所形成治理关系与治理结构的一般性讨论,而起点正是源于对治理环境不确定性(也即不可计算性)的观察与回应。

但现实环境中,实验主义治理所要求的执行效果评估及政策框架调整往往因时间滞后、成本沉淀等原因得不到及时反馈与修正,数字治理在迭代成本、评估效率、扩散速度等方面的优势恰好对此有所帮助。首先,数字治理所擅长的模拟实验有助于在不真正实践相关政策的前提下提前探索政策效果,快速的调整、试错将极大降低政策迭代的成本;其次,大规模的数据收集与智能分析有助于治理者在较短时间(甚至实时)观察到特定政策框架的治理绩效,进而真正实践实验主义治理所依赖的递归评估与框架修正;最后,实验主义治理要求的同行评议与标杆学习在数字治理环境下同样能够得到很好的支撑,全球范围内的治理经验交流与共享将极大扩展实验主义治理的覆盖范围。

在此意义上,与技术答案主义对完全计算方案的追求相比,数字治理与实验主义治理的融合才体现出更丰富的制度创新可能。基于此也不难

---

[1] C. F. Sabel, W. H. Simon, "Destabilization Rights: How Public Law Litigation Succeeds", *Harvard Law Review*, 2003, pp. 1016-1101.

发现,数字后福特主义在治理范式层面的核心特征在于强调人与计算的结合:单独依靠人的自由裁量不免陷入治理环境数字化转型后的复杂性困境,而完全依赖计算(也即技术答案主义)又难以回应不确定性挑战,二者的结合才可能支撑数字后福特主义的生产方式变革。

在强调数字治理与实验主义治理相互补充、相互促进的思路下,针对工资、企业等具体领域的治理范式改革也将相应体现出不同特点。一方面,就工资制度而言,在承认数字零工经济具有打破雇佣体系下同工不同酬窠臼的进步性的同时,我们也并不必然走向数字福特主义式的新分化。如果承认人与计算结合的重要性,那么工资水平与结构就不应单方面决定于掌握"计算"权力的一方(例如算法设计者、应用者或平台所有者),利益相关方(包括但不限于一线劳动者、数据贡献者)理应被同时纳入生产与收益分配的博弈过程之中。不过需要注意的是,围绕工资的多方博弈并不代表数字后福特主义需要发展出与工业时代类似的劳资协商体系,零工经济下的非固定就业状态已经不再具备推进劳资对话的组织结构。此时的多方博弈更多意味着在不确定的数字化转型环境中,需要将劳动者自身的技能发展纳入数字生产过程之中,以在提升生产率的过程中推动劳动者与其他生产或管理要素共同分享增长红利——而这也正是罗德里克和赛伯提出"创造更好工作"的核心要义。举例而言,马斯克在2018年的一次采访中即明确承认,即使其大力推进特斯拉工厂的无人化改造,但试图将整个生产流程自动化的努力往往会使生产过程变得过于复杂,因而其又不得不雇用更多的工人以增加生产速度。此时更合理的技术应用路线是选择合适水平的自动化程度以充分发挥人—机合作的巨大潜能,而在此过程中劳动者的价值自然需要得到承认并以参与收益分配的形式体现出来;类似地,在外卖业态下,平台单方面追求全过程的数据覆盖不仅不现实,也将面临来自隐私保护、数据安全等多方面的结构性约束,此时的更优选择则是挖掘骑手的积极性和创造力,释放一定程度的自由裁量空间以寻找人—机合作的最优适配点,而在此生产调整的过程中,骑手自然需要共同分享生产率提升的红利。事实上,基于上述分析不难看出,数字后福特主义下的工资治理已经不仅仅体现为生产之后的收益分配问题,而同时与生产过程的调整紧密关联,这也使之不同于数字福特主义将生产与分配割裂开的传统逻辑。

另一方面,就企业制度而言,即使区块链等技术创新让人们开始憧憬链上治理或去中心化自治组织的技术答案主义式乌托邦,但数字后福特主义视角仍然给出了更全面、更辩证的治理范式频谱。数字治理与实验主义治理的融合事实上要求数字管理者与一线劳动者形成相互反馈的迭代式演化结构,而并非完全基于自动化数据收集、处理的去中心化自治。事实上,布特林虽然在"Futarchy"的论述中正确指出了代币的作用,但在很大程度上忽略了治理的本质。链上治理的前提假设实际上是赋予持币者以代码演进的决定权,但代码演进本身却是由开源社区程序员来推动并实现。换言之,基于代币而形成的激励、约束关系所针对的对象并不直接是公链治理所依赖的对象,二者的错位使得链上治理并不一定能实现其预期的功能与价值。更复杂的问题在于,每个持币者的投票并不一定基于建立在精确经济利益计算基础上的理性选择,集体行动的相关理论已经反复证明了这一点,由此也决定了基于代币的链上治理并不能实现数字乌托邦的理想。在此意义上,链上治理仍然需要与链下治理(非技术的治理机制与体系)紧密结合起来,后者便包括但不限于我们在传统企业治理、开源社区治理、公地资源治理等各个领域所累积的宝贵知识与实践经验。

当然,更具体的工资或企业治理形式仍然需要在实践中继续探索,此处从数字治理与实验主义治理融合视角给出的分析还只是起点——而这也正是数字后福特主义本身的理论要义所指。

（三）数字社会化：社会人、政治人假设作为新基础

前文曾提出，数字福特主义在社会化方面的典型特征是进一步发展了经济人假设，并将其深度嵌入数字技术设计与应用的过程当中。事实上，如果没有经济人假设，数字福特主义试图将整个人类社会生产生活过程转变为技术答案主义的思路将难以成为现实。因而与其说数字福特主义的生产过程转型塑造了经济人假设的霸权地位，不如说经济人假设才支撑了数字福特主义的形成与普及。

与之相对应的，数字后福特主义自然希望将社会人、政治人拉回理念空间，以还原现实过程的复杂性和真实性。在数字福特主义的论述中，我们解释了经济人假设作为主导理念的兴起过程。无论是福特制 2.0 还是技术答案主义，都需要将人视为追求利益最大化的同质化个体，并因而可以将其纳入计算过程以对其行为进行预测、控制或者助推。但正如我们在数字后福特主义前两个小节论述中看到的：一方面，经济人假设并不能完全概括数字时代人类生产、生活的行为逻辑，例如开源软件的生产组织过程就必须要承认多元激励的重要性；另一方面，可计算性争论预示着即使我们承认经济人假设，其行为逻辑的复杂性也并不一定能够完全体现于计算方案之中。与这两方面反思相一致，数字后福特主义在理念层面即要求以社会人、政治人假设作为替代，前者承认数字时代人类个体行为激励的多元性，后者则强调数字时代人类集体行动过程与结果的交往性或关联性——而这两方面也分别针对经济人假设在个体和集体两个层面的核心内容：在个体层面排他性地强调经济动机，在集体层面则认为个体理性选择会自然带来集体最优结果。

所谓多元性，事实上也是"开放""自由"作为互联网核心理念的同义

词。万维网发明人蒂姆·伯纳斯-李在 2009 年的一篇博客中写道,"万维网的初心是缔造一个全人类能够协同创新的自主空间,不同的知识在网络汇集、开放,进而累进式地创造出更多的人类智慧"[1]。为实现这一目标,万维网的关键创新在于两方面:将超文本技术嫁接到互联网,以使得图片、视频、音频等更多类型的信息可以在互联网上传播;同时,采用单向链接方式,使得任何人都可以在资源所有者无须做任何回应的情况下链接该资源,从而最大限度地维系开放性(即开放链接是默认状态)。万维网独特的技术设计拉开了互联网商业化进程的序幕,产生了"开放促进创新"的积极影响,以维基百科、开源软件为代表的公地喜剧也实现了推动全人类协同创新的美好愿望。在此意义上,经济人假设远不能概括人们进入开放、自由的互联网空间的全部动机,累进式的知识创新在很大程度上也不依赖于经济利益的激励。而数字福特主义将所有数字行为量化为可计算的成本—收益分析的经济人逻辑,事实上约束并限制了人们在开放、自由的互联网上的丰富创造力,并因而可能制约数字时代最先进生产力的释放;与之相比,数字后福特主义从多元动机视角对社会人假设的引入,才又最终回归到了互联网的初心。

所谓交往性或关联性,是指将人与人之间的交往行为置于集体行动分析的核心,而非仅基于个体主义视角寻找边际效应的均衡解。在第一章对集体行动不同理论解释的对比分析中我们已经提到,卡洛·罗斯教授与斯密、哈丁、奥尔森的不同之处,正在于研究视角的转换,将不同主体间的交往关系而非基于单个主体行为的边际影响作为理论起点,才对公地喜剧现象给出了充分解释。数字后福特主义与数字福特主义的差别,

---

[1] Tim Berners-Lee, "Read-Write Linked Data", 2009. https://web.archive.org/web/20180807134903/https://www.w3.org/DesignIssues/ReadWriteLinkedData.html, 最后访问时间:2023 年 6 月 1 日。

同样可被纳入这一理论对比分析框架。

一方面,正如本章第二节所引述的,舍恩伯格关于大数据可以作为价格机制替代品的讨论,很典型地体现了数字福特主义将经济人假设应用于社会集体现象的解释与改革思路。但另一方面,我们同样不能忽视的则是对此观点的反思与批判。哈耶克、西蒙、斯蒂格利茨等人围绕信息经济学的丰富研究都表明,价格只体现了交易过程的截面信息而并不是所有交易信息的汇总与简化。价格机制得以正常运行的背后是缘于制度因素的共识(例如交易双方都是追求利益最大化的理性经济人理念共识),以及交易发生前基于其他机制(例如通过广告)的信息交换过程。[1] 从这一视角来看,大数据与智能算法至多只能影响交易信息的交换过程从而提升价格机制的运行效率,但它们难以涵盖制度背景等其他因素,并因此不能作为价格机制的替代。此时,支撑价格机制的制度性共识事实上体现的是人与人之间的交往性或关联性,而这也正是数字后福特主义关注的新焦点。

在打破数字福特主义中占据主导地位的经济人假设基础上,数字后福特主义更多强调了社会人和政治人假设的重要性,而后两者也与本书将合作视为另一条道路的主题思想紧密关联。在经济人假设下,合作是不必要的,甚至也是不存在的;但在社会人和政治人假设中,合作不仅是可能的,也是必要的。尽管这并不代表社会人和政治人一定会形成合作关系,但这是讨论合作、通过机制设计实现合作的前提。

---

[1] E. F. Thomsen, *Prices and Knowledge: A Market-Process Perspective*, Routledge, 2002, pp. 117–119.

四、数字化转型的合法性困境:数字福特与后福特的选择

在当前时点讨论数字福特主义与数字后福特主义的差别与联系,并不仅仅具有将数字时代的不同生产组织结构进行分类的理论价值,这也是回应数字化转型合法性困境的实践倒逼要求。在全书开篇我们已经提到,当前全球普遍出现的技术反冲现象,在很大程度上都可归结于对数字技术创新与数字业态应用未能实现其乌托邦愿景的反思与质疑。此时人们已经不再满足于技术会带来进步的必然性解释,而开始寻找影响这一过程的中间变量——生产组织结构由此成为新的关注焦点。

沿袭工业革命时代围绕福特主义与后福特主义的讨论框架,我们当前同样面临的是数字福特主义与数字后福特主义的比较与选择。许多已经被习以为常的数字技术创新路径与数字业态应用模式,其背后事实上都体现的是数字福特主义或数字后福特主义的差异化特征,而这可能体现在劳动过程管理、治理范式、社会化进程等不同层面。不过正如本章第一节所指出,我们并不能简单断定后福特主义就是福特主义的更好替代,甚至不能说后福特主义是对福特主义危机的应对与克服。同样的,在数字福特主义与数字后福特主义具体形式的对比分析中,我们也不能认为开源软件的管理模式、数字治理与实验主义治理的融合、社会人和政治人假设就一定分别优于福特制2.0、技术答案主义、经济人假设,前三者同样也不应该被视为对于后三者危机或不足的克服与回应——即使在论述过程中,我们仍然体现了对于前三者的偏好。

那么,数字福特主义与数字后福特主义的关系究竟是什么呢?对此问题的回答,仍然应该从多样性路线的探索中得到启发。在数字化转型的过往历史中,我们事实上更习惯于数字福特主义的种种范式,而往往忽

略它只是生产组织结构多重可能性中的一种。在此意义上，本章对于数字后福特主义的具体解释，更应该被视为还原多重可能性的努力。也只有在认识到完整频谱的基础上，我们才可能根据具体环境的需要而意识到不同组织结构对技术创新应用过程与结果的差异化影响，并在这种差异比较中主动调整、选择具体的组织结构——而这一过程同样也是对数字化转型合法性质疑的有效回应。

　　从第二章提出的结构维度来讲，数字福特与数字后福特的比较分析关心的是一般意义上的生产组织模式及其在数字时代的具体体现。接下来的问题便在于，这种生产组织模式的差异又将如何反映到具体的生产组织结构上？就概念内涵而言，生产组织模式关心的是激励、协调利益相关方参与生产的方式与机制，而在此过程中，不同利益相关方形成的点、面关系便构成了生产组织结构的关注点。在数字时代，无论是福特主义的践行者，还是后福特主义的变革者，已经为人所共识、占据主流地位的结构形式便是网络，但围绕网络结构的相关讨论却仍然呈现出较大的模糊性。典型的反思性问题例如：数字福特与数字后福特作为生产组织模式的差别是如此明显，但为何它们在网络结构的观点上达成了共识？回答该问题的关键在于对数字网络概念及其实践本身的解构。也只有揭开网络的面纱，我们才能最终在生产组织模式与生产组织结构这两个层面还原数字时代结构的丰富性与复杂性。

第六章　数字网络的三重定义

一、"网络"在数字时代的继承与变革

"网络"(network)在人类生活中古已有之,特别体现为人与人之间的社会关系,潜移默化地影响着我们的日常行为。[1] 但传统上法律更多关注个体行为,对个体行为背后看不见的影响力量保持沉默(使其从属于政治伦理、市场力量或社会规范的讨论范畴),同时假定个体大部分时候都是基于自由意志开展自主行为。当我们进入网络社会或赛博空间中时,不仅熟人之间的社会关系,甚至陌生人之间、人与事物/服务之间、事物/服务之间的连接都可以被转化为数据,进行跟踪和记录,进而测量、分析和预测。[2] 此时,网络不再隐藏在背后,而是逐渐可见或者被直观感知,并通过不断增加的连接而成为影响个体社会行为的动态架构(architecture)。[3] 在这一变化过程中,法律在某些领域开始关注到网络的力量,并将网络分析或连接性分析引入对个体行为性质及其后果的判断。此时,网络便不

---

[1] 网络已经成为复杂性研究的核心,并延伸至更多学科领域。相关讨论见 E. D. Beinhocker, *Origin of Wealth: Evolution, Complexity, and the Radical Remaking of Economics*, Harvard Business School Press, 2006; M. O. Jackson, *The Human Network: How Your Social Position Determines Your Power, Beliefs, and Behaviors*, Pantheon Books, 2019。
[2] 相关讨论参见 S. Mau, *The Metric Society: On the Quantification of the Social*, Polity Press, 2019; H. Rainie, B. R. Wellman, *The New Social Operating System*, MIT Press, 2014。
[3] 关于架构的相关讨论见 L. Lessig, *Code Version 2.0*。

仅体现为社会主体间自发形成的社会关系,也更多是平台企业有意识塑造和促成的生产关系,由此形成和积淀下来的社会资本成为平台得以对网络中的行动者施加控制力和匹配力的重要媒介和资产,并甚至可以说成是一种基础设施。对这一无形资产的创造、保护和分配就由此成为平台法律与经济学研究的重要议题。

长期以来,网络法研究主要关注互联网作为规制的节点,[1]通过信息媒介(平台)开展的用户行为及其架构设计(横向与纵向),并试图将传统法学概念应用至赛博空间中。[2] 在这一思路下,网络本身得到的关注反而较少。即使讨论网络,也仅仅在物理基础设施和数据传输层面讨论(例如网络中立),而非更加抽象的连接性和互通性。[3]

但当面对现实的生产挑战时,我们仍然需要回答的问题是:当越来越多的行动者和事物/服务不断和其他主体/客体保持连接,进而形成特定类型的数字化网络,这一过程究竟在法律上意味着什么?

本章试图展开探讨,挖掘网络这一结构性视角在网络法上的意义和潜力。事实上,这一概念和网络法的其他基本概念(如架构[4]、空间[5]、平台[6]、数据[7])类似,都能够从一个侧面对互联网如何运作以及需要何种法律做出解释,并吸收整合现有部门法律中的概念性要素和制度。同时,架构和法律的数字化转型过程体现出了强烈的生产性特征,而这也能通过对数字网络的分析展示出来。

---

[1] J. Zittrain, "Internet Points of Control", *Boston College Law Review*, 2003, pp. 653-688.
[2] 戴昕:《超越"马法"?——网络法研究的理论推进》,《地方立法研究》2019年第4期。
[3] 关于这两个概念的讨论,参见何塞·范·戴克:《互联文化:社交媒体批判史》,赵文丹译,北京广播学院出版社2018年版。
[4] 胡凌:《论赛博空间的架构及其法律意蕴》。
[5] 胡凌:《3Q大战的遗产》,《人大法律评论》2019年第2辑。
[6] 胡凌:《从开放资源到基础服务:平台监管的新视角》,《学术月刊》2019年第2期。
[7] 胡凌:《商业模式视角下的"信息/数据"产权》,《上海大学学报(社会科学版)》2017年第6期。

第六章 数字网络的三重定义

本章按照如下顺序依次讨论网络的三个面向：第二节关注作为一种动态架构的网络，该节将展示网络如何因商业模式和技术的出现而进入法律分析，并影响社会主体的行为以及若干核心法律概念（如财产、隐私、言论等）。第三节从作为生产方式/关系的网络视角出发，认为当下的数字网络实际上已经超越了自生自发的状态，而是可以经由平台企业进行设计和塑造，并体现出商业化和平台化两个典型特征，进而改变了数字经济生产过程中的生产关系，其本身也成为生产方式和生产关系的一部分——控制力是影响该过程的重要因素。第四节转向网络的私人资产属性和公共属性，认为网络原来承载的线下分布式社会功能在线上实现了大规模转型（如声誉、身份、社会资本、合作能力等）——以适应新型生产方式的需要，但网络作为一种基础设施的公共属性正在被平台企业的财产性利益诉求所遮蔽，不正当竞争法与反垄断法正朝着帮助促成这一目标而行进。在这三节的基础上，第五节简要反思了法律的生产性面向，以及传统的社会性将如何通过作为生产方式/关系的网络而被重塑与变异。

二、作为动态架构的网络

互联网的架构设计无疑会影响社会主体的在线行为预期。尽管抽象来看，对法律行为的教义学分析不大受周围环境变化的影响（比如说无论线上还是线下的诽谤都侵犯了名誉权，因此法律规定保持不变），但主体行为后果的预期（如实名制）、举证过程（如区块链）、进入法律程序（如在线审判）的成本和概率等都会因网络的变化而变化。

信息技术促成的无处不在的连接，意味着我们时刻处于和特定主体/客体相关联并交换信息的状态，即处于各种交叉重叠的数字网络之中。这种状态是动态的，其变动性足以对人的行为产生潜在影响，可以被看成一种超越了互联网分层结构而构建起来的数字架构。早期的架构/代码理论将"代码"看成多元规制手段中的一种,强调互联网的静态架构和特定互联网层次的设计对行为的规制性效果,[1]而动态网络的视角则有助于我们理解特定法律关系如何因网络的存在而逐渐发生变化。

自互联网产生以来,赛博空间中的行为和利益已经不断被定义为"网络化的"(networked)——但这不仅仅是一种修辞,而恰好表明抽象的、可察觉到的网络关系能够影响传统物理空间中法律对特定概念的理解与应用。以下分别从隐私、言论、财产、身份、风险监管等不同视角简要说明"网络"如何嵌入既有法律体系。

(1)隐私。传统的空间性隐私观念使研究者将注意力集中在技术对物理架构的入侵上,而当观念转向信息性隐私时,物理架构作为保护隐私的空间似乎不再重要,人们更关心私人活动如何以信息的方式被获取和未经许可使用,保护隐私就变成了控制私人信息的流动。[2] 信息技术使人的交往范围不断扩大,完全打破了物理架构和空间的局限,也模糊了传统私人与公共空间的范围边界,主体之间更多的连接性凸显了"网络化隐私"的崛起。它进一步表明,"隐私"实际上处于特定语境下的主体间关系之中,沿着特定网络流动而并非由单一主体所控制。此时,重要的是认识到该种网络关系的不同性质,从而与场景理论结合起来以识别和解释私人信息的传播限度。[3] 例如,在合作性网络中,隐私属于参与方的共同信息,因而体现为约束性的明示/默示合同关系或社会规范;在生产性网络中,消费者行为隐私(数据)同时被商家获取,并用来改进服务——即使

---

[1] 胡凌:《论赛博空间的架构及其法律意蕴》。
[2] J. S. Daniel, *Understanding Privacy*, Harvard University Press, 2008.
[3] H. Nissenbaum, *Privacy in Context: Technology, Policy, and the Integrity of Social Life*, Stanford Law Books, 2009.

第六章　数字网络的三重定义

该活动是在封闭的物理空间内发生。从这个意义上说,赛博空间打通了一切,其中不存在传统隐私,因为用户一直处于不间断的信息生产与分享过程中,且几乎无法控制他们信息的动态流动。① 空间也因此从客观的物理性状态,变成了一种用来抵抗无休止网络化进程的政治主张。②

(2)言论与表达。互联网增强了普通人的言论能力,也由此凸显了言论的网络和传播面向,特别是在社交网络上,私人言论很容易通过网络化的传播产生公共影响(例如微信和微博是两种不同的架构设计,前者偏重私人交流,后者偏重公共言论)。信息从一个圈子或群体传到另一个,这将意味着某个更大的网络会不断将各类中小网络吸纳到一起,从而形成"小世界"网络范式,而这也会在一定程度上推动公共领域的网络化并繁荣公众舆论。③ 早期互联网设计和意识形态很容易给人造成互联网是平等节点接入网络的认识,但实际上无论是搜索引擎还是社交网络都清楚地表明,互联网的演进是不断以"贵族式"网络取代"平民式"网络,即网络上的节点关系构成"富者愈富"的幂律关系。④ 这意味着少数贵族式节点的言论能力仍优于普通用户,其言论内容沿着社交网络流动和传播,并可以进行追踪和测量,而此时的传播力和连接力就变得十分关键。网络化的言论为言论自由的行使和管制提供了诸多启示:首先,网络中的核心节点越来越多地被要求承担守门人角色,因为他们处于控制信息传播的有利位置。其次,言论的效果可以通过网络连接和传播的数量进行衡

---

① 这也是为什么隐私设计(privacy by design)一度成为热点。相关分析参见 W. Hartzog, *Privacy's Blueprint: The Battle to Control the Design of New Technologies*, Harvard University Press, 2018。
② 胡凌:《3Q 大战的遗产》。
③ 胡泳:《众声喧哗:网络时代的个人表达与公共讨论》,广西师范大学出版社 2008 年版。
④ 艾伯特·拉斯洛·巴拉巴西:《链接:商业、科学与生活的新思维》,沈华伟译,浙江人民出版社 2013 年版。

量,从而为量化可能的社会影响、认定违法行为带来便利。① 再次,由于言论表达成本的降低,用户面临的新问题是在大量内容中如何有效区分信息和噪音。人工智能技术虽然能够根据用户自身偏好设置信息流推送,从而起到信息匹配和过滤作用,但会走向另一个极端,导致潜在的回音室效应,从而造成公共领域事实上因缺乏交流而产生分裂,使有效的网络传播名存实亡。最后,国家和平台企业也拥有更大技术能力直接介入和监控私人言论,特别是平台企业可以通过行使平台管理权(例如封号)对违反国家法律的言论主体进行处罚,这本质上是阻断社交网络,特别是大规模的社会关系和传播能力。

（3）财产。就财产关系而言,我们正在见证越来越多的线下财产(物品)/服务被纳入一个网络,并由中心化的算法进行统一匹配和管理。在互联网发展早期,用户有能力将数字作品或虚拟物品进行大规模分享和传播,但容易引发诸如版权纠纷等问题。信息自由流动第一次作为意识形态促成了互联网的"非法兴起"。② 随后,数字版权法中的避风港规则将链接作为网络传播的重要手段加以规范。③ 如何确保用户有序分享,同时将大量虚拟物品转化为能够创造价值的服务就成了新经济的后续核心问题。借助商业模式和云技术创新,内容服务提供者可将留存在本地终端或硬盘上的虚拟物品通过流媒体或网络更新软件的方式加以提供,从而有效避免盗版质疑,并将购买转化为租用、商品转化为服务。④ 财产关

---

① 参见2013年9月9日发布的两高《关于办理利用信息网络实施诽谤等刑事案件适用法律若干问题的解释》。
② 胡凌:《"非法兴起":理解中国互联网演进的一个框架》。
③ 根据"避风港"原则,如果网络服务运营者接到权利人的有效通知,就必须断开指向侵权作品的链接。这在小程序时代具有了新的含义。
④ A. Perzanowski, J. Schultz, *The End of Ownership: Personal Property in the Digital Economy*, MIT Press, 2014.

系的形态也因此发生变化:用户不再占有任何可控的虚拟财产,也无法有效控制和分享他们享有的服务,且服务品质也无法享有初始产品质量保证(因为可以不断更新打补丁)。相应地,物理财产伴随着分享经济的兴起也越来越不稳定,更容易通过中心平台塑造的网络加以调动和出租。①网络化的财产/服务同时还意味着,正版化服务使得用户之间横向与双向传播网络逐渐消亡,依托分享形成的交往伦理和自主性受到平台商业合同和技术手段的双重限制,取而代之的是平台针对用户的垂直网络和单向连接,以及不能脱离平台监控的有条件的分享。按照这一逻辑,在物联网环境下,人与机器之间形成的"服务—消费—数据采集"网络结构可能比人与人之间的社会网络更具有商业价值,而此时的商业逻辑也吸纳、压倒并取代了社会性。

(4)身份。人的社会身份事实上由社会关系(网络)加以定义、承认和塑造,除公民身份外,现代职业、宗教和社会团体都会赋予我们不同的社会身份,并通过相应的专门网络加强成员的自我认同。身份认证成了各组织确保团结性和提供有限服务的重要手段。在互联网上,平台企业试图打破传统身份机制(从而打破有形的封闭组织的边界,使资源流动起来),向大量不特定身份的用户提供服务,同时也通过网络化的信息匹配提供新的精准工作和消费机会。但用户不再拥有传统身份认同,在赛博空间中也没有固定不变的唯一公民身份,只有平台企业提供的不稳定账户。② 早期的赛博空间许诺,经由网络匿名性,用户可以自由改换不同于他们物理空间的身份;但最终是社交网络或其他服务平台通过持续连接重新定义了数字身份,这些身份不再由单一主体以证书/证明的方式加以

---

① S. Kreiczer-Levy, *Destabilized Property: Property Law in the Sharing Economy*, Cambridge University Press, 2019.
② 胡凌:《塑造数字身份:通过账户的认证与识别》,《北航法律评论》2019年第2期。

认可与确认,而是多元变动的,既可能来自其他用户的标签,也可能出于平台根据行为数据进行的分析预测,并最终用于商业广告和推荐(由此形成网络和连接的再生产)。以此为基础,用户产生的信息/数据相互关联,能够直接/间接地对个体进行识别。从表面上看,通过陌生人网络不断生成的身份拥有无限可能性——但这并不一定意味着人的自由选择,而更可能是出于算法塑造和通过创新服务的侵入式尝试,即任何创新不过是开发新型服务以产生新的连接/网络,从而发掘用户性质,此时网络化的数字身份也同时意味着发现、承认和反抗。[1]

(5)风险与监管。综合上述讨论,不断生成的网络连接意味着无法预知风险发生概率的加大,并可能通过网络得到几何级数的传导,最终带来不可控的秩序动荡。网络集体行动、不正当竞争、僵尸网络攻击和P2P非法集资等事件频繁出现即是例证,其背后的道理仍然在于:互联网借助快速连接形成网络效应,在短时间内积聚了不受监管的财富、流量和行动,但如果缺乏安全的基础设施与相关制度作为保障,互联性的网络又将变得十分脆弱。[2] 此时,网络的脆弱性要求在大规模去中心化的开放式连接(意味着某种创新)与一定程度的中心化监管和防火墙之间保持平衡,而这显然对社会治理和监管提出了更高要求。可能的应对措施既包括政府和公共服务的平台化,也包括加强网络平台作为中间人的注意义务和行政责任,而通过监控用户行为数据建立预警机制和加强事先预防、强化对入网资源的可信身份认证、默认或鼓励平台采用技术措施确保市场竞争秩序等则演化为新的监管手段。

---

[1] E. J. Cohen, *Configuring the Networked Self*, Yale University Press, 2012.
[2] J. Palfrey, U. Gasser, *Interop: The Promise and Perils of Highly Interconnected Systems*, Basic Books, 2012.

三、作为生产方式/关系的网络

上一节已简要勾勒出,网络作为一种外在架构和默认设置如何在几个基本的法律部门和问题中得到体现,从而改变我们对核心法律概念的理解。其中尚未得到回答的关键问题是:这些改变为何发生,网络在此过程中发挥了何种作用?

和物理世界特定场景下的网络形成不同,数字网络离不开平台企业有针对性的努力和投入。换句话说,在线下世界和互联网发展早期,网络连接仍然可能被视为随机生成和偶然的;然而,随着平台对其成熟商业模式的发掘,企业越来越有意识地开发新资源(即在创造性使用既有生产资料的过程中对传统行业展开不断地"创造性毁灭")、提供新服务,将各种生产性资源吸纳入网络中,进而建立起用户之间、用户和新服务提供者之间的新连接。此时,借助于稳固连接的基础服务,数字平台公司掌握了使社会资本变得可被追踪和塑造并演化为经济价值的成熟生产方式。[①] 从这个意义上说,赛博空间中的数字网络在很大程度上是为了经济价值的创造而生成的,能够根据供求关系灵活地调整网络中的点和边,进而引导信息、数据和生产性资源不断沿着提前被设定的网络完成流动和交换。

接下来的问题便在于,作为经济价值生产方式的网络究竟是如何形成的?

首先,由特定主体通过低成本的信息技术提供免费服务,打造促成超越时空关系的连接,并逐渐吞并各类线上与线下的子网络及其要素,以共

[①] 胡凌:《连接一切:论互联网帝国意识形态与实践》。

同连成一张大网。① 在此过程中,整个社会都变得更加扁平化,传统组织、空间、地理等边界都被逐步打破,要素资源也逐渐被调配流动起来。对于原本遵循不同逻辑的赛博空间和物理世界而言,前者逐渐展现出吞并后者的趋势,并使线上和线下按照同一治理和生产逻辑来运行。② 其次,平台在打造、促成和稳定各类连接上起到了重要作用,形成强大的基础设施服务。该过程的核心是,平台有能力为每一个网络中的主体/客体(节点)都分配一个独一无二可机读的虚拟身份(例如手机号、QQ 号、银行卡号),并开启相应的数字账户。以此为基础,平台即可在数字网络中开启追踪模式,并持续积累各类主体/客体数据,从而推动双边市场的形成,促进更多优质资源的交叉补贴。在此生产过程中,平台不仅取代了传统的市场,更新、强化和扩展了市场主体之间的商业网络,更把传统的非生产性社会网络也一并吸纳进来,利用社会网络积累免费劳动、吸引更多用户。这些价值网络的形成既可以是单向的(如制造大 V、提供流媒体服务),也可以是双向的(如分享经济),其结果完全取决于平台的商业模式和需求。

由此,数字网络越来越多地具有商品化和平台化特征。平台的数字化服务首先将线下的社会关系转移至线上,同时将其进一步抽象,转化为能直接或间接为平台创造价值的生产关系。这一生产关系的特点包括三点。首先,它体现在用户之间(如分享经济 C2C 模式),也体现在用户和平台之间(B2C 模式),而无论是哪种模式,平台都在其中起到对流动性资源进行有序配置的基础功能。其次,数字网络的生产过程大量依赖和利用非商品化的社会规范与合作伦理(例如分享、合作、声誉),从而较为成

---

① 类似于互联网 TCP/IP 协议逐渐取代其他网络协议,最终成为通用协议,互联网也因此被叫作"网络的网络"。
② 胡凌:《超越代码:从赛博空间到物理世界的控制/生产机制》。

第六章 数字网络的三重定义

功地将社会网络镶嵌在经济网络中为其服务——而非相反。[①] 最后,数字网络本身就代表了生产过程。正是在此过程中,用户被转化为灵活用工的数字劳动者,不断通过在线活动为平台增加价值,而网络也较为成熟地通过算法分配、操控、组织劳动过程。用户和平台企业之间的关系也就从单纯的消费者—商家的居间、买卖关系转变为某种微妙的劳动关系。

聚集网络化的劳动、分析其行为数据并获取其细微的剩余价值是新经济崛起的奥秘,而这一生产关系变迁要求上升为法律关系以得到确认和保护。法律如何在实质意义上承认平台企业塑造网络架构过程中投入的劳动和行使的控制力,但同时在形式上确认大众创造的劳动并不能被视为典型的劳动关系,就因此成为一个关键问题。在具体的司法实践中,普通用户付出的(剩余)劳动似乎被认为是微不足道的,其理论和实际根源在于前文提及的,用户在架构中并不拥有真正的隐私和自主的私人财产,而这又具体表现在以下三点。

第一,在涉及平台劳动的案件中,法院一般都倾向于认定用户协议不属于劳动合同,而只有在少数场合(例如外卖和快递)才被认定为工伤,因此平台的性质仍被看成以平台企业控制为基础的市场,企业只是帮助协调和管理(而非雇佣)的市场行动者。第二,在平台企业遭受竞争对手侵权的案件中,平台付出收集处理数据的劳动行为常被论证为属于私人财产的虚拟资源——哪怕这一劳动依赖的是公共资源池。平台劳动不仅体现为基础服务的塑造,也体现在对具体数据产品的加工过程;相反,用户则不能通过自己的劳动获得任何虚拟财产的权属,一切都要隶属于技术设定和用户协议。换句话说,搭建架构的劳动和投入在价值上要远远高

[①] 例如格兰诺维特即认为,是经济活动镶嵌在社会关系中。参见格兰诺维特:《社会与经济:信任、权力与制度》,罗家德、王水雄译,中信出版社 2019 年版。

于普通个体的劳动,因此前者理所当然地可以从数据中获利。第三,法院仍然只是在人格权角度保护个人信息不受滥用,但没有涉及任何财产权利意义上的分配问题。类似案件中,法院基本上不加干涉地同意平台企业设定的内部管理规范和分配规则。

正因为此,平台企业通过网络行使的控制力在中国法下尚未得到很好的发掘和讨论,就能够得到理解了。这一标准实际上可以作为论证灵活的数字劳动者与平台之间的人身和经济从属性特征,从而在数字经济时代理解平台价值产生的根源。既有案例表明,尽管传统劳动法的从属性规则正逐渐得到法院认可,但司法实践尚未对平台的控制力给出更多的可操作标准。[①]

与之相比,传统企业对员工的控制力主要体现在某种从属性标准,但较容易忽视员工加入企业的抽象动力,即企业有能力降低个体参与市场的交易成本和组织成本,这使得员工可以离职,但只会从一家企业转到另一家,而不会创业单干(由于成本高昂)。传统企业这种抽象意义上的信息性控制往往隐藏在对劳动关系进行认定的法律要素的背后。按照这一视角,对平台企业而言,人身/经济从属性和信息性控制标准也可以得到重新解释:开放网络看上去有能力将两者完全分离开来,即平台企业不像雇主那样对网络行动者发布命令,而是将企业原来的降低交易成本的功能剥离出来并加以放大,通过信息的生产和匹配来间接约束网络行动者。这是信息性控制往往没有引起重视的关键,即平台有能力持续追踪用户,从大量推荐和匹配中直接或间接获益,却声称自身与交易行为无关。即便如此,就从属性标准而言,除去设计交易架构和流程、制定平台上的行为规范和交易规则、控制交易价格水平和工资发放方式等措施外,网络化

---

① 胡凌:《分享经济中的数字劳动:从生产到分配》。

第六章　数字网络的三重定义

的声誉、评分机制,以及对平台劳动者和交易参与者加强管理和监控,进行身份认证和数据追踪等措施都体现出网络化的劳动者受到实际控制的真实状态。[1]

因此,和上一节的论述类似,尽管赛博空间中网络的力量已经非常明显,但通过法律解释将传统线下规则以类似方式应用于线上的传统思路,仍然继续遮蔽了生产性网络为平台带来的益处(如降低传统的监管合规成本),而这也是平台开展立法游说和诉讼主张时的关键策略。

四、作为基础设施和（私人）财产的网络

本章对网络结构的第三重解释来自财产视角。作为一种抽象的公共品,一方面,网络是由众人生产,并可以低成本扩张,从而为更多的人创造合作与交易机会,因此构成了一种基础设施。[2] 但另一方面,网络的脆弱性也表明,任意的无序连接可能无法维持长久,它始终会遇到信任与安全问题,进而不利于稳定的合作与生产。这些问题在传统线下社会中较少出现,主要是因为熟人社会网络本身承载了看不见的信任与合作关系,并通过隐性的人脸识别、真实身份认证、交易担保、声誉机制等制度确保了有边界网络的稳定和安全。然而,当网络发生在能够超越时空的赛博空间,并连接任意不特定主体/客体的时候,就使得这些隐性制度变得显著,以适应陌生人环境中大规模连接的需要:既要连接更多生产性资源,又要确保安全与信任从而克服脆弱性。在此意义上,网络需要转变为一种现

---

[1] S. Zuboff, *The Age of Surveillance Capitalism: The Fight for a Human Future at the New Frontier of Power*, PublicAffairs, 2019.
[2] B. M. Frischmann, *Infrastructure: The Social Value of Shared Resources*, Oxford University Press, 2012.

代的底层基础设施,它不仅本身能够产生价值,更意味着传统网络承载的各种功能和元素都需要被重新塑造和整合。例如,声誉变成了社会评分,特定场景中的私人信任变成了跨领域社会信用,刷脸变成了抽象的身份认证,新的多元身份不断通过识别而产生,数据积累从少数人重复博弈变成了多数不特定人之间的重复博弈。第三方支付担保,甚至区块链应用等共同促成了赛博空间中重新塑造信任的过程,而它们最终满足了抽象社会中的信任需要从而降低了整体社会范围内的交易成本[1]——这一逻辑也能解释私人平台打造基础设施的社会性功能及其扩展性与边界性。

作为基础设施的网络和连接并非自发形成,而是由平台企业进行设计和推荐而成,其形成过程依靠经济学的双边(多边)市场理论进行指引和开发。[2] 例如,通过免费服务吸引用户能够帮助形成用户群体网络(市场的一边),随后根据用户需求逐步开发更多免费/收费的服务(市场另一边),从而形成新的交易网络。有能力整合大量服务的平台通过不断增加服务提供交叉补贴,或者合并不同服务账户等方式促成更多的网络和连接,从而也不间断地拓展了赛博空间。

但问题在于,私人基础设施会受到私人利益的强烈影响。如上文所述,网络与连接可以看成一种动态灵活的具象架构设计——也正是通过将生产性资源精准连接在一起,价值才能不断产生。因此,生产性资源的流动在某种意义上就意味着网络的生成和改变,而塑造网络的劳动投入过程可以看成平台控制下的公共资源。有意思的是,网络开始作为一种

---

[1] 类似于卢曼的具体与抽象信任的二分框架,参见尼克拉斯·卢曼:《信任:一个社会复杂性的简化机制》,瞿铁鹏译,上海人民出版社2005年版。
[2] 相关分析参见 JC. Rochet, J. Tirole, "Platform Competition in Two-Sided Markets", *Journal of the European Economic Association*, 2003, pp. 990–1029; D. S. Evans, R. Schmalensee, *Matchmakers: The New Economics of Multisided Platforms*, Harvard Business Review Press, 2016。

私人虚拟的集合性财产性权利要求得到法律的承认和保护,这主要体现在若干反不正当竞争法纠纷中。法院基本上沿着三类思路展开实践探索:第一类思路追问,双边市场的商业模式(从而是连接本身)在多大程度上能够得到承认,这主要体现在不正当竞争和垄断纠纷中;第二类思路追问,谁有权拥有社交网络及其带来的社会资本,以及它作为一种抽象集合性权利如何进行保护;第三类思路反过来追问,在通过技术手段实现"连接一切"以后,如何能够重新解释具象化的"链接",并将"链接"和"连接"区分开来以将前者作为承担避风港责任的一种行为,而将后者解释为某种基础服务以避免监管。接下来将对这三类思路进行简要讨论。

首先,双边市场模式可以看成网络塑造在经济学领域的变形。尽管作为一种学说开始得到广泛承认,但双边市场更需要在司法中得到确认,从而真正使互联网平台商业模式不受质疑。在大量围绕数据权属、广告屏蔽、服务干扰等不正当竞争案件中,这一问题十分偶然地得到了广泛共识。[①] 这主要是由于,根据一般的不正当竞争纠纷推理逻辑,法院首先需要确认原被告之间是否具有竞争关系以作为认定不正当竞争行为的前提。在传统竞争法看来,只有双方隶属于同一单边市场,才可能构成竞争关系;而互联网行业恰好通过跨界方式不断纳入新的资源,目的是为了吸引用户稀缺的注意力,双边市场模式在所难免。即使双方看上去从事的业务不尽相同(如路由器厂商 vs 视频网站,安全软件厂商 vs 搜索引擎),它们仍然可能构成竞争关系。法院对广义竞争关系的承认就变相意味着对通过网络开展生产的合法性进行了认可。但矛盾的是,在若干互联网反垄断案件中,法院却不愿意确认双边市场的存在,在判决书中以大量篇幅论证如何寻找合适的单边市场。单一特定市场早已无法解释平台企业

---

① 胡凌:《从开放资源到基础服务:平台监管的新视角》。

的网络效应和控制力,如果以此为标准,势必遮蔽了市场控制力的真正来源——多边市场和网络,从而间接为巨头平台提供庇护以避免其受到拆分。① 表面上看起来相互冲突的判决理由实际上反映了平台企业在不同案件中对法律的差异化要求,但本质上都是维护其新型生产方式的合法性:一方面不希望在垄断案件中挑战其多边市场服务功能及相关的复杂连接,另一方面又希望以此理由确认竞争对手的不正当行为,为自己不断扩展的网络和连接在边界上建造起护城河。

其次,当社会网络和连接不断转化为数据得到分析的时候,谁能够拥有对此类抽象关系的权利? 一般的思路可能是对网络进行拆解,分别通过保护作为网络节点的用户个人信息和作为数据产品的网络分析结果(如可视化构图等),然后以不正当竞争理由提出司法诉求。但在微信和抖音的纠纷中,社交网络本身被腾讯提出作为一种竞争性权益加以保护,以阻止作为竞争对手的抖音的不当抓取行为,但理由仍然落在基于用户数据的挖掘(从而付出了劳动)和用户同意授权。② 此时,社交网络被进一步抽象为点和边:用户作为生产者是网络的一部分(即节点),用户之间的关系属于网络的边,需要用技术和知识进行抽象分析,二者都构成了网络的基本要素并属于平台资产,而非全体或特定用户所有。从某种意义上讲,网络仍然是流动变化的,连接可以随时进行并断开,但平台需要将其想象成仅在架构范围内不断生成却具有财产性利益的集合性资源。尽管没有法律明确规定此类权利,但利用《反不正当竞争法》第二条,目前仍然可以有效地对这类流动进行保护。③ 即使用户希望事后在竞争对手的

---

① 胡凌:《平台视角下的人工智能法律责任》,《交大法学》2019 年第 3 期。
② 天津市滨海新区人民法院(2019)津 0116 民初 2091 号民事裁定书。新浪诉脉脉案(2016 年)也对用户通讯录的授权信息进行了讨论。
③ 和围绕"流量"的诉讼类似,企业和法院都试图将此类抽象的事物界定为一种竞争性权益。

应用中拓展新网络,也需要在与平台事先订立的用户协议中加以许可——而这通常不大可能。①

最后,平台企业希望"连接一切",塑造并享受连接和由此而来的抽象控制力,但不大希望对连接负责(哪怕是避风港责任)。这种诉求充分体现在微信平台对小程序内容侵权的态度上,即不希望为小程序上的侵权行为负责,进而试图改变避风港责任的具体条件。② 它的论证逻辑在于四点。首先,微信希望将 PC 互联网时代以 URL 方式展示的"网页链接"(link)与抽象的"连接"区分开来,从而使连接的其他方式无法被法律涵盖,例如 app 跳转或进入其他页面等。由此前者可继续被解释为避风港规则中需要承担责任的一种技术形态,而对后者则不需要同等负责。其次,微信强调将小程序技术视为一种底层基础设施,从而将技术与商业模式分离开,以进一步避免可能的双边市场问题。再次,微信强调自身缺乏足够的控制力(采用"知道"标准),无法定位删除侵权服务器,但这不仅在技术和商业模式上可以实现,而且也忽视了用户感知问题,即小程序在界面展示上看起来就是和微信主界面连为一体的。最后,微信强调连接的中立性,而非商业模式推动下创设连接的主动性。上述这一系列主张的最终目标都在于确认通过技术创新不断创设新的连接和网络的合法性,但不愿增加由此而来的法律上的责任成本。

技术形态一直随着平台企业创新而发生变动,但其核心逻辑愈加清晰,即抓住"网络"这一调动组织生产的抽象媒介,将一切生产性资源都吸纳进一个网络中进行流动,以确保自身对网络单向/双向流动的控制力,

---

① 新浪诉脉脉案(2016 年)中对于获取用户个人信息的三层规范授权结构的讨论,尽管有启发,但仍然掩盖了平台企业对缔约过程的控制和影响力。
② 参见杭州互联网法院(2018)浙 0192 民初 7184 号民事判决书。但在作者看来这种证明并不成功,参见胡凌:《平台视角下的人工智能法律责任》。对腾讯主张的支持,参见王迁:《"通知与移除"规则的边界》,《中国版权》2019 年第 4 期。

并力求降低对节点行为不必要的责任水平。解决此类矛盾的关键在于根据技术方式、平台控制力和管理规范的不同强度和层次对平台功能进行类型化,从而将"网络"的功能在此过程中凸显出来。

五、 生产视角下市场网络与社会网络的再比较

本章简要讨论了"网络"在网络法中的应用和意义,核心的关注点实际上是法律关系如何伴随生产关系,进而是底层社会关系的变化而变化(或形式上保持不变)。网络既可以体现在具体的法律制度变化中,同时也体现在不太容易察觉的抽象的生产关系和社会关系中。重新找回网络,意味着对法律本身属性和功能的反思。本章的研究表明,要理解网络法的精神,首先需要理解法律被创设出来需要解决什么问题,以及治理对象的基本属性是什么。法律不只体现为控制性的,更是生产性的。在传统架构/代码理论的四要素框架中,四个规制性要素(法律、社会规范、市场、代码)是静态的,甚至被认为能够在真空中抽象出来进行研究和分析,但在现实中并非如此。[1] 如果不是将架构简单地看成具有规制能力(regulability)的、和法律平行的要素,而是看成囊括了诸多要素的生产方式和底层基础设施的话,那么四要素事实上都或多或少反映了新的生产方式,进而将自身变成反映经济基础的上层建筑的一部分。由此,生产性的网络法本质上是对体现在从生产工具到生产过程中的、作为一种生产方式的架构的承认。[2]

---

[1] 作者在一篇论文中结合中国经验增加了评分(不是简单的声誉)作为新型规制性要素,参见胡凌:《数字社会权力的来源:评分、算法与规范的再生产》。
[2] 美国情况的分析见 J. E. Cohen, *Between Truth and Power: The Legal Constructions of Informational Capitalism*, Yale University Press, 2019。

第六章 数字网络的三重定义

本章已经充分展示了作为上层动态架构和底层生产基础设施的网络需要何种法律,即需要法律确认其不断扩张、吸收资源的过程,承认垂直和横向整合的要求。当下的法律需要反映的便是这样一种"架构权利",并将这种抽象的利益诉求和理念逐渐落实到不同层面的规则中。[1] 也正是在这个意义上,我们才可以识别出某种叫作"网络法"的特定规则与知识体系。生产性网络法研究的目标之一是解释网络法如何形成,同时还想提出一种研究方法,即将特定法律概念放置在生产过程中重新理解。传统的财产、隐私之所以无法解释当下的情况,是因为数字网络重新定义了这些概念,并使之围绕和配合生产过程而展开。由此在方法论上,我们观察互联网的视角也就可以从政治经济学转向更加具体的法律经济学和法律社会学。本章通过展示网络这一对象在隐私、财产、言论、劳动和竞争等相关法律上的意义,为"网络法"的内涵提供了例示。

反思网络和网络法的性质最终引导我们回到社会性与合作性这一首要和根本问题。信息技术在某种程度上无疑帮助提升了社会性。在像微信这样的熟人社交网络上,熟人之间的互动会大量增加;开放网络也便利了陌生人之间开展大规模合作和文化生产。[2] 然而,从另一个角度看,社会网络一旦朝着生产网络转化,或从属于经济生产的营利目标,它就不再是具有自主性的领域和系统的标志,而更可能是大众生产过程中的暂时现象。就像分享经济的出现有其传统经济衰落的背景,并最终会被更加智能的低成本机器取代一样,社会成员之间的关系网络有可能受到平台经济利益的驱动而受到挤压,非金钱性的在线社群也会衰落。由此,社会性网络并不能完全等同商业主导的连接性网络。在以机器生产为核心的

---

[1] 胡凌:《论赛博空间的架构及其法律意蕴》。
[2] Y. Benkler, *Wealth of Networks: How Social Production Transforms Markets and Freedom*, Yale University Press, 2006.

连接性趋势中,真正的合作、分享都将变得更少见,用户因为无法占有生产资料而不得不更加依附于集中化的平台,与机器(可以是个人化的人工智能)互动增加,并沉浸于为平台的免费劳动和无休止的消费之中,却同时减少了与其他社会成员的交往。[①] 本章的分析表明,有必要更加清醒地认识到网络在法律中的地位及其背后的政治经济意蕴,从而进一步思考如何在整个社会的数字化转型背景下,在发展网络的同时,加强网络作为公共资源的功能,同时保护社会性本身不受商业力量的过度侵蚀。

[①] 雪莉·特克尔:《群体性孤独》,周逵、刘菁荆译,浙江人民出版社2014年版。

第四篇
规　则

第七章　两种财产权：从要素到架构

一、事实规则的复杂性：以财产权为切入

本书讨论的第三个维度是"规则"，我们的目的仍然在于呈现出规则独立于技术、结构的多样性，并在此过程中跳出传统思维窠臼以在更大范围内找到理解现实复杂性的不同思路，从而为合作的互联网转型提供空间。财产权就是这样一个既被普遍讨论，但又始终陷于规则悖论的典型案例。在数字时代，围绕财产权的讨论又集中体现为数据确权的相关争议。

自从信息技术不断在社会范围内扩展，出现了相当多的法律主张，要求在数字化环境中确立诸种新型权利，例如个人信息权、虚拟财产权、被遗忘权、数据携带权，甚至人工智能主体权利、算法权利等。有些已经进入不同法域的立法进程，其中影响较大的是以数据确权为典型代表的财产权主张。由于数据被广泛认为是像石油一样的生产要素，同时《民法典》仅就与数据相关的财产权益或者其他虚拟财产进行了原则规定，[1]于是开始出现针对大规模数据集合进行确权的细化主张，特别针对财产权益如何在相关利益方之间进行有效分配等问题。[2] 这类围绕权利话语展

---

[1]《民法典》第一百二十七条规定，法律对数据、网络虚拟财产的保护有规定的，依照其规定。
[2] 综述性分析参见许可：《数据权利：范式统合与规范分殊》，《政法论坛》2021 年第 4 期。

开的广泛讨论如果不是传统教义思维的简单延伸,就可能是新型经济形态在改变生产方式和生产关系以后要求在法律上推动相关权利确立的结果。[1] 这类赋权要求的共同问题是,未能充分展示赋权本身究竟对何种政策目标有利。似乎只要沿着现有法律原理进行推理即可,只要拥有一个崇高的名分,其余的制度性问题都可以迎刃而解。姑且不论这是否触及所谓权利泛化的问题[2],确权主张是否能够有效嵌入和解释过去二十余年中国互联网生长的脉络和治理轨迹,仍然是值得反思的关键问题。

本章将以数据确权为代表的生产要素权属称为"要素财产权",其核心观念认为,为推动数字经济的高质量发展,有必要进行边界清晰的确权,否则难以开展相关交易,阻碍数据流通。[3] 确权的原则可以根据劳动投入、用户协议、不同种类的权利(特别是物权)等原则进行认定。[4] 目前这一思路被越来越多的学术研究所接受,并被不断细化。这一框架存在的核心问题是,如果不是就权利论权利的话,看起来数据确权是以法律体系以外的政策目标证成的新型权利,因而它无法根据经验回应数据确权能否推动价值生产,能否促进要素流动,以及能否有助于更加公平地分配等一系列问题。对这些要点的回答事实上将有助于我们重新理解数字经济和数据要素的本质,以及互联网到底想要什么。[5]

与对数据(或其他要素)确权的主张相比,本章更关注经验,即实际上

---

[1] 胡凌:《平台视角中的人工智能法律责任》,《交大法学》2019年第3期。
[2] 关于法律上的泛权利化问题的分析参见陈林林:《反思中国法治进程中的权利泛化》,《法学研究》2014年第1期。
[3] 相关分析参见曾铮、王磊:《数据市场治理:构建基础性制度的理论与政策》,社会科学文献出版社2021年版,第15—18页。这种思维方式在大陆法系国家也较为流行,参见塞巴斯蒂安·洛塞等编:《数据交易:法律·政策·工具》,曹博译,上海人民出版社2021年版,第25—30页。
[4] 许可:《数据权属:经济学与法学的双重视角》,《电子知识产权》2018年第11期。
[5] 戴昕:《数据隐私问题的维度扩展与议题转换:法律经济学视角》,《交大法学》2019年第1期。

第七章 两种财产权：从要素到架构

已经发生和形成的财产权利边界及其效果。本章认为,经过互联网行业二十余年的发展,平台企业不断通过技术、竞争法和商业实践在赛博空间中已经塑造出某种围绕"架构"组织起来的新型财产权利,即"架构财产权"——尽管这一概念没有也不可能在成文法中得到体现。在实践中,架构财产权比要素财产权更能灵活地适应数字经济的发展,帮助整合碎片化的赛博空间,确保相关市场秩序和安全的逐步实现,并能更好地回应价值生产、流动性和公平分配的治理需要。更重要的是,架构在不断完善过程中将具有特定功能的数据吸纳了进来,进而演化成为数字基础设施,为灵活调配生产要素提供了稳定环境。

但架构财产权在延伸过程中同样容易走向其反面。对巨头平台而言,架构财产权的确定将更容易促成数据垄断,特别是构成某种反流动机制,从而限制生产要素跨平台的自由流通。因此需要重新认识作为要素的数据如何支撑架构的扩展,并探究如何以它作为数据基础设施的功能为突破口促成架构整合,从而实现公共利益。[1] 从这个意义上说,本章认为数据要素确权本身的功能有限,在实现过程中仍然依赖于外部制度的设计和供给,需要跳出确权思维而看到更为基础的市场机制的运作逻辑。重要的是理解数字市场如何不依赖于要素确权而良好运转,以及如何重新塑造了产权形态——这也为我们重新理解价值生成及其法律权利形态提供了有益视角。[2]

本章的论述主要围绕上述两种财产权利展开。第二节将以数据确权为例,详细分析要素财产权的基本主张及其后果,并认为该种主张实际上

---

[1] 类似的分析参见胡凌:《从开放资源到基础服务:平台监管的新视角》。
[2] 在互联网发展早期,经济学家就发现对待信息经济需要特定规则,而不是确权。参见卡尔·夏皮罗、哈尔·瓦里安:《信息规则:网络经济的策略指导》,张帆译,中国人民大学出版社2000年版,第1—10页。

未能完全符合数据特性,实现起来对新经济运行的价值影响不大,反而可能增加社会成本,形成"确权悖论"——事实上,数字经济需要的数据权利是一个整合性的、与架构相关的数据集合权利,而非以个人为中心的个体权利。第三节转而聚焦在实践中已经被确立的架构财产权。法律和技术措施对架构的保护有助于数字市场的要素流动和平台建立起自身的私人基础设施,但对公共利益也具有一定的负外部性。第四节将进一步对两种财产权划分代表的不同法律思维方式进行讨论,从继续推进要素安全有序流动的角度探索折中方案,进而打通不同平台创设的架构,允许生产要素跨平台流动。架构财产权的基础并非在要素层面确权或赋权,而是充分利用基于数据形成的数字基础设施,在更大社会范围内逐步实现公平分配和公共价值。

二、要素财产权及其后果

(一)要素财产权关于什么?

本章使用"要素财产权"一词粗略指代一种主张对进入数字市场的生产要素赋予以及划分财产权利的观念。特别是由于数据最近被官方认可为一种新型要素,并在各地推动数据交易所的成立,它们都进一步催生了此类话语(由此后文在使用要素财产权时,主要指数据要素)。本章不拟重复已有关于数据财产的大量讨论,而概括其主要思路为:数据并非一种特殊的东西("21世纪的石油"),在财产法上完全可以被拟制或想象为物或其他无形财产或开放权利束,[1]因此可以在现有民法框架下,以物权或

---

[1] 相关分析参见包晓丽、熊丙万:《通讯录数据中的社会关系资本——数据要素产权配置的研究范式》,《中国法律评论》2020年第2期;黄锫:《大数据时代个人数据权属的配置规则》,《法学杂志》2021年第1期。

知识产权制度为基准来对数据财产的边界进行清晰界定;①特别地,如果特定数据上承载了若干不同种类的权利(如隐私等人格权),就需要尽可能地按照劳动贡献、合同关系、场景或者某个抽象的比例原则进行划定。这些做法都有一定道理,但也存在问题。例如,对劳动贡献的计算可能成本高昂且难以精确,或不同属性的权利很难通约,个人信息处理的知情同意往往只是形式,②场景是什么从来都说不清楚,③比例原则只是事后为权衡利弊而进行貌似科学的合法性包装④等——但这些都不妨碍研究者对于数据确权的热衷。

这种热衷可能来源于纯粹法学专业知识体系的不假思索的推演——因此和数学计算一样,仅仅在抽象概念和制度之间游走,和实际不发生任何联系——而且如果不考虑立法和落地制度成本,研究者完全可以在文字上为任何事物确权。而一旦试图对现实制度产生影响,就需要考虑确权主张是否契合了数据作为要素的特殊性。这种热衷的另一个智识性来源是处理物理世界交易行为的传统经济学,认为只要市场要素作为财产的边界足够清晰,就可以通过契约方式实现商品化并促进安全流转和交易。因此,论者无法想象某种模糊不清的生产要素如何使用,担忧可能的公地悲剧,将互联网上出现大量数据侵权纠纷的根源归咎于数据权属没能得到有效界定。⑤ 一般认为,既然数据是石油,互联网的核心价值皆来源于此,那么就必须像知识产权一样为对数据价值进行发掘的投入提供足够产权激励。此外,另一种不可忽视的实际考量是合法性担忧,即可以

---

① 申卫星:《论数据用益权》,《中国社会科学》2020 年第 11 期。
② 韩旭至:《个人信息保护中告知同意的困境与出路》,《经贸法律评论》2021 年第 1 期。
③ 胡凌:《功能视角下个人信息的公共性及其实现》,《法制与社会发展》2021 年第 4 期。
④ 戴昕、张永健:《比例原则还是成本收益分析:法学方法的批判性重构》,《中外法学》2018 年第 6 期。
⑤ 何波:《数据权属界定面临的问题困境与破解思路》,《大数据》2021 年第 7 期。

通过确权以及交易过程将非法获取的数据洗白,从而实现继续流通。

要素财产权体现的法学思维方式将在本章第四节做进一步反思,这里仅就其经济学思维进行回应。

首先,将无形的数据比拟为一种需要确定权利边界的物,实际上延续了物理世界中我们对静态财产的直觉认知和想象,而对于像数据这种不断大量生成且流动性极强的动态对象,很难划清其固定边界,或者细致区分起来成本也将很高。其次,将数据类比成石油是个错误(即使在修辞意义上也引人误解)。和物理资源不同,数据分析仅具有统计价值,无法稳定地产生可见收益,因此不仅有必要将数据按照市场功能进行分类讨论,而且数据本身的价值只有和平台架构结合起来才有意义,将数字经济的价值来源全部归结为数据的观点本身就是偏颇的。再次,数据财产权不能为数据控制者或数据主体提供交易或流动的充分激励,多年来不仅个人数据市场没能成立,一些地方建立的数据交易所也应者寥寥,这并非源于产权安排不到位,而是高质量数据供给不足以及市场基础设施不完善所致。如果可供交易的数据有用,即使边界不清也会有交易(最典型的是黑市)。最后,即使纸面上的确权实现,或者有数据交易所帮助黑灰产洗白,通过非正式渠道进行的数据交易(包括数据不正当竞争行为)也不会停息,这是互联网的内在逻辑所决定的,[①]因此确权无法改变侵权行为的理性预期。

但如果数据不是石油,那它究竟是什么呢?

(二) 数据的功能及其价值理论

从科学认识角度说,虽然看起来是老生常谈,仍然有必要回到数据究

[①] 胡凌:《"非法兴起":理解中国互联网演进的一个视角》。

第七章 两种财产权：从要素到架构

竟为何物的讨论。但使用"数据"一词还是太宽泛了,容易招致不同论者完全不同的想象——且不用说数据和信息在现实中交叉重合无法划清,数据所起到的功能也十分不同。为摆脱语词带来的困扰,本章试图按照数据贯穿于数字经济始终的功能展开讨论。① 概括而言,经由信息系统和终端硬件/软件生成的数据大致可以分为展示性数据(Ⅰ类)和辅助性数据(Ⅱ类)。②

Ⅰ类数据是人们在谈论数据确权时谈论最多的类型,围绕数据展开的不正当竞争案件也通常指涉这一类,主要是可供用户消费的视频、图像、文字、界面等信息集合。现有研究基本上能够就这类数据确权达成共识,即认识到其中蕴含的财产权益(甚至是竞争性权益)以及对数字平台的价值(例如通过免费的方式吸引流量)。相比之下,Ⅱ类数据较少得到充分讨论,它们在数字市场形成和扩展的不同环节起到不同功能。如果缺乏这些功能,将不会稳定产生Ⅰ类数据及其价值。Ⅱ类数据并非为了供用户消费,而是实现某种市场基础设施的辅助功能,例如身份认证、行为分析、连接匹配和声誉信用。认证数据能够用来验证用户唯一性与真实性的标识信息(如身份证、电话号码、人脸、二维码),帮助建立账户;分析数据也被称为元数据,能够在底层根据用户行为自动记录追踪,形成赛博空间中的动态多元数字身份;连接数据用来实现自动化决策,根据已有的交易网络进行撮合匹配,表现为账户内推荐、派单、搜索服务等;声誉数据是平台或第三方对生产要素的历史流动过程与交易行为的累积性评估,往往表现为可量化的数据产品(如分值)。这些数据的功能能够有效增强进入数

---

① 这可以取代语焉不详的所谓"场景"分析,一个具体应用分析参见胡凌:《刷脸:身份制度、个人信息与法律规制》。
② 这一分析思路粗略类似于哈特对第一性规则和第二性规则的区分,即后者是对前者的确认和支撑。参见哈特:《法律的概念》,张文显译,中国大百科全书出版社2003年版,第125—130页。

字市场的陌生要素或主体的可信程度,确保事后能够追踪,维护交易安全并能不断加速经济循环和生产效率。

不难发现,当用户通过身份标识符认证进入账户时,追踪和数据积累就开始了。即使用户并未进行直接的Ⅰ类数据生产(如拍摄短视频或发微博),Ⅱ类数据也仍然会被使用并发挥作用。[①] 从这个意义上说,Ⅱ类数据是一种依附性要素,无法脱离其他生产要素而单独存在,有效的数据利用势必要求在行为数据"生产—处理—回馈"的闭路循环中不断加速,进而推动要素流动。此时,互联网上的流动性将体现为多种类型:第一类是早期互联网的"非法兴起",它的实质是便利了信息内容从传统媒体转移至数字媒体,从而完成数字化转变;第二类是分享经济,物理空间中的网约车和骑手被数字平台调动起来,在服务过程中产生了动态移动;第三类则是通过低成本信息系统和终端动员大众生产,完成特定生产活动的时间分割与重新组合。伴随着数字平台提供更多种类服务,新型的跨时空生产过程持续涵盖了用户的不同侧面,使交易能够不断精确和可预测。因此,Ⅱ类数据的优势和价值在于动态追踪,而非在真空中静态分析,并不存在一个本质主义上的数据价值——在此意义上,对数据独立确权也就不再有意义。

综上,当我们谈论数据权属时,首先要区分究竟是Ⅰ类数据还是Ⅱ类数据。Ⅱ类辅助性数据实际上起到了市场基础设施的功能,并因此很难进行权属分割。不论最初该种数据是关联到用户个人还是其他利益相关方,都需要以某种去标识化的方式进行处理,从而转化为公共信息,以使平台上所有参与者都能平等地享有该种信息服务。从历史上看,数字平台在国家支持或默许下通过各种方式推动了私人数字基础设施的建设

[①] 胡凌:《超越代码:从赛博空间到物理世界的控制/生产机制》。

（如认证、物流、支付、纠纷解决、信用制度等），从而塑造了这类平台之上的有限公共性。因此如果涉及确权问题，应该说 II 类数据共同构成了一个整体，服务于平台企业及其上的流动要求，而不应再被分割为分散权利加以确认。

那么如果是 I 类展示性数据，是否就意味着可以有效地确权划定边界？答案仍然是"未必"。从确权对象和成本角度看，由各类主体生产的大量数据有些属于著作权法保护的作品，更多的则过于碎片化或同质性而不具有独创性。理论上讲，一个数字市场完全可以承认单条信息依据劳动而享有的产权，并为其单独定价，但往往过于琐碎，社会成本较高。由于信息生产的数量大、速度快，I 类数据的价值仍然强烈依赖于盈利模式的设计以及 II 类数据的功能发挥。首先，经验中对大量碎片化的数据内容的定价方式往往要么是采用长时段集合性定价（如包月计费出租），要么采用打赏或广告分成方式，而非单条计费；其次，从数据生产者的角度看，重要的是通过一个有效的分发网络将信息内容精准推送给那些有需求的用户，以及通过即时打赏等制度获益，从而推动再生产过程；再次，个体数据的分析性价值只有放在更大数据集合中通过计算和分类统计才能实现；最后，声誉评分可以有效帮助确认碎片化劳动的长时段价值并积累信用。上述四点都得益于作为公共产品的分发网络、第三方支付、积分系统等基础设施，而数据确权本身并没有那么关键。

上述分析进一步说明了，I 类价值并不完全通过要素本身的创造过程得到体现，而是借助数字平台，通过从生产到流通交易到消费反馈的全生命周期不断加速而实现，此时交易过程和方式也塑造了产权形态和认知。①

---

① 有观点认为这可以归属于算法在数据处理过程中的核心地位，参见韩旭至：《数据确权的困境及破解之道》，《东方法学》2020 年第 1 期。

不论是支持网络同侪生产的经济学,①还是持有批判态度的传播政治经济学,②都将平台经济中的集合性价值归结为个体灵活劳动者的碎片化劳动创造和剩余价值的集体贡献,差异仅仅在于大众生产的分配指向。数据确权主张也可以利用此类理论来证成平台或用户享有某种财产权利的正当性。

但前述分析指出,除了看到大众贡献外,还需要看到 II 类数据在价值整合过程中起到的关键功能。I 类数据带来的规模效应和行为剩余构成了价值生产的一小部分,更为关键的是 II 类数据通过连接、撮合、评分以在流动中不断积累价值,塑造安全环境。数据被稳定地生产、分发、消费和再生产的链条强弱决定了数据财产权的形态:在一个生产循环链条较长而流动性弱的经济过程中,因为价值实现面临诸多不确定性,需要赋予生产要素以财产权利加以保护,从而确保在每一个生产环节给予参与者足够的控制、激励和预期,产权因此起到了制度性的劳动投入担保功能;但在循环链条缩短而流动性增强的规模经济过程中,生产者不需要产权保护作为投入担保和激励(生产和分发成本都很低),生产和交易的安全、速度和有效性将变得更加重要,③而这一切在当前是借由一个更加自动化的平台网络来实现的。这一理论有助于我们理解数据的集合性价值往往在于流量以及完善的基础设施,确权只能将本来不大的碎片化价值固化,反而提升了交易和利用成本。有价值的商品化要素不一定需要法律确权

---

① 典型研究参见 Benkler, *The Wealth of Networks: How Social Production Transforms Markets and Freedom*, pp. 14-19. C. Shirky, *Cognitive Surplus: Creativity and Generosity in a Connected Age*, Penguin Press, 2010, pp. 27-35。
② Zuboff, *The Age of Surveillance Capitalism: The Fight for a Human Future at the New Frontier of Power*, pp. 36-37.
③ 在一些行业中已经体现了创新速度超越版权法保护的例子,相关分析参见 K. Raustiala, C. Sprigman, *The Knockoff Economy: How Imitation Sparks Innovation*, Oxford University Press, 2012, pp. 105-108。

来实现和保护,只要其所处的市场机制能够提供充分的替代性功能即可。如果说真正需要确权的理由,那么只会体现于数字平台维持集合性数据池权利的必要主张,并通过其他市场机制解决内部生产者之间的分配问题。

(三) 数据确权的悖论

上文对作为一种规范性法律主张的要素财产权问题进行了理论反思,并主要将其看成一个基于数字经济实践的事实状态。规范性主张可能的后果并不令人满意:允许基于劳动投入或合同授权的方式生成数据财产权意在促进交易,但实际上会由于定价的不确定而增加交易成本(而不是无法定价),而且还可能出现极端情况下用户不授权集合使用而形成的反公地悲剧,为整个数字经济的生产秩序带来很大的不确定性。上文提出的产权理论框架已经解释了作为生产要素的数据确权无助于整体价值生产,不能为要素低成本流动提供制度性激励,甚至也无助于在劳动者之间更加公平地分配。已经被写入《个人信息保护法》的、源自欧盟《一般数据保护条例》的个人数据携带权试图围绕个人选择建构数据流动制度,但同样很难形成数据规模化的系统导向,不仅存在安全隐患,也容易冲击现有市场服务秩序。[1] 由于作为副产品的数据需要在流动中产生价值,一旦通过权属固化就有可能通过交易所进行资产证券化包装,甚至衍生为不产生实际价值的金融泡沫。[2]

就事实状态而言,数字经济已经表明,无论是 I 类还是 II 类数据,都

---

[1] 陈永伟:《从"围墙花园"到"互联互通"》,http://www.eeo.com.cn/2021/0816/498793.shtml,最后访问日期:2023 年 6 月 1 日。
[2] 一个没有根据的猜测是,考虑到当下 NFT 产品如此受欢迎,数据确权主张还可能为其他擦边球区块链数字产品(资产)提供正当性证明,进而为该领域的投机行为提供机遇,毕竟数字世界中什么都可以被称作"数据"。

需要某种对平台产生的抽象数据集合的排他控制力和不受随意干预的权利,这是一个超越具体要素权属的集合性权益。① 我们已经看到,在过去没有要素确权主张的平台经济发展过程中仍然保持了数据生产的稳定增长,事实上的数据交易并未减少。实践中数字平台之间的数据交易并非严格按照对价对数据进行确权和估值,而是将 I 类数据和 II 类数据看成一个整体,允许各自服务进入对方的架构开展竞争,获取流量并交换衍生数据,从而共同增加数据池总量。② 类似的广泛实践都表明,数字平台首要关注的并非具体的要素确权,而是通过数据集合对生产过程进行调控的权利。下一节将深入讨论,随着数字平台的扩张,更多空间性的财产利益将被探索出来,包括但不限于生产要素,平台企业不可能一一要求法律确权,只能通过竞争法来确保生产渠道在整体上的安全畅通,要素确权只是其中的一个侧面而已。

抽象的集合性数据权利不关心具体数据权属为何,而关心数据独占带来的成本收益。表面上看数字平台会充分尊重用户个体的信息自决权,允许用户自主转移他们数量有限的数据,但基于市场秩序理由反对其利用第三方工具进行批量转移,同时将对个人信息转移授权的选择在用户协议中约定为从属性的。当下对个人信息安全的强调在一定程度上也有利于大型平台形成更加封闭的数据独占环境,减少分享。此外,由于数字平台与其他生产要素的关系在法律上十分松散,对数据池(特别是 II 类数据)的笼统控制权实际上有利于平台通过账户和数据分析来增强对生产要素流动的控制力,并通过一般性的合同规范加以掩盖。这些问题都

---

① 相关分析参见胡凌:《商业模式视角下的信息/数据产权》,《上海大学学报(哲学社会科学版)》2017 年第 6 期。崔国斌:《大数据有限排他权的基础理论》,《法学研究》2019 年第 5 期。
② 关于数据流动许可使用方式的分析参见高富平:《数据流通理论:数据资源权利配置的基础》,《中外法学》2019 年第 6 期。

提醒我们,要理解数据权属的生成机制,需要回到基本的数字经济生产方式的分析当中。

三、作为财产的数字架构

(一) 架构财产权的兴起

如前所述,Ⅱ类数据的数字基础设施功能有助于Ⅰ类数据流动和产生价值,两类数据构成的集合性权益需要一个坚实"外壳"加以确认和保护,这一话语建构出来的外壳就是"架构"。架构是一个拟制的抽象空间性概念,由数字平台通过技术和私人规范进行塑造和控制,允许生产要素通过账户在其中流动并产生价值,但账户权限无法超越架构有形或无形的边界。[①] 数字平台通过空间创设、企业兼并、第三方账户登录等方式不断扩展架构,扩大了要素活动的空间,而其本身以开放方式吸纳了更多生产要素,但同时由于数字基础设施的延伸而倾向于走向封闭。

从某种意义上说,架构就是数字化生产方式本身,它定义了赛博空间如何按照控制/生产的逻辑被创制出来,并要求涵盖硬件终端、服务器、传输管道等体系,从而包装成一个连续性的整体。前述讨论已经说明,法律介入具体生产要素的确权意义不大,但这并不意味着法律完全放弃介入生产过程。在互联网"非法兴起"的第一个阶段,法律较少介入文化媒介领域生产要素的数字化,从而促成了数字平台商业模式合法性的确立;但在第二个阶段,随着对灵活劳动价值的发现,大型平台企业开始要求法律保护排他性调配自身架构内流通要素的权利,努力厘清法律上架构的边

---

① 相关讨论参见胡凌:《论赛博空间的架构及其法律意蕴》。吴伟光:《构建网络经济中的民事新权利:代码空间权》,《政治与法律》2018年第4期。

界,这又主要通过大量不正当竞争纠纷(以及刑事纠纷)的形式体现出来,并取得了很好的效果。①

爬虫、外挂、广告屏蔽插件、可以跳转到独立搜索界面的输入法、浏览器网址恶意跳转劫持,这些看起来互不相关的不正当竞争行为本质上都指向对生产要素和生产空间的争夺。(不正当)竞争规则最早起源于著作权法上对软件技术保护措施的保护规则,②以及3Q大战后出现的保护软件正常运行不受干扰的规则,③但随着终端软件逐渐演变成平台入口,平台竞争实际上成为空间创设以及争夺对灵活要素的生产组织与控制权的过程,法律功能也相应调整为保护作为要素和空间外壳的架构(但实际体现为可以作为财产形态理解的计算机系统、服务器、软件、管道等有边界的空间)。④ 有趣的是,虽然此类案件大多按照不正当竞争纠纷裁决,并催生出关于《反不正当竞争法》第二条原则性条款的诸多教义学解释,但竞争法对具体不正当竞争行为的规制事实上保护了架构内要素不受随意侵犯,起到了弹性灵活的财产法功能。⑤ 有观点认为,恰好是因为没能对生产要素确权,才使竞争法不恰当地接管了财产法或侵权法的地位,又无法形成逻辑一贯的教义体系并形成口袋条款,因此竞争法律规则应当谦抑,最好让位给明确的民事法律规则。⑥ 但如果从数字平台的角度看,这

---

① 在法律不起作用的时候,数字平台更多采用技术手段加以弥补,如流量监测、反爬、设置访问权限、封闭接口等。
② 参见《信息网络传播权保护条例》第四条。
③ 参见《反不正当竞争法》第十二条。
④ 这一过程的最新形态是2021年国家市场监督管理总局《禁止网络不正当竞争行为规定(公开征求意见稿)》和《最高人民法院关于适用〈中华人民共和国反不正当竞争法〉若干问题的解释(征求意见稿)》。
⑤ 近年来围绕数据进行的不正当竞争损害赔偿数额不断增加,能够对侵权人产生一定的威慑力。另一个并行的现象是,财产法也能部分地起到竞争法功能,特别是在游戏、视频、文学领域,当事人并不真正关心特定作品的权利认定,而是关注侵权带来的流量损失。
⑥ 张占江:《论反不正当竞争法的谦抑性》,《法学》2019年第3期。

第七章 两种财产权：从要素到架构

一错位是有意义的：首先，法院将架构中的行为认定为发生在具有竞争关系的相关市场中，恰好与数字平台构建统一市场及基础设施的努力不谋而合；其次，鉴于架构对要素不断增强的控制力，平台在大多数时候并不需要与要素保持紧密的法律关系，即要素的流动、交易与合作仍然具有相当的自主性（哪怕是名义上的）；[1]最后，只要数字平台保持数据集合的排他控制权不受侵犯，就可以确保架构内价值的稳定增长，降低内部确权成本，而如果要素不断跨媒介/平台流动则不利于价值积累。

架构财产权的兴起和中国对于平台企业在互联网治理中的定位也相互契合。近年来平台企业的主体责任不断得到强化，成为在线活动管理的国家代理人。通过制订和强制执行在线规则，平台企业承担了发展数字经济和一定意义上公共管理的职能。保护其通过大量投入而构建出的虚拟空间利益，可以起到激励相容的效果。[2] 这构成了架构财产权的主体性和规范性基础。传统经济法着眼于对私人财产的外部性进行调节，而架构财产权的出现本身是对架构内要素价值和分配秩序合法性的确认，即承认平台企业有权组织生产和分配，自行调节架构内要素财产权，并减少法律干预，进而推动产生平台内市场的公共性价值。

但同时，我们仍然不能忽略架构财产权发挥作用的条件与边界，因其同样构成了数字时代财产权规则的另一面向。

---

[1] 这在零工经济话语中尤为明显，相关分析参见 J. Prassl, *Humans as a Service: The Promise and Perils of Work in the Gig Economy*, Oxford University Press, 2018, pp.59—65。
[2] 周汉华：《探索激励相容的个人数据治理之道》，《法学研究》2018 年第 2 期。很多时候平台企业的利益诉求通过模糊的"企业数据"主张出现，但两者并不完全等同，平台企业获取和控制的实际上是市场主体的数据。相关分析参见梅夏英：《企业数据权益原论：从财产到控制》，《中外法学》2021 年第 5 期。

（二）架构财产权的制度支撑与局限

只有在理解架构财产权的基础上，才能更好地理解要素财产权。

首先，要素财产权只是数字平台希望合法利用并要求法律保护的诸多新型权益之一。限于立法、执法、达成共识、定价等高昂社会成本，诸如虚拟物品、流量、注意力、社会网络等动态且重要的权益无法被成文法完全确认和精确界定，但它们往往随着架构扩展和商业模式变化而不断出现（又突然消失），因而只能依赖竞争法通过行为规制在个案中加以缓解。由此，不正当竞争行为层出不穷事实上缘于数字经济的内在要求，而并不一定反映了竞争法或财产法的问题。认为只要对要素确权就可以确保真空中法律体系的稳定，这一观点忽视了社会过程的复杂性，也误解了法律的功能。恰好是对平台架构的保护才能够确保其稳定扩展，并允许更多新型权益在架构内不断形成和开发。

其次，要素财产权主张的一个未言明假定是，对新型要素进行确权往往发生在稳定静态的市场交易环境中，并可以进一步推动市场秩序的形成。但对数字市场而言这一假定并不准确（对传统市场实际上也不准确）：不仅架构外部存在着诸多不正当竞争行为，甚至数字平台本身也在不断进入和推动既有传统行业改变（这时在话术上就不算不正当竞争，而是叫"颠覆式创新"），它们是不稳定的经济形态。鉴于原本就不存在平稳连贯的市场力量，在互联网不同层面充斥着大量服务提供者，他们之间的互动和创造事实上造成了赛博空间的碎裂化而非整合，要素也无法跨平台流动。促成架构财产从分散走向整合的力量并非法律赋权，而是经历了侵权洗白、谈判合作、兼并吸纳、股权控制等过程逐渐形成的。一旦架构的整合性与合法性确立，就为广阔的单一市场容纳更多要素自由流动提供了空间，而这也是将"非法兴起"过程合法化的空间。

第七章 两种财产权：从要素到架构

最后，一套有效的产权制度不仅体现在对外防御和救济功能，也体现在对内产生效能的协同配套机制。作为整体性财产权益的架构已经全面要求法律体系和概念进行转变，它集中指向了明确的利益关系。例如，架构要求通过格式条款约定用户仅能获得一种有限的使用权而非绝对所有权；反之他们在架构的公开区域生产的信息内容授权平台以非排他、永久且免费的使用权；用户在架构内的一切行为数据都会被记录和分析，以满足特定商业模式（如定向广告），或者改进服务（如个性化推荐）；约定用户和平台之间是使用、合作关系而非劳动关系等。[1] 在此多样性机制之中，两个核心机制便是生产要素（物理的、虚拟的以及数据集合等）的调配权与无所不包的合同化。一旦数字平台控制了生产过程，就可以自主根据商业模式设置不同层级的访问权（access）以对内部要素权限与资质进行灵活地限定、调整和匹配；而作为格式合同的用户协议能够帮助数字平台获取形式上的合法性，做到既严格又松散，且其公平性也较少受到司法审查。此外，国家不断加强对平台的主体责任要求也在事实上强化了平台义务，为其实现架构内自主管理提供了便利。

不难看出，数字经济中对于要素集合性权利及其边界保护的强调实际上反映了资本主义生产过程的升级而非降级。[2] 这意味着数字平台对整个市场"系统"的控制能力已经超越了对简单生产要素或上下游产业链的控制，不需要法律介入特定要素产权，它同样可以通过打造基础设施、发布交易规则、形成柔性声誉机制等实现要素的自主有序生产，法律介入赋权反而可能增加生产成本。正是在这个赋权维度上，架构完美地取代

---

[1] 相关分析参见胡凌：《合同视角下平台算法治理的启示与边界》，《电子政务》2021年第7期。
[2] Zuboff, *The Age of Surveillance Capitalism*, pp. 25-28.

了法律,或者就是法律本身。① 但外部法律的功能对数字平台而言仍不可或缺,早期网络法的目标是确认数字经济生产方式的合法性以及缓解新旧利益冲突,确保生产要素持续稳定供给。随着数字经济的成熟,当下网络法开始被要求帮助破除平台内要素流动的障碍,推动数字基础设施建设,解决架构安全和秩序问题。

作为私人财产的架构尽管帮助实现了生产要素的数字化,带来了效率,但无疑也具有负外部性。

首先,架构扩展不仅意味着新空间的生成,也意味着对传统物理空间的吸纳。不仅吸纳传统私人空间,更吸纳了传统公共空间,而这将对私人平台本身的权力和法律地位提出疑问。② 其次,作为数字基础设施的 II 类数据,尽管有助于市场秩序的安全稳定,但一旦达到循环规模并加以延伸,就会形成某种不断吸纳要素的反流动机制,数字平台也往往以信息安全为由限制流动,促成了特别是大型平台的封闭和自我优待,降低了与其他平台的互操作性,从而引发关于数据垄断等问题的担忧。③ 最后,当前我们已经看到围绕灵活用工法律性质和劳动者权利而产生的新型劳动争议,这说明架构财产权并不必然保证劳动者能够参与更加公平的分配。我们需要重新思考两类财产权背后反映的思维方式,以及如何化解各自的负外部性并加以超越。

---

① 这有助于我们重新思考"代码就是法律"的论断,该论断的原初含义参见 Lessig, *Code Version 2.0*, pp. 16-19。
② 相关分析参见刘权:《网络平台的公共性及其实现——以电商平台的法律规制为视角》,《法学研究》2020 年第 2 期。周辉:《变革与选择:私权力视角下的网络治理》,北京大学出版社 2016 年版,第 12—15 页。
③ 韩文龙、王凯军:《平台经济中数据控制与垄断问题的政治经济学分析》,《当代经济研究》2021 年第 7 期。

（三）理论的司法应用

和要素财产权一样，架构财产权目前仅停留在描述性理论解释和主张层面：设想一个整合性的空间性权益，由空间的塑造者或控制者排他地获取或行使，而这并非一项既有的民事请求权。[1] 尽管如此，架构财产权对内能够进行要素资源价值的灵活分配，对外能够起到阻止他人未经许可或合法授权而对架构（平台企业合法提供的网络产品或者服务）进行妨碍、破坏或入侵的功能，这两种权利都能够比数据财产权更好地解决现实问题。

具体而言，从对内视角来看，架构财产权通过用户协议等方式对如何更有效率地使用要素资源进行了默认规定。例如，用户进行数据转移授权也需要得到在先平台的同意。[2] 从对外的视角看，在涉及大量非法行为诸如通过爬虫抓取竞争对手的信息内容（如图片[3]、用户创作文字[4]等）、在他人架构上争夺流量空间[5]或添加外挂[6]、设置深度链接聚合盗版内容[7]或屏蔽在线广告[8]、通过 cookies 等方式获取竞争对手中的信息内容[9]等尚未被法律明确禁止的行为，就需要法院通过对不正当竞争行为的认定加以保护。在这些案件中，如果按照要素财产权的思路，需要对如何在物权法或著作权法上把信息内容和数据认定为财产或作品进行详细的理

---

[1] 吴伟光称之为"代码空间权"，参见吴伟光：《构建网络经济中的民事新权利：代码空间权》。
[2] 新浪微博诉脉脉不正当竞争案，(2016)京73民终588号。
[3] 大众点评诉百度不正当竞争案，(2015)浦民三(知)初字第528号。
[4] 大众点评诉爱帮网不正当竞争案，(2011)一中民终字第7512号。
[5] 百度诉搜狗不正当竞争案，(2015)海民(知)初字第4135号。
[6] 腾讯诉外挂"飞机团"带打不正当竞争案，(2019)津0116民初697号。
[7] 合一公司诉百度视频侵犯著作权案，(2013)海民初字第27286号。
[8] 腾讯诉世界星辉不正当竞争案，(2017)京0105民初70786号。
[9] 腾讯诉多闪不正当竞争案（2019年）。

论解释,还需要花费更多成本对可能的损害后果进行证明,而这些后果往往是抽象和不确定的。① 例如,在经典的"新浪微博诉脉脉不正当竞争案"中,法院也可以将被告的数据抓取行为还原成违约或个人信息侵权问题,但会涉及合作协议对标的约定不明确、难以量化造成的损害,或者涉及更多第三方用户权益的分割难题,因此法院选择对该行为以不正当竞争角度进行阐述。与之相比,法院对架构财产权的保护则降低了此类成本,即只要简单对双方构成竞争关系进行确认,将受损的利益解释为"竞争性权益",就可以在客观上明确不得通过爬虫技术或其他未经许可的方式非法进入平台服务器进行内容破解或单纯爬取公开信息内容。

这一理论应用的现实后果是,能够在边际上迅速解决纠纷,但也造成了地方法院不成系统地适用《反不正当竞争法》第二条的若干原则性标准,对何为商业道德、市场秩序等缺乏连贯解释,对架构财产权的内涵也没能进行深入探寻。国家市场监管总局2021年发布的《禁止网络不正当竞争行为规定(公开征求意见稿)》仍然遵循着行为规制的思路,将诸多新颖的不正当竞争行为进行了列举,从而可以由行政执法力量更加有效率地维护市场秩序,但其背后的财产法原理仍需要更为系统地表述。②

四、市场与社会之间:要素与架构的再平衡

要素财产权与架构财产权共同发生在数字经济的演进过程中,集合性的数据权益有效地与架构扩展相互配合,并通过 II 类数据的基础设施功能确保数字市场的高效稳定。本节试图对区分两类财产权的理论框架

---

① 这类似于新型的信息损害带来的问题,相关分析参见田野:《风险作为损害:大数据时代侵权"损害"概念的革新》,《政治与法律》2021年第10期。
② 参见《禁止网络不正当竞争行为规定(公开征求意见稿)》第四章。

第七章　两种财产权：从要素到架构

进行进一步的应用和延伸。首先，从研究路径看，这两类财产权实际上代表了法学中两种不同的思维方式，可以在不同层面帮助我们理解数字经济规则的运作；其次，从两种财产权想要实现的目标看，需要在反思其负外部性的基础上，通过外部力量来克服要素与架构各自的局限，超越单一平台架构以兼顾生产要素的流动和基础设施的稳定；最后，从分配环节看，这一框架还有助于思考财产权的社会功能，即我们既需要促进价值生产，也需要在更大范围内促进公平分配，最终实现市场与社会的有机融合。

（一）两类思维方式

如前所述，集中于特定要素层面的财产权主张是较为常见的法学研究思路。这一思路从单一要素作为研究对象出发进行法律拟制的规范性分析，特别是从成文法出发按照既有权利规则体系进行定性、确权或赋权。如果数据能脱离其功能展开讨论，脱离其所依附的要素发挥作用，以及脱离其借以流动的架构而在真空中定性，那么已经出现的诸多关于虚拟财产属性、人工智能法律主体等讨论也就完全能够理解了，因为此类论证不用过多考虑现实状况与可能后果，只需要沿着特定概念逻辑推论就能言之成理，从而给出一个普遍性答案。但这种思路不仅容易将要素对象固定化，也看不到该要素与所处环境之间的联系，特别是无法从生产方式和生产过程视角理解要素的生成和流动，"只见树木不见林"，也就难以把握数据要素动态生成的特性。

由于确权对象的快速变化，集中于行为规制的竞争法裁判和执法模式对解决纠纷更加可取。立法者和法官发现，随着不正当竞争纠纷的大量增加，成文法无法穷尽列举出现的所有新型侵犯市场秩序的行为，从而只能转向原则性条款。但我们需要的不是单纯将行为类型化以进行法律确认或开展研究,而是超越表面的非法行为方式,看到其背后代表的政治经济动因。理解数字经济想要什么,然后再回到市场秩序、商业道德和消费者福利的修辞进行利弊权衡。

以此为起点,沿着架构财产权进行分析的思路将超越个体要素确权模式,不仅关心要素的生产和流动,也关心这种流动需要的辅助机制如何实现,因此是经验性地从整个生产方式和市场秩序出发追问新型经济形态需要何种法律权利,而不是简单套用概念。这一思路既看到作为外壳的架构的稳固性,也看到内部要素的流动性,但认为前者在地位上更加关键。将架构视为财产意味着不关注特定要素的确权结果,而是将其置于生产关系当中,看到赛博空间中的诸多权益相互交织和支撑,通过整体性的法律机制共同发挥作用,从而确保集合性的数据池权利。此时,单独为要素确权只是平台塑造的利益空间的一部分。这一思路还可以帮助我们在方法论上进一步认清如何基于经验而非想象开展法律研究。例如,如何将人工智能或算法黑箱的法律主体问题置于生产关系中加以理解,如何将无人驾驶汽车事故责任分配问题置于智能网联车的商业模式下加以讨论,如何将人脸识别行为置于社会网络和认证过程下加以分析,等等。

前文已经论及,不论是要素财产权还是架构财产权思路,都在其各自逻辑下存在缺陷:前者试图为要素赋权,在个体要素层面推动流动,但忽视其所处的环境和制度支撑,进而增加了整体社会成本,无法实现好的效果;后者虽然搭建了数字基础设施,也容易走向流动性的反面,使开放互联网逐渐封闭和封建化,这不符合要素跨平台安全有序流动的数字经济政策本意。两者在某种程度上都试图回应如何在一个稳定环境中加强流动性的根本问题,只是各有侧重。如何将更大范围内要素流动性与确保安全秩序的基础设施结合起来,将是未来市场经济和社会政策的核心要义。

（二） 重新控制市场

市场从来不是自发形成,而是有外力帮助塑造了使其有效运转的机制,①但其扩张过程中却常常以单一的商品交换逻辑不断吸纳既有生产和社会网络。② 数字时代的特殊性在于,市场更多地由数字平台塑造,一旦将架构认定为私人产权加以保护,就不可避免地会遇到强调以平台企业经营自主权为由自主管理市场忽视公共利益的问题。为限制数字平台走向封闭,思路应当是进一步强化竞争环境,通过公共机构的外部力量重新规制市场各类核心机制(如定价、流通、信用、支付等),思考如何从推动Ⅰ类和Ⅱ类数据共享的角度入手,特别是如何利用公共权力引导社会数据资源有效使用,它的目标在于在延伸基础设施的前提下推动生产要素跨平台流动,从而进一步增加数据的整体社会价值,逐步在市场机制中实现分配正义。下文将分别简要讨论三种按照这一思路进行的实践和设计:征收哈伯格税(Harberger tax)、通过公共数据带动数据资源交易,以及延伸数据基础设施。

第一,征收哈伯格税。

作为一种古老的经济学观念,哈伯格税由艾瑞克·波斯纳(Eric Posner)和格伦·韦尔(Glen Weyl)在新经济语境下重新进行了解释。③ 私人财产权可能有益于私人对自身财产的投入,但也可能在转让时敲竹杠、抬

---

① 相关分析参见郑永年、黄彦杰:《制内市场:中国国家主导型政治经济学》,邱道隆译,浙江人民出版社2021年版,第35—40页。斯蒂文·K.沃格尔:《市场治理术:政府如何让市场运作》,毛海栋译,北京大学出版社2020年版,第25—27页。
② 卡尔·波兰尼:《大转型:我们时代的政治与经济起源》,冯钢、刘阳译,当代世界出版社2020年版,第15—18页。
③ E. Posner, G. Weyl, *Radical Markets: Uprooting Capitalism and Democracy for a Just Society*, Princeton University Press, 2018, pp.30-42.

高要价,从而限制交易和竞争("财产就是垄断");而公共(集体)财产权则可以通过集中拍卖的方式分配资源,实现匹配效率,但会减少分布于私人手中的集体财产投入。因此哈伯格税的折中设计目标是平衡匹配效率和投资效率,希望为各方提供激励,充分利用有价值资产。其制度设计具有如下特点。(1)流动性维度:形式上社会主体具有私有产权,但处于不稳定状态,任何人的财产可能随时被他人强制买走。(2)双重约束报价:所有权人可以自己确定主观价格,但需按照该价格以一定比率纳税,报价过高纳税也多,报价过低可以被他人轻易买走,由此限制了过高或过低报价。(3)创新与投入:只有所有权人不断增加投入,才会使财产价值提升,得到有效利用,不然就转移给能够更好地利用该资源的人。(4)分配维度:税收用来进行再分配返还,以体现共有产权实质。

这并非仅仅是理论设计,互联网早期的"非法兴起"过程和哈伯格税的设计环境十分相似,在生产方式转型期起到了在社会范围内促进匹配效率的功能,而这也带来了数字经济的飞速扩张。彼时的制度框架特点主要体现为以下四点。(1)流动性维度:形式上传统行业具有私有产权,但处于不稳定状态,任何人的尚未数字化的财产可能以侵权方式被他人强制数字化。(2)双重约束报价:在价格双轨制下(数字产品价格为零),报价过高更容易受到侵权,报价过低则同样亏损,由此限制了合作过程中的过高或过低报价。(3)创新与投入:只有所有权人不断增加投入,付出维护和自我维权成本,或者主动将资产数字化,探索新生产方式,才会使财产价值提升,不然就转移给能够更好地利用该资源的人。(4)分配维度:国家尚未介入此类分配活动,仅仅将蛋糕做大,进行增量改革,但当时打击盗版不力相当于提高了税收,却未分配返还(产权保护等公共服务成本被转嫁给了传统生产者)。

随着当下数字平台架构走向封闭,生产变得稳定,投资效率提升,但同时在更大范围内降低了匹配效率和流动性,数据及其附着的生产资源可能会无法得到有效开发和利用。作为思想实验,可以尝试重新逐步恢复上述哈伯格税的状态条件,在现有第三方开发模式基础上,推动特定平台企业相互合作以共享流量。

第二,通过公共数据带动数据资源交易。

传统的大数据交易所本身是一个市场模式,虽然采用了会员制等现代交易所制度,但因为数据交易所本身不拥有任何数据,仅仅依靠第三方提供数据进行撮合匹配,就使得社会市场主体进入该平台的动力较小。因此关键是提供进入交易平台的第一推动力,即依托较为优质的数据吸引社会主体。从这个意义上说,各地负责归集和清理公共数据的大数据中心/大数据局比单纯的数据交易所具有天然的优势。如果它们能够转变为某种特定类型的交易所或进入交易过程,则可以避免现有公共数据开放过程中的诸多问题:(1)不需要把公共数据界定为国有资产,因为数据不是要清晰界分,而是要不断融合流动;(2)解决了信息匹配的问题,平台可以了解社会和政府部门各自的需求和难点,从而定向要求匹配和生产;(3)能够评估特定种类数据的社会价值,从而探索一般性的数据定价标准和机制;(4)防止数据泄露和安全隐患,可以在封闭的环境中进行测试和监管;(5)确保运动员和裁判员分离,制定良好的交易规则。

因此大数据中心/大数据局可以在目前公共数据开放的制度前提下进行改进,探索公共数据的授权运营,维持无条件开放数据种类,同时对于具有特殊价值的数据实行有条件开放,通过半封闭的交易平台进行运营管理。该平台有权制定交易规则、准入与退出机制、提供数据产品、进行沙箱监管等。[1] 例如,《上海市数据条例(草案)》规定:市政府办公厅采

---

[1] 张会平、顾勤、徐忠波:《政府数据授权运营的实现机制与内在机理研究——以成都市为例》,《电子政务》2021年第5期。

用竞争方式确定被授权运营主体,授权其在一定期限和范围内以市场化方式运营公共数据,提供数据产品、数据服务并获得收益;授权运营应当签订授权协议,约定相关权利义务(第四十一条);数据产品和服务供需双方可以通过公共数据运营平台进行交易撮合、签订合同、业务结算等;通过其他途径签订合同的,应当在公共数据运营平台备案(第四十三条)。

第三,延伸数据基础设施。

在市场运行过程中,依靠确权无法自动实现交易秩序,需要公共权力介入,使基础设施更加完善,重新掌控市场建设。互联网发展的经验表明,数字平台更倾向于建设自身的基础设施,但将其作为竞争手段不向竞争者开放,数字平台会因此逐渐走向封闭。此时,延伸数据基础设施以维系数据要素流动环境的开放性,将显得尤为重要。相比之下,II类数据共享更加关键,它有助于联通不同平台的架构、增强要素能力,从而能够实现I类数据在更大范围内的有序流动。[①] 就具体机制而言,例如通过公共机构共享认证信息,进而推动大型平台相互进入、共享流量,以及推动平台劳动者声誉信息和评价的标准化,实现征信与社会信用信息的共享和利用,都可以进一步推动不同数字市场的数据价值交换。

(三) 从生产到分配

一个完整的产权理论应当包括从生产到分配的全部环节。本章无法对数字经济中的分配机制进行充分讨论,但已经表明,无论是对展示性数据进行确权,还是赋予数据主体携带权或单纯保护数字架构,都不能很好地解决用户从自身活动中获益或者集合性价值在平台和用户之间公平分

---

① 类似的观点参见徐伟:《企业数据获取"三重授权原则"反思及类型化构建》,《交大法学》2019年第4期。

第七章 两种财产权：从要素到架构

配的问题。传统的产权理论并不主要涉及分配问题,无论是要素财产赋权还是架构财产保护,它们本质上都希望降低交易成本从而促进交易得以安全有效的实现,以促进数字经济的价值生产。这一思路仍然属于通过市场机制进行的初次分配,即有效推动各类市场基础设施使蛋糕做大,让更多的生产要素参与其中获益。前述三类措施都可以看成这一思路的具体应用,目的是引导特定平台架构中形成的数据池使用,促成合作,推动不同平台之间的基础设施互联互通,促进要素在更大范围内的进一步流动。

同时需要看到,为了确保数据安全和交易秩序稳定,在实施过程中仍然需要在特定架构内促成合作,并尊重主导平台企业的基本控制和分配权力,这意味着上述举措仍然需要从架构内市场入手开展。但我们仍然要注意,市场逻辑无法完全实现要素获得合理分配的政策目标——特别是当市场可以被数字平台系统地创设和控制的时候。

考虑到生产过程本身就需要各类社会机制的支撑,如果不能对社会机制进行反哺和加强,数字经济将是不可持续的。例如,分享经济中的灵活用工部分地依赖劳动者在数字平台之外获得其他收入或保障,即使将数据解释为一种劳动,也不能在现有松散的非劳动关系下获得更多收益；劳动者的收益也并非仅仅是金钱性的,也包含大量非金钱性的收益和补偿,例如对持续性工作和劳动的承认等。因此就不能简单地想象一种真空中运行的市场和产权,而是需要回到具体的社会情境中理解和加强对劳动者的保护,实现有效的二次甚至三次分配。例如,在就业准入反歧视、最低工资和支付保障、休息制度、劳动安全卫生责任、基本养老保险和医疗保险、职业伤害保障、工会或劳动者代表制度等方面都可以有较大空间进行探索,[1]它们的目的都旨在在维持市场机制的基础上夯实相对应

---

[1] 人力资源社会保障部等:《关于维护新就业形态劳动者劳动保障权益的指导意见》(人社部发〔2021〕56号)。

的社会保障制度。

这些措施的理论意义是,在架构财产权日益重要的时代,可能需要超越传统上的初次分配机制,更加注重通过外部公共机构力量进行引导,并加强社会组织力量作为保障。这不仅能够连接数字市场,还可能帮助重新发现社会,充分调动和发掘传统社会网络和实践中的治理要素与保障机制,摆脱简单的"政府—市场"二元框架,使社会主体能够更加积极地参与数字社会的建设过程。

五、"数字财产权"还重要吗?

本章在数字时代回应了法理学中关于财产权利的古老话题,即财产权如何创设、行使以及功能实现,特别关注到了新型权利的实效问题。和工业资本主义时代一样,互联网和网络法回应的核心问题始终是生产资料的稳定获取、生产过程的安全性以及价值循环的形成。一旦稳定的市场秩序在封闭架构中形成,数字平台更加关注的是架构边界的清晰和不受任意干扰,而不是架构内要素的明确边界。虽然(特别是大型)数字平台也形成了一个市场,但平台企业只希望和生产要素保持灵活宽松的法律关系,并在事实上加强对它们的匹配和控制能力。无论是放松控制还是给与要素太多的权利都不符合其根本利益,只要法律能够确认集合性要素的财产权即可,而这一点主要通过对无形资产流动的抽象边界加以保护的方式来实现,即架构财产权。

架构财产权的出现意味着资本主义生产过程在新技术条件下的升级,即从控制单一的生产工具和生产资料扩展至控制要素活动的"系统"。由此,数字经济繁荣的关键不在于特定种类的要素确权/赋权,而在于数字市场及其基础设施的完善。作为要素的数据仍然在打造强劲基础设施

第七章 两种财产权:从要素到架构

过程中起到关键作用,但其功能更加接近服务于不特定要素的公共利益。这就是为什么通过数字基础设施将不同市场连接起来变得如此重要,它可以帮助传统生产要素转化为新型数字要素,并以加强其流动性的方式为其赋能。

因此在产权理论上,如果有任何贡献的话,本章没有特别强调劳动和其他资本投入、合同缔结等影响产权的因素,而是侧重分析生产渠道与交易市场的形成如何塑造了新型产权主张和边界。特别是对推动要素快速流动、缩短经济循环和价值实现周期的经济过程而言,具体的数据确权就没那么重要。更进一步,在 21 世纪,伴随着无形经济的崛起,数字平台之上的要素自主产权是否就会完全消亡,本章暂无法做出草率判断,还需要观察不同利益相关人如何在社会进程中认知和行动。

本章也尝试提供/复活了一个认知框架,用以分析我们在数字经济运行过程中遇到的新法律问题。作为上层建筑的法律从未像今天这样与经济生产方式契合得如此紧密。本章从权利配置的角度展示了法律的生产性面向,并提供了对法律与数字经济需求之间复杂联系的深入分析。[1] 一个反复出现的道理是,尽管法律规则可能在真空中抽象出来并影响法律人的思维,但有效的规则最终需要通过探究经济过程和实质来加深认识和验证,即理解经济过程想要什么,并在何种程度上需要法律进行回应。具体而言,数字平台将各类处于高度流动性状态的生产要素都纳入其中,改变了这些要素与传统生产组织与过程的关系,其关注的重点就不是工业资本主义时代的传统产权,而是更大范围市场内的生产和分配控制权,以及这些要素赖以流动和匹配的虚拟架构。熟悉数字经济过程的读者甚至可能会觉得本章并没有建构什么,只是在梳理经验逻辑而已,这虽然不

---

[1] 这一框架应用的其他例子,参见胡凌:《理解技术规制的一般模式:以脑机接口为例》。

意味着"存在即合理",也是想借以展示实践沉淀下来的秩序远比理性建构的理论概念要复杂和稳定得多。

本章还进一步延伸了关于如何从功能角度看待数据的讨论。现有数据法律仅仅要求在重要程度上对数据进行分级分类管理,更为流行的思维方式则强调需要根据不同场景或比例对数据进行确权——但这些思路基本都没能深入下去,或者给出有意义的结论。本章从赛博空间架构的权力机制以及市场本身的运作逻辑出发,指出只有按照功能对数据进行分类讨论才可能帮助系统地厘清后续延伸出来的一系列法律问题。为使讨论更加精确,本章主张需要将展示性数据与辅助性数据区分开。对于前者而言,确权只需要在集合性权益层面实现即可,但后者能够帮助联通市场、促进要素有序流动,从而成为数字基础设施的一部分。由此,应当逐渐引导联通至服务于更大范围内的市场,才有助于整个数据池公共价值的提升。从这个意义上说,纠结于"财产"这一概念甚至都没那么重要了。

当然,站在规则维度视角,财产权还只是众多规则中的一种类型,另一类我们关心的规则是治理规则,其旨在对技术变革引致的社会风险作出回应。但我们并不能武断认为,治理规则的作用仅限于构建社会风险的防范底线。事实上,治理规则的更大作用还体现为在新兴技术冲击既有制度框架以试图释放潜在生产力的过程中,发现、重构、创造能够更好适应创新、维护秩序的新机制与新体系,而这也具体体现为第八章将要进一步展开的对于"非法兴起"的历史性回溯。

第八章　"非法兴起"与互联网治理规则变迁

一、生产方式对治理规则的突破

互联网在中国从引入到发展的近三十年历史[1],是一部"非法兴起"的历史,这并非指简单地违反现有法律规则,而更主要体现在互联网作为一种新型生产方式,不断连接线上与线下各类生产性资源,并在社会范围内调动匹配,从而创造性地产生有效利用资源的新方法,并对既有行业利益格局和秩序产生了破坏性影响。在这一过程中,反映传统生产关系和利益的规则受到挑战,法律作为上层建筑因此发生变化。确立代表先进生产力的新型经济利益的合法性,并试图协调新旧利益之间的冲突[2],由此成为立法、司法以及其他监管行为的共有功能。

如果仔细观察,会发现"非法兴起"在互联网发展不同阶段的表现也十分不同。在互联网发展早期,新经济侵权从文化工业起步,并逐渐蔓延至其他线下行业,是一个逐渐将各类资源数字化的过程,这一过程现在仍

---

[1] 这里从1994年中国科研网开通全功能互联网起算。
[2] 详细的讨论,参见胡凌:《"非法兴起":理解中国互联网演进的一个框架》。西方类似的研究参见 Chander, "How Law Made Silicon Valley"; Cohen, *Between Truth and Power: The Legal Constructions of Informational Capitalism*, Chapter 1。具体地看,法律变化的程度取决于特定传统行业相对新经济的优势与话语权。

然通过各种分享经济不断展开。① 数字化不仅意味着企业简单地利用信息技术来组织和管理生产,更意味着生产方式的变革:各类资源从传统行业中抽取出来加入开放数字平台,在降低传统行业竞争能力的同时也迫使它们进行更彻底的数字化改造——但表现在外的,则是互联网平台对知识产权作品的未经许可使用或者对传统行业的不正当竞争,这一阶段可称为"非法兴起"1.0版。

随着互联网步入移动互联阶段,新经济进一步探索确立了通过扩展平台服务架构来动态追踪用户和资源、加强数据分析的生产方式。"破坏式创新"和分享经济继续推进,围绕数据资源和用户注意力的侵权和不正当竞争越来越多地出现在互联网企业之间,这可称之为"非法兴起"2.0版。和第一阶段相比,第二阶段更多地发生在同样是互联网企业的竞争对手之间。同时,法律并未明显地偏向具有创新力的侵权企业行为,而是倾向于确认和推动作为一个整体的新经济生产方式以合法方式存续和发展。

从新经济的外部关系来看,新的创业企业不仅需要继续创造性地"非法"从物理世界和传统行业中获取尚未数字化的资源,也需要从其他竞争者那里获取已经数字化的资源,从而降低创业成本,提升竞争优势。法律在创新与秩序之间的选择就成了关键问题,这集中体现在一系列围绕数据、流量、社会资本等展开的不正当竞争案件中。从新经济的内部关系来看,平台企业不断需要用户作为免费劳动力和被追踪监控的消费者提供行为数据,同时并不希望他们获得平等主体地位,而是服务协议的接受者,从而在平台的许可下进行生产和消费活动,这集中体现在对于数据权属问题的讨论和劳动关系的确认案件中。

---

① 典型的例子是谷歌的数字图书馆计划,相关分析参见 N. B. Thylstrup, *The Politics of Mass Digitization*, MIT Press, 2019, pp. 5-12。关于中国网络文学的研究参见储卉娟:《说书人与梦工厂:技术、法律与网络文学生产》,社会科学文献出版社 2019 年版,第 6—8 页。

第八章 "非法兴起"与互联网治理规则变迁

正是在对内和对外的双重关系中,一种新型生产关系不断扩展,既能够满足整个新经济利益,又避免了新经济内部竞争秩序的混乱。"非法兴起"2.0在客观上确保了整个社会的数字化过程继续进行,同时也保护了新经济内部不受这一逻辑影响,进而为底层基础设施和生产方式的自我调适提供了关键保障。这些都需要法律对平台企业可调动的财产/资产的法律性质、使用安排和状态进行回应。

本章第二节和第三节对"非法兴起"的两个阶段进行简要比较,认为从1.0到2.0的演进不仅折射出互联网经济保持不变的实质,也折射出法律如何实际做出选择,并在秩序和创新之间保持平衡。新经济一直存在十分矛盾的两面性:一方面需要不断扩张,吸收新的资源以促成新的"双边市场",另一方面又需要构筑护城河,阻止其他竞争对手入侵自己的边界。如果低成本扩张停滞,则整个互联网的创新将受到打击,发展将逐渐停止;但如果放任不正当竞争行为,则市场和生产过程将变得无序,催生逆向选择。"非法兴起"2.0凸显的数据财产问题就反映了这样的双向运动和不同诉求。第四节作为结论,对数字经济的未来生产进行了展望,思考法律如何提供激励机制以进一步调动闲置资源来推动生产。

二、"非法兴起"1.0

"非法兴起"这一逐渐被接受的政治经济概念的理论意义在于,从生产角度理解法律如何被要求适应代表先进生产力的生产方式,并保护其背后的利益关系。在工业经济的生产方式无法满足信息经济需要时,信息经济依靠自身的低成本组织调配生产性资源,打破了传统生产方式,改变了劳动者和生产组织者的关系,进而也改变了反映生产关系的法律关系以及生产过程中产生的各类权利的属性。因此,在当时表面看上去是某种"非法"的侵权行为,在实质上反而体现了先进生产力,进而要求法律对这种非法模式加以承认和保护。

互联网在引入中国的三十年间发生了巨大变化,一些作为新经济基本要素的内容被广泛实践和接受。例如,"免费+广告+增值"的模式牢固树立,数据作为基本生产资料和企业资产的地位被发现和发掘,平台型企业崛起过程中"连接一切"(或"互联网+")成为互联网发展主要目标,"云—网—端"框架作为新型信息基础设施得到推广,"分享经济"和"双创"更成为人人都在谈论的主流意识形态。无论如何,纷繁复杂的创新背后都难以掩盖一条明显的互联网企业赖以发展的逻辑:以低成本获取免费内容或劳动力。

在早期阶段,互联网从一个所谓的赛博空间发展起来,由于它侧重于信息传播,脱离物理世界,以至于引发了政府是否该对这一空间进行监管的争论。但在中国引入互联网之初,却并没有出现类似的理论反思;相反,互联网兴起更多由商业力量推动,且从一开始就和传统行业发生了冲突。在这一过程中,互联网企业不仅没有拒斥国家法律,反而希望法律对其经济模式进行确认和保护。

这一冲突不难理解:早期互联网为吸引用户,需要在短时间内集聚大量免费内容,这不仅是资本扩张的需要,也是创业者逐渐达成的共识。这一阶段的互联网看上去和传统媒体类似,都采用了"免费内容+广告"的营利模式。免费内容大多来自未经许可使用的通过传统渠道发行出版的图书、音乐和影视作品,将其数字化以供用户免费使用。这种显而易见的侵权和风险投资一起帮助实现了新经济的原始积累,吸引了大批忠实用户。它至少完成了两个功能:一方面,投入大量成本将非数字化的作品数字化,为后续用户直接生产数字化作品奠定了基础和标准;另一方面,一次性地在用户心中造成互联网基础服务即免费的印象,为整个中国互联网发展模式确定基调。①

随着中国加强对知识产权的保护,获取免费内容需要更多的正版投入。为节约成本,互联网企业转向了大量用户,鼓励他们为互联网生产。将用户转变为免费的劳动力是互联网行业的一大创举,它的深远意义在于:首先,将用户紧密捆绑在信息技术设备上,将其身份转变成产消者(prosumer),既可以生产独创作品,也可以被鼓励提供盗版作品或者成为网络推手;其次,一条不同于传统出版渠道的新型生产方式逐渐得到探索,在线作品打破传统图书、音乐的物理限制,变得更加碎裂,便利了大众生产;再次,传统经济学理论着重分析的传统生产组织——企业——的边界不断消融,其生产活动被大量外包给大众,价值上形成一条长尾链条,带来了经济理论的创新;②最后,个体化生产成为分享经济的前身,为互联网向线下实体服务业的迅速扩展提供了模式借鉴。③

在第三阶段,随着移动互联网迅速取代台式机时代的网络,互联网地位牢固确立,开始从信息分享平台转向金融、人力、实物的连接和分享。传统的金钱、劳动力和实物资源要么控制在传统经济组织手中,没能得到充分的利用和匹配,要么游离于生产组织之外,因信息成本高昂而无法有效使用。通过信息技术平台,这些生产要素被抽离出来,在超越传统生产组织的更大范围内加以利用,从而提升了使用效率。同时,平台也逐渐成为由算法驱动资源流动的新组织,或者将旧组织整体纳入平台链条。在生产资源从既有组织流向新平台的过程中,它们都将不可避免地受到既有法律规则的约束,进而引发新旧生产组织的冲突,这也需要法律重新确

---

① 这一模式随后被扩展到线下,滴滴、快的、Uber 需要大量补贴司机和乘客,以至于分析师们认为这种模式难以为继。与之相对,基础服务和信息服务收费一直不被看好,免费成了击垮传统竞争对手的利器。
② Benkler, *The Wealth of Networks*.
③ 代表性研究文集见朱克力、张孝荣编:《分享经济》,中信出版社 2016 年版。

认利益边界。

通过上述对新经济发展阶段的描述可以看出,互联网在本质上是以低成本利用社会中的生产资料和劳动力,从而积累可供其使用和匹配的数据(方式包括未经许可使用、提供增值服务、通过信息平台调动、盗版与不正当竞争等)。由于平台并不对这些生产资料与劳动力行使所有权,因而更愿意主张其并不承担传统组织的责任(雇主、中间人),而是一种连接器,尽量降低调动资源的成本,使其尽可能自由流动。从这个意义上讲,互联网反对一切阻碍从比特到原子自由流动的法律和制度(包括国界),其逻辑一直是商业的而非政治的。晚近的分享经济不过是互联网发展到更大规模协作阶段的产物,但云端储存能力、精确的算法能力和对分散资源的控制力都被极大地增强了。[1]

互联网需要首先以优质内容吸引用户使用,这就是为什么信息经济革命会首先发生在大众传媒领域,从自行提供内容到动员用户生产到未来的机器生产,互联网逐渐探索出独特的商业模式,贯穿其中的始终是盗版侵权等非法行为。需要注意的是,有必要区分早期零星的个别盗版行为和作为一种新生产方式的大规模支配调用行为——尽管后者在传统权利人看来是更严重的行为。从新经济的角度出发,通过信息精确匹配的资产调用是更具有创造性的价值生产方式,提供了广泛的合作机会,提升了总体经济效率。[2] 互联网的"非法兴起"更多是生产方式上的一场变革,为立法者和执法者提出了如何在法律上确认新生产方式的合法性以

---

[1] 例如通过信用评价和认证机制,平台企业可以对流动于其上的资源实现更加动态地管理,并辅以保险等机制。
[2] "分享经济"一词被滥用,以至于人们更多地关注现有生产性资源的配置问题(调动闲置资源),而非利益分配问题(生产者使用信息平台的利益分割)。姜奇平率先看到了这一问题,并在他的作品中一直强调后者的重要性,并使前者看上去更像一种虚伪的意识形态。参见姜奇平:《分享经济的政治经济学及其政策含义》,《中国信息化》2016 年第 4 期。

及利益分配等具体问题，同时也凸显出新经济内部自我颠覆的关键问题。

"非法兴起"1.0发生在商业互联网扩散的前十余年中，出现了大量针对文化产业的侵权和盗版，并在此过程中萌生了新型生产方式和服务模式。① 首先，当时无论是国家政策还是法律都对数字化进程给予了默认，其隐含前提便是对"免费+广告"模式、按需定制模式等的认可，这能吸引用户，形成更大范围内的网络效应。其次，尽管免费内容的有争议来源需要仔细识别，但不少侵权网站借助避风港规则较大的执行空间和当事人诉讼成本考量往往逃避了责任，并加以适时洗白。② 最后，新型权利"信息网络传播权"的创设给新经济生产带来了重要支持，为互联网企业制作和传播在线作品提供了法律保障。只要大量信息本身能够以低成本获取，并限制传播和获取的渠道和许可权限，就可以将非稀缺性资源人为变得稀缺，使物理世界经济学重新发挥作用。值得注意的是，围绕信息网络传播权的早期争议主要在于"服务器标准"，③即侵权内容是否储存在侵权者的服务器中以向不特定用户传播。在这一过程中，从用户点击访问服务器到他们在终端获取数字内容被默认视为一个整体，网络内容服务商要求通过信息网络传播权完全控制这一过程。④ "非法兴起"1.0阶段的主要结果是，新经济在法律和相关支撑性制度尚不完备的情况下，其合法性基本得到认可。

此外，"非法兴起"1.0在多大程度上意味着新经济是针对传统行业的不正当竞争，已不再是个有争议的理论问题。越来越多研究者认识到，

---

① 胡凌：《中国数字版权法的商业起源》，载李亚虹主编：《版权、网络和利益平衡》，香港大学出版社2016年版，第25—27页。
② 较多的争议在于通知的形式和效力问题，参见万勇：《人工智能时代的版权法通知—移除制度》，《中外法学》2019年第5期。
③ 崔国斌：《得形忘意的服务器标准》，《知识产权》2016年第8期。
④ 但实际上信息传播的多个环节都可能对信息正常到达终端产生影响，并主张获取利益。

通过改进技术、提高生产和分发效率是符合竞争原则和目标的,并有利于长期社会整体福利的提升——尽管这可能对传统行业产生"创造式毁灭"或降维打击。不过即使如此,传统行业(及其从业者)仍然可能因为竞争力降低、利益受损而在短期内产生社会问题,这就是为什么法律不得不在新旧经济利益之间进行平衡,推动新经济加速吸纳传统经济资源——而在像网约车这样涉及公共利益的领域,则要求降低物理资源数字化的速度和规模,避免过于激进导致更多连锁的社会问题。①

三、"非法兴起" 2.0

"非法兴起"2.0体现了一种逻辑上十分奇特的双向运动:对外继续按照1.0的逻辑进一步扩大整个新经济的范围,使赛博空间覆盖物理世界,继续吸纳争夺资源、开发新服务,这体现了新经济和传统工业经济的关系;对内则开始确认一种更为稳固的"架构"权利,稳定生产秩序,从而最终确立新型生产关系的存在基础,这体现了新经济内部的平台之间,以及平台与用户之间的复杂关系。在1.0阶段,围绕互联网开展的主要矛盾是合法性问题,即在何种领域允许互联网作为一种商业模式存在并扩张;而到了2.0阶段,作为政治议题的合法性不再重要,主要矛盾变成了新经济内部划定财产权利边界的法律问题。标志性的法律纠纷围绕不正当竞争、劳动关系和信息/数据权属展开,生产问题也逐渐转向再生产和分配问题。

有趣的是,恰好是对外扩张的逻辑直接导致了对内确权的诉求,这是因为对外扩张的"非法兴起"逻辑也完全适用于新经济内部,即创新企业

---

① 最终表现出来的法律是,国家承认网约车的合法性,但在地域、准入、安全标准等方面进行了限制。尽管如此,就全球而言已经是较为开放的网约车监管标准。

第八章 "非法兴起"与互联网治理规则变迁

究竟从何处以低成本获得生产资料搭便车(但也可能是创新),同时使用算法进行匹配。对于通过1.0阶段生存下来的平台企业而言,既需要抵御来自新创业者的不正当竞争,又需要打造新型基础设施以确保合法生产能够持续。实现这一双重目标所依托的抽象概念便是"架构",它超越了计算机系统的狭义概念,指平台企业能够通过"账户—数据—算法—评分"的方式对用户进行追踪的可控边界,这既是一种空间概念,也是一种生产/控制权力扩展的逻辑概念。①

和1.0阶段相比,尽管2.0阶段涉及的法律环境有较大不同,②但根本理论问题没有变化,即法律在多大程度上需要反映先进生产力、保护先进生产关系。如果代表先进生产力的生产关系稳定地扩展,符合物理世界中法律缓慢的变化速度,那么在一个相对稳定的时间段中就不会引发太多问题;但如果生产秩序不断受到新兴技术或商业模式的破坏性挑战,法律内在的安全、稳定价值就会受到冲击,由此需要考虑究竟是支持代表先进生产力的创新实践,还是保护有序的竞争秩序。③ 2.0阶段对这一问题的回答是,整体上仍然维护新经济生产方式,不能因为平台企业之间的争斗而导致共同的基础被法律削弱,发生倒退。④ 替代性的解决方案便是,承认大型平台企业的既得利益,确保生产资料有序流动,保证架构有

---

① 胡凌:《论赛博空间的架构及其法律意蕴》。
② 2.0阶段更强调用户协议的形式理性(尽管法院仍然怠于进行实质审查),司法和执法能力不断增强,外部法治环境也更加完善,更重要的是,技术架构本身具备了一定程度的自救能力,特别是如果法律无法提供有效保护的话。此时,民事赔偿往往无法提供有效保护,更多是靠刑法提供的保护。
③ 一个例子是长短视频之争,早期利用盗版吸引流量的视频平台现在变成了正版影视平台,它们有动力阻止压缩长视频内容进行的二次创作行为及相关短视频平台——尽管后者更受年轻人欢迎。
④ 这就是为什么本章认为2.0阶段的开端是2011年的3Q大战。在这一案件中,最高法院第一次阻止了360试图从内部撕裂互联网合法性(即天然垄断性)的努力,为移动端平台的扩展奠定了基础。随后也有少数反垄断案件挑战微信的市场地位,在3Q大战的先例影响下都没有成功。参见胡凌:《3Q大战的遗产》。

序扩展,推动打造基础设施服务。

如果说 1.0 阶段的历史实在过于迅速、混乱,以至于还无法在法律规则上进行总结,那么 2.0 阶段则更加鲜明地展示出法律如何保护平台架构的问题,意味着"非法兴起"不再是规范意义上是否合法的问题,而是重新界定划分权利边界的法律与经济学问题。且表面上按照教义学进行的分析和包装,也从既有法律中找到了带有某种连续性的规范性支持。[1]

"非法兴起"2.0 无疑回应了新经济的核心需求。按照经典法律和经济学原理,市场的有效运作需要边界清晰的私人产权、依托有对价的合同进行的财产流转与交换制度、能够不断提供生产价值的生产过程以及司法的有效保护。在新经济环境下,经过 1.0 阶段,生产过程的合法性已经初步确立;但生产机制并未完全定型,生产资料权属尚不明确,法院对生产资料合法使用也缺乏强有力的保护。这些问题在 2.0 阶段得到一定程度的回应,却体现出有悖于传统原理的特征:首先,像数据这样的生产性资源不再需要明确清晰产权,仍然可以有效流动并产生大量价值;其次,劳动价值的产生并不需要明确的知情同意或雇佣关系,且出现了大量"免费"而灵活的劳动者;再次,数据的占有和使用规范合并在一起,平台关于集合性数据池的控制权利得到了保护,而用户仅仅能分享、使用自己的劳动成果;最后,是司法而非立法在逐步推动数据财产权利的保护,并与平台企业的需求同步演进,由此渐进而有效率地解决了数字技术变革带来的新问题。[2] 在这个意义上,作为一个整体的网络法开始走向建设性而非破坏性,从而将"非法兴起"从带有批判意味的政治经济学概念转变为可

---

[1] 在中国的成文法传统下,这一倾向就变成了不得不大量依赖抽象的原则性条款,最为典型的是《反不正当竞争法》第二条前两款,这 105 个字对中国互联网的影响不亚于美国 CDA230 条款对美国互联网的影响。
[2] 更不用说国家专门设立互联网法院对涉网案件提供专门审判管辖。

操作适用的法律与经济学概念。

这种建设性可以借助法律经济学上财产规则与责任规则的区分,部分地解释早期新经济如何以低成本将物理世界中的生产要素从"原子"转为"比特",并加以有效利用。[①] 大量知识产权侵权行为帮助推动各类资源的数字化转化,并开始探索可行的商业模式。客观上看,针对此类资源的使用更接近一种责任规则而非财产规则,即法律事后对可能的侵权行为根据实际情况进行认定处理,但不事先阻止对资源的(创造性但非法地)使用。这为大众创新提供了制度性激励与合作空间,推动了互联网产业的繁荣发展。但随后优势平台企业对正版化和集合性财产权利的需求促成了由责任规则重新向财产规则的转向,法院越来越不倾向于支持前者,普遍加大对数据资源的保护程度,提升数据使用的成本。

总体而言,"非法兴起"2.0相关法律的特征是:(1)对特定平台企业来说,出现了财产规则优于责任规则的趋势,要求财产规则保护其既有利益,但对来自用户的免费数据和劳动来说,仍然是一种责任规则(即选择退出);(2)强调对抽象的"架构"和集合性权利的保护,并通过默认用户协议加以确认;(3)围绕竞争法展开的一系列措施(大量使用《反不正当竞争法》的原则性条款、加大行为保全力度、施加高额赔偿)不断完善,足以确保平台集合性财产权益得到保护;(4)没有像西方国家一样频繁应用反垄断法,避免对互联网模式的连续性和数字基础设施造成波动影响;(5)巨头平台一方面继续将责任与风险转移给生产性要素和社会,另一方面强调其社会责任,形成一种变相的再分配和补偿机制。

[①] 相关分析参见 G. Calabresi, A. D. Melamed, "Property Rules, Liability Rules, and Inalienability: One View of the Cathedral", *Harvard Law Review*, 1972, pp. 1089-1128; M. A. Lemley, P. J. Weiser, "Should Property or Liability Rules Govern Information", *Texas Law Review*, 2007, pp. 783-842。

四、浮现中的法律问题与后果

从表面上看,互联网是一次增量变革,它把原来政府和传统经济组织顾及不到的资源(既包括体制内也包括体制外)统和起来加以利用。由于这一转变发生得太快,不仅传统的工业化经济思维跟不上,监管者的管理思维也跟不上。新的法律问题表面上看对现有社会秩序和管理方式造成了冲击,但更深层次的因素则是现有规则背后反映的工业时代经济发展方式和路径的滞后性。例如,传统企业是标准的生产组织,占有大量生产性资源;要使用某些资源必须以合同形式获得权利人事先同意;这种使用还需要获得监管机构的监管认定,例如许可、年检等。相反,平台企业要求快速调动更多更广泛的生产要素,摆脱既有规则束缚,从而间接地影响那些尚未采用信息技术获利的传统组织,后者则有动力游说政府加强对新经济的监管,以维护既得经济利益和经济形态。在版权、信息财产、隐私、不正当竞争、反垄断、劳动法、安全监管等诸多法律领域都出现了新问题。

从一开始,新经济并非试图改变传统规则的性质,而是希望自己成为这一规则的例外,减轻侵权责任和安全保障责任,从而确保新商业模式能够存活。其核心主张在于,互联网平台并不拥有对任何资产的所有权,只是调动和匹配的信息中介,希望形成平台上生产要素自治的生态系统,尽可能减少传统所有者或雇主责任。"所有权与使用权的分离"这一逻辑一贯地体现在互联网兴起的各个阶段:早期对其他网站信息内容的复制可以说是一种使用(由此出现盗版和不正当竞争),晚近调动私人拥有的交通工具和房屋仍然可以说是一种使用(由此出现违反现行监管规则)。下面以两类最常见的非法行为——版权侵权和不正当竞争——为例说明法

第八章 "非法兴起"与互联网治理规则变迁

律如何回应互联网带来的利益冲突,揭示其遵循的复杂商业逻辑和政治经济背景。

劳伦斯·莱斯格在《代码》一书中提出,作为网络空间中的规则,代码可以和现实世界中的法律与社会规范一道保护知识产权,甚至比法律更有效。特别是在法律已经提供和物理空间同等保护的前提下,代码能起到双重保护功能,兴极一时的"数字权利保护系统"(DRM)就是此类代表。受美国《千禧年数字版权法》(DMCA)影响,很多国家的数字版权法都加入了不得破解技术保护措施的内容。在极端情况下,DRM可能被拥有大量版权的公司使用,这些公司有能力大规模生产出难于被合理使用的数字作品,DRM的保护一定意义上会侵蚀公共领域。但这一论断是否在中国互联网市场语境下成立仍有疑问。

在抽象意义上,代码可以被用于版权保护。但未言明的问题常常是,保护谁的版权?谁更有能力使用代码保护?在互联网发展的最初阶段,互联网企业们为了以免费内容吸引用户,常常通过盗版方式以低廉成本将发行于传统渠道的作品搬上互联网。鉴于传统渠道的资源整合能力和集体维权能力都比较弱,在全国范围内没能阻止互联网作为一种新型渠道的"非法兴起"。互联网企业借助 DMCA 的东风,荫庇在避风港原则下逐渐壮大,在拥有众多用户的基础上获得与传统文化产业合作的机会,打造了"连接一切"的平台。这一历史奠定了互联网产业的基础,代码被用来将发行于传统媒介的作品数字化,并通过免费商业模式加以充分利用,从而首先成为侵权工具。而法律被要求在与传统行业的对抗中保护新兴经济,确认其整体上的合法性,这一点在国家有志发展信息产业的大背景下业已成功。这并不是说国家没有采取措施打击网络盗版——例如对 BT 等 P2P 软件的专项整治——但这只能打击那些分享软件提供商和下载盗版作品的用户,无法撼动更多像百度那样的公司。这和当时很多用户习惯于将数字作品下载到电脑上的现实相呼应,在线浏览和观看尚未成为主流互联网模式。无论是传统出版还是数字出版都还未成熟到依靠代码加强版权保护的阶段。

侵犯"信息网络传播权"是早期发生在传统文化产业和新经济之间较为普遍的诉讼。但有趣的是,从 2010 年左右起,更多侵犯此种权利的诉讼纷纷以不正当竞争为由提起。这一转向和几个重要因素密切相关。首先,这些诉讼较少发生在新旧经济体之间,而更多发生在新经济内部,原来的视频网站可能作为侵犯信息网络传播权的被告,现在则摇身一变成为原告。这主要是因为,面临国内外双重压力,中央政府决意推动"国家知识产权战略",发展自主知识产权的文化产业和信息产业。像网络视频这样的资源密集型行业出现了大规模整合的趋势,投资人不惜重金购买国内外正版作品,而这也推升了正版版权价格。大型互联网企业成为新的知识产权拥有者,和传统行业相比,更有动力和能力进行维权。

但这并不意味着盗版终结了,只是侵权方式发生了很大变化,即用户下载盗版作品的习惯逐渐被在线免费观看和试听等商业模式改变。随着 4G 网络的逐渐普及,人们越来越习惯于接受流媒体服务,软件、游戏、歌曲、影视都以源源不断的服务形态出现,而非出售的商品,这也解释了同一时期来自用户的盗版行为的逐渐减少。传统数字出版可能仍然会依靠数字副本,在零边际成本的信息服务中人为创设出稀缺性,从而利用 DRM 加以保护。然而流媒体服务则完全摆脱了这种思路。在新阶段有动力通过代码工具盗版的毋宁是那些初创企业,他们缺乏足够的资金挤进资源密集型行业,无法通过免费内容吸引用户,只能采取侵权方式将其他公司的内容免费加以利用。他们会抓取版权作品、UGC 和用户数据,以成本最低的方式展开同类竞争。从这个意义上讲,"非法兴起"生生不息,现在轮到拥有海量资源的巨头们受到侵权挑战了。

第八章 "非法兴起"与互联网治理规则变迁

法院对网络不正当竞争的扩张性解释也刺激了这类诉讼的爆炸式增长。侵犯信息网络传播权的行为在某种意义上也是不正当竞争行为,哪怕侵权者与权利人分属两个不同行业(例如内容和搜索引擎)。由于《反不正当竞争法》第二条足够宽泛,在互联网企业密集的大城市的法院中都获得了广泛支持。权利人的代理律师们也愈加倾向于以不正当竞争案件起诉(难于证明自己受到的实际损失及其因果关系,不便以单纯侵权起诉),这又进一步强化了法院的认知趋势。在这个过程中,代码仍然没有被广泛运用到保护自身资源的用途上。

但是法律真的提供了有效保护吗?大部分案件的赔偿数额还不及侵权者一天的广告收入,也很难证明权利人的收入因此就一定减少了。可以说类似的官司更多是一个象征,权利人希望法院确认相关的权利和商业模式——例如享有财产权利的数据池和商业广告的重要作用。后期出现的不正当竞争模式是,通过浏览器或播放器拦截或剔除与免费视频内容相伴随的广告,变相利用和"截取"免费内容而放置自己的广告。法院倾向于认定不正当竞争,这相当于赋予了权利人审查下游软件工具技术标准的权利,势必进一步导致权利人控制从播放器到浏览器甚至路由器的做法,防止拦截屏蔽广告。

由此可以进一步总结依靠法律而非代码进行保护的社会后果。[①] 我们已经看到,和1.0阶段不同,2.0阶段的法院不遗余力地加强了对网络侵权案件的保护,但效果不佳——它们无法在一个飞快变动的市场中树立规则和权威。法院的判决本意是减少不正当竞争,但弱保护可能会促使互联网企业开始加大投入,利用技术保护措施防止自身数据被抓取,同时打造更加垂直封闭的播放器、浏览器和移动终端app,从而进一步导致

---

① 代码并非一开始就出场,新经济的兴起和发展首先需要法律和外在主权者的保护,这取决于新经济战胜旧经济的策略。生产方式之间的冲突是传统代码理论没有看到的。

了互联网内容服务的割据。但需要注意的是,1.0阶段的代码保护出现在商业模式尚未成熟的年代,代码还主要被加在单个资源上面用来防止用户未经授权使用,从而减少流动性;到了2.0阶段,代码更多的是在确保流动性的基础上对信息内容流动渠道和框架进行设计,以便最大限度地在自己的服务体系内使用这些资源,并允许用户合理分享。

作为回应,传统经济体分别采取不同的策略以应对这一挑战,最为直接的便是协商或起诉,要求赔偿损失。一旦它们认清信息经济势不可挡,就会转而采取与互联网企业合作或者自己进入互联网行业。无论如何,这都意味着新生产方式被广泛接受,也成为政府推行"互联网+"政策的社会基础。在这一过程中,互联网商业模式得到承认、漂白,也经历了从粗糙到精细的提炼升级,进一步通过算法提升竞争能力。[①]

五、框架的扩展适用

作为一个理论框架,"非法兴起"除了是对历史事实的描述与解释,还需要具有一定的理论适用性,从而能被用以预测移动互联网甚至未来的可能变化。从历史上看,产业之间的整合程度与冲突程度[②]、国家政策扶持[③]、社会整体的市场化状况和行政管理方式、法院判决效果,甚至ICT的普及程度都将直接或间接影响互联网的扩散。如果说"非法兴起"主要是新经济不断侵蚀传统经济的过程性描述,那么不难发现,这一过程在新经

---

① 2016年魏则西事件导致了对百度竞价排名制度的声讨,实质上是对这一粗糙商业模式的否定。
② 不同产业的整合程度和议价能力直接影响了互联网对该产业渗透的程度,此外,国家在平衡利益冲突时也会考虑到传统行业参与人的行为习惯,例如为避免出租车司机罢工,影响社会稳定,交通部在专车监管方案中采取了折中立场。
③ 如"互联网+""政府数据开放""分享经济"等国家政策。

第八章 "非法兴起"与互联网治理规则变迁

济内部也在不断上演,从而使得这一框架能够被用以解释中国互联网市场的持续演化。

平台时代的互联网企业竞争主要集中在数据分析(云)、内容渠道(网)和终端硬件(端)。为吸引用户,内容渠道仍然是初创企业最为看重的竞争优势。鉴于平台型企业占有大量正版内容资源和用户数据,中小开发者只能通过第三方开发合作或侵权来获取生产资料。① 移动互联网保持着台式机时代互联网的商业逻辑,生产要素仍然被创造性地争夺,并以搭便车的方式使用平台企业上的资源。② 除了个人电脑终端之外,大量新型终端不断涌现,例如平板电脑、智能手机、机顶盒、智能手表,以及未来的智能汽车和 VR。这些变化使得很多拥有大量资源的互联网巨头将更多精力放在了跨屏竞争上,即将一个屏幕上展示的免费资源转移到其他屏幕。于是,将旧终端渠道上的内容转移到新终端,进而取得竞争优势也就成了新兴企业的不二选择。这一商业逻辑和早期互联网侵占传统文化产业的方式并无二致,甚至也和未经许可调用实物资源的分享经济逻辑并无二致。由于学术界没能提供一个统一的网络不正当竞争理论作为指导,我们也难以指望通过法院判决来为未来侵权诉讼的解决提供清晰指引。

不同之处可能在于,与昔日竞争对手们相比,早期获利的互联网平台巨头更加强化了对生产性资源的保护力度,并通过技术措施落到了实处。可以预见,除了和更多传统行业继续发生冲突外,未来的法律冲突仍将围绕着内容资源和数据展开。从过去近三十年的经验来看,互联网给中国社会带来的破坏式创新的影响是巨大的,而国家在政策和法律上都为新

---

① 2016 年发生的脉脉与新浪微博的纠纷即属于此类型。
② 深度链接与视频聚合是最为典型的一种侵权方式,参见爱奇艺和 VST 全聚合软件的不正当竞争纠纷。

经济的崛起铺好了道路。然而，当平台巨头成为既得利益者，并掌控了互联网入口和作为创新基础的生产资料之后，有必要观察立法者是否真的理解了互联网发展的内在逻辑。创新的过程永远伴随着侵权和生产资料使用边界的重新塑造，平衡不正当竞争带来的市场秩序的破坏和创新带来的价值增加将是重要的竞争和信息政策问题。

另外，如果结合上一章关于要素财产权和架构财产权的比较分析，我们还可以对"非法兴起"过程做更进一步的三点总结。

第一，新经济的兴起要求资源保持流动和低成本非法获取，从而可以动态积累更多用户活动和数据，但新经济同时又希望它们在自己不断拓展的架构内流动（而非跨平台流动），从而可以通过架构的微观机制不断监控追踪。对外而言，新经济则要求架构不受非法入侵，而现行法律也通过诸多案件的积累支持了这一选择，从而奠定了架构外部的竞争秩序。第二，平台企业通过技术和商业模式创新不断将产品转化为服务，并进行中心化调控。劳动理论可以被认为是虚拟价值确权的核心理论之一，但问题是承认和保护谁的劳动：新经济需要大量免费劳动力以低成本进行生产，同时它也面临着用户要求获取虚拟财产、劳动力要求确认劳动关系等问题——然而在确认数据产品的财产属性时，平台同样要求通过劳动获得的虚拟财产权利。在具体的司法实践中，法律实际做出的选择是保护平台企业的财产权利，而较少承认用户作为产消者的财产权利和劳动者权利，由此奠定了架构内部的生产秩序。第三，数据资源不仅需要流动，更需要积累，以便形成数据资源池和规模效应。随着权利话语的兴起，无论是竞争者还是用户都有动力主张相对独立的虚拟财产权利，从而增加了整个新经济的生产成本，甚至面临着赛博空间碎片化的问题。通过拒绝不正当竞争中侵权者讨价还价的企图，以及反对个体完全占有和控制数据的倾向，法律基本上倾向于维护架构内的集体性权利的整合性，并最终通过保护架构及其生产性空间来稳定生产秩序,进而确立数据财产权利的边界。这种边界是通过消费者的选择、司法活动的默认和法律规定的模糊性等因素共同促成的,是集体行动的结果。不过值得注意的是,法律的此类选择并非没有负外部性。仅仅关注单向地、通过不断吸收外部资源来进行(例如进一步依赖地方政府的公共数据开放或智慧城市建设收集新数据)的数字化转型,事实上缺乏对平台间生产关系的协调,这也因此可能制约下一个阶段最先进生产力的持续释放。

六、 数字经济的未来方向

本章解释了互联网时代一整套新的治理机制如何被创设出来,内嵌于新经济生产过程,并从"无序"走向"有序"。新经济的奥秘在于如何使资源有序流动。在"非法兴起"1.0阶段,其关键在于各类资源脱离传统行业或者闲置资源被调动起来之后,如何防止无序竞争。法院判断市场秩序的标准不仅仅是生产力和创新标准,或者消费者福利标准,也纳入了更多的商业道德标准。尽管碎片化的数据权利或资源也可以流动,但无助于产生整合性价值。因此新经济的发展就有了两种基本动力:一种是不断将线下资源数字化,一种是鼓励资源尽可能地整合以产生集体性价值,并使之在同一架构的生态系统内流动。无论是资源的整合还是架构的整合,这两种状态都比碎片化的财产权利更优。由此新经济生产的核心问题在法律上得到了解决,而生产关系也没有妨碍生产力的继续发展。接下来的问题便聚焦于分配机制的设计,即如何看待从公共领域获得的公共资源,以及全体劳动者如何平等地从使用中获益。

如果说"非法兴起"1.0确认了新经济的合法性,那么2.0阶段更进一步地展示出非法状态如何被吸纳入数字经济正常的生产秩序当中去。

互联网的发展需要"非法兴起",这是一种打破既得利益、成就新竞争者的做法。下一阶段的"非法兴起"可能存在于物联网、AI 和更多破坏性场景中。例如,在智慧城市建设中,政府提供作为公共资源池的公共数据给创新企业使用,帮助推进场景化的 AI 服务开发等,这在多大程度上意味着公共空间的虚拟化与商品化,是需要认真对待的重要问题。

由此,"非法兴起"的法律经验是,为促进经济增长,需要降低对产权的清晰划分及保护,不断将财产规则转为责任规则,以避免成本高昂的授权和谈判过程,从而降低交易成本。但问题是,这类过程究竟应当是常态还是例外?在 2.0 阶段,法院在保护措施上有所转变,即在努力维持新的生产方式的同时保持资源使用权的合法性,从而帮助形成了若干愈加封闭的、有边界的公共资源池。目前来看,这一过程基本运行平稳,优质资源进一步向头部集中,新经济仍然快速发展。但它的潜藏风险是,数据资源的集中可能潜在地影响未来创新规模,即那些需要依托大量低成本资源的新商业模式开发。如何保持少数头部企业和大量长尾企业的平衡与转换由此成为确保数字经济平稳运行的关键。

就当下而言,分享经济机制是推动资源利用的有效机制,即通过降低交易信息的匹配成本来克服柠檬市场问题。[1] 按照本章的讨论,法院如果仅仅关注对数据的经济价值和市场秩序的保护,一刀切地完全适用财产规则,就不足以维持这一市场的动态平衡,有必要看到平台间资源进一步合法流动(特别是跨平台流动)的重要性。对于政策制定者而言,可以通过立法调整数字经济中的不同变量,包括但不限于以下选择:

第一,从不正当竞争角度和反垄断角度干预排他性交易和资源使用。

---

[1] A. Thierer, C. Koopman, A. Hobson, C. Kuiper, "How the Internet, the Sharing Economy, and Reputational Feedback Mechanisms Solve the 'Lemons Problem'", *University of Miami Law Review*, 2016, pp. 830-878.

例如对迫使商家"二选一"的商业策略的公平性审查，而审查范围也甚至可扩展到某些独家协议。但另一方面，如果过度干预则会降低平台对基础服务的投入，有可能损害消费者福利。

第二，推动数据资源在个体层面的流动性，赋予个体至少是某种非财产性权利，例如数据可携带权，以对目前的数据池集合性权利进行平衡。

第三，给予用户对终端服务或数字商品以更大控制力，允许有限度地分享传播，或开发进一步机制以允许个人对获得的虚拟财产进行二手交易。

第四，完善通过个体劳动赚取收入的各类微观机制（例如不加抽成的打赏），或者通过积分方式推动累积式生产。随着技术成本的降低，平台完全可以识别具体行为，并为特定行为进行自动化定价，从而扩大交易对象范围和空间。

第五，推动数字基础设施的准公共设施化，特别是扩大依托某个生态系统的资源的有序流动范围，而非简单按照传统反垄断法手段进行拆分。

第六，本章也隐含了这样一个结论，即"非法兴起"不会停息——原因在于互联网原初架构是开放的，除非停止使用诸如万维网协议一类的传输协议，否则创新者永远有动力和手段进行"非法兴起"。这在技术上不仅无法阻止，也是互联网不断竞争和发展的逻辑与源动力。当平台企业成为既得利益者，会以同样的方式建造护城河，在封闭的基础上集中资源，使初创企业有较少机会成为竞争者和挑战者。在此过程中，信息资本主义的内生颠覆机制将一再发生，而法律的任务就是根据生产力标准随时调整，以便发现能更好适应创新、维护秩序的治理规则。法律人有必要反思，在多大程度上作为上层建筑的法律应当支持创新者对现有市场的"创造性毁灭"，其稳定性和创新性应如何平衡。当下的创新者不太可能被允许像第一波互联网浪潮那样通过非法使用资源来野蛮生长,但它们可以在算法和基础服务上细化竞争——只要监管者确保平台的资源和数据保持应有的流动性。这不仅符合互联网行业的整体利益,也将孕育出数字未来的多种可能性。

第五篇

理　念

第九章　是机器，还是人？
——关于智能的多重想象

本章要讨论的是关于"机器智能"（Machine Intelligence）的理念。如果说前几个阶段的技术革命都在推动机器作为工具的革命的话，以机器学习、深度学习技术为特色的数字革命，在当前更多体现为赋予机器以"智能"。但我们对于"机器智能"的诸多根本性问题，仍然缺乏较为全面而整体的认识：什么是机器智能、科学技术人员如何实现机器智能、通用型机器智能能否实现、机器智能来源于一般性的科学原理还是异质性的本地文明？对于这些问题的追索，其意义不仅限于科学哲学领域的理论对话，同样更直接有利于政策层面多元治理方案的实践启发——而这也再次回到本书关于探索另一条道路的主题：我们试图跳出将机器智能视为全面替代人的通用型智能主体的理念局限，从机器智能与人的多重关系视角出发，为利益相关方理解数字现代化未来的多重可能性提供参考。为实现这一目标，我们至少需要回答的三个问题包括：（1）机器智能的概念内涵及其实现路径是否具有多样性？（2）如果存在多样性，机器智能不同定义背后的分类框架或分类体系是什么？（3）在这一分类框架或体系下，我们应该如何做出选择，以推动机器智能的研究与应用最终服务于人类社会的共同发展？

从本章聚焦的主题来看，这三个问题都是有关理念的，它试图在概念层面破除对于机器智能的单一理解,而呈现出多样性。为更好铺垫讨论的展开,在进入机器智能的分析之前,我们将首先回顾一般意义上的"科学"及"科学方法"概念内涵的历史性争论与进展。

一、机器智能的前序:科学及科学方法革命的历史争论

什么是机器智能,如何实现机器智能?对这些问题答案的追索,与更一般意义上的"什么是科学、如何实现科学"等问题一脉相承。事实上,我们对于智能概念的理解或误解,正类似于我们对于科学概念的理解或误解。智能究竟是对于人的思维活动的完全复刻还是局部经验的总结应用?科学究竟是追求因果关系的一般规律还是停留于经验验证的浅层解释?——对于这两个问题的两种答案不仅意味着研究方法论上的本质差异,同时也意味着我们对于智能、科学的进步性及其局限性的恰当认识,以及在此基础上所做出的治理性回应的思想起点。正因为此,在直接展开机器智能分析之前,我们同样有必要回顾科学及科学方法革命的历史争论,以为打开"另一条道路"的理论想象准备条件。

围绕"近现代的科学革命为什么发生"以及"为什么科学革命在欧洲发生(而不是中国)"等诸多问题,历代科学哲学家给出了不同的理论解释框架。卡尔·波普尔(Karl Popper)以批判归纳原则为起点提出了证伪原则,进而将科学家以及科学方法视为"智性诚实、敏锐批判"并充满"热情、勇气、想象力"的真理探索过程——但托马斯·库恩(Thomas Kuhn)不这么看,他对范式概念的塑造恰恰挑战了波普尔的证伪原则。库恩从认知心理学视角出发,认为科学家根本不具备波普尔所言的批判能力,科学家以及科学方法都是特定范式之下的"囚徒",而当一个范式的预测能力在逐渐展开的社会复杂性环境中逐渐变低时,范式的变迁才会逐步展开。

第九章 是机器，还是人？——关于智能的多重想象

相比于波普尔的乐观与库恩的悲观，迈克尔·斯特雷文斯(Michael Strevens)在较近出版的《知识机器》一书中提出了更为中立的新观点。在斯特雷文斯看来，近代科学革命应该被理解为"以取得经验验证的局域性因果解释(浅层解释)为目标的科学共同体规范"的形成过程，而这也被其称为科学的"铁律"。与波普尔、库恩抽象地看待科学及其结果不同，斯特雷文斯更为具体地强调了科学作为浅层解释的实质内涵，并在此基础上重申并强调了科学的非理性属性。

所谓浅层解释，是指近现代科学抛弃了传统科学哲学家试图理解现象本质及其因果关联的努力，转而致力于追求可观察现象的精确描述与推导解释。在斯特雷文斯看来，实现这一转变的第一人就是牛顿。在解释天体运动时，牛顿不再沿袭亚里士多德、莱布尼茨、笛卡尔等人对于引力本质的猜测性假设，而是仅关注引力现象本身，并通过对该现象的精确描述以预测其未来运动。无论是亚里士多德、莱布尼茨所认为的超自然特质(超距作用)假设，还是笛卡尔的碰撞或撞击传导假设，都被牛顿体系所接受——但它们都不是牛顿关注的重点。牛顿要解释的，仅仅是能够满足经验性研究的"浅层解释"。[①] 正是在此意义上，牛顿摆脱了解释相对主义无止境的自我循环，带领近现代科学进入了能够快速累进式发展的成长期。[②] 同时，也正是因为对浅层解释的追求，科学发展规律走向了非理性。正如复旦大学刘闯教授在《知识机器》推荐序中所指出，此时的非理性并不是指"科学方法或实践在逻辑意义上的不连贯、不自洽"，而是指"科学方法和实践背离了文化传统尝试的理性，而一味追求可通过经验检验的浅层解释"。在此意义上，"为什么近代科学革命发生在欧洲"便

[①] 迈克尔·斯特雷文斯：《知识机器：非理性如何造就近现代科学》，任烨译，中信出版集团 2022 年，第 128 页。
[②] 同上书，第 129 页。

不再成为一个关键问题,因为追求"基于经验验证的浅层解释"的科学铁律在本质上是独立于区域文明或文化的——事实上,斯特雷文斯认为古希腊哲学与基督教文化反而还阻碍了科学"铁律"的诞生。

斯特雷文斯的梳理与建构展示了从不同视角对科学本质提出的差异化解释,并为本章围绕"人""机器""现代化"等概念的讨论提供了背景。从表面上看,本书第二章从"于全球"和"于中国"两个层面提及的实践问题,分别涉及不同技术革命环境下对"现代化"理念内涵的多重定义,及其与不同国家、社会异质性的内在关联,而这在当前又具体体现为数字现代化的定义及其地缘意义;但事实上,这两个层面实践问题背后需要回答的理论问题,都可归结于对科学技术本身生产演化逻辑的界定与解释——而这既与前人围绕近现代科学革命的讨论紧密相关,又具有差别。

一方面,波普尔、库恩、斯特雷文斯等对科学本质的讨论,其共性都在于揭示了作为被观察到事实的客观性与观察过程的主观性之间的相互影响关系。对于波普尔和库恩而言,客观性至关重要:波普尔看重的是客观性带来的辨别能力,证伪原则致力于发现理论与事实之间的差异;库恩则看重的是客观性作为评判范式预测能力大小的标准,进而推动范式的转折与变迁。[1] 对于斯特雷文斯而言,主观性扮演了更为重要的作用,科学家对科学理论涉及的一系列假设的权重排序,以及对某个假设是否成立的证据权重的评估,都构成了科学本质上的主观性起源。[2] 当前我们围绕数字技术本质内涵及其生产过程规律的探索,在方法论上同样可被置于客观性与主观性的二元分析框架之下:数字技术领域的科学生产活动究竟是客观性主导下,一般规律(或通用机器)的发现与创造,还是取决于科

---

[1] 迈克尔·斯特雷文斯:《知识机器:非理性如何造就近现代科学》,任烨译,中信出版集团2022年,第74页。
[2] 斯特雷文斯:《知识机器:非理性如何造就近现代科学》,第71页。

第九章 是机器，还是人？ ——关于智能的多重想象

学家（或利益相关方）主观性的选择、权衡与偏好？对此问题的回答，既体现了对待数字技术的不同理念，也是回应数字现代化挑战的基本起点。以人工智能将如何影响人类劳动的争议为例。如果坚持客观性主导的技术理念，那么我们便首先要接受人工智能必将替代各个职业领域劳动职位的一般趋势，并在此前提下讨论劳动保障制度的改变与调整；与之相对，如果承认主观性的影响，那么政策重心就将前移，首先要讨论的是人工智能技术开发应用过程中各种主观性"选择、权衡、偏好"在影响劳动方面的合理性、公平性、正义性。此时人工智能也不再被视为不可改变的前提，而是需要被解释并修正的对象。

不过另一方面，波普尔、库恩、斯特雷文斯等人的讨论，在数字时代还需要新的发展与充实。很明显的一个差别在于，前数字时代科学技术主要体现为自然现象的发现、解释并将之应用于适应环境、利用环境、改造环境的工具制造，而数字技术更多侧重人造物（artefact）的直接生产并体现为模拟环境、控制环境、创造环境的新功能特点。这一差别使得斯特雷文斯在当前时代可能具有比波普尔、库恩更重要的理论价值：我们很难将证伪原则应用于数字技术领域，而快速迭代的技术模式也很难体现出范式的约束。其中一个很重要的原因便在于数字技术更多体现了浅层解释式的精确描述与推导，而并非对因果本质的理解与假设。

不过数字科学家和工程师并不总是满足于浅层解释所获得的进步与成功。以智能技术为例，在跨越多个障碍之后，当前时代我们或许正在逐渐接近浅层解释的极限，并不得不面临因果本质的高墙。在图灵奖获得者杨立昆（Yann LeCun）的一篇回顾性文章中，其指出：20世纪60年代，智能技术尚不能解决非线性问题（non-linear function），而20世纪80年代兴起的"后向传播"（backpropagation）方法突破了这一障碍；随之而来的挑战在于通过何种算法模型来训练智能系统，直到20世纪90年代涌现出了

不同类型的标准化算法架构,但彼时新的瓶颈又体现为训练数据和算力的缺乏;2012年之后深度学习框架以及大量人工标注图片数据的出现,将新一代人工智能技术推上了快车道;为了降低对人工标注数据的依赖,近年来逐步出现了 GPT-3 等自监督学习的新方法,直到以 ChatGPT 为标志的大语言模型的突破,使得当前最主要的挑战开始凸显为符号逻辑的推理(symbolic reasoning)。① 事实上,即使 ChatGPT 能够掌握人类语言的惯例与特点,它仍然被认为不能理解人类语言的内涵与实质。具体而言,ChatGPT 是基于大量文本数据训练而成,但文本作为人类语言表达的载体,其本身只是一种窄带宽(low-bandwidth)的信息传递方式。缺乏环境信息的支撑,独立的文字或语句将造成诸多的模糊与混乱。与之相比,人类的交流形式更为多样而丰富,我们本质上共享的是一套"非语言"机制,即在文本表面之下更多依靠符号、表情、姿态及其他环境性因素来传递"真实"信息②——也正是在这一点上,我们不得不迎头撞上智能本质的高墙。

不过值得注意的是,尽管从传统科学哲学的角度来看,以 ChatGPT 为代表的大型语言模型作为"浅层解释"并不一定能被视为通往人类级别智能的正确道路,但技术创新实践的快速发展却仍然有可能改变这一观点。具体而言,即使我们接受语言只是"窄带宽"信息传递方式的论断,这也并不代表大型语言模型就不能实现人类级别智能。正如斯坦福大学教授吴恩达(Andrew Ng)在一篇评论中所指出,不同于人类通过进化过程而习得智能,大型语言模型借助于规模效应,能够实现从量变到质变的跨越。③

---

① Jacob Browning & Yann Lecun, "What AI Can Tell US about Intelligence", 2022. https://www.noemamag.com/what-ai-can-tell-us-about-intelligence/,最后访问日期:2023年6月1日。
② Jacob Browning & Yann Lecun, "AI and the Limites of Language", 2022. https://www.noemamag.com/ai-and-the-limits-of-language/,最后访问日期:2023年6月1日。
③ Andrew Ng., "Weekly Issues", 2023. https://www.deeplearning.ai/the-batch/issue-182/,最后访问日期:2023年6月1日。

换言之,即使人类和大型语言模型都是在运用语言,但它们的运用方式却是不同的,而这种方法上的差别便可能使得后者在结果层面能够取得与人类智能相类似的成就。至于说,结果上的相似性能否作为评判机器具有智能的标准,那就取决于我们对于智能这个模糊概念的定义——也正是在这一点上,我们不得不更聚焦地转向历史上围绕机器智能本质及其实现路径的丰富讨论。

二、 机器智能的本质与实现:从"两条路径"到数学机械化

对于"什么是智能"以及"如何实现智能"这两个问题的追索,构成了20世纪信息科学发展史上的重要命题,而它们都直接与智能化机器的设计、实现、应用紧密关联。但基于历史的回溯我们将发现,对这两个问题的回答并不仅仅局限于对作为人造物的机器本身的讨论,而是需要被置于人—机关系的背景下才能得到更完整的回答。换言之,重要的并非对"什么是智能"以及"如何实现智能"给出非此即彼的答案,而是将其置于人—机关系的分析框架之下,从而为智能机器的设计、实现、应用提供定位与指引。以上一小节结尾处所呈现的争议为例,重要的或许并非辩论出杨立昆或吴恩达到底谁才是正确的(二人可能都是正确的),而是指出两个人的不同答案反映出了何种人—机关系的差异,以及这种差异又体现了何种意义上的进步与局限。

正是围绕这一思路,本节将对历史上的智能探索进行回顾。

(一) 实现机器智能的两条路径:冯·诺伊曼、维纳与图灵

概括而言,机器智能的实现路径大致可划分为"基于生物行为机制"

与"基于生物行为结果"两条路径。前者的代表性人物是冯·诺伊曼和诺伯特·维纳(Norbert Wiener),而后者则更多源自艾伦·图灵。

本书第二章即对冯·诺伊曼和图灵的差别做出了说明,二者可被视为探索机器智能本质及其实现路径"频谱"上的两个端点,而他们与维纳的比较则更加丰富了该"频谱"的内涵。

与冯·诺伊曼类似,维纳同样重视基于对生物智能机制的理解来设计机器智能,也正是维纳向冯·诺伊曼推荐了麦卡洛克和皮茨的研究。[1] 但与冯·诺伊曼不同,维纳的思考并不局限于生物智能的数学模型化或者以机器来模拟生物智能,他更关注智能的本质及其在生物体和人造机器上的体现,并以此为起点设计能够满足特定目的的机器。维纳由此更加强调不同学科领域的知识交叉与碰撞,生物学、神经脑科学、计算科学、数学,以及心理学、社会科学家共同构成了始于1946年并随后持续十年的"控制论会议"[2]的主角。1948年,维纳出版了《控制论——或关于动物和机器控制与通信的科学》,将"牛顿时代围绕密度、质量和能量的研究转向了结构、组织、信息与控制"[3]。但与惯常理解不同,维纳笔下的"控制论"并不致力于像冯·诺伊曼那样以形式化的数学模型实现机器智能,而是在指出"信息"和"控制"作为智能本质内涵的基础上,以启发式的逻辑指导不同场景下的机器设计:有的场景可能是确定且精准的,并因此可以通过数学模型加以表达;但有的场景可能是思辨或模糊的,并因此更依赖

---

[1] T. Haigh, M. Priestley, "von Neumann thought Turing's universal machine was 'simple and neat.' but that didn't tell him how to design a computer", *Communications of the ACM*, 2019, pp. 26-32.

[2] 该会议的初始名称是"生物和社会系统中的循环因果与反馈机制研讨会"(Conference for Circular Causal and Feedback Mechanisms in Biological and Social Systems),后来维纳将其更名为"控制论会议"(Conference on Cybernetics)。相关历史请参见 S. J. Heims, *John von Neumann and Norbert Wiener: From Mathematics to the Technologies of Life and Death*, MIT Press, 1980, pp. 201-204。

[3] Heims, opcit, p. 220.

第九章 是机器,还是人? ——关于智能的多重想象

实验性反馈与调整。[1]

由此可知,不同于图灵,维纳仍然试图从过程(而非结果)来探索智能的本质;但又不同于冯·诺伊曼,维纳更加开放地面对了两种复杂性(生物复杂性和计算复杂性)的存在,其无意于找到能够同时克服两种复杂性的通用性机器智能,而将研究重点放在了探究生物智能和机器智能的共同基础上,通过将"信息"和"控制"置于中心位置以聚焦能够实现特定目的的机器智能。

如果我们此时把斯特雷文斯再引入进来,不难发现在冯·诺伊曼、维纳、图灵三人中,只有图灵满足了近现代科学"铁律"的要求:只关注智能行为的结果而不需要对产生结果的过程(也即智能行为的本质)给出因果解释,从而绕开了不同研究者的主观性假设而直接追求可计算、可预测的实践目的。也正因为此,图灵拒绝了与生物学的跨学科对话,并进一步将机器智能的实现问题转化为了数学上的可计算问题,从而定义了该领域的研究范式与边界。与之相比,冯·诺伊曼和维纳仍然试图通过跨学科对话挖掘智能的本质,并在此过程中指导机器智能的实现路径。基于此对比我们也不难发现,在围绕 ChatGPT 的争议中,吴恩达更接近于图灵的思路,而杨立昆无疑更认可冯·诺伊曼与维纳的反思。

值得一提的是,冯·诺伊曼、维纳与图灵从技术层面对于机器智能的不同思考,同样也反映在他们对待技术创新社会影响的差异化态度方面。在技术社会史的研究中,很少看到图灵关于智能技术社会影响的评论或观点。这一方面当然与图灵本人性格有关,另一方面,从斯特雷文斯的视角来看,这是图灵将科学"铁律"与人文精神的主观性严格隔离的自然结

---

[1] Heims, *John von Neumann and Norbert Wiener: From Mathematic to Technologies of Life and Death*, p. 213.

果。与图灵相比,冯·诺伊曼和维纳则都是社会活动的积极参与者,并深度嵌入到了所处时代的政治经济发展进程,但两人仍然存在极大差别。相比于冯·诺伊曼与美国军方的亲密合作,维纳更激进地考虑到了技术的社会影响。维纳深刻认识到了技术发展具有不同社会影响的可能性,并因此全面拒绝了可能被恶意利用的技术研究,同时反复强调"技术发展服务于人"的核心理念。在此理念下,维纳围绕"控制论"的产品转化多集中于辅助残疾人的仿生设备,他同时也多次提醒工会领导人注意因为"控制论"而带来的管理理念和体制的变化。[1] 维纳对于控制论技术研究的极端态度引发了巨大争议,例如约翰·麦肯锡(John McCarthy)在组织达特茅斯会议时就刻意没有邀请维纳,也是为了与之前的争议"切割"开,以更为专注地推动人工智能作为一个学科领域的形成——而这也再次体现了斯特雷文斯所言的、将主观性排除出科学研究范畴的铁律精神。

由此我们似乎陷入了一场关于智能技术的发展悖论:考虑到探索智能本质并模仿人类智能的双重复杂性挑战,我们往往选择基于结果的机器智能实现路径,并在追求浅层解释的过程中实现了巨大突破(ChatGPT即是代表性案例);但与此同时,遵循铁律要求的研究范式又将主观性要素排除在外,当机器智能不可避免地影响人类社会基本权利或秩序时,我们只能选择"用"或"不用"(类似于维纳),而不能将人类社会的道德理念嵌入其中以对智能技术进行调试或修正。正是因为此种悖论的存在,我们才往往看到机器智能技术研发和应用过程中的震荡现象:技术治理体系的革新总是滞后于技术创新应用的步伐,并造成规制缺位与过度规制现象的交替出现。

---

[1] N. Wiener, "Father of Cybernetics Norbert Wiener's Letter to UAW President Walter Reuther". https://libcom.org/history/father-cybernetics-norbert-wieners-letter-uaw-president-walter-reuther,最后访问日期:2023年6月1日。

第九章　是机器，还是人？——关于智能的多重想象

但本节接下来的分析将指出，智能技术的发展悖论并非必然，它可被视为在忽略人类社会多样性前提下而试图追求一般规律的逻辑悖论。事实上，如果我们承认智能本质的定义及其实现方式的探索不能超越所处环境而必须与特定条件相适配的话，那么这样的逻辑悖论将会迎刃而解。特别地，此处所指环境又主要体现为对人与机器相对价值的解释和定位，也即人—机关系不同类型的解释和定位。

（二）图灵漏洞：吴文俊与数学机械化

图灵从行为结果近似性视角对机器智能的定义，直接推动了通用图灵机的探索进程，而关键则在于从理论上将智能机器的实现问题等同于数学领域的可计算判定问题，从而使得机器智能研究（或更一般的，计算机研究）与数学紧密联系在了一起——事实上，这也是为什么在当前的学科建设中，计算机学科被称为"计算机科学"（computer science）的缘由所在。以此为起点，通用图灵机的理论探索便被等价转换为数学上可计算一般理论的证明过程。在图灵的理论视野下，数学往往被视为凌驾于环境多样性之上的一般科学，这也使得智能机器的理论探索开始脱离环境复杂性的讨论，并逐渐演化为对一般性智能规律的追求。与之相比，站在冯·诺伊曼和维纳视角，智能机器的探索难以与环境复杂性剥离开，二人对于智能本质的追求倒逼着他们跨越学科边界以从生物学、心理学、社会科学等其他领域吸取养分，从而对环境复杂性作出刻画并将其纳入机器智能的讨论之中。

从随后的研究进程来看，图灵路径尽管忽略了环境复杂性，但逐渐取得了巨大成功——斯特雷文斯所言的浅层解释与科学铁律再次扮演了重要作用。不过即使如此，它在当前却仍然不得不再次面临智能本质的高墙。以 ChatGPT 为例，它在不同领域都能够实现多种形态的内容生成服

务,并因此已经非常接近于通用智能机器的实践目标,但"一本正经的胡说"问题仍然反映了其内在的缺陷与不足。由此,我们似乎再次回到前述悖论:如果遵循冯·诺伊曼和维纳路径而致力于智能本质的探索,则我们可能一步都不能向前;而如果遵循图灵路径以抛开环境复杂性的考虑,我们虽然能取得进步,但或许永远都迈不进智能的大门。难道不存在能够兼顾二者的另一条道路吗?

从吴文俊的数学机械化研究来看,答案可能是存在的。图灵在将机器智能研究与可计算问题联系在一起时,事实上存在一个逻辑上的漏洞:在将数学视为凌驾于环境多样性之上的一般科学的同时,他忽略了数学思想及方法的其他可能性——而这便是吴文俊分类的起点。

吴文俊在回顾数学发展史时曾指出,数学思想存在公理化和计算化两种分野。公理化思想继承于古希腊欧几里得流派的西方现代数学传统,其旨在围绕推理论证建立形式化的完备数学体系;计算化思想则体现了以中国传统数学为代表的东方数学传统,其往往从具体问题入手并将数学论证转换成计算形式,重点在于找到合适的计算方法以求解问题。公理化数学在历史上取得过辉煌成就,而其顶点便是希尔伯特的数理逻辑纲领,但哥德尔不完备定理的提出却打破了希尔伯特的公理化大厦。与此类似,例如法国数学家埃尔布朗或波兰数学家塔斯基提出的一般性定理证明算法,也被发现过于烦琐以至于实际上行不通。[1] 在此背景下,计算化数学反而可能提供新的理论启发与突破空间。事实上,虽然公理化数学思想在现代数学中占据着统治地位,但数学多次重大跃进却往往与计算化思想有关。[2] 计算化思想的主要特征包含构造性和算法性两点,

---

[1] 吴文俊:《吴文俊全集:数学思想卷》,科学出版社 2019 出版,第 113 页。
[2] 姜伯驹、李邦河、高小山、李文林:《吴文俊与中国数学》,上海交通大学出版社 2016 出版,第 7 页。

第九章 是机器，还是人？——关于智能的多重想象

前者重在将推理论证构造为可计算的形式，后者重在按照一定的步骤和方法（即程序性）在有限资源条件下完成计算。在抛弃掉公理化思想试图建构一般性智能模型的思路基础上，计算化思想更加强调从问题出发以面向应用的求解方法。

如果将冯·诺伊曼、维纳与图灵路径都置于吴文俊的数学思想分类框架下，不难发现：图灵更多体现了公理化数学，而冯·诺伊曼、维纳则与计算化数学思想更为相近。二者的区别可以从它们对"算法"的差异化理解中窥见一斑。图灵奖得主高德纳（Donald E. Knuth）曾指出"计算机科学就是算法的科学"，这也体现了算法在计算机科学以及机器智能研究中的核心地位。基于公理化与计算化数学的分类框架，算法的概念内涵可能存在以下三个层面的差异。

首先，算法不再是公理论证过程中的唯一解或最优解，针对特定问题往往存在不同的计算方法及其组合。虽然公理化视角并没有明确排除算法的多样性，但它将算法视为状态机器的观点仍然限定了这种可能性，因为初始状态和输入将决定后续状态的变化及最终的输出结果；相比之下，计算化思想则对算法设计持有更大的开放性，它并不先验地将算法抽离于实际问题，而是基于具体问题及其解决方案总结出不同的计算过程，它更加强调在输入与输出之间存在着较为丰富的解决方案组合。其次，"算法"不再是一个绝对抽象的数学概念，而是根植于问题环境并强调与环境的动态适应性。类似于公理化思想的一般性概括，虽然计算化思想也要求针对不同解决方案进行共性总结，但它更加强调结合特定问题环境而对已知方案的重新组合，以体现出对于环境的适应性和权变性；同时，不同环境的复杂性也是丰富计算方法组合的源泉和基础，而公理化思想下的抽象概念则难以发现算法演化的原因和动力。最后，算法不再是相对于执行过程中其他因素的独立现象，而是需要考虑包括硬件、软件在内的

系统概念。相比于公理化思想对于算法执行过程的忽略,计算化思想注意到了算法作为系统概念的层次性和复杂性。事实上,计算机体系是由计算机硬件(例如处理器和存储设备)、软件平台(例如编程语言和操作系统)、数据交互接口(例如输入输出界面)组成的多层次复杂结构,算法仅仅作为其中一个环节而与其他因素共同作用才能产生结果。正因为此,其他因素的发展变化同样也将影响算法的动态演化,而执行过程的资源约束也将影响算法性能的体现及其创新步伐。

基于以上比较不难发现,相比于公理化思想对算法的孤立认识,计算化思想才还原了算法的完整概念。在认识到算法具有多样性的基础上,将环境、系统因素纳入分析框架,从而能够以辩证视角全面理解算法的演化过程及其影响结果。

但对数学思想进行分类还只是回应前述"另一条道路"问题的第一步。事实上,哥德尔不完备定理对希尔伯特数理逻辑纲领的否定,并不代表计算化数学是对公理化数学的更好替代。换言之,分类的重要性并非将公理化数学和计算化数学对立起来,而是在分类基础上找到两种思想相互补充、相互转化的内在关联,而这才是吴文俊关于数学机械化研究的核心所在。

就内涵而言,数学机械化是指用数值计算的方法来完成定理证明工作,从而将"虽简美但奥秘因而颇为艰难"的脑力劳动转变为"虽烦琐但刻板因而较为容易"的计算过程。① 吴文俊指出,数学机械化的思想和实践早已有之。笛卡尔和莱布尼茨都认为"代数应该可以把几何推理符号化甚至机械化,从而不需要再让头脑费很大力气"② 。对数的创造以将对脑力劳动而言更为费劲的乘法、除法变成相对简单的加法、减法,布尔代

---

① 吴文俊:《吴文俊全集:数学思想卷》,第28页。
② 同上书,第111页。

第九章 是机器,还是人? ——关于智能的多重想象

数的发明以将思维逻辑形式化,以及法国数学家雅克·埃尔布朗(Jacques Herbrand)创立可被用来证明任何定理的一般算法,华人数学家王浩提出"推理分析"作为应用逻辑新分支以像计算数学那样来处理证明问题,都是数学机械化研究历史的代表性成果。[①] 数学机械化将"质的困难"转变为"量的复杂"问题,遇到的重要挑战之一便是如何计算,而计算机的发明与应用恰在这一点上实现了突破。事实上,促使吴文俊在1976年开始研究数学机械化的动因,正是缘于其敏锐意识到了彼时方兴未艾的计算机科学将对数学产生深远影响。

在吴文俊看来,技术革命的核心特征是用机器来代替劳动,旧的工业革命主要是以机器代替体力劳动,而以信息化、计算机为主要特征的新工业革命则是以脑力劳动的减轻为重要标志。[②] 数学作为典型的脑力劳动,其机械化既是推动变革进程的重要手段,也是变革本身的集中体现。以此为起点,吴文俊提出了后来被称之为"数学机械化纲领"的指导思想:"在数学的各个学科应选择适当范围,即不至于太小以致失去意义,又不至于太大以至于不可机械化,提出切实可行的方法,实现机械化,推动数学发展。"[③]

值得注意的是,吴文俊反复强调,数学机械化的目的不是消极的而是积极的,将脑力劳动解放出来的目的是使之用于更有意义的工作,而非完全替代人类。"数学最耗时费力的劳动,往往消耗在定理证明上,而非真理的发现与发明上。"[④]在吴文俊看来,逻辑上对于某定理的严格证明、逐步检验并不足说明真正"懂得"该定理,更重要的是对于定理为何发明、如

[①] 吴文俊:《吴文俊全集:数学思想卷》,第112—113页。
[②] 同上书,第65页。
[③] 姜伯驹、李邦河、高小山、李文林:《吴文俊与中国数学》,第8页。
[④] 吴文俊:《吴文俊全集:数学思想卷》,第71页。

何发明、起何作用等一系列问题的回答。正因为此,借助于计算机等信息技术的进步,通过数学机械化将人类从艰难的定理证明工作中解放出来,以将人类脑力劳动用到更有意义的工作上去,这才是数学机械化的真实意义。

至此,我们便可对前述智能悖论作出初步回答。计算化数学思想更强调将环境复杂性纳入考量,而公理化数学思想则更依赖一般性形式规律的探索。前者更接近人类智能的本质,但往往面临复杂性挑战因而进步维艰;后者取得了持续性进步,但时刻面临着智能本质高墙的质疑。面对此困境,数学机械化的启发在于,我们不应致力于以一种思想替代另一种思想的两难选择,而应更多关注二者的内在关联与递归循环。换言之,数学机械化意味着在承认环境复杂性的基础上,以计算化数学思想去开拓知识空间,并在此过程中将创造性劳动转变为机械化劳动,并以公理化数学思想实现这一转变,以将更多创造性劳动解放出来。此时,机器与人便不再体现为替代与被替代的关系,而是相互促进、递归循环的动态过程。在此基础上,我们也没有必要对机器智能作出孤立性的一般定义,而更应将其嵌入人—机关系的背景下加以分析。

于是,在呈现出机器智能多重实现路径,及其背后隐藏的关于数学思想的不同分野的历史讨论基础上,我们将智能的本质与实现问题开始引向人—机关系的界定与区分上。换言之,对于"机器智能是什么"以及"如何实现机器智能"这两个问题的回答,不在于将机器智能独立出来以给出直接定义,而是将其置于机器与人的关系视角,在理解人与机器的相对价值基础上,定位二者的相对结构。在此意义上,我们便再次回到本书的主题,即在人—机关系的框架下挖掘人—机合作的更多可能空间。在接下来的一节中,我们将以哈佛大学法学院教授罗伯特·昂格尔(Roberto Mangabeira Unger)的论述为起点展开分析。

三、机器智能的另一条道路：人—机关系的频谱与选择

当我们把对于机器智能的理论探索引向人—机关系的分析框架之后，接下来的任务便是对该框架做出说明。此时的核心问题包括两点：人—机关系的分析框架包含哪些具体形态或类型，而面对机器智能的悖论挑战我们又应该如何在这些具体类型中做出选择？对于这两个问题，昂格尔与其合作者在《单一宇宙和时间的现实性：自然哲学的一个方案》(*The Singular Universe and the Reality of Time: A Proposal in Natural Philosophy*)与《知识经济》(*Knowledge Economy*)两本书中都给出了富有启发性的答案。

（一）数学作为现实世界解释的频谱：特殊性与时间的影响

图灵将机器智能等价于数学的开创性思路将数学置于了探索机器智能的核心位置，而吴文俊对公理化数学与计算化数学思想的分类又进一步打开了理解数学多样性的黑箱，但二者的递进式思想演化仍然没有完全揭示数学与现实世界的复杂关联，它也因此尚未完成对机器智能的全部界定。事实上，吴文俊的分类只是基于东西方数学思想传统的外在差异，它并没有对影响差异的因素给出解释，因而这里难以对两种类型的内在关联做出说明。但作为类型学划分的方法论要求，分类的关键不仅在于对不同类型做出定义，更在于应指出分类的维度或频谱。具体而言，尽管公理化数学和计算化数学在概念内涵上存在差异，但同样被视为数学这一知识体系的不同分支，二者的关联又是什么？它们的差异体现了何种因素的变化？与此问题相关并自然延伸的另一问题在于，数学的本质

到底是什么?

围绕这些问题的探索,便构成了昂格尔与其合作者、美国理论物理学家李·斯莫林(Lee Smolin)在《单一宇宙和时间的现实性》一书中致力于回答的重要内容。在昂格尔看来,在长期的发展过程中,数学作为一门知识体系,可被视为理解现实世界的一种特殊方法。在该方法下,数学并非对现实世界的镜像表达,而是剥离了现实世界中"不同现象的特殊性"(particularity of phenomena)以及这种差异性发生变化的"时间属性"(flow of time)。[1] 以此为基础,数学将现实世界的碎片化片段以抽象的数字、符号、图形等形式表达出来,并通过逻辑自证(self-reference)的内在推导过程来发现现实世界的因果关系,进而形成一般性、整体性解释。同时,正因为剥离了时间的考量,数学本身并非因果性的。换言之,无论是作为方法的解释过程,还是作为结果的逻辑演绎,数学本身并不是因果关系的直接表达。

值得注意的是,此处的逻辑自证并不意味着数学必然会走向以演绎推理为核心的公理化体系,将数学等同于公理化体系恰恰束缚了它作为现实世界解释方法的完整价值。在昂格尔看来,以大卫·希尔伯特为巅峰的数学公理化体系的建构工作包含了三重目标:将全部数学问题概念化为由少数公理及确定规则演绎而来的公理化体系、避免环境特殊性的影响以维系数学作为现实世界解释方法的统一性和整体性、将数学研究的重点从对象(例如空间或数字)转移至方法。[2] 昂格尔指出,哥德尔不可能定理在否定第一重目标的同时,却推动了第二重、第三重目标的实

---

[1] M. U. Roberto, L. Smolin, *The Singular Universe and the Reality of Time: A Proposal in Natural Philosophy*, Cambridge University Press, 2015, p. 321.
[2] Unger, Smolin, *The Singular Universe and the Reality of Time: A Proposal in Natural Philosophy*, p. 344.

第九章 是机器,还是人? ——关于智能的多重想象

现。事实上,如果我们将"机器"定义为具有特定功能的不同模块按照一定规则的组合——从而实现可重复行为,那么希尔伯特等人对于第一重目标的追求,恰恰是将数学等同于"机器",认为数学只能在特定形式化规则下运行——但这恰恰限制了数学作为"反机器"(anti-machine)的可能性。此时,反机器意味着惊喜(surprising)和超越(transcendence):前者代表着对尚未被重复行为的学习,而后者则是指对已形成规则的突破。在昂格尔看来,数学对特殊性与时间的剥离,正是要实现它作为现实世界解释方法的统一性、整体性(希尔伯特第二、三重目标),但这并不等于数学就必然走向公理化体系(希尔伯特第一重目标)——也正是在此意义上,吴文俊对于公理化、计算化数学思想的分类与昂格尔保持了一致。

不过,数学并非现实世界的唯一解释方法。根据数学对现实世界解释力或代表力的强弱,昂格尔就数学与现实世界的关联性提出了完整性频谱的概念。频谱上的每一点都意味着"现实世界特定部分"(a part of nature)与"特定解释模型"(a practice of explanation)的不同组合。[1] 在频谱的一端,数学的解释力最强。即使在忽略特殊性与时间的前提下,现实世界的演化规律也能够在数学王国中得到很好表达,牛顿体系下的天体运动就是这样的典型范例:重复循环的天体运动并不受时间的影响,而不同天体在质量、能量上的差异(特殊性)并不影响对其运动规律的一般表达。与之相对应,在频谱的另一端,是大量难以通过数学方法或形式加以解释的现实世界。昂格尔在书中以"连续性问题"(unbroken continuity)给出了说明:数学致力于处理离散数字及其关系的本质使它在连续性问题上只能无限逼近而不能完全模拟。当然更明显的案例在于人文、社会、文化等领域,普遍存在的路径依赖、行为变迁乃至结构性演化(change of

---

[1] Unger, Smolin, *The Singular Universe and the Reality of Time: A Proposal in Natural Philosophy*, p. 334.

change)等现象,都难以在数学上得到很好解释或表达。简言之,当特殊性越来越突出,或者当现实的演化难以被重复(也即时间性越来越突出)时,数学作为现实世界解释方法的影响力就越弱。值得指出的是,尽管在近现代以来,"边际革命"后逐步建立的以数学模型为核心的经济学范式对各个社科领域都产生了深远影响,但它本身对于条件假设的依赖,以及需要从其他领域"借"用因果理论的前提(例如行为经济学需要从心理学"借"用理论),仍然是对数学模型天然剥离特殊性与时间因素的必不可少的补充。

基于上述分析,围绕数学与现实世界的关联性问题,我们事实上得到了两个层次的分类体系:在第一层次,就数学作为现实世界的解释方法而言,存在因解释力差别而形成的频谱,频谱上的每一点都代表着现实世界特定部分与特定解释模型的不同组合;在第二层次,在数学解释力强的情况下(频谱一端),数学本身又可被进一步区分为公理化数学与计算化数学,前者可被视为"机器"思维的代表,而后者则更多体现了"反机器"思维的特点。

在这两个层次的分类分析中,导致类型差异的原因都可归结为特殊性和时间性这两个因素的相对作用大小。在现实世界中,如果我们发现数学解释力弱,或者即使数学解释力强但主要依赖计算化数学思想而非公理化数学思想,那么在这两种场景下,特殊性和时间性扮演着更重要的作用;相反,如果在某些场景下特殊性和时间性不再重要,那么公理化数学思想的解释力将更强,并因此更适合被机器思维所主导。

基于这两个层次的分类体系,我们便可为机器智能概念内涵的界定提供一个更完整的分析框架。具体而言,如果将评判智能的标准定义为对现实世界的解释或表达水平,那么人无疑是具有智能的,因他在不同场景下都能完成解释或表达现实世界的要求。当以此标准衡量机器智能时,我们便需要对现实世界进行分类:一方面在特殊性和时间性都较弱的场景下,机器能做到与人相当的水平并因此可被视为具有智能,同时考虑到机器更擅长完成重复性工作,它也甚至可被视为超出了人类智能水平;另一方面,在特殊性和时间性都较强的场景下,公理化数学不得不让步于计算化数学甚至让步于非数学的解释或表达方式,而后两者都体现了"反机器"的特点,并再次承认了人的独特价值。

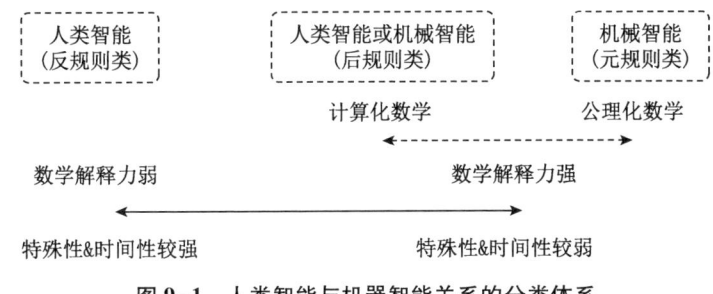

```
┌─────────┐        ┌───────────────┐         ┌─────────┐
│ 人类智能 │        │ 人类智能或机械智能 │         │ 机械智能 │
│(反规则类)│        │   (后规则类)   │         │(元规则类)│
└─────────┘        └───────────────┘         └─────────┘
                          计算化数学            公理化数学
                        ←----------------→ ←----------------→

         数学解释力弱                    数学解释力强
      ←----------------→              ←----------------→

     特殊性&时间性较强                  特殊性&时间性较弱
```

图 9-1　人类智能与机器智能关系的分类体系

由此,我们最终较为完整地回答了本章开头提出的问题:什么是机器智能,以及如何实现机器智能?基于这一分类框架同样不难发现,真正重要的并不是直接对机器智能做出定义,而是将它置于现实世界的分类体系下,从而明确它在不同场景类型下的价值与局限。不过对于该框架而言,我们还剩下最后一个问题尚未回答,即为什么人能够适应特殊性和时间性都较强的现实世界场景,其哪方面的能力或素质使之不同于机器?

(二) 人的反思、否定能力与人—机合作

从实现机器智能的不同路径到数学的不同类型,再到数学与现实世界的复杂关联,在机器智能的探索过程中,我们最终回到了对人的价值的界定。在新一代人工智能技术日新月异并不断推广应用,甚至出现类似

于 ChatGPT 的通用型人工智能雏形的时代背景下,人究竟具有何种不同于机器并因此不能被机器代替的能力或素质,逐渐凸显为智能时代的核心命题。

在数学机械化框架下,吴文俊从"人类脑力劳动机械化"视角对智能时代的人—机关系给出了解释,但仍然没有得到很好说明的是:如果机器智能的研发目的在于将人类脑力劳动解放出来以更好地开展创造性活动,那么到底为什么人类能够开展创造性活动而机器不能,又是何种能力或素质使得人类能够开展创造性活动?围绕该问题的回答,便构成了昂格尔在《知识经济》一书中的重要主题之一。

针对机器智能发展应用背景下的人类价值问题,昂格尔认为人类不同于机器的特殊性体现在基于反馈思维(recursive reasoning)的想象的能力(the power to imagine),或称为否定性能力(negative capability)。传统叙事体系下,以机器学习为代表的人工智能技术的进步,在取代大量人类工作的同时,也开始引发对于人类价值的质疑,尤其是围绕强人工智能的讨论,往往模糊了人类所扮演的角色与作用。尽管"脑力劳动机械化"的论述希望将机器智能的发展置于辅助人的地位,但它仍然未能解释清楚人类在"被解放"之后究竟可以做什么的问题。基于对人类工作分类的思考,昂格尔对此做出了回答。在昂格尔看来,人类工作可分为规则类与非规则类两种:前者是指重复性、模块化、范式化的工作,在明确规则下反复进行;后者则是在跳出或否定既有规则的情况下,形成新理念、新发现的过程,而这也被称为"想象的能力"。昂格尔进一步解释了该能力的两个组成部分,即差距(distancing)与变革性变化(transformative variation)。差距指人类对客观世界的认知并不等同于世界本身,而变革性变化则指人类将其对世界的认知投射至不同环境以理解其变化的可能性(它将成为什么,以及人类可以将其变成什么)。后两者事实上都体现了"反馈思

第九章 是机器，还是人？——关于智能的多重想象

维"的特点。数学意义上的"反馈"概念可被定义为"将自身视为分析的对象的过程与方法，以旨在跨越特殊性鸿沟从而总结出一般性的规律或原则"①。而人类的反馈思维可被理解为"无限反馈"(recursive infinity)，即能够基于有限数量的对象而展开无限多种可能性的重新组合。② 也正是因为这种无限反馈，人类才体现出了想象或否定的能力。换言之，"基于递归思维的想象的能力"才是不同于机器的"智能"的特点所在。

从源头上讲，人类这种想象的能力并不取决于大脑的客观构造，而更多来自社会文化、制度的影响与塑造，其核心特征在于否定性，即在否定既存前提的过程中更好地探索、突破并形成新的知识假设，以指导后续的知识验证或应用。尽管在当前机器智能的研究前沿领域，关于算法模型能否基于自身生成数据形成新知（即基于反馈来形成新知识）是研究者的重点方向之一，并取得了一定成果，但最终结论仍然不得而知。③ 不过昂格尔对此持怀疑态度，他认为无论机器智能如何发展，人类想象的能力都是无法替代的。即使是当前的机器学习或人工智能，它虽然超越了传统机器只能遵守特定规则并重复既定行为的局限，体现出了学习的能力，但它仍然只有元规则类(meta-formulaic)或后规则类(post-formulaic)两种：前者将初始规则植入算法并基于已有案例或经验完成推断或总结，后者是指将机器置于特定环境中并通过模仿以形成适应性能力。无论哪种类型，它们都不能形成否定能力，并因此难以在此方面替代人类，而这也才体现了人类的核心价值。④

---

① Unger, Smolin, *The Singular Universe and the Reality of Time: A Proposal in Natural Philosophy*, p. 307.
② Unger, Smolin, opcit, p. 273.
③ 相关研究例如 https://arxiv.org/pdf/2210.11610.pdf, https://arxiv.org/pdf/2212.10560.pdf, https://arxiv.org/pdf/2210.01296.pdf。
④ Unger, *The Knowledge Economy*, p. 43.

第五篇　理念

在理解人的核心价值之后,并将其纳入前述两个层次的分类体系,我们不难发现:就一般意义的跨场景讨论而言,单方面的机器或人都有所缺失,人—机合作才是理想状态。① 在特殊性和时间性都较弱的场景下,机器无疑具有更大优势;而在特殊性和时间性都较强的场景下,无疑我们仍然需要依赖人的想象或否定性能力。但这两种场景并非截然分开而互不影响,吴文俊的数学机械化研究同样揭示了二者动态转换的可能性与必然性。也正是在二者相互联系的过程中,我们将发现人—机合作的关键价值。

在此意义上,人—机合作具有两个方面的理论意义。一方面,从表层意义来看,尽管机器智能的发展在不断接近人的智能并因此表现出替代人的能力,但这并不意味着人将最终被排挤出技术发展的洪流,它反而意味着在将人从机械化劳动中解放出来后的进一步释放与发展,也即人将进一步领先机器智能——在昂格尔笔下,这一过程就像阿喀琉斯与乌龟的赛跑一样。② 换言之,机器与人并不必然成为"你追我赶"的竞争状态,而同样可成为迭代向前的合作关系。另一方面,从深层次意义来讲,探索机器智能背景下的人—机合作意味着人类社会在追求最先进生产力过程中所体现的两种类型活动的最佳结合,这具体是指"改造自然的活动"与"改造人类合作方式的活动"。③

哥伦比亚大学法学院教授塔玛拉·洛西安(Tamara Lothian)在2017年出版的《法律与国家财富》一书中提出,每一个历史时期的最先进生产力并非生产效率最高的生产模式,即其能用最小的资源消耗生产最多的产品或服务;反过来,最先进生产力指能够最大限度地释放人类创造力,

---

① Unger, *The Knowledge Economy*, p. 44.
② Unger, opcit, p. 44.
③ Unger, opcit, p. 4.

第九章 是机器，还是人？——关于智能的多重想象

并不断超越其既有模式从而能够持续提升生产效率且增加产出的生产模式。[1] 在此定义下，在每个历史时期实现最先进生产力的核心工作便主要体现为"改造自然"与"改造人类合作方式"这两类活动的结合，而能够将其最好地结合的方式即是最先进生产力的时代体现。在亚当·斯密时代，这具体表现为建立在技术分工基础上的流程式生产（例如"别针工厂"），而在我们当前时代，这便集中体现为人—机合作。在前述人与机器演化迭代的过程中，人类创造力得到不断释放，且其自我复制、自我发展的内生动力能够在实现连续性创新的同时扭转传统生产模式边际收益递减的一般规律。

但人—机合作的这种理想状态并非自然而然就能实现，它不仅取决于机器智能作为技术本身的发展阶段，同时还取决于人类社会制度方案的选择与取舍，后者便涉及政策改革的启示。本章最后一节将对此做简要的引申性讨论。

四、机器智能理念的多样性与政策启示

如果以本章第三节提到的分类框架为起点，那么我们推动智能革命发展的政策改革思路在理念层面无外乎都可归于以下两类。

一方面，考虑到机器智能与特殊性和时间性都较弱的场景更为匹配，那么可能的改革方向之一便是以技术、结构、规则等不同方面的政策组合来削弱特定场景下特殊性和时间性的影响，以改造并建构能够满足机器智能应用要求的新环境。以福特制为例，管理者并非没有意识到劳动者

---

[1] T. Lothian, *Law and the Wealth of Nations: Finance, Prosperity, and Democracy*, Columbia University Press, p. 285.

的特殊性(例如劳动者在年龄、性别、文化程度等方面的异质性)与时间性(例如劳动者对生产技能的熟悉程度)对生产过程的影响,但为了更好发挥机器的优势与作用,福特制通过特定的技术、结构和规则体系改造了生产过程,而这便具体体现为泰勒分工、流水线作业等。当然,在改造现实世界的过程中,我们必然会随之压制人的价值与作用,这在福特制中便具体体现为对劳动者异化的批判,以及对其欠缺灵活性的反思。

另一方面,削弱特殊性和时间性影响以将世界改造为适应机器智能应用要求并非我们的唯一选择,承认特殊性和时间性的重要性并认识到人—机关系的完整频谱,进而以推动人—机合作为政策目标并选择政策方案组合,是我们的另一条道路。就此而言,昂格尔提出了三条政策改革的思路。首先,昂格尔要求重塑教育体系和工作体系,既使劳动者理解机器智能的优势以及人—机合作的机制与方式,也在工作过程中赋予劳动者以探索非规则劳动的机会和能力,进而实现知识经济的内生增长。[1] 其次,昂格尔认为应建设包容性的激励结构,改变建立在命令—控制基础上的传统管理模式,在扩大劳动者自由裁量空间的同时加强合作信任文化的营造。该项改革的本质是在机器智能不断代替人类重复性工作的背景下,激发人类探索非规则劳动的多元动力,同时协同分散劳动以形成规模经济。[2] 最后,昂格尔强调法律及社会制度的系统性改革以支撑生产模式的调整,其核心是重构市场经济的制度架构(包括要素市场、产权制度、政府职责等)以解决发展停滞和不平等问题,而不仅仅停留于需求侧的累进税收或二次分配改革。

事实上,我们当前看到的诸多实践改革,大都可以在理念层面划归为上述两类思路,且相较而言更多体现了重前者而轻后者的特征。人们往

---

[1] Unger, *The Knowledge Economy*, p. 94.
[2] Unger, opcit, p. 111.

第九章 是机器，还是人？——关于智能的多重想象

往简单化地试图通过改造世界以创造适应机器智能应用的环境，但忽视了在接受现实世界完整频谱基础上推动人—机合作的可能性。也正是在此意义上，本书将与人—机合作相匹配的政策组合方案视为另一条道路的理念才具有其时代价值。

围绕机器智能理念的多重想象是技术理念另一条道路的具体体现，与之相并列的则是治理理念多重可能性的挖掘与比较。如第二章所指出，此时我们关心的问题不仅仅是作为治理理念外化表现的具体形式（例如第七章、第八章讨论的"规则"），还有隐藏在形式之后的治理理念的源起与逻辑。换言之，当我们注意到数字革命下的法律正在发生变化并在平衡不同权利的过程中作出选择的时候，影响变化和选择的主导性理念究竟是什么？在接下来的第十章，我们将以"生产性法律"视角为起点展开讨论。

第十章 流动，还是整合？
——生产性法律的多重想象

一、法律演进的逻辑追寻：以劳动法为切入

伴随以互联网为代表的信息技术的不断扩散，越来越多的新业态依托新媒介开始涌现，并产生诸多增量价值。这些价值总体而言发端于各类生产要素的流动性，要素的生产、流转、交易和消费变得更加精准和有效率，价值生产也越来越趋向于整合与合作性。具体而言，新业态下的劳动已经呈现出若干新特点：价值生产碎片化（这导致劳动与非劳动行为模糊不清，因为都可以产生价值）、更多依赖信息进行整合管理（因此隐私变得更加不重要）、劳动组织更加灵活（对组织主体的能力要求更高）等。在这一过程中，围绕"劳动"产生的纠纷和争议逐渐增加，并推动了关于新兴劳动权益法律保护的学术和社会讨论。[1] 关于平台灵活用工或新业态劳动的已有分析集中在劳动关系确认、工伤认定、社会保险、监管体制等问题，[2] 更多围绕未来制度设计或司法认定标准而展开，但较少说明这一

---

[1] 虽然新业态劳动至少从诸如网约车一类的分享经济就变得普及，但引发广泛社会和政策关注的却源自2020年的一篇公众号文章（参见赖祐萱：《外卖骑手，困在系统里》，《人物》公众号2020年9月8日）。这一讨论随即引发中央部委集中出台了一些相关政策。
[2] 相关分析参见于莹：《共享经济用工关系的认定及其法律规制——以认识当前"共享经济"的语域为起点》，《华东政法大学学报》2018年第3期；王全兴、王茜：《我国"网约工"的劳动关系认定及权益保护》，《法学》2018年第2期。

第十章 流动,还是整合?——生产性法律的多重想象

灵活而松散的过程是如何伴随社会生产方式变化而实际发生的。

本章尝试对数字时代劳动过程的变化及其法律回应进行更加理论化的提炼。当下劳动法律制度在边际上不断回应数字经济带来的新变化,但在新业态劳动依托的生产方式尚未完全固定和得到充分认识的情况下,我们还需要进一步提炼数字劳动过程的特点和共识。值得注意的是,当前相当多的法律部门已经开始从边际回应向整体性回应发展,这意味着法律研究需要进一步将生产方式变化作为法律理论的核心变量加以认真对待,我们将这一观察法律的视角称之为"生产性"法律。[①] 本章将论证,无论是宪法中的劳动条款还是劳动法体系本身,从其历史演进来看,关切的核心问题都是如何推动先进生产力的发展,以及如何不断调整法律规范与制度结构,从而便利各类要素的低成本流动,并将其加以整合以发挥最大经济与社会价值。

数字经济生产方式利用低成本信息技术加快了生产要素的流动,在扩展的时空范围内带来了交易与合作的多种可能性,但这一过程也容易导致这些要素的进一步碎片化。为解决这一问题,需要通过组织过程创新、平台功能设计或财产制度改革以将流动的碎片重新整合,防止过度强调碎裂本身的价值以降低反公地悲剧的可能性。此时,整合观念的要义在于碎片化的权利或权益仅需要在边际上得到保护,但不能因此影响新型生产方式的塑造和整体政策的预期。

尽管当前劳动法制度正计划朝着法典化方向迈进,[②]但真实世界的劳动秩序并不单纯依靠一套书面规则而形成,其前提必须是已经形成了某

---

① 相关分析参见胡凌:《理解技术规制的一般模式:以脑机接口为例》。这看起来是人们耳熟能详的"经济基础和上层建筑关系"教条的重复,但我们仍然需要一个更加精致的数字化版本加以详细阐述。
② 基本劳动标准立法已列入全国人大立法规划,有关部门正积极开展研究论证工作,抓紧形成法律草案。

种相对稳定和广泛接受的生产方式。在传统行业遭遇新技术的创造性破坏,甚至新兴行业也在不断自我颠覆且尚未形成稳定商业模式的情况下,不太可能塑造相关劳动者行为和权益的合理预期。在这种环境中,一旦强化传统劳动权益保障将会增加新业态的进入和转换成本——而只有当特定平台盈利模式相对清晰,供给需求链条趋于稳定时,将劳动者行为基准加以固定才能够对其形成锁定效应,使之成为新型生产方式的一环,甚至成为头部用工平台企业的竞争优势。

从这个意义上说,观察生产性劳动法在数字时代的演进不仅具有特定法律部门的实践意义,也具有辐射到其他法律部门的一般性理论价值。本章实际上是以劳动法为例,讨论相关法律机制如何顺应及影响生产方式的变化,解释数字时代劳动法的"生产性"如何体现为"流动"与"整合"两个核心理念,并需要在何种制度层面上加以回应,从而进一步认识到生产要素的流动性和整合性是整个法律体系在数字时代都需要不断面对的重大问题。本章尝试在生产方式转换的背景下回答:我们究竟是否需要固化某些(甚至是宪法性的)权利,还是需要推动其内涵不断发生变动以等待新形态的重新稳定?

本章按如下顺序展开论述:第二节将劳动法的生产性面向追溯至宪法,认为宪法的经济维度一直致力于不断推动生产力变化、塑造相应生产方式和制度。当占主导地位的生产方式开始转向以信息生产和利用为核心的新机制时,相关的宪法制度与基本权利内涵也将随之调整,并在解决新问题时以生产要素的流动与整合为原则指引。本节将指出,劳动法的变化只有放在这一逻辑下才能得到理解。第三节将从生产组织层面对数字经济生产方式进行重述,分析该生产方式如何推动劳动力及其价值的流动与整合,以及相应的变化如何在劳动法上透过不同话术提出不同的争议问题。第四节从司法维度深入分析法律如何在边际和整体上回应这些争议,特别提出了一种不同于传统裁判思维的更加理论化的司法决策模型。该模型以推动价值生产为导向,辨析劳动权利和行为所处的规范性结构,从而有助于在现实中区分何种价值生产行为可以落入劳动法保护范围,并为处理其他生产要素利用所存在的争议问题提供解决思路。第五节认为数字经济中的生产关系如果要进一步稳定,需要与其他生产性制度协同演进,从而最终形成流动有序的扩展式劳动秩序。

二、生产性劳动法的宪法起源

(一)宪法的生产力条款回溯

劳动议题在共和国历史和宪法中具有举足轻重的地位——这既是政治意识形态意义上的,也是社会与人的现实发展意义上的。本节追溯宪法劳动条款意在说明,劳动法律制度及其变化是整个生产方式变化的一部分,宪法文本将劳动制度与其他生产制度放在一起规定,目的就是不断探索和改进生产力。从这个意义上说,劳动法的重要价值和功能也在于生产和效率。

就宪法文本与具体法律部门的关系而言,研究者更多关注形式上的裁判文书援引、备案审查或者立法中的宪法授权性条款。但如果我们看到文本背后的宪法价值,就会发现推动工业化的生产力发展作为制度目标占据了十分重要的地位。[①] 按照经典马克思主义理论,生产力改变有很大可能导致共生的生产关系和经济组织发生调整,进而推动包括法律和公共政策在内的上层建筑也相应发生改变,以确认合法性和解决新旧利

[①] 苏力:《工人阶级领导、农民革命与工农联盟——当代中国宪制思考之一》,《法治现代化研究》2022年第1期。

益冲突。① 从共和国的"五四宪法"开始,为实现序言中规定的过渡时期总任务(即"逐步实现国家的社会主义工业化,逐步完成对农业、手工业和资本主义工商业的社会主义改造"),宪法正文确认了不同种类的所有制形式,强调"国家用经济计划指导国民经济的发展和改造,使生产力不断提高,以改进人民的物质生活和文化生活,巩固国家的独立和安全"(第15条)。在"七五宪法"短暂地转向坚持无产阶级专政下的继续革命后(彼时仍然强调"实行抓革命、促生产、促工作、促战备的方针"),"七八宪法"再次回到生产力目标,规定国家要"坚持鼓足干劲、力争上游、多快好省地建设社会主义的总路线,有计划、按比例、高速度地发展国民经济,不断提高社会生产力,以巩固国家的独立和安全,逐步改善人民的物质生活和文化生活"(第11条)。自此之后,从"八二宪法"到2004年宪法修正案,生产力目标都未被改变,而且对从商品经济到市场经济环境转变过程中如何发展生产力进行了更加细致的指引,第14条(后文称为"生产力条款")规定"国家通过提高劳动者的积极性和技术水平,推广先进的科学技术,完善经济管理体制和企业经营管理制度,实行各种形式的社会主义责任制,改进劳动组织,以不断提高劳动生产率和经济效益,发展社会生产力","国家建立健全同经济发展水平相适应的社会保障制度"。② 此外,如果放眼宪法序言和其他经济制度条款,也会发现若干与生产力发生关联的内容(如序言中关于国家生产资料所有制改造的说明、"三个代表"重要思想、正文中关于社会主义基本经济制度的规定等)。这都表明,

---

① 路易·阿尔都塞:《论再生产》,吴子枫译,西北大学出版社2019年版。
② 在整个1980年代,邓小平不断强调发展社会生产力的重要性,"讲社会主义,首先就要使生产力发展,这是主要的。只有这样,才能表明社会主义的优越性。社会主义经济政策对不对,归根到底要看生产力是否发展,人民收入是否增加。这是压倒一切的标准。空讲社会主义不行,人民不相信"。《邓小平文选》(第二卷),人民出版社1994年版,第311—314页。

第十章 流动,还是整合? ——生产性法律的多重想象

宪法十分关注生产力的发展,并注重使上层建筑与经济基础相适应。

伴随市场经济改革的深入,在"八二宪法"及其后续修正案中,国家不断确认市场经济条件下推动要素流动的一些基本制度(如非公有制经济、土地使用、农村生产经营、私有财产、社会保障等)。但从 2004 年至今,基本经济制度和劳动相关条款内容都没有发生变化,2018 年修宪也主要是关于国家机构的调整。而正是在这近二十年中,互联网推动的数字化生产方式开始兴起、扩散,逐渐显示出其生命力,并表现出和工业化生产方式不同的新特点。在何种意义上我们能够将这种变化视为一种新型生产方式而不是既有生产方式的补充,将在下一节讨论。但可以肯定的是,如果有任何新生事物,目前看到的仍然是其不断变化、尚未稳定的过程,这也解释了为何国家尚未对宪法正文进行新的调整,而是通过具体法律部门层面的修改以逐步回应。

"八二宪法"为劳动者设置了充分的权益保障制度(第 42—45 条),具体体现为平等就业、民主管理、按劳分配、劳动纪律和破产保障这五个面向,相关具体制度正沿着这五个维度进行延伸。[1] 但生产力条款清楚表明,劳动制度的设计逻辑一开始是嵌入在彼时希望推进加强的生产制度和所有制结构中的,它本身就是生产方式的一部分,而不是在真空中设计出来的权利义务规则。该条款并不尝试界定何为先进生产力,而是采取一种"生成"立场,即规定推动先进生产力需要考虑的若干制度性维度和评判标准,进而努力促成某种合乎先进生产力需要的生产方式。[2] 这些制度性标准主要是:(1)提升劳动者态度和能力,把人的因素放在第一位,包括合同、权利、培训、保障等在内的具体措施;(2)开发先进的科学技术,这是仅次于劳动者的第一生产力;(3)完善经济管理体制,认为国家对经济

---

[1] 阎天:《如山如河:中国劳动宪法》,北京大学出版社 2022 年版。
[2] 同上书,第 193—200 页。

的宏观管理、政策和法律不可或缺,需要及时加以引导;(4)完善企业经营管理制度,需要不断适应变化的外部环境;(5)强化社会主义责任制,为实现正常生产经营活动设定外部和内部的行为标准和可预期后果;(6)加强包括团队、工会在内的劳动组织建设;(7)看重资本的积累和劳动生产率提升,"效率优先,兼顾公平";(8)社会保障制度要与经济发展水平相适应,不能超前过度消费或浪费。八个方面在经济过程中是相互渗透和联动的关系,例如科学技术的改进可能促成劳动组织和企业管理的变化,进而带动宏观政策调整,创造出更具规模化的生产力,其核心指向是生产组织的变化,且同时为了激励劳动者而需要适时调整社保措施。从这个意义说,劳动制度的宪法功能是和其他生产制度一起对当下占主导地位的成熟生产方式和劳动秩序进行确认,厘清相关主体的权利义务,也及时反映其变化,甚至帮助协调不同类型生产方式之间的利益冲突。因此,在宪法劳动条款看来,劳动制度本身既是革命性的,也是保守性的:一方面能够在劳动过程中实现对新技术和要素的吸收以推动创新、提高效率,突破现有生产方式和关系,另一方面也可能成为既得利益者采取路径依赖、反对采用新技术的理由。

(二) 生产要素的流动与整合

宪法的生产力条款实际上还隐含了关于生产要素利用方式的指引。改革开放以来,在市场经济条件下,包括劳动力在内的各类生产要素的使用过程发生了巨大变化。与计划经济时代的国有企业相比,企业组织形式变得更加灵活多元。国家推动农村劳动力向城市流动以进入工业化生产方式,产生大量就业需求,市场主体数量也大大增加。如何更好地利用不断流动的劳动者,为各地持续产生经济和社会价值,同时确保社会安全稳定,就成为重要的治理问题。我们已经看到:流动人口基本上被吸纳进

第十章　流动，还是整合？——生产性法律的多重想象

城市的不同职业群体和组织中，雇工经营的生产组织成为活跃市场的主要力量和基本单位；工业和服务业组织逐渐稳定，并形成了细分的行业产业链；民法和商法制度的出现也逐步适应了这一经济过程。因此，在互联网引入之前，封闭生产组织通过相对固定的劳动关系稳定吸纳跨地域劳动者就成了工业经济背景下生产关系的劳动特点。流动性既是导致劳动制度变化的自变量，又是开放政策的因变量。随后，劳动保障和合同制度的完善又进一步解决了劳动力市场中遇到的基本秩序问题，但这一秩序并没有将正在兴起的数字经济纳入考量。

生产要素本身的流动性不能直接带来经济和社会价值，而是需要对个体化要素加以重新组织，以形成规模化与集体性的生产制度，这就涉及要素的整合问题。在市场经济条件下，要素直接参与市场交易会遇到巨大的信息与合作成本，只有吸纳进企业中加以协调才能提高整体效用[1]，而市场竞争机制促使这种整合和利用方式变得更有效率。从这个意义上说，生产性的劳动制度需要处理好"流动"与"整合"的关系。

传统劳动制度依托于企业这样的产业组织，其特征必然要与封闭组织的人事管理、劳动安排等相契合，而一旦信息技术进一步降低企业内部交易成本，流动和整合的方式将随之改变，劳动制度也自然会相应发生变化。这一内在逻辑在于：劳动制度需要承认和接受劳动力流动，认可其可能带来的经济社会价值，并创造相应的生产关系以对其更好地加以利用。

《宪法》首要关注政治整合问题，从序言到正文处处体现了统一多民族国家的政治整合措施，这也一直是研究者关注的重点。[2] 在政治整合框架之下，生产要素的经济性整合似乎是不言而喻的（如中央政府主导的跨

---

[1] 罗纳德·哈里·科斯：《企业的性质》，载《企业、市场与法律》，盛洪、陈郁译，格致出版社2009年版。
[2] 苏力：《大国宪制：历史中国的制度构成》，北京大学出版社2018年版。

地区转移支付或整体经济宏观调控）。但此处的问题在于，随着市场形态的演变，一旦各类要素从既有产业组织中解放出来并释放到市场中，并不必然确保其在微观层面上能够被再次吸纳到更加有序的生产秩序当中。如果需要重新组合以产生价值，就需要在考察不同的资源整合方式基础上寻求良好的制度替代，以确保公共和私人利益都能得到满足。经验上的整合方式至少可以包括如下类型：(1)通过产业组织或产业链进行整合，以确保生产要素能够在一个可控的空间范围内产生价值，这又主要体现为现代企业塑造的工业生产方式；(2)财产价值意义上的整合，使碎片化的生产要素集合起来发挥作用，以免产生反公地悲剧，关于公共资源利用的讨论更多属于这一类型；(3)要素功能上的整合，如将零散信息收集起来，降低单一行动者成本，实现市场或社会中的公共利益；(4)通过公共基础设施的整合，如数字平台之间的互联互通，以便利要素更好地无差别流动。①

一旦劳动主体或其他市场要素通过技术手段降低进入外部市场空间的成本，减弱劳动组织的力量，就能看到整合的力量将逐渐从第一类整合方式转向通过公共基础设施的第四类整合方式，而财产价值和要素功能也会在不同环境下随之发生巨大变化。只有在这个过程中才能理解劳动制度演化的症结，即当传统劳动组织遭受挑战，出现平台型劳动组织的时候，如何能够发挥技术的整合作用重新驾驭流动性以产生集合价值。如果这个问题解决不好，就没有办法帮助生成并稳固新的生产方式。而这个基本问题也一直贯穿于其他法律部门变化的始终——由此可以说，就是重要的宪法问题。

宪法的生产力条款暗示，在稳定的工业生产方式下，通过提高生产效

---

① 胡凌：《互联网的开放与封闭及其法律回应》，《交大法学》2022年第2期。

第十章 流动，还是整合？——生产性法律的多重想象

率不断深化和加强这种生产方式是可理解的，指向性也较为明确。然而，一旦出现突破性技术，使该条规定的生产方式在可预期的范围内发生整体性变化，超越了传统生产组织，就意味着既有的法律和政策标准将不断发生断裂和重构，这是宪法制定者和修订者无法事先预测的。本书作者之一之前的研究已经表明，信息经济带来的新型生产方式内生地要求法律制度进行系统调整，而且已经在各类法律领域引发了不同程度的变化。[①] 此处隐含的辩证法就是，在抽象的宪法意义上政策目标是连贯的，但在具体规则上则是断裂甚至冲突的，而且还可能增加规则适用的成本。那么，在边际上的法律纠纷解决过程中，究竟需要采取何种判断标准，就需要仔细考量。《宪法》文本具有足够强的包容性，不会简单地确认新型生产方式，而是通过动态机制建设和生成的方式推动渐近变化，以等待现实中的新型生产方式得以稳定，因此现有相关经济条款完全可以容纳数字经济和社会变迁。

本章余下部分将讲述"非法兴起"这个故事的劳动法版本：和版权法、竞争法领域类似，劳动法实际上是以不作为的方式为数字经济发展开了绿灯，在相当长时间内默认像平台这样的新型劳动组织兴起，而不是强制将新就业形态劳动置于既有劳动制度中加以评判和约束，从而阻碍这一生产方式变革过程。尽管一些大型平台组织如物流、外卖、交通、演艺行业已经形成相当的规模，而逐渐兴起的劳动争议使得司法在边际上也需要考虑如何塑造可预期的裁判标准，但总体而言，目前我们远未达到可以确认稳定的新劳动形态的阶段。

[①] 胡凌：《"非法兴起"：理解中国互联网演进的一个框架》。

三、生产方式变化与劳动法的关联

(一) 信息经济生产方式重述

上文不是要生硬地为推动生产力发展的法律和政策改革找到一个宪法上的规范性(甚至是原旨主义的)基础——因为即使宪法规定了,具体法律部门也完全可以在不同程度上做出规避,真正的问题还是要观察存在何种现实推动力要求法律做出或不做出改变。本节将先讨论生产方式的变化,以及新生产方式如何希望法律发生调整。

按照上文逻辑,如果要理解劳动法的生产性面向,需要首先理解其嵌套的生产过程。生产方式变化不是一个"非黑即白"的选择,而是并行、相互补充和逐渐吸纳、替代的过程。生产方式由生产组织、工具、关系、劳动力来源、所有制形态等若干要素构成,往往一开始通过采用某种新技术,改变既有生产过程中的某些要素,从而逐渐改变自身。以信息技术为例,承载操作系统的智能终端并不是一种单一性技术,而是通用性技术,它不仅能够嵌入既有的生产过程,也能被不断改造以适用到更多新场景和新业态,因此是一种创生性(generative)技术。[1] 这种创生性技术既能够在工业生产组织中应用,也可以在消费者级别的软件和终端上实现,从而在更大范围内便利生产要素的调取、匹配,并在使用中形成了一种经济过程和组织形态。[2] 因此也可以反过来说,和物理学中的"相变"现象(分子间关联改变从而形成不同物质形态)类似,生产方式是一种将各类要素在不同技术和制度约束条件下加以重新整合的精巧技艺,为了相对稳定的组

---

[1] J. Zittrain, "The Generative Internet", *Harvard Law Review*, 2006, pp. 1974-2040.
[2] 布莱恩·阿瑟:《技术的本质》,曹东溟、王健译,浙江人民出版社2014年版。

第十章 流动，还是整合？——生产性法律的多重想象

织性目标不断调整构成性要素，以进行再生产和再适应——这实际上也是熊彼特式创新的经济过程。从认识上说，历史上生产方式的变革过程十分类似于科学知识的范式转型，它意味着从技术、利益、制度到知识的一整套变革。①

上述过程已经在历史上得到了完整展示。马克思以来的经济史学家不断说明，生产方式变革就是人类历史过程本身。在任何新型生产方式的初期，都可能只是一种新的技术性发明，或边际上对现有生产流程做出改造；随着此类技术性工具的使用和扩散，一旦提升了效率、扩大了经济规模，生产组织就会进行调整，从而进一步增加资本积累，改变生产过程中人和人的关系，并最终由法律加以确认固定化。从历史上看，资本主义的工业化生产方式战胜农业生产方式在全球范围内经历了较长时间，特别是在政治上开展资产阶级革命、殖民活动和战争，并创造了一整套现代法律制度及意识形态以不断夯实维护。劳动制度和权利保护在这个过程中完全不是先导性问题，而是系统的附随性问题，因为系统性的劳动争议涉及公平地"分蛋糕"，而在蛋糕做大的过程中，任何边际上的纠纷都可能被快速发展的经济模式所吸收和掩盖，直到稳固下来，相关群体才有动力划清权利义务边界——这也解释了为何关于灵活劳动的争议在互联网引入中国二十多年后才开始出现。在这段时间里，传统劳动组织制度进一步稳固，而新兴数字劳动组织也在不断做大。

无论是对过去二十年历史的解释，还是对当下经济政策的认知，都有必要认真回答这一问题：数字经济真的意味着出现了全新的生产方式吗？改革开放初期也出现过国有企业控制的生产要素增强流动甚至私有化的过程，信息技术带来的流动性问题看起来似乎与此更具有相似性而非差

---

① 托马斯·库恩：《科学革命的结构》，张卜天译，北京大学出版社2022年版。

异性(无论是要素流动形成价格双轨制,还是各级政府通过行政发包制加以扶持①)。即使从宪法文本追溯,也完全可以在"八二宪法"文本中发现工业生产方式的制度基础。这样说来,认为"数字经济"仅仅是人为构建的一个吸引眼球但有欺骗性的意识形态词汇也不为过(就像当下流行的"元宇宙"一样),②因为它看起来只是市场经济生产活动的进一步延伸,都是在协调陌生人社会中非人身性的劳动活动,而劳动控制过程也始终都存在,③甚至具有内在一致的资本积累结构。④

对这个问题的回答既有认识论意义上的考虑,也是利益划分和公共政策选择的需要,涉及法律政策的合法性,更会影响到劳动政策和制度的调整。如果答案是肯定的,数字经济的利益相关群体就可以使用这一话术主张自身相较传统行业的优势和独特性,要求放松规制,认为自己更加有能力驾驭要素流动性,把蛋糕做大⑤;而传统利益群体则会试图否认,希望保护自身的竞争地位不受挑战,控诉新兴行业对手采用了不正当竞争方式,希望将其重新拉回现有生产组织的规制框架,同时希望在现有生产方式内部消化信息技术红利。这些话术上的竞争会产生大量泡沫,即使能够在短时间内成功吸引投资或游说监管机构,它也需要证明其具有成为稳定生产方式的潜力。

---

① 周黎安:《转型中的地方政府》,格致出版社 2017 年版。
② 法律研究很早注意到了这个问题并提出了"马法"疑问,参见戴昕:《超越"马法"?——网络法研究的理论推进》。法学界一直在讨论构建新型学科(如数字法学、计算法学),但始终没有找到能够将该学科知识统合起来的独特对象和理论基础,只能宽泛地将很多内容堆积在一起。
③ 陈龙:《"数字控制"下的劳动秩序——外卖骑手的劳动控制研究》,《社会学研究》2020 年第 6 期。
④ 肖萨娜·祖博夫认为新的资本主义没有本质区别,仍然是以榨取剩余价值为目的的机器过程,参见 Zuboff, *The Age of Surveillance Capitalism*。
⑤ 有研究者认为信息技术不仅代表了经济生产方式的变化,甚至也开启了一种文明,参见姜奇平:《新文明论概略》,商务印书馆 2012 年版。

第十章 流动,还是整合?——生产性法律的多重想象

不过值得注意的是,信息技术带来的核心变化一开始并不是组织意义上的,而主要体现在供给侧变化,以及供给侧与需求侧的关系上。一方面,信息技术创新提升了生产要素流动性,并使得市场主体变得更加多元。2008年金融危机[1]和2020年新冠疫情[2]对雇佣劳动的传统经济主体产生了较大影响,由此为更加灵活的零工平台提供了新机遇,这期间产生了网约配送员、网约车驾驶员、互联网营销师等新兴行业。[3] 除了上述更接近于传统行业劳动行为的群体,数字劳动形态也扩展到能够产生价值的可追踪的大众文化生产活动,两者的边界更加模糊不清。另一方面,生产和消费环节变得密不可分,消费者行为更加可预测,推动生产过程更加精准,循环加快,消费者群体也可以被激励和被动员成为生产者。这意味着生产秩序在数字经济中被无限扩展(还可以扩展到机器和物),狭义的劳动秩序被逐渐吸收到更加宏大的生产秩序中。然而,这两个环节在工业化生产过程中都可以得到改善(如企业按需定制、远程居家办公、使用劳务派遣人员等),说明要素流动性本身不必然带来生产方式的变化,生产组织及其关系完全可以在流动性增强的过程中保持不变,这样采用数字化技术不仅能从中获利,还可以强化传统生产中的劳动控制(如加强对员工的监视)。反之,像数字平台那样协调生产的控制系统和组织,实际上也可以采用雇佣关系,以便在法律上增强对要素和员工的控制力,这完全取决于成本核算以及确保生产稳定的实际需求。

作为合法性论辩的理由,当下的数字平台希望有一种理论能够把工

---

[1] 有意思的是,国内基本照搬了西方式的分享经济意识形态,却没有提及其金融危机推动劳动力流动的大背景。相关分析见尼克·斯尔尼塞克:《平台资本主义》,程水英译,广东人民出版社2018年版。
[2] 尽管从2020年起国家对数字平台进行了以"防止资本无序扩张"为名义的严格监管,但2021年以来新冠疫情的不稳定使得平台经济政策再次变得灵活。
[3] 关于灵活劳动者的工作描述,参见佟新主编:《数字劳动:自由与牢笼》,中国工人出版社2022年版。

作的灵活性与新型生产方式的合法性绑定在一起,从而证明自身的优越;而传统行业的竞争者则试图指出该种生产方式和控制力/从属性的关联,从而证明数字平台用工也是劳动关系。在本章看来,上述两种相互对立的观点都没能完全把握新型生产方式的本质,更不用说双方已经在从光谱的两个极端迅速向中间地带汇总融合。例如,目前灵活用工的大型数字平台本身的劳动过程也是混合式的,有些直接面向个体进行调度匹配,有些则需要利用二级产业组织来降低自身成本,形成不同层级的产业链和多元生产秩序。

无论如何,围绕互联网展开的新型组织和渠道才使得数字生产变得有序和可预测,而这也是产生新型法律问题的根源。因此有意义的问题就不是纠结于发现是否有一种全新物种正在取代旧物种——其判断的标准可能因人而异——而是在看到背后代表不同利益的话术的同时,关注和追问以平台为组织形态的数字经济生产如何进一步演化、是否足够稳定,以至于是否创造出数字平台主导的相对独立的经济循环系统。在信息技术的帮助下,一些零散的劳动力不仅脱离了传统行业和职业规范,也脱离了新平台的生产方式,这可能是灵活劳动的原初含义,也是市场竞争过程的结果。但本章更关注那些逐渐被新生产方式"捕捉"到的流动和灵活劳动行为,它们进入了某种松散灵活却具有强大控制力的生产过程。也许在21世纪中期,我们可以回过头在某种理想类型的范式下进行总结,但眼下需要看到变动中的范式得以持续发展的动力以及可持续性的预期。

(二) 数字劳动的非法兴起

稳定生产方式是通过技术、制度、话语等机制不断建构起来的,其中比较重要的外部环境是法律政策的确认和扶植。就工业化生产方式而

第十章 流动,还是整合?——生产性法律的多重想象

言,需要保障企业将各类市场要素和生产资料集中到一个封闭生产组织中,并以财产权利作为激励,才能进行稳定的资本积累,形成稳定可预期的生产过程,雇工经营和劳动合同也主要扮演了此功能。① 在信息技术产生突破之前,效率提升仍然主要通过工业体系内部加强研发,以及外部市场竞争来实现。由于雇主无法精确计算和控制,生产要素在处理加工过程中可能会浪费,雇员也可能摸鱼,但从整体经济核算角度看仍然是有效率的。相比之下,对数字经济生产方式而言,其在发展初期的首要任务仍然是以低成本获取生产资料和接触到广泛消费者,解决供给和需求侧之间的有效循环,这就是作者称之为"非法兴起"的伟大历史过程。此时,"非法兴起"是指这样一种状态:特定生产要素经由低成本的技术创新等原因,从工业化生产组织流动至数字生产的全新空间中得到再利用,这个过程会不断违反符合工业化生产方式的既有法律规则,在体系外逐渐生长,最后成功形成新的生产秩序,并要求制定新规则以确立其合法性,从而解决利益冲突。②

显然,并不是所有过去试图挑战传统生产方式的技术创新都成功了,除了有风险投资一类的金融安排,以及探索出的免费商业模式(这两者也没有什么特殊性),数字经济成功的主要外部原因反而是脱胎且依赖于传统的生产过程。"非法兴起"不仅显示出革命性,也反映了依赖性和共生性。

首先,面对大量侵权,传统生产方式并未能够成功利用法律或政策武器限制数字经济发展,特别是对流动生产资料的未经授权使用,这就为数字平台自主探索商业模式提供了充分空间。③ 在此过程中,劳动法基本上保持了谦抑状态,并不主动延伸至尚未成型的数字经济领域,而劳动主管

---

① 《劳动合同法》严格限制用工单位使用劳务派遣用工数量,要求不得超出其用工总量的一定比例,意图也是确保传统生产过程的稳定。
② 胡凌:《互联网"非法兴起"2.0——以数据财产权为例》,《地方立法研究》2021年第3期。
③ 这点和传统经济较为发达的欧美国家十分不同,后者的法治较为成熟,且有强大的行业协会。但即使是这样,也不能阻止互联网行业在既有经济过程之外的延伸发展。

部门的工作重点仍然放在如何深化依托传统生产组织的劳动权利保障，也没有将目标转向数字劳动。其次，数字经济需要为从既有生产空间中游离出来的要素提供有利可图的交易机会，以便使流动性进一步增强，甚至要求默许一些要素通过"双轨制"获利。因为如果没有传统制度和环境提供依托，在成熟的商业模式尚未出现时，就不太会有更多人愿意冒险转移到新的生产环境中去。例如，很多外卖骑手从农村到城市里灵活就业，家里保有耕地作为保障，如果工作遇到困难可以随时退回去。最后，生产要素脱离传统产业组织后，如果缺乏有效组织和管理，可能会产生一系列负外部性，例如在相关数字平台上带来无序混乱，使价值生产分散碎片化，难以进行资本的稳定积累等。同理，灵活用工如果缺乏来自用工平台的有效约束，确保最基本的行为规范和管理制度，长期看也无法形成吸引消费者的稳定模式。

正是新旧生产方式之间的这种紧张而紧密的关系使人们倾向于使用传统规则来思考问题，反映在法律上就是将传统经济过程的规则应用至新环境中，而不是单纯地创设新规则。如果一定要这样做，需要追问新规则在多大意义上能够反映新生产方式的特殊利益。在"非法兴起"过程中，不同领域的法律在回应这个问题时，采用了不同的思路：(1)出台专门立法以适应新兴业态的新规则，承认其合法性并通过特殊规则加以约束（如创设信息网络传播权，或者制定单独的网约车监管条例），这为数字平台使用流动性要素提供了制度便利；(2)立法完全保持谦抑，而司法尽可能将一切新争议（如虚拟财产确权或新型知识产权侵权）都转化为合同问题或不正当竞争纠纷，这也在事实上承认了数字平台封闭架构的生产自主性，保护平台企业对内、对外的自主经营权不受干预。[1]

---

[1] 胡凌：《数字经济中的两种财产权：从要素到架构》。

第十章 流动,还是整合?——生产性法律的多重想象

这些思路为劳动政策与制度的调整提供了借鉴,其理论意义在于,法律权利义务并非在真空中实现,而是通过法律关系在既定生产方式中得到确认而实现的。具体而言,我们熟悉的劳动权被整合在传统劳动关系和生产过程中,如果希望将数字平台上的争议行为状态确认为某种新型劳动关系,就有必要重新想象一个全新的劳动过程,这项理论工程不仅声势浩大,而且短时间内难以达成共识,司法裁判也较难把握。正如本章第四节将进一步阐述的,已有的司法裁判实际上做出了两种相互对立的极端选择:一种完全放任灵活用工的自主选择状态,认为数字劳动关系仅仅是达成合意的合同;一种则简单套用传统工业组织语境下的控制力和从属性标准,而并不考虑数字平台组织的特殊性。然而,两种选择都忽视了平台本身塑造劳动和生产过程的意愿和实际措施,以及在灵活劳动者之间逐步形成的共识,而且这种新型关系很难被简单地用一类"准劳动关系"立法建议而涵盖。引发数字经济中真正劳动法律问题和制度建设的原动力并非来自传统经济和竞争对手的意识形态攻击,也不是灵活劳动者在边际上提起的诉讼,而是那些已经逐步完善了新形态劳动过程的大型平台,它们需要法律给予一个不同于传统模式的不受挑战的地位,以便在保持一定控制力的情况下持续从流动性中获利。因此,我们再次回到这一论断:劳动关系的合法性最终取决于生产方式的合法性。对于数字平台创业者而言,关键问题是能否向监管者展示自己采用了代表先进生产力的科学技术,提供不同于传统行业的新服务——哪怕这意味着自己不得不提供一整套不低于国家标准的自我监管措施。

灵活劳动的数字平台已经按照宪法生产力条款的指引,尝试建构出若干利用流动性的新型组织和管理制度(所谓由"福特制"向"后福特制"转变),从而推动新型生产方式变得更加稳定和系统化,形成一种不同于传统劳动过程的扩展式劳动秩序。这一秩序通过如下逻辑得以展开:

(1)将工作不断设计成能够碎片化和深度分割的模块化组合状态,通过低成本的信息和算法协调工作进度,并可以实时测量劳动价值的变化;(2)在此基础上,多元的生产主体可以成规模地进入松散的生产过程,不需要以雇佣关系绑定在数字平台上,而平台保持一定程度的组织整合性以应对可能的流动性负外部性,其形式既可以通过直接发布指令,也可以通过社区协同;(3)在拥有足够多的流动劳动者后,为实现稳定的资本积累,需要对劳动者分级分类,以便识别出能够稳定产出的人,进而采取更多激励措施将其留在数字平台上;(4)这种组织方式是通过建立平台市场和社会的各类信息基础设施而实现的,如身份认证、平台规范、分析匹配、评分管理等①,还可以广泛利用商业保险机制以取代雇主责任,最终形成一种新的控制性生态系统。

根据灵活劳动的形态不同,可以大致区分两类用工平台以便进一步理解劳动者权利和选择结构如何内化于数字经济生产方式。第一类更多是以体力劳动为主的劳动密集型平台(Ⅰ类平台),其用工性质和部分传统服务行业十分接近(如家政、交通运输、配送等),劳动过程更多强调本地化的层级式管理和稳定的劳动秩序。在Ⅰ类平台模式下,相当多的体力工作是可以计件核算的重复性劳动,可替代性更强(无论是被其他人还是机器)。尽管劳动者存在一定流动性,但平台缺乏多元的工作岗位,导致平台间而非平台内的流动较强。更进一步说,这类平台相对而言是现有相关服务行业市场化不充分的有益补充,在经济下行期间通过零工多少也能保证一定收入。从市场结构看,Ⅰ类平台提供了更多是垂直领域的服务,其性质往往是功能性而非日常性的,多边市场的流量效应不明显。一般的数字平台多边市场模式的目的除了构筑竞争性的防御护城河外,

---

① 胡凌:《论赛博空间的架构及其法律意蕴》。

第十章 流动，还是整合？——生产性法律的多重想象

还有一个重要功能是确保劳动力和消费者能够留在自身平台内部流动，有些类似于传统生产组织中的转岗交流过程。系统内的转岗功能是雇佣关系的应有之义，可以更好地识别出劳动者的能力，对不确定的竞争态势也能保持一定灵活性。但在Ⅰ类平台模式下，由于像管理组织这样的功能已经基本被自动化算法所替代，劳动岗位就变得相对单一，只能凭靠工作时限进行有限度的晋升，对劳动者职业技能的提升帮助也十分有限，这就决定了Ⅰ类平台的职业前景只能在一个低水平范围内调整，如果平台不能提高待遇或提供新的岗位可能性，就不可能成为劳动者的稳定选择。

另一类平台则聚焦于以虚拟内容服务为核心的"非物质劳动"[①]（Ⅱ类平台），更强调数字内容和创作，其劳动文化也更倾向于非金钱性的分享和礼物经济（如直播、电竞、视频、网文等），其服务本身并非功能性的，也就不太可能伴随经济下行而有太大波动。Ⅱ类平台模式主要依靠大众进行碎片化的跨地域参与创作，不太需要稳定的劳动组织进行协调，其劳动成果往往是创造性的，收入难以量化，也就不太容易被取代（即使是虚拟人产业基本上都还依赖真人）。这容易形成富者愈富的情况，因为数字平台会在区分劳动者的基础上投入更多流量和其他资源给头部生产者，同时也采取更多手段防止其随意跳槽。[②] 在Ⅱ类平台上，劳动者的知识更新速度更快，容易从社群中学到新技能，培养工作转换能力进行创作的机会更多，即使没有显著的职级意义上的晋升，也能够从创作和粉丝经济中获得满足感，只要平台不断开发新型创作技术保持新鲜感，他们就愿意继续留在平台上工作，这反而导致平台内而非平台间的流动性较强。

两类平台劳动者能够从数字平台得到的较大激励似乎是能够按照意

[①] 拉扎拉托：《非物质劳动》。
[②] 任桐、姚建华：《平台经济中的"数据劳动"：现状、困境与行动策略》，《国际新闻界》2022年第1期。

愿选择和调整工作方式与时间,具有足够的自主和灵活性,而且如果行业竞争足够激烈,就可以不断通过低成本流动来获得更多的工作和交易机会。但随着特定行业数字市场的集中和平台控制强化,至少是Ⅰ类平台已经无法支撑这类劳工自主性的意识形态。同时,灵活劳动者也因为生产方式的变化而不断丧失传统劳动权利和保障,例如缺乏职业伤害保障、以确保安全等理由的监控强化[1]、缺乏最低工资和支付保障、缺乏能够反映意见的工会组织[2]等问题。

四、司法如何"想象"生产方式

(一)生产性的劳动关系测试标准

不少研究建议可以在现有劳动关系和非劳动关系之间增添一类折中层次,就宏观立法技术而言看起来并不太困难,但困难的地方是认识到何时这样做才最稳妥,以及如何由此确定一整套相对稳定的制度——隐含的问题都是在探讨新一类劳动关系究竟有无本质不同。这不是单纯对某一新兴行业降低劳动生产责任和注意力水平的放松规制问题,而是要回答相应的组织形态与责任应如何设计,以让各类市场主体都能参与到经济循环中获得收益。在立法尚未进行系统回应之前,往往是法院帮助在边际上对新问题进行研究和突破。在灵活劳动语境下,出现的具体争议源自于(特别是Ⅰ类平台)灵活劳动者在工作过程中的工伤或侵权行为,

---

[1] 2022年7月21日,国家网信办对滴滴全球股份有限公司处人民币80.26亿元罚款,主要理由包括:过度收集乘客评价代驾服务时、app后台运行时、手机连接桔视记录仪设备时的精准位置(经纬度)信息1.67亿条;过度收集司机学历信息14.29万条,以明文形式存储司机身份证号信息5780.26万条。可以看出滴滴对司乘人员的监控已经成为常态。
[2] 谭天星:《务实担当,拓展网约车司机工会工作》,《中国工人》2022年7月刊。

第十章 流动，还是整合？——生产性法律的多重想象

需要进行劳动关系认定，以便让用工平台承担工伤赔偿或雇主责任，或激励其进行事前工伤保险的预防性投入。

一般而言，司法裁判不会在个案中对生产方式的认定产生太大影响，但如果类似纠纷增多，司法活动就可能对新规则的创制产生影响力。这主要是因为涉及新问题的裁判可以提升系统内初审法院的声誉，并会被其他地区的法院交流模仿，成熟的话还可能由最高法院出台相关司法解释，统一裁判标准，或者为监管者制定执法细则提供经验依据。由此，针对互联网"非法兴起"过程中的新争议，法院需要在既定立法框架和可能的社会后果评估之间进行抉择和探索，并在特定类型案件中形成相当的裁判规则（如互联网不正当竞争纠纷）。但问题在于，当评估一种网络行为的合法性限度时，立法仅仅提供了模糊的指引或完全没有规则，对风险厌恶型法官而言，他们缺乏充分信息深入评估该行为发生的社会空间结构和行业后果，因而倾向于保守地从行为或权利本身的教义属性出发进行裁判。

事实上，法院在解释和保护特定权利时一般根据身份和行为进行认定，并在具体情境下为具体行为设定标准。这些标准要么源于理性人，要么源于某些规范的更加细化的行为结构——但并不考虑权利本身所处的社会生产结构。这主要是因为身份本身已经嵌在既有生产方式中，而结构是相对固定的能够达成共识的默认设置，因此在适用相关规则时看上去只需在真空中进行语词意义上的解释和辨析即可。然而，在生产方式进行转换的"过渡"条件下，就很难继续沿用这一方式，否则可能会对新型生产方式产生误判或阻碍。

关于灵活劳动性质的判断，现有案例从劳动形态的不同面向提炼出了完全不同的标准：(1)形式标准，认为只要形式上签订了劳动合同的行为，无论是否产生价值都可以认定是劳动关系；(2)组织标准，认为只要从

属于一个具备成熟生产方式的劳动组织就可以认定为实质劳动关系,而无论合同形式为何;(3)价值标准,认为只要能产生经济和社会价值的行为就是劳动行为,无论该价值是碎片化还是整合性的。相较而言,形式标准和组织标准往往在实践中得以体现:一方面,诸多法院之前的认定标准大部分时候是形式标准,把用户行为看成一个平等主体之间相互协作的平等形式;另一方面,也有少数法院支持受到伤害的当事人争取工伤赔偿,此时就采取了组织标准,这简单套用了在传统工业组织中的控制力和从属性理由,而并未考虑平台组织的特殊性。此外,没有法院采取价值标准,因为价值标准过于泛化,其结果往往是将灵活用工排除在既有劳动保障体系外,甚至也不过问其是否进入了另一种新型生产关系——而这对于数字平台而言无疑是有利的。事实上,I类平台更容易产生可理解和参照的劳动纠纷,而II类平台在司法和公众认知中甚至不被认为是劳动形态——尽管这在逻辑上并不周延,但也并未对相关平台产生太大影响。

在支持平台与工人建立雇佣关系的判决中,法院往往诉诸2005年劳动和社会保障部《关于确立劳动关系有关事项的通知》(劳社部发〔2005〕12号)来判断实质劳动关系。该文件从适用的规范性而言并无问题,只是因为法院无法想象数字劳动在新型生产方式下运作的比较完整的生产结构,又缺乏有效力的上位法支撑,不得已才加以使用。结果使这一标准延续下来,其效果也只是帮助特定原告获得工伤赔偿。不过该标准并非没有争议,例如控制力本身并不能成为判断是否存在劳动关系的先验前提。[1] 更重要的是,该标准没能进一步提炼数字经济生产方式的特殊性,反而是在参照传统工业生产方式,并认可其普遍性。如果我们希望法院真正地开展实质性审查,就需要一个更有说服力的检验标准,把从属于一

---

[1] 阎天:《平台用工规制的历史逻辑——以劳动关系的从属性理论为视点》,《中国法律评论》2021年第4期。

第十章 流动，还是整合？——生产性法律的多重想象

种新型生产方式的劳动活动和脱离于此类生产方式的劳动活动相区别。[①]

作者在以往研究中曾尝试提炼一个规范性裁判三步检验标准,该标准延续了 2005 年劳动和社会保障部文件的思路,但目的不只是为了妥善解决纠纷,而是展示一种思维方式,以帮助法院更深入地识别特定劳动行为处于何种生产性的结构环境中,同时还可以将 I 类平台劳动区别于 II 类平台,以使推理逻辑更加周延。这套标准本质上是生产性的,要求理解和想象与数字劳动相关的环境究竟为何。表面上看起来更灵活的劳动,也会在现实中具有负外部性,即一旦要求和数字平台确认劳动关系,可能会因成本而颠覆既有平台的正常运营模式——但并不是说用工平台就可以为所欲为,而是要看到新型劳动权利所处的生产性架构,既便利了生产要素的流动,又推动了生产过程和价值的整合。如果相关数字平台缺乏这种自我意识,那么此类司法裁判就具有了凝聚社会共识的积极功能。

接下来将对这套检验标准进行简要重述。[②] 第一个标准是灵活劳动者参与劳动活动的主观意图,即把劳动者对自身行为性质的合理预期作为保护正当劳动权益的重要参考因素,例如他们主观上如何看待自己的网络活动,认为自己是在为平台工作、为自己工作,还是在从事休闲娱乐分享等非商业活动,以及是否期待从这一过程中获得劳动报酬等,这一标准可以帮助区分两类用工平台,并将重点放在 I 类平台的争议上。第二个标准是提炼灵活劳动者工作的外部环境和结构,即宏观市场结构和平台组织结构,法院需要认识到市场和平台都在推动开发出适应于不同商业模式的分配和价值交换机制,以及劳动组织过程。如果已经存在这些机制且运转良好,则没有必要以确认劳动关系的方式强行介入。第三个

[①] 类似的例子是,信息网络传播权虽然也被规定为一种著作权,但其适应的是互联网的生产方式。
[②] 胡凌:《分享经济中的数字劳动:从生产到分配》。

标准是判断灵活劳动者是否有能够自行选择加入还是退出的选择空间，即是否能够摆脱平台生产过程的从属性影响，可以自主流动至其他空间。如果劳动者难以逃脱，则认为数字平台对其产生了更多影响，可以在边际上考虑确认特定劳动关系，反之则认为是个人选择行为。

这套三步检验标准提供了比以往的从属性/控制力标准更充分的形式理由，也更具有弹性空间，其基本精神是对那些看起来高度碎片化的行为进行检验，以便判断它们是否处于某种成熟的生产方式中，从而综合判断当事人是不是需要在边际上得到救助。但其优势也是其缺陷，即三种标准的检验法足够复杂，其思考和举证成本无疑会令一些法官放弃。而一旦清晰地通过某些典型案例加以展示，则这种能动司法对整个法院系统来说可能具有示范效应。当然，如果从事后来看，能否得出是不是劳动关系的科学结论都不太重要，关键是通过个案创设出一些更为具体的合乎生产关系的例外规则，才能展示出实践中如何做才算是更好地利用流动性生产要素以进行整合生产。因此这一标准必然是后果导向的，即需要谨慎地识别生产方式，否则可能意味着对数字经济模式的潜在破坏，并形成寒蝉效应。

（二）测试标准的进一步应用

从整体上看，初审法院在面对互联网新型案件时较少有动力突破既有规则。它的目的是降低上诉率，或者考虑到可能的政治收益而追随政治正确的意识形态观念，这在一定程度上有利于数字经济生产方式在较为稳定的环境中逐渐形成。例如，对大量不正当竞争行为的违法确认推动了事实上架构财产权的出现，使作为生产空间的数字平台架构不受任意干扰。[①] 然而其他类型案件仍然缺乏法律适用中的明确指引。例如，如

---

① 胡凌：《数字经济中的两种财产权：从要素到架构》。

第十章 流动，还是整合？——生产性法律的多重想象

何为数据创设财产性权利、现实中是否侵犯了隐私或个人信息、短视频二次创作究竟是侵权还是创新等。这些问题和确认劳动关系案件类似：法院或监管者在认定行为性质或权利性质的时候缺乏生产性视角，无法将这些生产要素（个人信息、数据、版权作品、言论信息、流量）放置在生产关系和过程中加以思考。

上一节讨论的三个标准一定意义上可以在这些领域中得到应用，目的是促进相关要素的集合性使用与流动而非独占，并激励开发出更多有意义的生产管理方式。为实现这一目的，有必要识别出有争议的碎片化行为或要素是否处于一个行为框架或既定规范中，帮助确认在多大程度上可以捕捉到这些碎片化要素加以整合利用，而不是游离于实际的规范或影响之外。具体而言，针对前述列举的问题领域，生产性的劳动关系测试标准的启发意义在于：

第一，在数据领域，应认识到并非所有类型的数据都需要确权，特别是特定市场中作为基础设施的辅助性数据，否则可能导致数据碎片化和反公地悲剧。从历史看，不仅数字平台塑造的市场和数据要素财产权的确立无关，即使在当下，数据使用目的仍然是让其他市场要素加快流动，形成整合性价值。因此需要识别数据究竟在何种场景下最有能力产生公共性效用，以及处于某个要素市场的何种发展阶段。在数字市场发展初期，因为与其他商业模式的共同作用，并不太需要对数据确权，只有市场相对稳定出现交易分层后才可能出现相关需求。[①]

第二，在隐私领域，相当多的信息都可能关联到个人，但这并不意味着一定需要认定为个人信息，即使认定了，也不意味着需要直接按照"告知同意"制度保护，而是可以按照《个人信息保护法》第13条的规定，寻求

---

① 胡凌：《数据要素财产权的形成：从法律结构到市场结构》，《东方法学》2022年第2期。

广泛的非同意性使用空间,以防止过度追求个人同意和控制而使信息无法得到集合性利用。按照这一思路,就可以理解现实中出现的集合性声誉、公共信用、市场信息基础设施等在收集个人信息基础上寻求能够达成共识的使用规范。①

第三,在信息传播领域,自信息网络传播权诞生以来,网络作品和内容一直在碎片化,出现了大量依托现有视频和文学作品进行的未经许可使用的二次创作,但很难认定它们究竟是否是作品以及是否侵权。司法裁判如果希望推动相关内容市场生产力的发展,可以观察短视频平台的商业模式,并在边际上适当允许使用,目的是推动新业态的出现,以及推动新旧利益群体之间的合作。②

第四,在网络言论领域,言论是一种不断生成的信息,如果靠传统数量管制和限制出版的方式难以有效管理(例如谣言的边界就十分模糊)。如果将社会言论看成一个从生产到消费的不断循环的整体过程,除了在边际上仍然可以在规范性上争论特定言论是否值得保护之外,还需要认识到大众言论内容生产已经被纳入一个控制论模型中,总目标不是删除和减少特定内容或断开链接,而是国家或企业通过建立基础设施推动更加海量的信息生产,并通过更好的追踪、利用和约束来平衡整体传播秩序和文化生产。

值得注意的是,上述例子都体现了宪法规定的基本权利和价值的认定边界问题(财产、个人尊严、知识产权、言论),但宪法并不能预见在何种程度上这些工业时代以来存在的权利将如何得到使用,以及在信息生产

---

① 戴昕:《"看破不说破":一种基础隐私规范》。
② 2022年7月,爱奇艺和抖音达成合作协议,围绕长视频内容二创与推广等方面展开探索。双方对解说、混剪、拆条等短视频二创形态进行了具体约定,共同推动长视频内容知识产权的规范使用。

大量增加的情况下,这些权利的行使和落实如何得到实现。上述分析框架可以推动这些信息要素更有效地转向一个可以集合利用的生产方式,并进一步促进此类信息的高质量生产和流动,从而解释生产性的宪法问题。

生产性解释思路的核心在于认识到伴随低信息成本而产生的流动性可以增加社会整体福利和公共性价值,但需要以某种新型生产方式加以塑造利用。生产要素可以在一个受到控制的组织内部流动,也可以游离于组织之外。能够流动不仅意味着生产要素对外选择的信息成本和约束条件降低,也意味着其自身实现交易的估价不能太高(如依托于某种权利而敲竹杠的问题)。如果数字想要从规模流动中获益,就需要整体降低制度层面上的障碍,也就意味着赋予权利的颗粒度不能太细化。如果放在一个生产方式循环过程中观察,是否确权也需要认清特定生产活动的阶段与环节:在数字经济的上升期,如果要素能够从流动中获得的好处大于固定权益带来的好处,就不需要确权和特别保护;而在生产方式的成熟期,就可能有来自固定利益群体的需求。

五、 朝向生产性劳动法的整体制度建构

尽管目前缺乏整体立法规制,无论从宪法解释角度看,还是宏观经济环境因素的需要,都有必要进一步推动新型生产方式成熟、加速灵活用工平台的稳定发展,这对于 I 类平台而言尤其迫切。[①] 人社部等八部门《关于维护新就业形态劳动者劳动保障权益的指导意见》(人社部发〔2021〕56 号)第一次对灵活劳动提出了制度性设计和要求。从文件措辞看,"新

---

① 这类似于《电子商务法》的制订,也是以在先成熟的头部电商平台模式作为基准。

就业形态"表明目前并不需要把数字平台和劳动者间的生产关系类型化,除了相当多的内容关心劳动者权益保障,也部分涉及了劳动组织和规则问题,要求"督促企业制定修订平台进入退出、订单分配、计件单价、抽成比例、报酬构成及支付、工作时间、奖惩等直接涉及劳动者权益的制度规则和平台算法,充分听取工会或劳动者代表的意见建议,将结果公示并告知劳动者"等。在随后另一份更为具体的《关于落实网络餐饮平台责任切实维护外卖送餐员权益的指导意见》(国市监网监发〔2021〕38 号)中,主管部门的意见更接近于当初针对网约车业态确立合法性的规则,希望网络餐饮行业能够尽快形成更具有组织性的综合制度,从而将其生产方式稳固下来。在"非法兴起"的意义上,可以认为灵活用工数字平台的合法性基本确立,这意味着制度建设(特别是 I 类平台的制度建设)将进入新阶段,而这也会反过来促进先进生产力的进一步发展。

正如本章不断强调的,生产要素流动与整合之间的平衡是数字经济需要不断回应的核心问题。平台上的市场基础设施首先解决了局部流动问题,帮助在一个受控的较大范围内建立劳动秩序,从而确立稳固的生产关系;而一直以来的生产要素跨平台流动则可以使头部平台不断吸纳更多新鲜市场要素,帮助塑造和提升更加统一的劳动标准。例如劳动行为基准的确定就不仅需要考虑传统工业化生产方式中的雇佣劳动形态,还需要看到两类数字平台的特殊性,以便更加具体地确定不同的行为标准。可以预见,在未来一段时期里,扩展式劳动秩序将至少由这三类生产方式主导,并深刻影响劳动法知识体系的变化。

还要看到,按照宪法生产力条款的思路,劳动制度和其他生产性制度需要齐头并进,因此灵活用工平台的生产方式也必然和一般性的互联网监管政策密切相关,处于一个共同演进的过程。只有作为基础的互联网制度相对稳定,规则才能逐渐在具体领域定型。国家发展改革委等九部

第十章　流动，还是整合？——生产性法律的多重想象

门发布的《关于推动平台经济规范健康持续发展的若干意见》(发改高技〔2021〕1872号)提出"遵循市场规律，着眼长远、兼顾当前，补齐短板、强化弱项，适应平台经济发展规律，建立健全规则制度，优化平台经济发展环境"，这意味着在当前经济下行的大环境下，国家更加需要数字经济稳定和确保社会就业，总体导向从严格监管转向在规范中帮助稳定数字生产关系，由此可以归纳出对灵活劳动平台发展有帮助的相关制度建设。整体性的生产制度主要可以从三个方面展开。

首先是有关生产性的基础设施制度。如前所述，头部数字平台一开始在自身塑造的市场中提供基础服务，并逐渐演变为更具一般性的数字基础设施，这不仅能起到市场认证、匹配等功能，其本身也可能成为重要的信息安全基础设施(如物流、地图、仓储)，关乎公共利益和国家安全。此外，从市场监管的角度看，头部平台也可能被划入相关行业的巨头平台加以严格监管，从而变相强化此类平台的垄断地位。[1] 虽然2020—2021年发起的数字平台反垄断政策是防止无序扩张的重要措施，但并没有在制度上解决平台双边市场模式的合法性问题，充分利用平台内部流动性仍然是封闭平台扩张的基本模式。对Ⅰ类平台而言，因为无法提供有效的内部流动机制，其垄断效应也会被跨平台高流动性所冲抵；而Ⅱ类平台因头部劳动者的富者愈富而更容易采取竞业限制措施。平台市场支配地位的形成可能直接影响平台对灵活劳动者的管理，使其更接近于Ⅰ类平台和传统生产组织。如果以Ⅰ类平台为模式制定劳动基准，还可能会导致市场份额和要素的进一步集中，影响采取较低劳动标准的中小平台生存，并提升整体上的劳动合规成本。[2] 此外，生产制度的核心内容还包括生产资料所有制，特别是数据要素这样的新生产要素提出了更多新问题。

---

[1] 国家市场监管总局：《互联网平台分类分级指南(征求意见稿)》(2021年)。
[2] 胡凌：《从开放资源到基础服务：平台监管的新视角》。

目前的法律实践主要从保护平台的架构财产权入手,间接确保了数据在平台内的有序流动,但如何推动数据要素在平台间安全流动,仍然需要国家建设连通平台的基础设施。

其次是数字平台与行业管理制度建设,主要体现在两个方面。一是行业与职业规范的逐步形成。目前我们看到各个网络行业协会都在逐渐加强行业内部的自我监管,加强对包括网络直播在内的灵活劳动平台和劳动者的规范约束,强化其职业认同。因此未来的职业伦理与纪律也可能优先从较为稳定的新业态中寻求成熟的管理方式。二是平台虽然不承担雇主责任,但完全可以在现有的主体责任和先例基础上进一步总结细化,在不同的用工领域落实相关生产责任。

最后是分配制度问题。目前数字平台的收入分配主要还是采取初次分配方式,即流动劳动者从市场获得灵活的多元收入,但无法保证稳定,甚至还会因合法性问题而影响预期。[①] 因为互联网带来的红利仍然存在,可以预见在未来一段时间内仍然会继续吸纳更多劳动者进入数字生产方式。[②] 而且收入的形态在数字经济中也发生了变化。例如在 II 类平台上,劳动者更加看重流量而非单纯的打赏收入,这意味着劳动者福利的测度就不是简单增加工资,而是增加流量和交易机会的比重,这还进一步意味着要求算法非歧视地进行分配,在开发不同层级、不同类型的活动中将流量价值有效转化。[③]

综上,本章顺次讨论了如下理论问题:首先,劳动法和基本劳动制度

[①] 例如,直播打赏的法律性质究竟是赠与行为还是服务合同的对价一直在司法判决中存在不同观点,特别是涉及未成年人打赏,法院出于社会后果考虑往往认定主播和平台退还部分钱款。
[②] 戚聿东等:《数字经济时代互联网使用对灵活就业者工资收入的影响研究》,《社会科学辑刊》2022 年第 1 期。
[③] 贾开:《数字平台经济的分配影响与治理改革》,《电子政务》2022 年第 5 期。

第十章 流动,还是整合?——生产性法律的多重想象

具有明显的生产性特征,其创设目的之一是推动或者至少不阻碍生产力的发展,要么依托和维护既有生产方式,要么在突破性技术得到广泛使用时成为改变生产方式的制度性力量。在过去二十余年中,我们已经见证了"八二宪法"以来的劳动制度围绕生产方式调整开始发生松动,并在标准劳动法框架外出现了以数字平台为核心的新型劳动组织。截至目前,劳动法仍然对数字经济保持着谦抑,这取决于立法者如何认识新就业形态劳动的性质和功能。同时,司法裁判在边际上的探索也有助于理解生产方式变动时期的确权或将特定利益固化的社会经济约束条件。这一思路形成的司法决策检验标准可以扩展应用至其他信息性的宪法权利或生产要素,在生产方式发生变动时更加具有解释力和操作性。

其次,劳动法本质上是生产制度的一个层面,不能和其他具有生产性意义的平台规则甚至基础设施架构分离开来而单独观察讨论。在面临突破性技术冲击时,它们往往作为一个整体协同发生变化。随着新兴利益和生产结构趋于稳定,相关制度才会沿着各自的逻辑演进,变得更加精细深化。本章不试图也没有能力回答未来劳动组织可能的样态,只能说需要国家和社会力量不断创造推动生产力前进的制度性条件,这意味着法律需要在适当的时候为新型生产方式松绑。

再次,流动和整合是生产性劳动法演进所围绕的两个核心观念。流动性是价值产生的前提,也是信息技术广泛应用的必然结果。为降低流动产生的风险以及有序组织生产,需要创设包括基础设施在内的新型劳动组织,形成稳定的劳动力价值资源池。在确认和巩固新型生产方式主导地位后,数字平台仍然需要多元的劳动权益和保护制度,以维持灵活劳动者的稳定流动。从宪法生产力条款的精神看,这就意味着在稳定劳动模式中进行动态调整,在边际上推动更多创新变化和竞争环境,同时将生产要素吸纳到一个相对稳定的生产体制中,而这也同样代表着自二十世

纪八十年代以来的社会控制论思维在数字经济时代的进一步应用和扩展。

最后,我们从技术、结构、规则、理念四个维度完成了对"另一条道路"的完整阐述,接下来的问题自然是面向未来:在打开另一条道路的思想解放的基础上,我们应该如何进一步推动数字变革未来的制度创新?当然,在本书中我们并不致力于提出或宏大或具体的改革路线图——这也超越了任何一本书籍所能承载的知识限度。在接下来的第六篇中,我们试图完成的仅仅只是两项起点性工作:一方面,以"数据"这一数字革命的核心命题为载体,在"另一条道路"的主题启发下,继续解释当前制度改革的基本逻辑,并勾勒出未来改革的可能性;另一方面,以"合作"这一在数字革命中被忽略的关键词为载体,在对全书作出总结的同时,展现出"另一条道路"的未来全景。

第六篇
未　来

第十一章 两种数据秩序及其未来

一、数据秩序的"迷思"及其突破

"数据要素"一词被作为政策话语提出以来,吸引了不同学科的大量研究投入。[①] 如果回顾历史,数据作为有价值的生产要素至少从十余年前"大数据"一词出现就开始强调了。考虑到数据的本质就是信息,这一过程甚至还可以追溯到20世纪八九十年代电子工业和信息产业的发展。由此看来,单纯重复强调一个概念,并不能帮助我们理解当下的研究问题有何不同。

对此反思的一个直接回应是,随着社会和实践发展,人们逐渐认识到数据要素可以带动其他类型要素的开发利用,但其价值的释放需要提供系统性的政策和制度支撑,也需要中央政府部门在整体上的推动。[②] 这可以部分解释为何在数年前未能有效运转的地方数据交易所近年来再次相继重启或设立,并在各地通过数据条例的方式加以固定——但上述变迁仍未能回答的重要问题在于,数据要素制度运行的环境究竟应当如何形成。

[①] 《中共中央国务院关于构建更加完善的要素市场化配置体制机制的意见》(2020年3月)。
[②] 国家发改委:《加快构建中国特色数据基础制度体系 促进全体人民共享数字经济发展红利》,《求是》2023年第1期。

第六篇 未来

2022年12月,中共中央、国务院印发《关于构建数据基础制度更好发挥数据要素作用的意见》(以下简称"数据二十条"),系统地明确了若干制度性配套措施,主要集中在数据产权、数据流通和交易、数据收益分配与数据要素治理四个主要领域。尽管在每一个领域中都有不少细化研究,但少有将这些领域整合在一起观察,形成有关联的类型化分析。① 例如,关于数据权属,流行的认知主张应由生产数据的主体控制数据的处理,将数据确权问题看成数据基础制度最为核心的构成,认为这是其有效流动的前提;但如果从现实看,至少平台企业并不想要颗粒度十分精细的确权,它不希望给予在数字平台上从事生产和消费活动的各类主体以数据的绝对控制权,而是要求拥有一个不受干扰的集合性空间财产权益。② 又例如,关于数据公共性的看法也存在差异,要么是在光谱的一端,主张公共数据归国家所有,由国资部门主管开发,并向全民分发红利;要么走向光谱另一端,主张原则上应全部向社会无偿开放:但这些讨论往往忽视公共数据生产和归集的本地化和反流动倾向,也不能解释公共数据究竟如何利用才最为有效。③ 产生种种认知分歧的原因之一,可归结于论者对数字化生产方式的理解还停留在政策文字上,并没有意识到不同的生产方式事实上将塑造不同的数据要素秩序——无论该种秩序是偏向市场还是行政指令。④

具体而言,以往法学、经济学和公共管理相关研究存在的共同问题

---

① 综述性分析见王建冬等:《数据要素基础理论与制度体系总体设计探究》,《电子政务》2022年第2期。
② 胡凌:《数字经济中的两种财产权:从要素到架构》。
③ 刘阳阳:《公共数据授权运营:生成逻辑、实践图景与规范路径》,《电子政务》2022年第10期。
④ 和"劳动"概念类似,"数据要素"本身只有放在特定生产方式中理解才有意义,并区别于一般性的日常数据,因此本章在生产方式意义上不加区分地使用"数据"和"数据要素"。参见刘震、张立格:《马克思主义视角下数据所有权结构探析》,《教学与研究》2022年第12期。

第十一章　两种数据秩序及其未来

是:(1)倾向于以普遍视角理解数据要素的规范构成,忽视背后生产过程的不同推动力;(2)只看到真空中基于个体的权利设计,忽视权利有效运行所处的整体制度结构和行为动力,这可能导致对要素确权的迷信,而事实上即使法律政策给予了相关权利,社会主体仍无法得到明确的行动指引;(3)抽象谈论"场景中"的数据规则而不关注数据发挥的特定功能,这一视角看似合理但容易导致对"场景"的不同理解而自说自话,无法聚焦问题;(4)只关心数据如何通过私人利用产生价值,不太讨论数据的公共利用方式或者公共性,把两者对立起来;(5)不能有逻辑地将数据基础制度放在一起讨论,即使每一类制度都可能设计得很细致(如确权或交易规则),但如果缺乏对整体制度目标(如要素流动性或公共利益)的分析,就丧失了判断具体设计是否有效的标准。

本章将努力克服上述研究视角的局限,采取一个结构性视角开展分析。第一,继续基于生产方式框架进行讨论。[①] 现实中存在两种不同类型的数据秩序:一种在平台经济生产方式下形成,该秩序更强调扁平化与市场化,希望打破要素流动的地域界限,强调通过网络连接形成不同社会关系,进而获取用户在场景中的行为数据加以利用;另一种更贴近地域性和科层制,即由各级政府在辖区内通过推动企业数据交易实现数据价值,并通过加大对公共数据的供给来满足市场需求,属于典型的工业化生产方式。

本章将两类秩序作为理想类型分别讨论,认为数据秩序(具体而言体现为数据生产和流动结构)的存在先于并将影响数据确权、交易和权益分配等具体制度,因而有必要解释为何在不同生产方式下需要不同的数据

---

① 作者之前关于技术引发的生产方式变革如何塑造规则的讨论可参见胡凌:《理解技术规制的一般模式:以脑机接口为例》。

基础制度。第二,本章将采取"行动者—结构"视角分析数据权利/责任。① 传统视角只是单纯就权利义务本身如何适用展开分析,但如果置于更宽广视野中,不难看到某种观念的形成或选择的作出,事实上取决于某种在先存在的社会和技术结构需求:并不是因为权利/责任必然产生特定结构和秩序,而是秩序本身的结构特性允许或需要身处其中的要素或主体稳定地获取收益或承担责任。因此根本的问题无非,"谁"需要"何种"权利/责任? 在回答该问题的同时,我们也将揭示出那些未能言明但实际上起作用的隐形社会力量。② 第三,本章将按照数据功能而非数据一般种类展开讨论。③ 常规研究往往按照政务数据、企业数据和个人信息进行分类讨论,但它们实际上相互交叉,并且无法直观判断究竟何种权益更加优先。只有提炼出特定类型数据所具有的社会和市场功能,才能继续讨论在何种场合使用某类数据是否具有正当性,进而揭示社会主体行为的动力。最后,本章将特别关注针对数据公共性的分析。"数据二十条"中提到"合理降低市场主体获取数据的门槛,增强数据要素共享性、普惠性",因而需要探索数据公共功能的实现机制。就现有实践来看,这既可以通过增加公共供给的方式来实现,也可以建立公共基础设施以推进跨主体的数据共享。围绕该点的讨论将有助于打破传统的"公—私"二元对立思维,并延续"公—私"合作的丰富讨论。④

本章将按上述思路展开论述,第二节描述数字经济中的两种生产方式及其推动力,尝试提供一个基于数据流动秩序的理论解释框架,其包含

---

① 胡凌:《数据要素财产权的形成:从法律结构到市场结构》。
② 这在方法论上其实就是要看重思考语词背后的真实问题,参见苏力:《想事,而不是想词——关于"法律语言"的片段思考》,《东方法学》2023 年第 1 期。
③ 胡凌:《功能视角下个人信息的公共性及其实现》,《法制与社会发展》2021 年第 5 期。
④ 关于互联网治理领域的公私合作,参见杨学敏、刘特、郑跃平:《数字治理领域公私合作研究述评:实践、议题与展望》,《公共管理与政策评论》2020 年第 5 期。

生产方式、数据功能和结构性动力三项内容;第三节和第四节分别在两种数据要素秩序下讨论各自的生产动力、数据权属、基础设施、收益分配等制度规则,阐明基于不同生产方式的秩序需要不同类型的法律规则,而不是反过来由规则主导构建秩序,关键是要看到社会主体使用规则参与数据秩序演进的结构性动力。最后,本章将对两种数据秩序的冲突与合作前景进行展望,并总结全文发现。

二、原理:两种秩序及其推动力

(一)数据要素与生产方式

对数据议题的讨论不可避免地会回到一个传统问题:何为数据?其价值究竟从何产生?——毕竟有效的数据规则需要明确涉及的对象及其边界。

首先,从分析、预测角度看,数据事实上没有宣称或想象的那样重要(例如"数据是石油"的说辞[①]),因为有效数据需要实时更新,一旦披露就会丧失价值[②],更不用说总会有新的"替代数据"或者"另类数据"出现以补充预测模型,并得出不同结论。[③] 因此,关键在于是否能以低成本获取这些数据,并尝试让其发挥作用——而这需要经历一个试错过程,且并不必然会带来当前可见价值。事实上,在一个复杂经济和社会过程中,结构化数据究竟具有何种价值始终是争议性问题,很难明确说何种数据一定

[①] 回过头看,这种说辞更多是互联网行业吸引投资的夸大性策略,一旦无法成真,可能会带来诸多社会不信任。参见戴昕:《平台责任与社会信任》,《法律科学》2023年第2期。
[②] 丁晓东:《数据交易如何破局?——数据要素市场中的阿罗信息悖论与法律应对》,《东方法学》2022年第2期。
[③] 关于另类数据的分析,参见王闻、孙佰清:《另类数据:理论与实践》,世界图书出版公司2023年版,第12—14页。

有用,只能说它对特定的对象行为可以有边际上的推动或调整,因此重要的是持续改进数据质量,并能将信息实时反馈到需要施加影响的行为主体,以便系统地改进其选择和预期。

其次,从供给角度看,除了数据本身能够以低成本复制传播之外,我们已经看到机器有能力近乎无限地生产数据或对现实进行模拟,这也意味着在整体上数据价值在不断淡化,无法处理的超载信息或数据伪造会带来更多负外部性,并给人们的选择和决策带来困难,成为另外一种意义上的"污染"。[①] 因此,能够成为市场要素的数据更多是依附性的,即需要通过与商业模式和真实世界的市场要素不断发生关联而非在真空中产生,才可能有实际意义。例如,传统的有价值数据更多依附于企业组织内部的生产活动,受到专利或商业秘密的保护,而如今依托消费互联网,企业已经可以大量追踪消费者的行为数据,从而使数据市场涵盖更广泛的生产者和消费者。从这个角度说,探讨数据规则需要回到社会主体之间的关系中去,只有看到主体之间的关联性,才能理解由此产生的数据流动和边界。[②]

因此,在一个相对稳定的数据秩序中,如果数据依附的社会主体行为能够持续地再生产,该秩序的不同参与者就可以逐步利用数据价值,服务于一个更广义的价值体系,并有效调节生产和消费关系。此时,无论是数据要素确权还是分配机制,都只有在生产秩序稳定后才会逐渐出现并不断改进——而这便需要引入生产方式的分析视角,基于经验观察以总结不同类型的数据流动/控制系统,从而建构起能够塑造出一个从生产到分配的环环相扣的逻辑机制。

最后,数据要素秩序的形成逻辑在本质上是基于成本—收益分析的。

[①] O. Ben-Shahar, "Data Pollution", *Journal of Legal Analysis*, 2019, pp. 104-159.
[②] 戴昕:《数据界权的关系进路》,《中外法学》2021 年第 6 期。

第十一章 两种数据秩序及其未来

一方面是数据本身的价值,看它能否稳定地生产和输出信息反馈,从而改善产品或服务;另一方面则是技术成本和制度成本,只有大量产生数据的技术成本降低,市场主体可以从数据分析中得到的边际收益超过边际成本时,才可能开始利用数据要素,推动数据经济——但这也仅仅只是可能。另一个需要考虑的变量是稳定性,即只有数据能稳定地产生价值,才会被行业广为接受为一种资产,而宽泛地主张固定化权属将只能带来个体在边际上的灵活使用。此外,第三个变量是统一性或市场性的比较制度分析,即如果广泛要素确权的制度成本(如交易所、数据集团、资产登记、第三方评估、权属证明)高于其可能的价值,就没有必要统一要求和强制执行,而是可以先由市场主体以合约方式自行选择。如果对要素强制定价(如强制企业将数字资产入表)或提高成本(如数据税)且无法从中获得可预期收益,社会主体就可能以各种方式退出该秩序。当然,即便正式制度成本高昂,也不意味着数据秩序无法建立,只要社会有能力通过既有的其他要素制度红利抵消该种成本,也能为新型要素使用建立坚实基础。[1] 上述约束条件都会影响市场主体的理性决策,但无论如何,人们都不会因为某个抽象的权利概念就自动选择技术更新和模式创新。

更进一步看,任何一种完整的数据秩序都需要实现若干目标与需求:(1)确保产生基本价值的要素能够持续生产、循环生产。(2)确保数据要素本身发挥应有功能,且其表现方式未必是可衡量定价的市场价值,而也可以是某种系统性的公共价值。例如,私人缺乏动力提供的公共信息需要强制共享,但也不能被个体控制和占有,因而只要在一个达成共识的公共空间中运行利用即可。(3)为持续生产提供有效激励,特别是确保分配方式的公平性,以使得即使参与主体无法从数据直接获得收益,也会从其

---

[1] 即"非法兴起",参见胡凌:《"非法兴起":理解中国互联网演进的一个框架》。

他方面获得间接收益。但有效的秩序首先能在边际上让数据起作用,并维持一个保证生产基本面的大致公平的制度,直到数据作为新型要素稳定产出后,才可以逐渐将其纳入固定的分配范围。因此,并不需要急于将数据作为资产进行确权征税或通过"全民基本收入"方式分红[1],或者追求公共数据的有偿实用,当前制度改革的重点仍然需要放在生产过程的公平参与、流量的公平获取,以及工作条件质量的提升上面。(4)约束生产和流动带来的负外部性,例如数据安全。这些系统性需求正是"数据二十条"中规定的基础制度需要着力回应的,但目前来看该文件还是一个指引性框架,它究竟如何与现有秩序相契合仍然需要深入分析和持续探索。

(二) 关注数据的功能

传统研究不太注重数据的功能,却喜欢讨论所谓"场景",结果就是将行业或服务类型作为不同场景讨论,但问题在于每个场景中很多数据的功能作用也是类似的,因此我们不需要将数据规则变成某种"场景之法",而是要提炼出其中共通的问题和原理。[2] 将数据按照它承担的不同功能,而不是按照和数据有关联的主体进行分类观察,可以更好地理解为何某种数据需要被以特定方式处理,并能够实现何种目的和社会价值,否则大家可能都只是以数据之名但讨论的是不同对象。

在一个市场或社会空间中,数据的主要功能可以抽象地分为展示性和辅助性两种。其中展示性功能是指信息向特定或不特定人公开,通过内容处理体现价值;而辅助性功能则是为了使各类要素在系统中的流动

---

[1] 具有不同制度功能的"哈伯格税"是个例外,参见 Posner, Weyl, *Radical Markets: Uprooting Capitalism and Democracy for a Just Society*, pp. 30-42。
[2] 这类似于网络法研究中的"马法"之争,参见戴昕:《超越"马法"?——网络法研究的理论推进》。实际上原初的场景理论核心也是探究主体之间的关系类型,参见 Nissenbaum, *Privacy in Context: Technology, Policy, and the Integrity of Social Life*。

与合作更加便利、安全和有序,例如身份认证、行为分析、匹配、声誉评分等。[1] 辅助性数据是为了群体有序互动、重复交易而使用的数据,对维持系统的有效运行更为关键,主要服务于公共利益。这一分类表明数据功能会直接影响到权属讨论,即辅助性数据不应当由私人占有获益,甚至可以在特定场合为了公共需求而不经告知地默认使用,或者免费向公众普惠开放。[2]

数据功能的划分与系统的目标紧密关联。如果系统的目标是推动系统中要素流动、扩大规模效应,并提升要素活动水平,就需要通过技术手段实时追踪这些活动并加以分析;同时还要考虑要素之间的关系,即塑造何种网络能够更好地便利人们的合作与交流,进而设计出不同类型网络以满足要求。如果系统的目标只是改进企业内部的产品服务或组织能力,在边际上提升服务或产品质量,或者搭建、巩固产业链与产业集群,那么数据流动对复杂关系的要求就相对较低,只需要推动信息系统的标准化与市场供给即可,市场主体就不太需要投入太多资源来构建关系网络。接下来本章将结合生产方式分析来讨论不同系统的差异化目标。

(三) 两种数据秩序及其动力

从"数据二十条"的政策目标看,似乎可以追求一种规范性的统一数据秩序,但如果仔细观察数字经济在中国发展的经验,就不难发现至少有两类数据要素生产方式。一种是传统上经由组织内部生成和改进服务而产生的数据,这类数据更多是在生产环节、关注产品或服务开发本身,而不涉及实时回馈到使用者或消费者。现在讨论较多的公共数据、传统行

---

[1] 胡凌:《功能视角下个人信息的公共性及其实现》,《法制与社会发展》2021 年第 4 期。
[2] 《个人信息保护法》第十三条(三)(四)(五)。

业协会产生的数据以及传统企业数据都属于这一类。这类数据更多地在某个封闭的组织环境中产生,伴随产品或服务的改进而逐渐改善。这类数据依托的生产方式在某种程度上属于工业化产物,即由市场或社会组织吸纳不同生产要素,在内部按照固定流程创制产品进行销售,其数据更多用于改进组织行为、提高效率或创新程度。同时,此类数据比较容易通过信息系统实现结构化,最终可以计入组织的资产负债表,但因其无法回馈到使用者或消费者,它们未必是因人而异的。

对于此类数据的生产方式而言,它有赖于企业和政府行为的推动,并往往集中在特定地理区域中,其秩序动力不仅来自企业的市场行为,也源于我们较为熟悉的政府过程。按照流行的政治学理论,这种秩序往往发生在"行政发包制"过程中,即中央政府将社会治理任务通过科层结构逐级分包给不同层级政府,由下级政府部门在各自辖区内完成并接受考核,中央政府通过人事晋升等激励与量化考核,推动地方政府间和区域竞争。① 我们已经看到,从公共数据开放到智慧城市建设,地方政府在国家数字化转型、推动数字市场建设和提供基础设施过程中起到了关键作用。毋庸置疑,数据产业也同样依托于这类由地方政府逐级发包来完成的治理秩序,其手段包括出台地方性数据条例、推动本地化的数据交易所、将公共数据授权运营、打击数据产业中的不正当竞争等。不难看出,"科层—地域化"的数据秩序是适应既有工业生产方式的必然结果。

与之相对应的另一种生产方式是网络化的,即由平台企业主导、超出地域边界而跨领域调配生产要素的生产过程,其中较为核心的是发生在不同网络关系中的行为数据,特别是根据实时行为数据进行生产和消费决策,从而推动经济循环发展。在这个过程中,平台企业向更多市场要素

---

① 相关分析见周黎安:《行政发包制》,《社会》2014 年第 6 期;周黎安:《行政发包制与中国特色的国家能力》,《开放时代》2022 年第 4 期。

第十一章　两种数据秩序及其未来

开放,并引导它们在不断迭代的数字架构空间中流动。[1] 这类数据秩序以建立行动者网络为目标,不断通过市场机制寻求要素之间新的连接,从而创设更多的合作与交易机会。

尽管平台企业主导的数字经济过程看起来是单纯的市场化过程,但如果仔细观察就会发现和行政发包制类似,这一过程事实上也存在着"发包"逻辑,本章称之为"平台发包制"。我们已经看到互联网平台逐渐成为超越地域性的组织力量,它们不单纯是数字市场,而是凭借自己能力塑造了数字市场,建造了与之相适应的基础设施,从而形成了稳定的数字生产秩序。头部平台企业无疑是提升经济发展、实现国家关键治理政策的重要抓手。在日常治理过程中能够响应国家政策,落实互联网治理目标。[2] 同时,国家也通过放宽市场准入和弱化经营者集中政策的方式给予相应激励,促进新型生产方式的成熟落地。这已经超越了单纯的监管合规问题,而是将平台企业定位为社会治理的主体而非对象。平台企业也就不仅在一般的服务市场上竞争,也通过更好地响应国家治理需求来竞争获取潜在政策资源。[3] 因此,就数据要素开发而言,至少是头部平台企业已成为中央政府部门的直接发包对象,并被塑造为建设数据秩序的可依赖的关键力量。

值得指出的是,上述两类秩序更多是作为理想类型提出,在现实中往往混杂在一起。例如,特定平台企业仍然可能是地域性的,主要靠市场要

---

[1] 关于架构的系统讨论,参见胡凌:《论赛博空间的架构及其法律意蕴》;吴伟光:《构建网络经济中的民事新权利:代码空间权》。
[2] 例如,2022 年中央经济工作会议提出"要大力发展数字经济,提升常态化监管水平,支持平台企业在引领发展、创造就业、国际竞争中大显身手"。相关分析参见黄冬娅、梁渊栎:《超越审查与监管——互联网产业发展中的国家角色》,《文化纵横》2022 年第 4 期。
[3] 相关分析参见于洋、马婷婷:《政企发包:双重约束下的互联网治理模式》,《公共管理学报》2018 年第 7 期;黄冬娅、杜楠楠:《平台企业政府事务部门专门化与政企关系发展——基于国家制度环境的分析》,《社会学研究》2022 年第 6 期。

素的本地活动获取数据,或者通过推动产业互联网获取更多中小企业数据;而科层下的数据流动也可能具有全国影响力,如持牌的个人征信机构或行业协会主导的业务信息系统。两者都试图解决数据如何在经济发展中起到更好作用、推动生产要素有效组织的问题,它们都是调动生产要素、搭建产业链的重要手段——但它们各自运行的制度逻辑与所体现出的数据特性不尽相同。本章并不致力于提出一个连通不同秩序的普遍性数据利用机制,而是希望展示出在应对不同市场和社会需求时,不同生产方式所体现出的差异化制度样态。接下来,本章将分别分析两种秩序各自需要什么类型的数据基础制度,也尝试对"数据二十条"中规定的四类一般性制度进行细化解释。

三、网络化:流动导向的数据秩序

(一)网络化数据秩序的形成

互联网的兴起已经提出并实践着一种创造性利用数据/信息的方式,即混合了免费基础服务(包含了软件使用和其他增值服务)和广告或会员制的新模式。这种消费互联网的特点在于,它打破了传统生产和消费空间的界限,尽可能消除了商品或服务的流通环节,不断创设了网络和连接,从而能够发现消费者的行为模式。[1] 从数据的功能角度看,前者更多是展示性的,无论是平台企业承载第三方生产还是机器自动生产的信息都首先以免费方式提供给用户,以吸引流量;而后者获取用户的身份和行为数据,是为了使用算法对用户行为进行评估、预测和匹配,也即构成了辅助性功能。但无论如何,这两类数据都可以说是依附于生产者/消费者

---

[1] 胡凌:《网络法的"网络"理论》。

第十一章 两种数据秩序及其未来

之上的副产品,只要有持续的流量和流动性,此类数据就可以一直在边际上发挥作用,画像就表现得越精准——即便生产要素的范围从线上内容扩展至线下服务仍是如此。[1]

需要强调的是,这种生产方式的维持并非单纯依靠数据,而是基于商业模式本身。只要消费者认为能够从该模式中得到好处(如收益或流量),并相信数据收集可以帮助改进服务或获取因人而异的定制服务,就会有人通过软件使用以持续不断地生产和消费,由此自然解决了数据供给问题,而不会特别在意其行为数据本身有何价值或者其权属究竟如何被界定。[2] 尽管用户协议可以规定个人信息收集的形式合法性,但真正影响用户选择的其实是服务方式本身。如果以这个视角看待数据,就不用担心无限生产和数据污染问题,因为如果数据分析不能在边际上优化特定服务或消费行为,平台就会尝试改变数据类型或使用数据的方式。此外,行为数据基本上不会转移至平台生产体系外进行使用(除非是生态系统中与第三方深度合作),更不会轻易出售,其目标是持续推动体系内的生产和消费。从这个意义上说,以平台经济为依托的数据要素秩序的核心是生产者/消费者的持续行为和经济的循环速度。

研究者普遍认为数字平台具有市场—企业两重性[3],它构成的市场是多维度和超越地域的,更多是通过扩展平台企业的技术架构以将更多生产要素纳入空间生产过程从而实现市场运行。从市场范围界定看,目前

---

[1] 关于数字生产方式的详细分析,参见 Zuboff, *The Age of Surveillance Capitalism: The Fight for a Human Future at the New Frontier of Power*。
[2] 人所共知的是,这种商业模式在前期极大地依赖资本投入来维持优质的免费服务以获取流量,如果后期仍然无法找到有效的付费方式,该模式即宣告失败。这也是为什么头部平台企业都需要数年才能够依靠多边市场进行交叉补贴,并需要更长时间开始真正盈利。
[3] 陈永伟:《平台反垄断问题再思考:"企业—市场二重性"视角的分析》,《竞争政策研究》2018 年第 5 期。

在竞争法领域和反垄断法领域都出现了对数字市场的不同认知和界定标准。就竞争法领域而言,法院在诸多不正当竞争案件中更倾向于通过跨平台服务界定相关市场,将竞争关系界定得十分宽泛,从而能够最大限度保护利益相关主体;而就反垄断法领域而言,法院则表现得十分谨慎,将竞争发生的相关市场尽可能限缩至特定种类服务的单一市场,以避免处理双边乃至多边市场带来的交叉网络外部性问题。① 这就为平台企业通过基础设施扩张提供了较为充分的学理理由。

(二) 网络化秩序下的数据规则

我们已经看到,网络化秩序的形成动力是由平台企业推动的,目的在于实现要素资源的跨地域流动。以平台为核心的新型生产组织构建了生产秩序,形成了架构性的财产利益,因此一整套要素权利体系都要围绕该生产秩序而设计形成。从平台企业角度看,平台上构建的市场本身就已经具备了权属、流通、分配和治理等规则,而这些规则和人们一般将数据设想成需要以低成本确权流通的生产要素不太一致。接下来本节将从数据权属、基础设施、交易定价模式、分配方式四个方面,解释网络数据秩序下的数据制度规则内涵。

第一,数据权属规则。

任何纸面上的财产权利都可以根据需要而细化,进行言语上的拆分和重组,这就是权利束或模块化的意思。这种思维方式就可以容纳不同类型层次的利益诉求,如数据可以同时承载财产权和人格权。② 但业界最为关心的无非还是数据财产权利的确定和分割,即谁有权对何种数据占

---

① 胡凌:《数字平台反垄断的行为逻辑与认知维度》,《思想战线》2022 年第 1 期。
② 王利明:《论数据权益:以"权利束"为视角》,《政治与法律》2022 年第 7 期。

有和处分,而这也可能直接影响最后的收益分配。①

网络化的数据秩序意味着要以推动要素流动为主要目标,源自个体的数据只有形成集合性的资源池才有价值,这种资源池仅需要法律保护平台企业排他的自主经营权,使之能够自主根据需要来对市场活动进行调节,从而将数据资源持有权、数据加工使用权、数据产品经营权等权利结合在一起,而不需要专门分置强调。从历史上看,数据要素确权因技术成本无法标准化,或者因确权颗粒度过于精确而可能造成反公地悲剧,因此确权并非推动网络化数据秩序形成的重要原因,而只是该种生产秩序稳定后的一种可能后果。只要生产者或消费者在适当的劳动定价模式下从要素流动过程中获得的稳定收益高于数据确权收益,就不会产生数据资产固定或转让问题。此外,当用户根据协议条款同意将行为数据授权平台企业使用后,个人信息权益在这一秩序下就成为从属性的,不能超越平台企业组织生产的整体目标而随意向第三方转移。② 但同样不可否认的是,随着时间推移,在一个更加专门化和成熟平台上,完全可以为持有某些核心数据的主体赋权以推动其参与分配过程。

上述分析说明平台企业塑造的网络化数据秩序不太希望对内确定个体层面的要素财产权,否则会增加平台上主体合作和交易成本,特别是当数据要素价值无法稳定预期的时候——但同时,平台企业又需要另一种

---

① 劳动理论是当前较为普遍接受的一种确权理论,即根据不同主体付出的劳动和贡献程度进行确权,同时也可以延伸至分配环节。"数据二十条"提出"健全数据要素由市场评价贡献、按贡献决定报酬机制","按照'谁投入、谁贡献、谁受益'原则,着重保护数据要素各参与方的投入产出收益,依法依规维护数据资源资产权益,探索个人、企业、公共数据分享价值收益的方式,建立健全更加合理的市场评价机制,促进劳动者贡献和劳动报酬相匹配"。
② 从这个意义上说,所谓的个人数据可携带权对个人而言整体价值不大,更多具有竞争法的意义。有法院曾提出个人信息的三重授权模式,也是对这一秩序的回应,参见北京知识产权法院(2016)京73民终588号判决书、杭州市中级人民法院(2018)浙01民终7312号判决书。

排他的、不受干扰的架构财产权,希望对外明确法律边界,限制其他竞争对手劫持流量、爬取数据、设立外挂等行为,力图使自身的技术架构在法律上不断清晰和延伸。本书第七章已经对此做了较详细的讨论。

第二,数据基础设施规则。

传统上我们对基础设施的认知限于以物理实体为主的设施及其运营服务,而随着互联网不断向纵深发展,数据基础设施变得愈加重要。不过这一术语在使用过程中具有相当大的模糊性,除了传统电信运营商外,一般意义上的用法是将其与"新基建"[①]和"关键信息基础设施"[②]关联起来。另一些研究讨论集中在反垄断法维度,试图将具有基础设施意义的大型数字平台纳入"必需设施"或者"公用事业"的监管范畴,[③]或者在特定领域履行"守门人"的特殊义务。[④] 不过,如果我们从功能角度而非反垄断法角度理解数据基础设施,就能发现其事实上是为了更好实现数字市场中要素有序、安全流动交易而普遍推行的某种带有信息功能的公共服务,从而使数字市场中的所有参与者能够共同获益——不论这一市场是否依托于特定平台企业,或者是否仅由公共机构提供。

按照这一视角,数据基础设施和传统基础设施相比,具有一些新特点:首先,从概念上看,传统基础设施往往表现为能源、交通运输、水利、环境保护、市政工程等领域的公共基础服务,和公用事业形态联系在一起,并通过特许经营或 PPP 方式进行运营和规制;而目前除了"新基建"可能落入这类公用设施外,大型数字平台主要由私人企业所有和运营,按照一

---

① 新基建是指:5G 基站建设、特高压、城际高速铁路和城市轨道交通、新能源汽车充电桩、大数据中心、人工智能、工业互联网。
② 《网络安全法》第三章第二节。
③ 国务院反垄断委员会《平台经济领域的反垄断指南》第十四条;高薇:《平台监管的新公用事业理论》,《法学研究》2021 年第 3 期。
④ 《个人信息保护法》第五十七条。

般商事主体的法律地位接受监管。其次,传统基础设施往往强调其公共服务面向和公共性,属于自然垄断行业,按照社会公众需求提供稳定和成本较低的普遍服务,并负责对公共资源的有序开发利用;而大型数字平台表面上也在提供涵盖大量用户的普惠服务,但其能力更多源自信息技术本身带来边际成本不断降低的网络效应,其服务本质上是基于合同的信息增值服务,其提供的诸多信息资源也由用户免费贡献。最后,传统基础设施更多是基于道路、管线等提供服务的具有物理实体的一整套设施,可以独立于其他实体存在和建设,而数字市场中的基础设施更接近和内嵌于一个生产性系统,虽然基于平台软件进行操作,但在功能上涵盖维持传统市场和社会运转的一整套抽象基础服务(如金融、物流、纠纷解决等),从而才能在不同市场之间建设桥梁或形成壁垒。

由此,上述特点涵盖了网络化数据秩序中数据基础设施的若干面向:(1)公共性维度,即其目标主要基于特定范围的公共服务与公共资源,带有一定的普惠性;(2)所有权维度,即数据基础设施可以由不同性质的主体所有和运营;(3)技术维度,即它广泛采用了数字技术与信息系统;(4)系统维度,即数据基础设施存在本身是为了辅助市场/社会作为一个循环系统更为有效地运转,它的功能主要围绕信息而展开。如前所述,这类数据基础设施主要体现为身份认证信息服务、要素评分信息服务、需求匹配信息服务、交易网络信息服务等辅助性功能。它们一旦建立起来,边际成本可以不断降低,并能够服务于更多市场要素的有序流动。

第三,交易与定价规则。

在网络化数据秩序下,数据因其本身特性而可以在加入平台架构后的用户之间,或者通过会员订阅信息服务的方式进行共享,且这往往是免费的(会员制尝试在边际上动态收费)。但这一机制的前提是用户也要以自身行为数据作为交换,以贡献到集合性的数据资源池当中。当下讨论较多的数据互联互通的实现方式基本上也是通过小程序或第三方账户登录模式共享流量,而不是单纯地连接信息孤岛。因而这一模式实际上是将社会主体之间的数据交易转化为平台生产秩序内部的信息和流量交换,这就是为什么我们在数字平台上无法简单从外部观察到一种想象中的数据交易和市场定价过程。

第四,分配规则。

网络化数据秩序下的分配机制是以市场原则为主导,致力于增加市场主体合作与交易机会进而增加收入(如广告分成、打赏)。它的衡量标准往往根据一般可识别的劳动计件或点击数量标准。尤其是在数据收益不明的情况下,网络化数据秩序并不会特别强调数据要素本身的价值。一旦研究和舆论过于强调数据权益分配的普遍价值,就会将带有不确定价值的数据权益固化,从而抬高相关市场参与者的要价,这可能对网络化生产方式发展带来不利影响——但这不是说数据不能成为一种劳动,而是说分配机制的关注重点应该回到新就业形态下劳动过程本身,聚焦更为一般的劳动者权益保护问题。

(三) 存在的问题与可能的调整方向

成熟的平台企业已经看到数据本身的价值有限,不会贸然将数据要素财产化,并将继续按照基本的互联网商业模式逐渐推进,将流量变现,并在扩张的同时避免脱实向虚。这种看待数据的方式对网络化生产秩序具有较强意义,但它带来的最大问题仍然是平台的封闭性。"数据二十条"在一个侧面有利于强化平台企业主张的架构财产权,特别是强化头部平台企业的市场权力,进一步减少竞争对手公平获取数据的动力,直至最终降低竞争程度。究其根本原因,仍然在于平台企业作为数据基础设施难以保持中立。按照传统互联网分层理念,基础设施(如物理传输层)应当保持中立性,提供普遍服务、确保基本服务质量。但从目前的趋势来看,由于上层资源的网络效应,它能够将市场力量不断传导至底层,进而要求在流量上区别对待,甚至推动上下游的垂直整合。① 此时,数字基础设施服务本身也构成了平台上双边市场中的一边,并受到国家牌照管制的影响。拥有相关牌照的现行企业由此具备一定的竞争优势,大型平台也逐渐通过向第三方开发者或中小平台提供自己的基础设施,来抬高交易谈判筹码。由此,从底层基础设施和上层生产要素活动的关系来看,更容易出现非中立现象,这也使得平台自我优待行为十分常见。②

从中国互联网的发展脉络来看,实际上它遵循着一条不断强化底层基础设施(自然垄断),同时推动上层创新并促进竞争的演化模式。前者有助于以标准化方式降低整个市场的交易成本,促进生产要素的流动,而后者有助于在架构内的可控流动中推动更多第三方开发和服务。当下的问题在于,除了底层的电信基础设施实现了互联互通外,隶属于不同大型平台的基础设施仅仅在封闭的企业架构中发挥作用,而未能做到互联互通。如果说数字经济仍然需要平台企业相互竞争才能不断发展,那么我们当前看到的是大型平台企业之间的护城河愈加深厚。要解决这一问题,有必要回到早期互联网兴起的流动性秘密,即监管政策不仅需要帮助将更多非数字化的资源数字化,保留一定程度的"非法兴起"灰色地带,同时也需要开始考虑推动跨平台的要素流动。为了实现这一目标,并不是简单依靠赋予用户"数据携带权"或强制数据互操作性,而是需要首先提升各平台之间的基础设施标准化程度,并强化保障安全流动的制度措施,

---

① 丁晓东:《网络中立与平台中立——中立性视野下的网络架构与平台责任》,《法制与社会发展》2021 年第 4 期。
② 相关分析见陈兵:《互联网屏蔽行为的反不正当竞争法规制》,《法学》2021 年第 6 期;刘晓春:《数字平台自我优待的法律规制》,《法律科学》2022 年第 6 期。

从而降低中小平台创业者的经营合规成本,才能为下一阶段释放流动性红利做好准备。这些改革的最终目标是推动生产要素可以更加便利地在不同平台之间流动,以建立互联网上的统一市场。①

四、 科层与属地:有限供给的数据秩序

(一) 科层式数据秩序的形成

"数据二十条"中,相当部分的制度性规则实际上更多适用于"科层—属地"式数据秩序。这一秩序中的数据要素形态较为符合流行认知,即将数据想象成边界清晰、可以转移定价的物品。只要确权到位,加强法律保护,就可以形成稳定可预期的要素市场。如前所述,这种对数据的想象并不适用于以消费者行为为核心的网络化秩序,而是适用于企业和政府组织的产品或服务生产过程。在这类数据要素秩序中,有两类可以动员推进的行为主体:其一是地方政府,它们在本辖区内经过了多年的公共数据(政务数据)归集实践,要求不同层级的部门生产出可供集中运营和开放的公共数据,已经具备一定基础;②其二则是正在逐步进行数字化转型的传统企业,它们拥有的企业数据也希望逐渐形成要素市场。无论是哪类数据要素,它们基本上都是本地化的,更多服务于本地公共服务和经济发展,其流动范围、循环程度和数据总量都不及网络化的数据秩序。

在科层—属地式数据秩序中,数据交易常常被认为是生产组织之间的活动,而不是发生在像平台组织一样的体系内部,因此需要在本地市场中设立专门的数据交易场所进行交易。在这种对数据的想象中,不同的

---

① 胡凌:《互联网的开放与封闭及其法律回应》。
② 《国务院关于加强数字政府建设的指导意见》(国发〔2022〕14号)。

社会组织可以到交易所对持有的数据或数据产品进行挂牌,根据他人需求进行交易,并通过技术方式解决数据交易的功能性问题(例如"原始数据不出域、数据可用不可见")。数据交易场所在一些地区的制度设计和其他类型的传统交易所一样,都构成了一类特定市场,但这个市场目前还主要起到挂牌以发布信息的功能,缺乏进一步的匹配与撮合能力。

和网络化秩序相比,科层—属地式秩序相对保守,只能就本辖区数据进行管理和交易。数据要素的流动性并非这一秩序追求的主要目标,因为可供交易的数据主要围绕有组织的生产者展开,其功能主要是改进生产和服务,但无法追踪到消费者个人。同时,因为需要耗费较大成本且在边际上没有可见收益,无论是公共数据还是企业数据运营者都没有动力对掌握的个人信息进行匿名化处理,它们宁愿选择那些不涉及个体的产品或环境数据。由此,这类数据秩序的形成动力也并非源于数据本身,而是既有的地方政府运作过程,通过传统行政力量推动辖区内特定企业组织进行交易,搭建产业链或吸引产业集群,从而提升本地化的创新程度和技术标准;或者通过公共数据授权运营,成为吸引社会数据的一类供给来源。在行政发包的激励下,地方政府以推动本地经济、加强区域竞争能力的心态推动交易实现,同时也有意愿通过信息系统的整合对下级部门和人员进行更好管控。此外,条块关系在要素资源整合中也比较关键,例如一些中央部委会要求地方政府部门使用垂直统一的业务信息系统,以便汇总收录标准化数据,但地方很难有直接使用此类数据的权力和动力,横向整合本地数据成本也较高。

(二) 科层式秩序下的数据规则

科层式秩序基本上体现了传统工业化生产方式的特点,其经济动力由地方政府和企业共同实现,政府根据产业政策需要帮助特定企业获得数据要素,从而实现其融资需求。该过程中的数据流动基本上局限于政府部门和企业组织内部,以及企业组织之间,由此一整套数据规则体系都应围绕传统经济生产秩序目标而展开。本节接下来同样从数据权属、基础设施、交易定价与分配方式等方面,解释科层式数据秩序下的数据制度规则内涵。

第一,数据权属规则。

对科层式数据秩序而言,由于无须追踪用户的个人信息,并更多集中在行业、社会或环境数据等另类数据,这些数据的产出速度与规模无法与网络化数据相比,但相对稳定和同质化,主要服务于企业产品改进或政府公共数据开发,因此更加看重数据确权,这也使得对此类数据的认识更接近传统知识财产或数据产品。[1] 这一数据秩序的预期是,随着工业信息化的推进和企业信息化能力的提升,最终可以将企业数据标准化,并计入资产负债表。[2] 特别是随着产业链的搭建和信息化水平的提升,各社会主体逐渐拥有更多种类的数据,逐渐为打造较为完备的要素市场提供了条件,并可以适当加强部分公共数据供给以引导社会数据开发。"数据二十条"规定的数据资源持有权、数据加工使用权、数据产品经营权等分置的产权运行机制也符合这一预期,其权属划分主要根据数据可能承载的不同法益而按照数据价值产生的不同阶段进行,更加适合属地化的不同组织之间的交易与合作。

第二,数据基础设施规则。

科层式数据秩序中的数据较少能起到市场基础设施的功能,更多是

---

[1] 一些地方政府将数字藏品交易作为文化产业数据交易的一种形态,这十分接近于传统知识产权交易和生产方式。还有地方政府为企业开出"公共数据资产凭证"或"数据知识产权登记证书",都展示出类似的努力。
[2] 财政部《企业数据资源相关会计处理暂行规定(征求意见稿)》(2022年12月)。

帮助改进产品服务或企业效率,在该秩序下的关键基础设施主要是指涵盖地级市或省的地方性数据交易场所。"数据二十条"要求"规范各地区各部门设立的区域性数据交易场所和行业性数据交易平台,构建多层次市场交易体系,推动区域性、行业性数据流通使用","促进区域性数据交易场所和行业性数据交易平台与国家级数据交易场所互联互通",基本上就是按照设置传统交易场所的方式进行规划。交易必然使某类数据超出传统组织的控制范围,在不同的市场或控制主体之间流动,而这也将涉及相当多的数据安全合规问题。如果交易所要求的合规成本太高,企业或政府部门就不太有动力寻求场内交易,转而进行场外甚至黑市交易。因此交易所建设面临的主要问题就是如何通过增加有效的公共数据供给以带动社会数据进入场内,提供合适的安全港规则[1],并逐步提升撮合匹配的能力,而目前这一功能可以依托数据经纪人等中介主体逐渐实现。

第三,交易定价与分配规则。

在科层式秩序下,企业数据交易主要是通过数据价格形成机制(涵盖交易双方、交易所和第三方机构)和"报价—估价—议价"相结合的模式进行定价。对于公共数据而言,需要"结合数据核算成本,参照行政管理类、资源补偿类收费标准和流程,制定本地区、本系统(行业)数据利用收费标准管理办法,原则上对公益性目的数据利用进行成本补偿收费或免费,对经营目的数据利用进行合理收费或市场调节收费"[2]。在分配机制上也主要根据实现合作的份额约定而进行,和既有知识产权的使用与分配逻辑没有特别不同。由于在交易过程中主要是实现企业的一对一合作,双方往往看重的是通过数据搭建产业链的合作前景,而这也将对交易

---

[1] 戴昕:《作为法律技术的安全港:原理与前景》,《法学家》2023 年第 2 期。
[2] 黄倩倩等:《超大规模数据要素市场体系下数据价格生成机制研究》,《电子政务》2022 年第 2 期。

所的信息能力提出更高要求。

（三）存在的问题与可能的调整方向

在科层式秩序下，数据的生产流动速度并不快，如果没有很好的经济循环加以带动，数据生产速度和要素生产与交易速度无法衔接匹配，那么数据流通本身就无法带来额外价值。目前总体而言，这一秩序不太需要持续的供给行为，为经济再生产和社会服务带来的价值提升空间有限。"数据二十条"的制度设计可能会帮助盘活一些传统企业的数据资源，将其运营和产品数据进行系统性升级以改造入表，同时传统的地方交易所或行业协会也可以顺势将过去的交易数据或者行业数据进行某种方式的转化和挖掘，从而推动未来交易。但复杂性在于，地方政府有时以行政指令的方式使用公共数据（如社会信用体系或授权运营），有时又希望推动市场化运作（如建立交易所），如何有效协调这一系统中的不同措施以更好推动合作，对未来的科层式数据秩序发展是一个关键挑战。

另一个常见主张是推动公共数据授权运营从而带动企业数据和社会数据，但目前来看，仍然难以找到有意义的突破口，较为显著的举措可能是开放部分信用数据以帮助中小企业金融融资。[①] 如果数商能够成为产业链上的重要一环，并推动形成社会共治体系，就比较有价值。但如前所述，这个过程实际上和数据本身也没有太大关系，更多涉及的是企业业务模式和产品合作或者现有产业集群的重新整合，数据只是这个过程中的副产品，被用于打通上下游产业链，而这是在合作达成后才需要进一步讨论的问题。如何帮助增强企业数据和公共数据的多元性，从而推动合作

[①] "数据二十条"要求"鼓励征信机构提供基于企业运营数据等多种数据要素的多样化征信服务，支持实体经济企业特别是中小微企业数字化转型赋能开展信用融资"。

的多样化以形成更广泛的关系网络,将是科层式秩序需要进一步考虑的问题。

五、未来:秩序的冲突与融合

"数据二十条"并未塑造出全新的数据秩序,而是在现有两类生产方式基础上对相关规则做出了进一步细化。本章在生产方式、数据功能和结构性动力三重框架下,着重分析了作为理想类型的网络化和科层—属地化数据秩序,前者由平台企业推动,后者由不同层级的地方政府推动。两种数据秩序各自要解决的问题并不相同,因此可能需要针对不同生产方式对规则指引进行解读和适用,避免一刀切地分析和实践。本章一再强调,有价值的数据要素不仅是依附性的,更受到要素流动的社会和技术结构的约束。数据本身无法构成有效的价值生产环境,需要和其他市场要素以及既有价值生产的动力结构结合起来理解,脱离了外部结构的抽象分析无助于理解真实世界中的数据要素——除非我们是在谈论虚无缥缈的元宇宙。因此,更有意义的研究应着重于观察两类不同的数据要素秩序如何形成,数据要素在整个价值生产过程中所处的位置,由此对数据权属、分配政策、基础设施等衍生问题进行重新解释,从而在整体上展现现实问题的复杂性。

从互联网发展过程来看,网络化数据秩序正依托新型生产方式而不断扩展,将越来越多的生产要素吸纳至平台上流动,从而和传统经济组织与利益群体发生竞争性利益冲突。例如,如果一个全国性的平台企业将地方劳动力转化为分享经济中的生产要素,这将会和科层—属地式数据秩序形成竞争,而本地中小企业或劳动者就可能主张加强监管(如提升劳动保护水平、抬高数据要素价格、认定不正当竞争行为等),这又将对平台企业的统一政策和商业模式产生较大影响。

同时也要看到,网络化秩序事实上也难以全面取代科层—属地式秩序。这不仅因为公共数据本身具有较强的属地化公共服务特性,需要数据运营者将数据价值回馈本地(例如建立国资背景的数据集团或成立数据专区,而不是全国性的平台企业),也因为即使平台企业能够调动特定类型的本地化资源,也需要本地监管部门帮助组织管理。如果没有不同科层制的维护运行,平台企业本身无法有效调动生产资源,也就无法有效利用其行为数据。

从这个意义上说,两种秩序需要相互依存而逐渐提升各自能力,并通过基础设施加强联动与合作,任何一种数据秩序都无法单独有效运行。例如,一些平台企业正逐渐加大对实体工业经济的投入,而地方政府市场监管部门也可以帮助加强数据不正当竞争执法,维护平台企业的数据权益。① 地方政府同样欢迎能够调动本地灵活劳动力的平台企业入驻,以便使税收回馈本地,带动本地企业形成产业链——但这也可能推动平台企业本地化,设立更多分公司,影响既有的平台扁平化结构和商业模式。

两种数据秩序面临的共同问题是确保市场持续向要素开放。在网络化数据秩序中,因为有平台企业生产目标和竞争过程的约束,这一秩序在边界上逐渐变得封闭;而科层—属地化数据秩序本身就存在数据无法跨区域连通,仅在辖区内部共享的问题。在这个语境下理解建立国家统一大市场的目标,就是要逐渐破除包括数据在内的要素流动边界,降低流动成本,增强公共数据资源投入和扩展数据基础设施建设。例如,虽然大型

---

① 之前出现的大量数据不正当竞争行为,都主要靠法院在边际上进行确认,主要适用第二条原则性条款,但地方市场监管部门则无法得到明确授权执法。2022年《反不正当竞争法(修订草案)》将包括数据不正当竞争在内的诸多新型违法行为都进行了明确规定,一旦通过就可以更好地由行政机关执法,增强威慑和保护力度。

第十一章 两种数据秩序及其未来

平台之上看起来已经形成了超级巨大规模的市场，但相较于平台之间相互连通而言仍然有限。平台企业因本身内部交易成本问题无法一直无限扩张，需要通过基础设施的互联互通来加以解决，否则可能会遇到数字经济发展的瓶颈，这就需要回到数字基础设施设立的初衷——推动更大范围的流动性——以推动政策改革。

最后，本章的研究也可能在一个侧面回应传统国家与市场关系的理论讨论。传统上认为为了使市场能够有效运行，国家应当确立基本要素的权属和交易规则，从而便利财产流转和交易。本章不否认国家继续通过确定数据权属以便利交易的努力，但试图更进一步，看到这一努力的局限：在数字经济生产方式中，单纯的权属本身无法带来稳定预期和收益，有效市场秩序的建立需要依托其他更为基础的要素和信息基础设施的确立——无论这些外部力量来自平台企业还是国家。上述分析也表明，至少在中国的互联网发展过程中，数字市场并非自生自发形成，而国家按照传统方式影响市场运作的方式也可能因此失效。

自此，本章的结论最终落脚到了两种数据秩序的未来演化，并认为两种秩序的相互依存与合作才可能推动数字经济突破瓶颈以实现可持续发展。但围绕数据秩序的主张在多大程度上适用于其他数字化领域，以及强调合作作为另一条道路的理论视角在多大程度上能够推动我们走向更美好的数字未来，仍然是需要讨论的重要问题。接下来的第十二章既作为全书的总结，也是对此问题的回应。

第十二章　合作的兴起与互联网的未来

当我们将"合作"作为本书的主题时,其背后事实上包含了两方面的理论源头:生产理论与多重可能性理论——而它们也反复出现在了本书讨论的各个议题中。生产理论是本书展开分析的起点与框架,只有将互联网视为一个生产场域,并从分工、组织、管理的过程视角来理解不同主体之间的相互影响关系及其形成的规则、理念体系,我们才不会将数字技术、数字要素割裂于环境而抽象讨论。也正是以此为起点,我们进一步揭示出了互联网作为生产场域的多重可能性,这既体现为技术层面的多重路线,也体现为结构、规则乃至理念层面的多重样态。在这两个理论视角基础上,我们才最终引出合作作为未来互联网改革另一条道路的基本主张,并从技术、结构、规则、理念四个维度对传统模式进行了反思,也对"合作的互联网"的内涵做出了界定。

在论述逻辑上,全书是基于历史与现实的演绎。一方面,我们呈现了历史上关于技术革命的辩证性讨论,并将其延伸至数字时代。这既体现为"福特主义 *vs.* 后福特主义"框架在数字化转型过程中的新发展,也体现为"计算化数学 *vs.* 公理化数学"在算法普及应用背景下的新内涵。这些章节的目的,并不限于为数字时代的分析提供理论框架,更重要的作用在于将当前技术创新及其引发的普遍性社会变革视为一个时间截面,从而可以被纳入历次技术革命讨论的历史过程。在此基础上,我们才能真正看到"多重可能性"的全部面貌。另一方面,我们呈现了当前时间截面下

第十二章 合作的兴起与互联网的未来

的具体实践,并将其置于生产理论框架下加以重新解释。这既体现为跳出数据确权悖论而对要素财产权与架构财产权的区分,也体现为从基础设施、生产方式变革视角而对平台、网络乃至法律规则作出的新解释。这些章节的目的,同样并不限于为数字时代的具体政策改革提供路线图,其更重要的作用还在于将互联网各领域碎片化的发展实践串联起来,从而能够整体性地将生产理论贯穿于互联网发展模式的解释与未来改革路径的探索之中。

在结构上,上述两个方面是紧密联系在一起的,并最终汇聚为"合作的互联网"这一点。举例而言,在围绕当前具体实践问题(例如本书分别关注到的平台作为数字基础设施、架构财产权、"非法兴起"、数据秩序等议题)的持续讨论中,我们已经反复强调生产要素流动与整合的内在冲突与动态平衡,以及伴随此过程,法律规则在维系秩序与保护创新中的生产性角色。而这些理论主张事实上都可以被理解为后福特主义在数字时代的自然延伸,也即数字后福特生产模式改革与转变的具体体现。换言之,当我们需要跳出单个企业边界或者单项权利边界来整体性讨论数字时代的生产与分配问题时,我们已经进入后福特主义的理论范畴,而具体议题的实践性分析又进一步充实了后福特主义在数字时代的具体内涵,并构成数字后福特主义的基本定义。

在此意义上,合作的互联网作为未来改革的另一条道路便呼之欲出。在第五章的论述中,我们已经很清楚地表明,后福特主义,以及集中体现当前特色的数字后福特主义,其关键都在于将合作置于生产与分配的中心地位。此时,合作不仅是规范意义上的价值诉求(即应该合作),同时也是现实意义上释放最先进生产力的必然要求与自然结果(即需要合作)。作为全书的结尾,本章将在前十一章论述的基础上,重新回到对"合作"概念的讨论,以在生产理论、多重可能性理论视野下,阐释"合作"之于数字未来改革的启发价值。

一、合作理论的再回溯

在第一章中,我们回顾了不同理论视角、不同技术革命对于合作的忽视,以及合作作为一种进化社会学现象的长久生命力。在彼时的论述中,我们更多还是聚焦合作概念本身,而并没有将其与互联网时代的技术、结构、规则、理念明确地结合在一起。尽管在前述章节的论述过程中,我们在不同环节都隐隐地感觉到了合作的重要性和必要性,但这层窗户纸并没有被捅破。关键的问题在于,当我们呈现出互联网变革在技术、结构、规则、理念四个维度的多样性空间时,为什么合作是值得重视乃至应被视为引导未来改革方向的核心概念?就此而言,我们有必要再次回到合作理论的源头,并探究其与数字未来的关系。

(一)合作的共同意图、递归与智能

第一章引用的"眼白"案例还只是体现人类合作性的一个侧面。耶鲁大学政治经济学教授约翰·罗默(John E. Roemer)在其2017年出版的颇有影响力的著作《我们如何合作——康德均衡理论》(*How We Cooperate: A Theory of Kantian Optimization*)中,开篇即引用迈克尔·托马塞洛(Michael Tomasello)的论述,将眼白(sclera)、指向(point and mime)、语言(language)视为人类独有而其他灵长类动物并不具备的特殊能力,而这三种都只能在合作环境下形成,且这三种功能又促进了合作行为的产生与进化。在托马塞洛的基础上,罗默进一步指出,人类拥有远比其他类人猿更大的大脑也是人类合作行为的独特特征和必

然结果,因为更大的大脑才能够适应超越一个人能力范畴的复杂活动的需求。在此意义上,智能(intelligence)甚至也可被视为合作基因的进化结果。①

在智能与合作的关系上,罗默虽提出了观点但并没有做更详细的阐述。而从我们关心的议题来看,尤其是在新一代人工智能实现跨越式发展与普及应用的当前背景下,这一点却显得尤为重要。在第九章的论述中,我们曾引用罗伯特·昂格尔的观点,将智能定义为"基于递归思维的想象的能力"。那这种能力与合作又存在何种联系呢?这种能力是否在合作环境下形成,而其又能否进一步促进合作行为呢?对此问题的探索,引导着我们回到了托马塞洛。

作为当今最权威的发展和比较心理学家之一,托马塞洛是"全世界为数不多的被公认为多学科专家的科学家之一"②。尽管涉猎广泛,但托马塞洛所有研究的主题都可以概括为其实验室主页上的一句话——探究"人类为何成为人类?"

就我们关心的合作与智能的关系问题而言,托马塞洛的回答主要体现在其2014年出版的《人类思考的自然史》(*A Natural History of Human Thinking*)一书中。事实上,在托马塞洛的分析中,眼白、指向、语言这三个案例并非相互独立,它们共同揭示出了合作的本质。

在200多种灵长类动物中,只有人类拥有眼白,也只有人类利用眼白来传递信息。在托马塞洛主导的实验研究中,12个月大的婴儿就已经学会跟随他人眼睛的运动而非脑袋——但对于其他类人猿来说,却只能跟

---

① J. E. Roemer, *How We Cooperate*, Yale University Press, 2019, p. 3.
② "Michael Tomasello-Heineken Prize for Cognitive Science 2010", https://www.heinekenprizes.org/portfolio-items/michael-tomasello/?portfolioCats=12%2C13%2C14%2C15%2C16%2C17. 最后访问时间:2023年6月1日。

随脑袋的运动。此处的关键在于,眼睛的运动作为一个表象,反映了人类的内在"意图"(internal states of individuals),从而发出了希望他者形成相同意图的合作信息。托马塞洛在书中举例说到,当我喜欢某种水果的意图通过我注视该水果而表达出来时,事实上表达的是一种希望他人帮助我获得该水果的合作信息——而在竞争性的环境下,这一机制是不可能存在的:不仅因为其他人不会对我的意图感兴趣,还因为当我表达出我的意图后,反而可能为其他人提供信息并被其他人所占有。换言之,我之所以会向其他人传递信息,是因为我认为,其他人与我一样具有共同意图(joint intentionality),这才使得眼白成为一种有用的进化特征,并最终成为需要合作的人类的独有特征。

不过,存在共同意图只是形成合作的前提,如何发现并理解其他人的共同意图才是促成合作的关键机制——而正是在这一点上,托马塞洛与昂格尔走向了一致。托马塞洛认为,眼白、指向、语言的背后都体现了"递归"的力量。[1] 具体而言,当我向其他人揭示我的意图并传递出合作信息时,我会假设其他人将站在我的视角并模拟我的思考过程,从而体会到与我相似的共同意图——这种递归性思维被托马塞洛定义为"第二人格视角"(second-personal perspective)。换言之,之所以合作能够形成,正是因为我能将自身的观察视角与其他人的观察视角协调一致,从而克服认知心理上的协调困境。推动这一过程发生的表面原因,可能来源于合作者的监督压力或者逐渐形成的社会性规范,但其在行为层面,都可归因于人类所形成的递归性思维。

于是,基于托马塞洛的理论,我们最终将合作的本质解释为共同意图

---

[1] M. Tomasello, *A Natural History of Human Thinking*, Harvard University Press, 2014, p. 78.

第十二章 合作的兴起与互联网的未来

和递归机制的结合,①而这自然会引起我们在第九章关于"智能"概念内涵讨论的联想。当我们在昂格尔的指引下,将基于递归思维的想象的能力视为人类所独有而机器难以替代的独特特征时,随之而来的一个疑问便是:人类如何形成这种能力,以及这种能力又将在何种环境下能够得以延续或强化? 托马塞洛的理论解释无疑对该问题作出了很好的回答,即这种递归性思维只有在合作环境下才能形成,而其又将进一步推动合作的维系与强化。正是在此意义上,我们便有充分理由将合作视为未来数字化另一条道路的正确方向——因为只有在合作环境下,才可能保持住人类行为过程中的递归性思维(或第二人格视角),也才可能维系人相比于(数字)机器的独特优势和价值,从而在根本上解决我们当前所担心的劳动替代、数字异化等表面上的治理风险。

值得指出的是,上述论述的一个隐藏视角是,我们仍然是从"利益"的角度来思考"合作":合作本身是为了获得收益(或避免惩罚)。这一视角固然是正确的,但不够全面。是否存在并不基于理性计算收益的合作行为? 如果存在,促成此类合作行为的机制又是什么? 值得指出的是,寻找非利益机制的合作行为并不代表我们要抛弃以自利为核心的理性人假设,并认为利他动机的普遍存在——就像在第一章中所指出,进化论视角下的诸多"利他"行为同样可以从有利于自身基因繁衍等角度得到解释。由此,我们接下来引入的是关于合作道德的讨论。

---

① 值得注意的是,约翰·罗默同样将促成合作的前提总结为团结(solidarity)和信任(trust)两点。罗默将"团结"定义为"我们处于同一艘船中的共同感觉","信任"定义为"如果我采取合作行为,则其他人也会"。由此观之,这两点与托马塞洛笔下的"共同意图"和"反馈机制"完全同等。罗默的论述参见 Roemer, *How We Cooperate*, p.6。

（二）合作的利益与合作的道德：从纳什均衡到康德均衡

上一小节讨论的合作机制主要还是基于功利主义的利益权衡，即"我"之所以会采取合作行为（或发出合作信号），是为了实现一个有利于"我"自身的结果，而"我"也相信其他人与"我"持有相同观点（即共同意图）。但有很多情况下，合作并不一定是为了结果，过程的考量同样可能促成合作行为。在第一章中我们曾指出，在集体行动理论的论述中，斯密、哈丁、奥尔森等共享的论述逻辑在于，他们都认为影响个体参与集体行动的关键因素在于个体行为的边际影响是否可忽略，例如我是否去投票取决于我认为我这一票能否对结果产生影响。但以罗斯为代表，有关公地喜剧的讨论事实上指出，个体参与集体行动的机制或许并不在于结果（其边际影响），而可能在于其所形成的交往关系（即社会性）——后者便更多体现了对过程的关注。不过在第一章的论述中，我们并没有具体解释"过程"的机制是什么，即究竟为什么人们会关心促进合作的过程，以及这一过程究竟是如何发生的？就此问题而言，约翰·罗默与乔恩·埃尔斯特（Jon Elster）的讨论提供了一个更完整的分析框架。

约翰·罗默关于合作行为的讨论缘起于对传统经济学分析框架的不满，很明显的一个反直觉案例来自广为流传的囚徒困境：尽管两个囚徒合作（同时不承认犯罪）才最有利于二者，但纳什均衡认为同时承认犯罪才是最大化各自利益的均衡点。对于理论与现实的反差，既有的解决办法往往是放松纳什均衡的条件，而非反思纳什均衡本身的理论合理性：一方面，行为者的自利假设被放松，包括利他动机在内的其他偏好被纳入收益函数；另一方面，重复博弈被纳入考量范畴，行为者因预期当次博弈中的不合作行为将在下次博弈中受到惩罚，从而在当次博弈中选择合作策略。不过在罗默看来，这两种修正都存在其理论缺陷。对于前者而言，利他动

第十二章 合作的兴起与互联网的未来

机虽然不能被完全排除,但将之视为促进合作的全部基础,如果不能说是错误的,其解释力至少也是有限的——例如,根据本书第一章的分析框架,其至少不能解释互利性合作;对于后者而言,罗默指出重复博弈事实上要求的是无限次博弈,因为任何有限次博弈都将使行为者在最后一次博弈中必然选择非合作策略,而对此的预期又将使行为者在倒数第二次博弈中选择非合作策略,以此类推直至当次博弈——但我们很明显地看到,即使在有限次博弈中,行为者仍然有可能选择合作策略。[①] 在这样的理论反思基础上,罗默提出了完全不同的新视角,即我们事实上要抛弃的是纳什均衡,并进入康德均衡的新框架。

在罗默看来,纳什均衡的关键问题在于其采取了孤立主义的静态视角,即在假定其他行为者不变的情况下,"我"的最优策略——但这一思路却忽视了其他行为者也与"我"一样会在策略集合中进行选择与调整。正是因为此种不足,纳什均衡的分析框架往往会带来两方面的理论谬误:体现负外部性的公地悲剧,与体现正外部性的搭便车问题。前者是指对于有限资源而言,纳什均衡点意味着每个人的最优策略会导致集体利益的损失;后者是指对于集体行动而言,纳什均衡点意味着未参与其中也能占有其他人行为的集体收益。基于对纳什均衡的反思,罗默提出了以康德理论为起点的康德均衡,并认为其能够有效解决纳什均衡的上述两方面理论谬误。

康德均衡从根本上改变了纳什均衡的分析视角:与"在别人不变的情况下,我的最优策略是什么?"这一视角不同,康德均衡提出的新视角是

[①] 埃尔斯特引用了大量实验研究来说明囚徒困境下合作行为的可能性。在重复博弈中,虽然行为者不会自始至终地选择合作策略,但即使在有限次博弈中,仍然会在过程中采取合作策略。典型研究例如 R. Cooper, D. V. DeJong, R. Forsythe, T. W. Ross, "Cooperation without Reputation: Experimental Evidence from Prisoner's Dilemma Games", *Games and Economic Behavior*, 1996, pp. 87-218; R. D. Luce, H. Raiffa, *Games and Decisions*, Wiley, 1957, p. 101。

"什么是我认为所有人都会(愿意)选择的行动策略?"

具体而言,康德在《道德的形而上学基础》中提出了判断某项行为是否道德(moral evaluation of our action)的一般性原则,即"每个人都应按照自己期望能成为自然界普遍性行为的原则,来决定自己的行为"①。换言之,"我"之所以采取此类行为策略,是因为"我"认为其他人也会一般性地认同或采取此类行为。以此为起点,康德从"针对本人或者针对他人的责任",以及"完全或非完全责任"两个维度对四种类型行为进行了区分(见表12-1)。

表12-1 康德道德行为的四种类型

		责任的对象	
		针对自己的责任	针对他人的责任
责任的完全程度	完全责任	例:不要自杀	例:遵守诺言
	不完全责任	例:自我提升	例:帮助他人

首先,尽管"我"可能认为延长自己的寿命会带来更多的痛苦而非喜悦,但这一观点明显不能成为别人所认同的普遍性行为,因而"不要自杀"才更是一个合乎"道德"的行为;其次,尽管遵守诺言可能会损害"我"的利益(例如遵守还钱的承诺会减少"我"的财富),但如果诺言不被遵守成为常态的话,那么以后便不会有人愿意借给"我"钱,因而这也不会成为一个普遍性行为;再次,尽管学习、历练等提升自我的行为是一种负担,但自我放纵仍然不能被视为"道德"的,因为虽然在某些情况下自我放纵是普遍存在的现实,但这并不是普遍存在的"愿望"(will)——人们总是希望他们的天赋或能力被释放出来;最后,尽管帮助他人同样是一种负担,而

---

① I. Kant, *The Cambridge Edition of the Works of Immanuel Kant: Practical Philosophy*, Cambridge University Press, 1996, pp. 37-108.

利己行为的确也是普遍存在的现实,但这同样不是普遍存在的"愿望",因为"我"总会在某些情况下希望得到别人帮助(即虽然"我"拒绝帮助别人,但"我"并不希望别人拒绝帮助我)。

以康德原则为起点,埃尔斯特将人类社会的合作现象进一步划分为了三种类型:社会规范(social norm)驱动的合作、准道德(quasi-moral)规范驱动的合作、道德规范(moral norm)驱动的合作。[1] 社会规范驱动的合作是指,"我"之所以采取合作行为策略,是因为"我"担心偏离行为会被其他人发现并受到惩罚。此类合作行为与无限次博弈中的纳什均衡是相同的,与之相比,准道德规范和道德规范驱动的合作均体现出了康德原则的基本要求。准道德规范驱动的合作是指,当"我"观察到其他人的合作策略行为时,因"我"认为其他人行为是正确的并因此愿意遵守,以使"我"的行为符合一般性原则。此时"我"并非出于担心惩罚而采取合作策略,但如果不能观察到其他人行为,则"我"也将偏离合作策略——换言之,准道德规范也是有条件的。相比于前两者,道德规范驱动的合作则是无条件的,即无论别人如何做,"我"都会采取合作策略,因为"我"认为这才是正确的。

在罗默看来,促成合作的前提在于团结和信任两点,而信任需要建立在对其他人是否采取合作策略的观察之上,因而罗默认为其所提出的康德均衡属于埃尔斯特分类中的"准道德(quasi-moral)规范驱动的合作",并因此不同于纳什均衡所要求的"社会规范驱动的合作"。[2] 在罗默的康德均衡下,囚徒困境将得到不一样的结果:此时,任何一个囚徒都不再是在假定另一个囚徒行为不变的情况下选择最优决策(即承认犯罪),而是会选择其认为另一个人也会选择的策略(即不承认犯罪),也即"我认为所有人都会(愿意)选择的行动策略"——合作由此形成。

---

[1] J. Elster, "On Seeing and Being Seen", *Social Choice and Welfare*, 2017, pp. 721–734.
[2] Roemer, *How We Cooperate*, p. 9.

于是,合作从个体基于利益的理性计算,发展为依赖他人行为的共同选择,而这也构成了理解并解释人类社会各类型合作现象的完整频谱。如果我们再次将上一节末所引述的昂格尔之问提出来——如果将"基于递归思维的想象的能力"视为人类所独有而机器难以替代的独特特征,那么人类如何形成这种能力,以及这种能力又将在何种环境下能够得到延续或强化?——在托马塞洛的基础上,本节关于合作的道德的讨论,至少又能对此问题的答案做出新的发展:合作促成的不仅仅是基于利益计算的递归性思维(或第二人格视角),其同时也将逐渐演化为将个人选择嵌入他人选择之中的道德性规范(康德原则及康德均衡)。此时,人类所不能为机器替代的独特特征,除了个人层面的递归性思维之外,还将包括在集体层面,个人对于集体(他人)行为的判断与理解,以及在此基础上对个体行为选择的进一步修正。这一理论阐述的具体例子便体现在纳什均衡与康德均衡的数字实现难易度差异上:尽管纳什均衡较容易被数字机器所实现,康德均衡却难以通过数据和算法得到完整落实。

从合作理论视角对第九章讨论的智能概念的强化阐释,还只是说明合作之于互联网未来改革(或者更一般的,数字未来改革)重要意义的局部尝试。基于这种理论回溯,接下来我们将进一步讨论合作之于本书所关注的技术、结构、规则、理念这四个维度的改革启发价值。在此意义上,我们才得以更清楚地看到,合作的互联网作为另一种可能的全部内涵。

二、合作的互联网作为另一种可能

(一) 合作视野下的"技术"创新

本书第三、四章要表明的核心观点在于:数字技术从来都不是"任人打扮的小姑娘",也不是可以承载我们各种想象或愿望的"乌托邦"——它是,它也只能是,满足生产过程要求并体现生产关系的载体或场景,且因此与不同群体产生关联并进而对不同群体产生差异化影响。在此意义上,当我们关心互联网革命,以及更一般的数字技术革命进程及影响时,我们首先需要识别的是数字技术路线的多重可能性,进而再探究各条技术路线影响不同群体的过程与机制。作为全书最后一章,此处我们要进一步讨论的问题在于,合作理论究竟与多重技术路线及其政治性的讨论有何关联,它又将为技术反冲背景下的数字技术创新带来何种启发?

在 2019 年纪念万维网诞生 30 周年的活动中,蒂姆·伯纳斯-李曾提及三方面的互联网乱象。[1] 在这三点反思中,最为有趣也极少有人提及的,可能是第三点。作为万维网的发明人,应该没有人比伯纳斯-李更了解该协议的优势与不足。在此背景下,伯纳斯-李针对数据竖井现象的反思,及其围绕索利得协议而开展的新征程,正是探索数字技术多重路线的典型案例。此处的延伸性讨论在于,我们并不能判断索利得是否就是**解决互联网乱象的最好答案,甚至也不能判断其是否是比万维网协议更好的答案**——数字技术演化的不确定性限制了我们的判断能力。[2] 此时,相比于针对特定技术方案的偏好与选择,更为重要的是在保持开放性的同时,促进多样性技术路线的不断涌现——而这也正是第三章末讨论"分

---

[1] Tim Berners-Lee, "30 years on, what's next #ForTheWeb?", 2019. https://webfoundation.org/2019/03/web-birthday-30/,最后访问日期:2023 年 6 月 1 日。

[2] 从理论上讲,索利得是具备颠覆性变革的潜力和能力的。从表面上看,索利得仅仅只是改变了数据存储方式,即不同于应用和数据相统一的万维网架构,索利得将用户在互联网上产生的数据都存储在特定位置,并因此与提供服务的应用程序(或网页)相分离。但由此带来的影响却更为深远:一方面,数据竖井现象被消除,任何数字平台公司都不拥有用户数据,而经由用户同意,不同商业平台公司可以调用同一套用户数据,由此打破了网络效应并促进了市场竞争;另一方面,互联网商业化进程中的激励错配被消除,此时数字平台公司的动机不再是收集并控制用户数据,而是提升并创新其产品服务,隐私侵犯、虚假新闻等互联网乱象因此有望从根本上得到解决。

叉"机制的关键。

但我们需要注意到的是,开放并不必然带来多样。第四章围绕平台作为基础设施角色转化的讨论表明:一方面,开放的互联网需要在数字平台的框架下完成认证、连接乃至规训功能,以在支撑个人信息的生成、流动、处理过程中完成商业化转型;另一方面,伴随着数字平台作为基础设施功能的完善,其竖起的高墙不仅显现出了反流动效应,也逐渐固化了既有技术路线,并使得其他技术方案的挑战变得更为困难。

面对数字技术演化可能在开放中走向封闭的潜在风险,既有解决方案大都以针对要素本身的行为规范为重点,试图通过更明确的技术边界(例如索利得协议对个人数据的单独存储)或规则边界(例如数据确权)以重新塑造出独立的、分散的数据权利主体,进而约束或者抵制数字平台的固化倾向与反流动效应。从维系开放性的角度来看,这一思路固然是有效的,但它并不能真正回应多重技术路线的发展性要求。具体而言:一方面,我们并不能保证这些新的数据权利主体不会演化为新的数据竖井,甚或出现新的数据权利风险;另一方面,数字平台被视为改革对象的对抗性思维,恰恰又忽视了它在促进流动方面的积极价值(正如本书第七章、第十章的分析)。在此意义上,合作理论的启发价值便体现在三点。

第一,应促进合作环境的形成,以培养、放大人类行为过程中的递归性思维,从而为多重技术路线的涌现提供知识来源。在合作理论的视野下,人类相比于其他灵长类动物以及作为人造物的数字机器的独特特征,都在于其所具有的递归性思维,并基于该思维能够对自身过往行为及他人行为进行否定性反思,从而产生出新知识——而这也正是推动数字技术多重路线不断创新发展的不竭动力与源泉。事实上,索利得技术路线正是源于伯纳斯-李对既有万维网技术协议的反思,而"分叉"同样是技术社群对已有技术路线不满而展开的新探索。正因为此,表面上看"分叉"

体现了不同技术路线的激烈竞争,但从递归机制视角来看,其恰恰反映的是合作行为的起点。

第二,应通过多重机制挖掘、体现数字技术演化的共同意图,并促进其成为利益相关方的共同认知,从而为可持续合作奠定基础。以第二章的框架性讨论为起点并延续至第三、四章,技术具有政治性的观点贯穿始终,因而探究数字技术的意图并非毫无根据。在合作理论的视野下,我们又尤其应该关注作为合作基础与前提的共同意图,它指多重技术路线演化过程中的共性要求——但这并不代表着我们需要找到横跨多个领域、贯穿多种技术类型的普适规律,它仍然意味着根据环境和技术特点不同而变化的多样性共同意图。① 以万维网和索利得为例,两种网络协议尽管技术逻辑不同,但正如伯纳斯-李所总结的,二者的目的都在于创造全人类能够协同创新的自主空间——而这便应被视为互联网技术路线探索的共同意图,进而成为推动利益相关方合作的共同起点。

第三,应以康德均衡(或更一般的康德原则)为新的理论起点,推动平台治理的未来改革进程。第四章曾指出,当前的平台治理改革更多聚焦于防止平台二选一、限制平台版权独家授权,或者是否需要容忍一定程度的"非法兴起"等此类对抗性措施。数字平台本身被监管者或其他同业竞争者视为利益对立面,并试图通过对抗性措施来约束其反流动行为。这些改革实质上延续了纳什均衡的基本思路,认为数字平台会在假定他人不变情况下选择最优策略;但从合作理论的视角来看,数字平台也可以以康德均衡为新的理论起点,选择他也希望别人选择的行动策略——而这

---

① 在第九章中我们曾引用吴文俊关于"数学机械化"的相关讨论,他认为"数学机械化纲领"的指导思想是"在数学的各个学科应选择适当范围,即不至于太小以致失去意义,又不至于太大以至于不可机械化,提出切实可行的方法,实现机械化,推动数学发展"。吴文俊的观点与此处我们认为"共同意图"并不等同于普适规律,但又具有一定一般性的观点是类似的。

恰恰有利于破解数字平台私人性与公共性的内在张力。正如第四章所指出，数字平台同时存在着促进流动和反流动两种效应，而这一问题并不能简单通过数据确权等方式得以解决，推动不同数字市场的连接更可能成为有效方案（此时要求数字平台自身也转变观点，以希望其他平台开放的逻辑来选择自身的开发策略）。这一实践经验的观察与总结，事实上正与康德均衡一脉相承，而这也启发我们未来应进一步挖掘康德均衡的理论价值，以探索更丰富的改革措施。

（二）合作视野下的结构选择

本书第五、六章的主要工作包含两个方面：一是将"福特 vs. 后福特"的比较分析框架延伸至数字时代，从而以"数字福特 vs. 数字后福特"作为区分数字时代不同生产组织结构的理论基础；二是挖掘了"网络"这一外在表现结构的内在多重含义，在动态架构、生产关系、基础设施的三重角色中揭示出网络的生产价值及其对社会关系结构的深远影响。在第二章的分析框架说明中我们曾指出，结构维度关心的是数字技术被发明、被应用时所处的生产组织关系，以及二者的相互影响。在此视角下，第五章的思路是从理论到实践，以理论框架的延伸来对实践现象做出类型化的说明与分解；相比之下，第六章的思路则是从实践到理论，以网络化这一一般性的实践变革现象为起点，揭示它在不同生产场景下的差异化逻辑与影响。

在这样两个相向逻辑的对比论述中，合作究竟意味着什么，合作理论又如何与二者发生联系并因而对未来改革带来更多的启发价值呢？基于本章的论述，我们认为，答案可能包含在两个层面。

在第一个层面，我们可以较为简化地认为，合作理论与后福特主义是一脉相承的，并因此要求数字时代的结构变化更多朝向数字后福特主义

第十二章 合作的兴起与互联网的未来

的方向发展。基于第五章的论述,我们可以很容易看到合作理论与数字后福特主义的契合点:首先,开源软件的激励与组织形式无疑是合作性的,左版权制度本身即是为了确保合作不被破坏而设立,而安那其主义在组织形成、稳定性、问责性三方面的解释逻辑同样可被定义为挖掘并实现共同意图的机制与过程;其次,实验主义治理作为数字后福特治理范式的代表,其四个要素迭代循环的关键是形成合作理论所要求的递归机制,只不过此时的分析不再停留于个体行为层面,而是拓展至组织层面;最后,社会人、政治人假设的核心是承认交往性的价值,将人与人之间的交往行为而非个体主义视角下的边际效用置于组织分析的核心位置,而这当然也与康德均衡的分析逻辑不谋而合。

不过合作理论与后福特主义的契合并不代表二者的等同。换言之,尽管后福特主义主要体现了对于合作的偏好乃至推崇,这也不意味着合作只能出现在后福特主义的框架下。在第五章的论述中我们曾提到,后福特主义并不能简单被视为对福特主义危机的应对,其本身的局限性意味着二者更多体现了互补关系而非替代关系。正因为此,合作理论与后福特主义的契合才不意味着其对福特主义的排斥,而这也正是我们要讨论的第二个层面。事实上,在数字福特主义的三方面讨论中,虽然经济人假设的计算化与合作理论呈现出较大差异,但在劳动过程管理和治理范式这两个维度,我们仍然可以看到合作的可能性,以及合作理论能够带来的改革启发价值。

尽管在福特制 2.0 下,数字平台仍然控制着劳动过程管理的决策权,但它对于"具有明确雇佣关系"和"生产标准化产品或服务"这两个重要条件的突破,仍然预示着我们可能可以看到福特制下难以实现的合作空间。在第四章关于数字平台作为基础设施的论述中,我们已经提到,数字平台作为权力的集中点并不全然是消极的,它所承担的认证与连接功能在实质上促进了信息的流动。也正因为此,当我们批判数字平台导致劳动异化现象时,我们反对的,不一定是数字平台作为权力控制点的集中式结构,而更可能是此种集中式结构下所施行的特定生产与管理过程。此时,合作理论同样可以被视为在不改变数字平台集中式结构前提下的另一条道路。仍然以外卖平台为例,改变片面依赖算法决策的技术决定论思路,转而以算法赋能劳动者合作空间,增强而不是减弱骑手、站点、商家、消费者的社会关系、交往关系,进而催化、助推多重合作机制的形成,将同样是回应劳动异化批评的可能路径。

同时,技术答案主义虽然忽视了人类行为背后的动机与偏好,并过于简化地试图以新兴技术方案来替代长久存在的传统社会机制,但数字技术本身的分布式倾向,仍然为合作现象的兴起准备了条件,并有可能在渐变中实现跨越式转型。我们对于技术答案主义的批判主要集中于其对人类行为本身的替代与排斥,这在第六章关于数字网络三重定义的讨论中,又具体体现为网络作为一种结构的平台化和商业化,以及在此过程中对利益相关方社会性、合作性的挤压。不过同样值得注意的是,从互联网到区块链,数字技术不同于其他技术的特殊性正在于其分布式特征,即在不断消解既有中心节点的同时越来越充分地调动分散主体的生产性力量——而合作必将孕育于此过程之中:基于互联网的开源软件现象、基于区块链的分布式货币创新,都是其中的典型案例。尽管我们仍然可以看到新涌现的权力中心节点——例如互联网时代的数字平台,或者区块链网络中的交易所——但相比于建立在蒸汽机革命基础上的工业时代,数字技术仍然体现了更强的分布式倾向。在此背景下,合作理论带来的改革启示则在于,我们不应将"孩子与洗澡水一起倒掉":对技术答案主义的批判更多体现为对技术决定论、技术替代论的批判,而非对数字技术变革作用的片面否定。恰恰是在数字技术革命的基础上,我们才可能迎来更大的合作空间。

当然,就像第六章对数字网络三重内涵的揭示,在任何一个具体实践中,我们都很难看到绝对的数字福特主义或数字后福特主义。在更多时候,我们面对的仍然是二者的混合与修正。在此意义上,合作将始终存在于数字变革背景下不同生产组织结构的选择之中,而合作理论启发下的未来改革也需要更多考虑不同结构所包含的关系性、社会性、公共性价值,以不仅仅停留于个体主义视角下的分散权利保护。

(三) 合作视野下的规则演化

本书第七、八章的主要内容是呈现了数字时代财产权规则、治理规则的多重可能性,及其在生产、分配活动中与技术、结构等其他框架性因素相互影响、相互建构的过程与机制。一方面,要素财产权作为我们的常规思路,在不断发展的经验事实面前不断遭遇着挑战与质疑。试图将确权对象割裂于具体生产环境的理论努力,并不能有效回应数字市场的发展性要求。此时,以数字平台的崛起为背景的架构财产权理论,可被视为突破常规思路进而体现规则多样性的一次尝试。但同时,架构财产权可能限制要素流动的潜在风险,也使得这一财产权规则调适仍然处于动态变化之中,数字生产环境的变迁持续不断地要求着旧规则的重塑与新规则的创制。不过另一方面,财产权的变迁及其多重可能性并不意味着数字生产过程始终处于不确定状态,从"非法兴起"1.0到"非法兴起"2.0的演化揭示出了数字治理规则由"破"向"立"的历史演化脉络,而这也意味着我们当前正在进入新的规则博弈期:对于已经占据优势乃至主导地位的数字平台而言,它试图将业已成熟的数字生产过程转变为正式治理规则加以确立;而对于体现公共价值并试图维系要素流动秩序的规则目标来讲,数字平台的主张并不一定与此契合。换言之,生产过程与治理规则的相互建构将永不停息地发展下去,特别是在互联网这种开放架构下,创新者永远都有机会突破既有生产框架并革新生产过程,这既是互联网本身生产力不断被释放的不竭源泉,也是推动规则演化的根本动力。

在对两章内容做出简要概括的基础上,接下来的问题仍然在于,合作理论在规则演化中扮演了何种角色,数字规则何以需要合作理论,而合作又需要何种数字规则才能得以实现?结合第七、八章的论述,这些问题可从两个方面得到解释,并因此体现出合作理论之于未来数字规则改革的启发价值。

一方面,数字财产权从要素走向架构的演化要求,与合作理论的关系型视角具有内在的一致性。在静态层面,合作理论对于共同意图的挖掘,以及康德均衡(或更一般的康德原则)本身的道德性要求,可作为数字规则的内嵌逻辑以引导数字生产过程的转型发展。相比于要素财产权,架构财产权最突出的特点在于将数字基础设施置于财产权的对象范畴,进而将关注重点从抽象的要素转变为要素生产与流动的关系、机制与过程。此时,财产权规则要关心的,便不再是一个被明确边界割裂开的独立对象,而是与其他主体的复杂关联——这也正是合作理论的出发点。无论是共同意图还是康德均衡,都将"我"与他人的关系(而非"我")置于中心位置,它更看重的是在交互过程中形成的多重机制,以及在此过程中体现出的社会性、公共性因素。也正因为此,合作理论同样适用于反思架构财产权可能限制要素流动的潜在风险,它要求数字平台在试图赋予实践架构以财产权的合法性时,以"希望其他平台也会(愿意)选择的行动策略"为标准,来判断其自身架构规则的"道德"与否。

另一方面,在动态层面,合作理论基于递归的内生演化逻辑,有利于作为治理规则与生产过程相互影响、动态变化的解释框架,从而为找到均衡点提供帮助。在第七、八章的论述中,尽管我们强调架构财产权或"非法兴起"的重要性,并将之视为不同于传统思路(要素财产权,或者传统治理规则)的另一条道路,但这并不代表它们便是比传统思路更好的道路。隐藏在表面论述之下的,是强调规则分析应该根植于生产过程的复杂实践,并在后者的历史演化中去判断规则变迁的适应性与合法性。举例而言,从互联网兴起早期围绕知识产权的争议("非法兴起"1.0),到移动互联网与共享经济时代围绕再生产与分配问题的冲突("非法兴起"2.0),数字平台扮演的角色是迥异的,在此基础上所涌现的财产规则或治理规则也是变化的。就未来来看,数字商业业态的不断转型必然会推动当前规则的进一步演化,那么如何把握这一演化规律便是比明确当前阶段规则内容更重要的理论任务,而合作理论恰好是对此的支撑与指引。事实上,与强调静态稳定的纳什均衡不同,康德均衡的特点恰在于动态鲁棒性,后者更依赖对包括其他行为方在内的环境的整体考量,而非将之视为既定不变的前提。也正因为此,环境的变化(以及随之变化的共同意图)自然将导致均衡点的转移,并要求得到规则的变迁与认可,而这一机制并不能在传统的纳什均衡框架下得到完整解释。

(四) 合作视野下的理念解放

本书第九、十章聚焦到了理念维度,试图解释往往隐藏在技术、结构、规则之后的第四个独立变量。在因技术创新引致社会变革的系列浪潮中,挥之不去的是人们对于技术的乌托邦式想象——埃尔斯特也将此称之为神奇的幻想(magical thinking)。在埃尔斯特的讨论中,这是一种心理机制,即人们往往会将超出其控制范围的事件归因于其自身,并因此采取相应行动。例如选民的投票行为,可能是因其认为:如果"我"去投票,则其他类似于"我"的人也会去投票,因此"我"应该去投票——但事实上,其他人是否投票与"我"的投票行为并无直接关联,而"我"却因为这样

"神奇的幻想"而的确采取了投票行为。[1]

对于技术创新以及随之引致的结构、规则变迁而言,人们往往也持有类似观点:人工智能之所以值得重视和投入,是因它会普遍性地替代人类,因此我们只能在接受该前提的情况下去寻找应对之策;数字经济之所以会取得巨大成功,是因其代表了不同于历史上任何时期的新型生产方式,因此我们只能抛弃传统治理框架,并在此前提下去重新建立适合于数字经济的治理规则。这两类神奇的幻想是如此根深蒂固以至于我们往往忽视了另一条道路的可能性,即我们所习以为常的前提是否真的不可改变,而我们在此前提下所开展的改革讨论又能否回应实践问题?

第九、十章即是对这两个问题的反思性回答。一方面,对机器智能概念的历史性追溯还原了对其本质的争议性解释,及其实现方式的多重路径。在第九章我们看到的机器智能,并不仅仅是体现完全理性的公理化模型,而同样可能是依赖于环境并与环境互构的计算化体系。此时的关键,便不再聚焦于机器智能到底能否替代人类,而是在人—机关系的框架下去探讨各自的相对价值。在此意义上,我们才最终跳出了对于机器智能的"神奇的幻想"。另一方面,将数字经济与传统生产过程的关联,为理解数字时代法律演进的基本逻辑提供了更完整的支撑。第十章所描述的数字经济,并不一定意味着全新的生产方式,它甚至被认为脱胎且依赖于传统的生产过程。也正因为此,围绕规范数字经济活动的生产性法律的讨论,仍然可以再次回到生产要素"流动 vs. 整合"的框架下得到解释,并在此过程中找到立法、司法作为挖掘、凝聚、体现社会共识(或共同意图)的积极作用。

由此也不难发现,第九、十章的主要目标,仍然延续了另一条道路的

---

[1] Elster, "On Seeing and Being Seen".

第十二章　合作的兴起与互联网的未来

主题,在破除理念决定论的过程中,试图还原技术、结构、规则等多个维度下人们神奇的幻想的完整样态——而合作理论与此又有何关联呢?

埃尔斯特在同一篇文章中曾指出,康德原则与"神奇的幻想"是近亲(close cousins):"认为别人也希望做出类似选择"的考量,事实上也是一种超出"我"控制范围的因果关联,而"我"也在这种因果关联的推动下决定了自己的行为选择。换言之,合作的达成很可能首先取决于在理念层面建构起对他人会做出何种行为的"神奇的幻想",并基于这种判断来引导"我"的行为的选择,而这也正是托马塞洛"第二人格视角"的基本内涵。

如果沿袭埃尔斯特的分析视角,从合作理论再次审视"神奇的幻想"的话,不难发现它与我们对技术的"乌托邦式想象"还存在本质差别:乌托邦式想象是单向度的,它仅仅表达了我们对于技术创新以及随之引致的结构、规则变迁的空想,它脱离了数字技术或数字经济本身的生产过程分析,而将之视为必然;与之相比,合作理论视角下的神奇的幻想是反馈式的,它是基于对他人行为的应然性预期来反思"我"的行为选择,这一过程扎根于环境并将随环境的变化而变化。以人工智能或数字经济为例:乌托邦式想象总是会将关注的重点聚焦于通用人工智能,并在假设其必然到来的前提下讨论当前应对;类似地,数字经济也往往被视为代表最先进生产力的生产方式革命,并因此要求为它对传统规则的突破提供合法性照顾。但合作理论视角下的"神奇的幻想"并不这样认为:为了解释人工智能背景下其他人的行为选择并因此来决定"我"的选择,我们不得不关注人工智能本身的生产过程,以及在此过程中所形成并不断改变的人—人关系、人—机关系;类似地,为了推动数字经济背景下的法律制度改革,我们同样需要理解数字经济与传统生产过程的相互影响关系,从而挖掘出共同意图的变迁过程——这也正是本书第九、十章试图完成的主要工作。

三、作为"新想法"的合作未来

当互联网逐渐覆盖所有人群,新一代人工智能技术支撑下的算法进一步"吞并"世界,围绕数据/平台的权益性或权力性冲突日益关键之时,我们正在面对,或者终将面对的,是一个普遍数字化的未来世界。此时,数字之于世界,已经不仅仅只是工具性、功能性的描述、象征、映射,而可能演化为实质性的等同、替代乃至改造。在此过程中,我们迎来的不仅仅是变革的激动与兴奋,还有风险的不安与忐忑。特别是后者,正在当前带来了本书开篇提到的技术反冲现象。

为真正对数字技术变革做出时代回应,我们需要再次回到生产过程,回到数字技术与结构、规则、理念的相互影响过程,并在此基础上去探索另一条道路的可能性——而这便是本书的主要目的。在这样的探索中,我们认为被长久忽视的合作理论有着其深远的启发意义,这不仅是基于演绎的理论想象,更是基于实践的反思性总结。

最后,让我们再回到开启全书讨论的《激进市场》一书。波斯纳和韦尔在全书结尾章节同样谈到了计算机高度发展后能否替代市场的问题,并乐观地认可了奥斯卡·兰格(Oskar R. Lange)的观点,即"原则上解决一个(非常大的)关于各种商品、资源和服务的供需关系的方程组没有任何困难"[1]。当然,波斯纳和韦尔并非没有注意到"反乌托邦风险",不过他们的担心主要聚焦于强大计算能力并结合大数据的技术系统是否会被集中权力垄断的管理问题[2]——从本书的讨论来看,波斯纳和韦尔的观点

---

[1] 波斯纳、韦尔:《激进市场》,第219页。
[2] 同上书,第229页。

第十二章　合作的兴起与互联网的未来

自然是作者所反对的。

但是,掩盖在观点差异背后更为重要的一个比较分析,是再次发现合作的价值。波斯纳和韦尔在结尾章节指出,"(我们)提倡'激进市场'的原因是,在目前的技术和经济发展阶段,当合作规模太大而无法通过道德经济来对其进行管理时,市场是最适合为最多数人实现最大利益的计算机"[①]。以此观点为基准,本书的主要内容可被视为对该基准的修正或丰富:一方面,如波斯纳和韦尔所指出的,合作仍然是不能被忘记的另一条道路;但另一方面,合作的价值和作用或许并不像二人所认为的那样边缘化——尤其在数字技术已经全面而深入地重塑生产方式的当前,合作理论的再兴起才真正补齐了数字时代、计算时代的完整拼图。

当然,互联网的未来道路仍然是不确定的。我们无意于认为,合作需要或必然成为互联网未来改革的最终选择。就像本书的英文标题一样,我们使用的"An Internet"而非"The Internet",其用意也在于表明互联网未来选择的多样性。由此再次回到本书反复强调的主题,即合作与其说是对既有模式的替代,不如说是对它的补充。只有在更完整看到技术、结构、规则、理念的全部形态的基础上,且不以预先设定的理论标准排除另一条道路的可能性,我们才谈得上以负责任的态度面对我们即将迎来,也必然迎来的数字未来。

---

① 波斯纳、韦尔:《激进市场》,第223页。

参考文献

中文文献

曼瑟·奥尔森:《集体行动的逻辑》,陈郁、郭宇峰、李崇新译,上海人民出版社 2018 年版。

路易·阿尔都塞:《论再生产》,吴子枫译,西北大学出版社 2019 年版。

布莱恩·阿瑟:《技术的本质》,曹东溟、王健译,浙江人民出版社 2014 年版。

阿里巴巴数据技术及产品部:《大数据之路:阿里巴巴大数据实践》,电子工业出版社 2017 年版。

艾伯特·巴拉巴西:《链接:商业、科学与生活的新思维》,浙江人民出版社 2013 年版。

丹尼尔·贝尔:《后工业社会的来临》,高铦、王宏周、魏章玲译,江西人民出版社 2018 年版。

包晓丽、熊丙万:《通讯录数据中的社会关系资本——数据要素产权配置的研究范式》,《中国法律评论》2020 年第 2 期。

卡尔·波兰尼:《大转型:我们时代的政治与经济起源》,冯钢、刘阳译,当代世界出版社 2020 年版。

埃里克·A. 波斯纳、E. 格伦·韦尔:《激进市场》,胡雨青译,机械工业出版社 2019 年版。

陈兵:《互联网屏蔽行为的反不正当竞争法规制》,《法学》2021 年第 6 期。

参考文献

陈林林:《反思中国法治进程中的权利泛化》,《法学研究》2014年第1期。

陈龙:《"数字控制"下的劳动秩序——外卖骑手的劳动控制研究》,《社会学研究》2020年第6期。

陈永伟:《平台反垄断问题再思考:"企业—市场二重性"视角的分析》,《竞争政策研究》2018年第5期。

储卉娟:《说书人与梦工厂:技术、法律与网络文学生产》,社会科学文献出版社2019年版。

崔国斌:《得形忘意的服务器标准》,《知识产权》2016年第8期。

崔国斌:《大数据有限排他权的基础理论》,《法学研究》2019年第5期。

崔之元:《鞍钢宪法与后福特主义》,《读书》1996年第3期。

崔之元:《"知识经济"与"永恒的三角形"》,《读书》1999年第4期。

崔之元:《1848年的马克思、托克维尔和蒲鲁东》,《二十一世纪》2018年6月刊。

何塞·戴克:《互联文化:社交媒体批判史》,中国传媒大学出版社2018年版。

戴昕、申欣旺:《规范如何"落地"——法律实施的未来与互联网平台治理的现实》,《中国法律评论》2016年第4期。

戴昕、张永健:《比例原则还是成本收益分析:法学方法的批判性重构》,《中外法学》2018年第6期。

戴昕:《数据隐私问题的维度扩展与议题转换:法律经济学视角》,《交大法学》2019年第1期。

戴昕:《超越"马法"?——网络法研究的理论推进》,《地方立法研究》2019年第3期。

戴昕:《"看破不说破":一种基础隐私规范》,《学术月刊》2021年第4期。

戴昕:《数据界权的关系进路》,《中外法学》2021年第6期。

戴昕:《平台责任与社会信任》,《法律科学》2023年第2期。

戴昕:《作为法律技术的安全港:原理与前景》,《法学家》2023年第2期。

邓小平:《邓小平文选》(第二卷),人民出版社1994年版。

丁晓东:《论数据携带权的属性、影响与中国应用》,《法商研究》2020年第1期。

丁晓东:《网络中立与平台中立——中立性视野下的网络架构与平台责任》,《法制与社会发展》2021年第4期。

丁晓东:《数据交易如何破局?——数据要素市场中的阿罗信息悖论与法律应对》,《东方法学》2022年第2期。

高富平:《数据流通理论:数据资源权利配置的基础》,《中外法学》2019年第6期。

马克·格兰诺维特:《社会与经济:信任、权力与制度》,罗家德、王水雄译,中信出版社2019年版。

公安部第三研究所:《eID数字身份体系白皮书(2018)》。

哈尔·范里安、约瑟夫·法雷尔、卡尔·夏皮罗:《信息技术经济学导论》,韩松、秦安龙、姜鹏译,中国人民大学出版社2013年版。

哈特:《法律的概念》,张文显译,中国大百科全书出版社2003年版。

韩文龙、王凯军:《平台经济中数据控制与垄断问题的政治经济学分析》,《当代经济研究》2021年第7期。

韩旭至:《数据确权的困境及破解之道》,《东方法学》2020年第1期。

韩旭至:《个人信息保护中告知同意的困境与出路》,《经贸法律评论》2021年第1期。

何波:《数据权属界定面临的问题困境与破解思路》,《大数据》2021年第7期。

阿克塞尔·霍耐特:《理性的病理学:批判理论的历史与当前》,谢永康、金翱等译,上海人民出版社2022年版。

胡泳:《众声喧哗:网络时代的个人表达与公共讨论》,广西师范大学出版社2008年版。

胡凌:《网络中立在中国》,《文化纵横》2014年第4期。

胡凌:《中国数字版权法的商业起源》,载李亚虹主编:《版权、网络和利益平衡》,香港大学出版社2016年版。

胡凌:《连接一切:论互联网帝国意识形态与实践》,《文化纵横》2016年第1期。

胡凌:《"非法兴起":理解中国互联网演进的一个框架》,《文化纵横》2016年第5期。

胡凌:《人工智能的法律想象》,《文化纵横》2017年第2期。

胡凌:《商业模式视角下的"信息/数据"产权》,《上海大学学报(社会科学版)》2017年第6期。

胡凌:《超越代码:从赛博空间到物理世界的控制/生产机制》,《华东政法大学学报》2018年第1期。

胡凌:《论赛博空间的架构及其法律意蕴》,《东方法学》2018年第2期。

胡凌:《数字社会权力的来源:评分、算法与规范的再生产》,《交大法学》2019年第1期。

胡凌:《3Q大战的遗产》,《人大法律评论》2019年第2辑。

胡凌:《塑造数字身份:通过账户的认证与识别》,《北航法律评论》2019年第2期。

胡凌:《从开放资源到基础服务:平台监管的新视角》,《学术月刊》2019年第2期。

胡凌:《分享经济中的数字劳动:从生产到分配》,《经贸法律评论》2019年第3期。

胡凌:《平台视角下的人工智能法律责任》,《交大法学》2019年第3期。

胡凌:《网络法的"网络"理论》,《思想战线》2020年第1期。

胡凌:《健康码、数字身份与认证基础设施的兴起》,《中国法律评论》2021年第2期。

胡凌:《刷脸:身份制度、个人信息与法律规制》,《法学家》2021年第2期。

胡凌:《理解技术规制的一般模式:以脑机接口为例》,《东方法学》2021年第3期。

胡凌:《互联网"非法兴起"2.0——以数据财产权为例》,《地方立法研究》2021年第3期。

胡凌:《功能视角下个人信息的公共性及其实现》,《法制与社会发展》2021年第4期。

胡凌:《数字经济中的两种财产权:从要素到架构》,《中外法学》2021年第6期。

胡凌:《合同视角下平台算法治理的启示与边界》,《电子政务》2021年第7期。

胡凌:《数字平台反垄断的行为逻辑与认知维度》,《思想战线》2022年第1期。

胡凌:《互联网的开放与封闭及其法律回应》,《交大法学》2022年第2期。

胡凌:《数据要素财产权的形成:从法律结构到市场结构》,《东方法学》2022年第2期。

黄冬娅、梁渊栎:《超越审查与监管——互联网产业发展中的国家角色》,《文化纵横》2022年第4期。

黄冬娅、杜楠楠:《平台企业政府事务部门专门化与政企关系发展——基于国家制度环境的分析》,《社会学研究》2022年第6期。

黄锫:《大数据时代个人数据权属的配置规则》,《法学杂志》2021年第1期。

黄倩倩等:《超大规模数据要素市场体系下数据价格生成机制研究》,《电子政务》2022年第2期。

贾开:《数字治理的反思与改革研究:三重分离、计算性争论与治理融合创新》,《电子政务》2020年第5期。

贾开:《数字未来的多重技术路线》,《文化纵横》2021年第12期。

贾开:《算法社会的技术内涵、演化过程与治理创新》,《探索》2022年第1期。

贾开:《数字平台经济的分配影响与治理改革》,《电子政务》2022年第5期。

姜伯驹、李邦河、高小山、李文林:《吴文俊与中国数学》,上海交通大学出版社2016年出版。

姜奇平:《新文明论概略》,商务印书馆2012年版。

姜奇平:《分享经济的政治经济学及其政策含义》,《中国信息化》2016年第4期。

曼纽尔·卡斯特:《网络社会的崛起》,夏铸九、王志弘译,社会科学文献出版社2001年版。

罗纳德·科斯:《企业的性质》,载《企业、市场与法律》,盛洪、陈郁译,格致出版社2009年版。

托马斯·库恩:《科学革命的结构》,张卜天译,北京大学出版社2022年版。

拉扎拉托:《非物质劳动》,许纪霖主编:《帝国、都市与现代性》,江苏人民出版社2005年版。

蓝狮子编:《X光下看腾讯》,中信出版社2011年版。

刘权:《网络平台的公共性及其实现——以电商平台的法律规制为视角》,《法学研究》2020年第2期。

刘晓春:《数字平台自我优待的法律规制》,《法律科学》2022年第6期。

刘阳阳:《公共数据授权运营:生成逻辑、实践图景与规范路径》,《电子政务》2022年第10期。

刘震、张立榕:《马克思主义视角下数据所有权结构探析》,《教学与研究》2022年第12期。

尼克拉斯·卢曼:《信任:一个社会复杂性的简化机制》,瞿铁鹏译,上海人民出版社2005年版。

戴维·诺布尔:《生产力:工业自动化的社会史》,李风华译,中国人民大学出版社2007年版。

塞巴斯蒂安·洛塞等编:《数据交易:法律·政策·工具》,曹博译,上海人民出版社2021年版。

梅夏英:《企业数据权益原论:从财产到控制》,《中外法学》2021年第5期。

尼克·斯尔尼塞克:《平台资本主义》,程水英译,广东人民出版社2018年版。

迈克尔·斯特雷文斯:《知识机器:非理性如何造就近现代科学》,任烨译,中信出版集团2022年。

戚聿东等:《数字经济时代互联网使用对灵活就业者工资收入的影响研究》,《社会科学辑刊》2022年第1期。

邱建华、冯敬:《生物特征识别:身份认证的革命》,清华大学出版社2016年版。

任桐、姚建华:《平台经济中的"数据劳动":现状、困境与行动策略》,《国际新闻界》2022年第1期。

申卫星:《论数据用益权》,《中国社会科学》2020年第11期。

斯蒂文·沃格尔:《市场治理术:政府如何让市场运作》,毛海栋译,北京大学出版社2020年版。

参考文献

苏力:《大国宪制:历史中国的制度构成》,北京大学出版社 2018 年版。

苏力:《工人阶级领导、农民革命与工农联盟——当代中国宪制思考之一》,《法治现代化研究》2022 年第 1 期。

苏力:《想事,而不是想词——关于"法律语言"的片段思考》,《东方法学》2023 年第 1 期。

拉里·唐斯、保罗·纽恩斯:《大爆炸式创新》,粟之敦译,浙江人民出版社 2014 年版。

谭天星:《务实担当,拓展网约车司机工会工作》,《中国工人》2022 年 7 月刊。

雪莉·特克尔:《群体性孤独》,周逵、刘菁荆译,浙江人民出版社 2014 年版

田野:《风险作为损害:大数据时代侵权"损害"概念的革新》,《政治与法律》2021 年第 10 期。

佟新主编:《数字劳动:自由与牢笼》,中国工人出版社 2022 年版。

阿尔温·托夫勒:《第三次浪潮》,朱志焱等译,三联书店 1984 年版。

万勇:《人工智能时代的版权法通知—移除制度》,《中外法学》2019 年第 5 期。

王建冬等:《数据要素基础理论与制度体系总体设计探究》,《电子政务》2022 年第 2 期。

王利明:《论数据权益:以"权利束"为视角》,《政治与法律》2022 年第 7 期。

王迁:《"通知与移除"规则的边界》,《中国版权》2019 年第 4 期。

王全兴、王茜:《我国"网约工"的劳动关系认定及权益保护》,《法学》2018 年第 2 期。

王天玉:《基于互联网平台提供劳务的劳动关系认定——以"e 代驾"在京、沪、穗三地法院的判决为切入点》,《法学》2016 年第 6 期。

王闻、孙佰清:《另类数据:理论与实践》,世界图书出版公司 2023 年版。

汪德嘉等编:《身份危机》,电子工业出版社 2017 年版。

吴伟光:《构建网络经济中的民事新权利:代码空间权》,《政治与法律》2018 年第 4 期。

吴文俊:《吴文俊全集:数学思想卷》,科学出版社 2019 出版。

卡尔·夏皮罗、哈尔·瓦里安:《信息规则:网络经济的策略指导》,张帆译,中国人民大学出版社 2000 年版。

徐聪颖:《论数字音乐版权独家交易的法律规制》,《知识产权》2021 年第 7 期。

徐伟:《企业数据获取"三重授权原则"反思及类型化构建》,《交大法学》2019 年第 4 期。

许可:《数据权属:经济学与法学的双重视角》,《电子知识产权》2018 年第 11 期。

许可:《数据权利:范式统合与规范分殊》,《政法论坛》2021 年第 4 期。

阎天:《平台用工规制的历史逻辑——以劳动关系的从属性理论为视点》,《中国法律评论》2021 年第 4 期。

阎天:《如山如河:中国劳动宪法》,北京大学出版社 2022 年版。

杨学敏、刘特、郑跃平:《数字治理领域公私合作研究述评:实践、议题与展望》,《公共管理与政策评论》2020 年第 5 期。

于洋、马婷婷:《政企发包:双重约束下的互联网治理模式》,《公共管理学报》2018 年第 7 期。

于莹:《共享经济用工关系的认定及其法律规制——以认识当前"共享经济"的语域为起点》,《华东政法大学学报》2018 年第 3 期。

张会平、顾勤、徐忠波:《政府数据授权运营的实现机制与内在机理研究——以成都市为例》,《电子政务》2021 年第 5 期。

张世鹏:《从福特主义到后福特主义——西欧资本主义发展的历史新阶段》,《当代世界与社会主义》,1996 年第 S1 期。

张占江:《论反不正当竞争法的谦抑性》,《法学》2019 年第 3 期。

郑永年、黄彦杰:《制内市场:中国国家主导型政治经济学》,邱道隆译,浙江人民出版社 2021 年版。

周汉华:《探索激励相容的个人数据治理之道》,《法学研究》2018 年第 2 期。

周辉:《变革与选择:私权力视角下的网络治理》,北京大学出版社 2016 年版。

周黎安:《行政发包制》,《社会》2014 年第 6 期。

周黎安:《转型中的地方政府》,格致出版社 2017 年版。

周黎安:《行政发包制与中国特色的国家能力》,《开放时代》2022 年第 4 期。

朱克力、张孝荣编:《分享经济》,中信出版社 2016 年版。

曾铮、王磊:《数据市场治理:构建基础性制度的理论与政策》,社会科学文献出版社 2021 年版。

外文文献

Acemoglu, D., Autor, D., "Skills, Tasks and Technologies: Implications for Employment and Earnings", *Handbook of Labor Economics*, 2011.

Acemoglu, D., *Redesigning AI*, MIT Press. 2021.

Ahrne, G., Brunsson, N., "Organization Outside Organizations: The Significance of Partial Organization", *Organization*, 2011.

Arrow, K. J., "The Economic Implications of Learning by Doing", *The Review of Economic Studies*, 1962.

Beinhocker, E. D., *Origin of Wealth: Evolution, Complexity, and the Radical Remaking of Economics*, Harvard Business School Press, 2006.

Benkler, Y., "Practical Anarchism Peer Mutualism, Market Power, and the Fallible State", *Politics & Society*, 2013.

Benkler, Y., *The Wealth of Networks: How Social Production Transforms Markets and Freedom*, Yale University Press, 2006.

Ben-Shahar, O., "Data Pollution", *Journal of Legal Analysis*, 2019.

Bitzer, J., Schrettl, W., Schröder, P. J., "Intrinsic Motivation in Open Source Software Development", *Journal of Comparative Economics*, 2007.

Buchanan, J. M., Yoon, Y. J., "Symmetric Tragedies: Commons and Anticommons", *The Journal of Law and Economics*, 2000.

Calabresi, G., Melamed, A. D., "Property Rules, Liability Rules, and Inalienability: One View of the Cathedral", *Harvard Law Review*, 1972.

参考文献

Capano, G., Howlett, M., Ramesh, M., "Bringing Governments Back in: Governance and Governing in Comparative Policy Analysis", *Journal of Comparative Policy Analysis: Research and Practice*, 2015.

Castells, M., "Materials for an Exploratory Theory of the Network Society", *The British Journal of Sociology*, 2000.

Chander, A., "How Law Made Silicon Valley", *Emory Law Journal*, 2014.

Chang, H. J., "Intellectual Property Rights and Economic Development: Historical Lessons and Emerging Issues", *Journal of Human Development*, 2001.

Chesbrough, H. W., "The Era of Open Innovation", *Managing Innovation and Change*, 2006.

Cohen, G. A., *Why not Socialism?* Princeton University Press, 2009.

Cohen, J. E., *Configuring the Networked Self: Law, Code, and the Play of Everyday Practice*, Yale University Press, 2012.

Cohen, J. E., *Between Truth and Power: The Legal Constructions of Informational Capitalism*, Yale University Press, 2019.

Cooper, R., DeJong, D. V., Forsythe, R., Ross, T. W., "Cooperation without Reputation: Experimental Evidence from Prisoner's Dilemma Games", *Games and Economic Behavior*, 1996.

Cottereau, A., "The Fate of Collective Manufactures in the Industrial World: the Silk Industries of Lyons and London, 1800 – 1850", in Sabel, C. F., Zeitlin, J., (eds.), *World of Possibilities: Flexibility and Mass Production in Western Industrialization*, Cambridge University Press, 1997.

Daniel, J. S., *Understanding Privacy*, Harvard University Press, 2008.

Darwin, C. R., *On the Origin of Species*, ElecBook, 1997.

David, P. A., "The Dynamo and the Computer: an Historical Perspective on the Modern Productivity Paradox", *The American Economic Review*, 1990.

David, P. A., "Tragedy of the Public Knowledge ' Commons' ? Global Science, Intellectual Property and the Digital Technology Boomerang", *Research Memorandum Series*, 2001.

David, P. A., "Understanding the Emergence of ' Open Science' Institutions: Functionalist Economics in Historical Context", *Industrial & Corporate Change*, 2004.

De Geus, M., "Peter Kropotkin's Anarchist Vision of Organization", *Ephemera*, 2014.

Edelman, *Global Report: Edelman Trust Barometer 2020*.

Elster, J., "On Seeing and Being Seen", *Social Choice and Welfare*, 2017.

Ensmenger, N., "Is Chess the Drosophila of Artificial Intelligence? A Social History of an Algorithm", *Social Studies of Science*, 2012.

Evans, D. S., Schmalensee, R., *Matchmakers: The New Economics of Multisided Platforms*, Harvard Business School Press, 2006.

Fisher, R. A., *The Genetical Theory of Natural Selection: a Complete Variorum Edition*, Oxford University Press, 1999.

Fisman, R., Sullivan, T., *The Inner Lives of Markets: How People Shape Them—And They Shape Us*, PublicAffairs, 2016.

Floridi, L., *Philosophy and Computing: An Introduction*, Routledge, 2001.

Foster, K. R., "Diminishing Returns in Social Evolution: the Not-So-Tragic Commons", *Journal of Evolutionary Biology*, 2004.

Frischmann, B. M., *Infrastructure: The Social Value of Shared Resources*, Oxford University Press, 2012.

Gardner, A., Foster, K. R., "The Evolution and Ecology of Cooperation—History and Concepts", *Ecology of Social Evolution*, 2008.

Goodsell, C. T., "A New Vision for Public Administration", *Public Administration Review*, 2006.

Graham, R., "Google and Advertising: Digital Capitalism in the Context of Post-Fordism, the Reification of Language, and the Rise of Fake News", *Palgrave Communications*, 2017.

Greenberg, D., "Reassessing the Power Patterns of the Industrial Revolution: An Anglo-American Comparison", *The American Historical Review*, 1982.

Gurevich, Y., "Foundational Analyses of Computation", in Cooper, S. B., Dawar, A., Löwe, B., (eds.), *How the World Computes?*, Springer, 2012.

Haigh, T., Priestley, M., "von Neumann Thought Turing's Universal Machine Was 'Simple and Neat', but that didn't Tell Him How to Design a Computer", *Communications of the ACM*, 2020.

Hamilton, W. D., "The Genetical Evolution of Social Behaviour", *Journal of Theoretical Biology*, 1964.

Hamilton, W. D., "Geometry for the Selfish Herd", *Journal of Theoretical Biology*, 1971.

Hardin, G., "The Tragedy of the Commons", *Science*, 1984.

Hartzog, W., *Privacy's Blueprint: The Battle to Control the Design of New Technologies*, Harvard University Press, 2018.

Hayes, D., *Rays of Hope: the Transition to a Post-Petroleum World*, W Norton &. Co Inc., 1977.

Heims, S. J., *John von Neumann and Norbert Wiener: From Mathematics to the Technologies of Life and Death*, London: MIT Press, 1980.

Helper, S., MacDuffie, J. P., Sabel, C. F., "Pragmatic Collaborations: Advancing Knowledge while Controlling Opportunism", *Industrial & Corporate Change*, 2000.

Jackson, M. O., *The Human Network: How Your Social Position Determines Your Power, Beliefs, and Behaviors*, New York: Pantheon Books, 2019.

Jaikumar, R., "Postindustrial Manufacturing", *Harvard Business Review*, 1986.

Jessop, B., "Fordism and Post-Fordism: a Critical Reformulation", in Scott, A. J.,

Storper, M., (eds.), *Pathways to Industrialization and Regional Development*, Routledge, 1992.

Jia, K., Kenney, M., "The Chinese Platform Business Group: an Alternative to the Silicon Valley Model?", *Journal of Chinese Governance*, 2022.

Josh, L., Jean, T., "Some Simple Economics of Open Source", *The Journal of Industrial Economics*, 2002.

Kant, I., *The Cambridge Edition of the Works of Immanuel Kant: Practical Philosophy*, Cambridge University Press, 1996.

Keast, R., Mandell, M. P., Brown, K., Woolcock, G., "Network Structures: Working Differently and Changing Expectations", *Public Administration Review*, 2004.

Kellogg, K. C., Valentine, M. A., Christin, A., "Algorithms at Work: The New Contested Terrain of Control", *Academy of Management Annals*, 2020.

Kinna, R., *Anarchism: a Beginner's Guide*, Oxford: Oneworld Publications, 2012.

Klein, B., Crawford, R. G., Alchian, A. A., "Vertical Integration, Appropriable Rents, and the Competitive Contracting Process", *The Journal of Law and Economics*, 1978.

Krakovsky, M., *The Middleman Economy: How Brokers, Agents, Dealers, and Everyday Matchmakers Create Value and Profit*, Palgrave Macmillan, 2015.

Kreiczer-Levy, S., *Destabilized Property: Property Law in the Sharing Economy*, Cambridge University Press, 2019.

Kropotkin, P. A., *Mutual Aid: a Factor of Evolution*, PM Press, 2021.

Lazzarato, M., *Signs and Machines: Capitalism and the Production of Subjectivity*, Los Angeles: Semiotext(e). 2014.

Lemley, M. A., Weiser, P. J., "Should Property or Liability Rules Govern Information", *Texas Law Review*, 2007.

Lerner, J., "Patent Protection and Innovation Over 150 Years", *NBER Working Paper*,

2002.

Lerner, J., Tirole, J., "The Economics of Technology Sharing: Open Source and Beyond", *Journal of Economic Perspectives*, 2005.

Lessig, L., *Code*, Basic Books, 1999.

Lessig, L., *Code Version 2.0*, Basic Books, 2006.

Lipsey, R. G., Carlaw, K. I., Bekar, C. T., *Economic Transformations: General Purpose Technologies and Long-Term Economic Growth*, Oxford University Press, 2005.

Lothian, T., *Law and the Wealth of Nations: Finance, Prosperity, and Democracy*, Columbia University Press, 2017.

Luce, R. D., Raiffa, H., *Games and Decisions*, New York: Wiley, 1957.

Mau, S., *The Metric Society: On the Quantification of the Social*, Polity Press, 2019.

Mezza-Garcia, N., "Bio-Inspired Political Systems: Opening a Field", in Gilbert, T., Kirkilionis, M., Nicolis, G., (eds.), *Proceedings of the European Conference on Complex Systems*, Springer, 2012.

Miller, D., *Anarchism*, JM Dent, 1984.

Morozov, E., *To Save Everything, Click Here: The Folly of Technological Solutionism*, Public Affairs, 2013.

Mueller, M. L., *Ruling the Root: Internet Governance and the Taming of Cyberspace*, The MIT Press, 2002.

Mühlenbein, H., "Computational Intelligence: the Legacy of Alan Turing and John von Neumann", in Mumford, C. L., Lakhmi, C. J., (eds.), *Computational Intelligence*, Springer, 2009.

Mumford, L., "Authoritarian and Democratic Technics", *Technology and Culture*, 1964.

Murray, D., "Democratic Insurrection: Constructing the Common in Global Resistance", *International Studies*, 2010.

Nicholas, T., "Why Schumpeter Was Right: Innovation, Market Power, and Creative Destruction in 1920s America", *The Journal of Economic History*, 2003.

Nissenbaum, H., *Privacy in Context: Technology, Policy, and the Integrity of Social Life*, Stanford Law Books, 2009.

Palfrey, J., Gasser, U., *Interop: The Promise and Perils of Highly Interconnected Systems*, Basic Books, 2012.

Perzanowski, A., Schultz, J., *The End of Ownership: Personal Property in the Digital Economy*, MIT Press, 2014.

Polanyi, M., *The Tacit Dimension*, University of Chicago Press, 2009.

Posner, E., Weyl, G., *Radical Markets: Uprooting Capitalism and Democracy for a Just Society*, Princeton University Press, 2018.

Prassl, J., *Humans as a Service: The Promise and Perils of Work in the Gig Economy*, Oxford University Press, 2018.

Rae, J. B., *Henry Ford*, Prentice Hall, 1969.

Rainie, H., Wellman, B. R., *Networked: The New Social Operating System*, MIT Press, 2014.

Raustiala, K., Sprigman, C., *The Knockoff Economy: How Imitation Sparks Innovation*, Oxford University Press, 2012.

Raymond, E., "The Cathedral and the Bazaar", *Knowledge, Technology & Policy*, 1999.

Rochet, J. C., Tirole, J., "Platform Competition in Two-Sided Markets", *Journal of the European Economic Association*, 2003.

Rodrik, D., Sabel, C. F., "Building a Good Jobs Economy", in Allen, D., Benkler, Y., Downey, L., Henderson, R., Simons, J., (eds.), *A Political Economy of Justice*, University of Chicago Press. 2019.

Roemer, J. E., *How We Cooperate?* Yale University Press, 2019.

Rose, C., "The Comedy of the Commons: Custom, Commerce, and Inherently Public Property", *The University of Chicago Law Review*, 1986.

Sabel, C. F., Simon, W. H., "Destabilization Rights: How Public Law Litigation Succeeds", *Harvard Law Review*, 2003.

Sabel, C. F., Zeitlin, J., (eds.), *World of Possibilities: Flexibility and Mass Production in Western Industrialization*, Cambridge University Press, 2002.

Sabel, C. F., Zeitlin, J., "Experimentalism in the EU: Common Ground and Persistent Differences", *Regulation & Governance*, 2012.

Sabel, C. F., Zeitlin, J., "Historical Alternatives to Mass Production: Politics, Markets and Technology in Nineteenth-Century Industrialization", *Past & Present*, 1985.

Sayer, A., "Post-Fordism in Question", *International Journal of Urban and Regional Research*, 1989.

Shirky, C., *Cognitive Surplus: Creativity and Generosity in a Connected Age*, Penguin Press, 2010.

Shirky, C., *Here Comes Everybody: The Power of Organizing Without Organizations*, Penguin Press, 2008.

Silverman, J., *Terms of Service: Social Media and the Price of Constant Connection*, Harper, 2015.

Stacey, P. B., Ligon, J. D., "The Benefits-of-Philopatry Hypothesis for the Evolution of Cooperative Breeding: Variation in Territory Quality and Group Size Effects", *The American Naturalist*, 1991.

Stallman, R., "Why Software Should Be Free", in Johnson, D. G., Nissenbaum, H., (eds.), *Computers, Ethics and Social Values*, Prentice Hall, 1995.

Thierer, A., Koopman, C., Hobson, A., Kuiper, C., "How the Internet, the Sharing Economy, and Reputational Feedback Mechanisms Solve the ' Lemons Problem' ",

University of Miami Law Review, 2016.

Thomsen, E. F., *Prices and Knowledge: A Market-Process Perspective*, Routledge, 2002.

Thylstrup, N. B., *The Politics of Mass Digitization*, MIT Press, 2019.

Tomasello, M., *A Natural History of Human Thinking*, Harvard University Press, 2014.

Torpey, J. C., *The Invention of the Passport: Surveillance, Citizenship and the State*, New York: Cambridge University Press, 2018.

Turing, A., "Computing Machinery and Intelligence", *Mind: A Quarterly Review of Psychology and Philosophy*, 1950.

Unger, R. M., Smolin, L., *The Singular Universe and the Reality of Time: a Proposal in Natural Philosophy*, Cambridge University Press, 2015.

Unger, R. M., *The Knowledge Economy*, Verso Books, 2022.

Voas, J., Zhang, J., "Cloud computing: New wine or just a new bottle?", *IT Professional*, 2009.

Ward, C., *Anarchy in Action*, G. Allen & Unwin, 1973.

Wasko, M. M., Faraj, S., "Why Should I Share? Examinations Social Capital and Knowledge Contribution in Electronic Networks of Practice", *Management Information Systems Research Center*, 2005.

Watson, B. C., "Barcode Empires: Politics, Digital Technology, and Comparative Retail Firm Strategies", *Journal of Industry, Competition and Trade*, 2011.

Wenseleers, T., Ratnieks, F. L., "Enforced Altruism in Insect Societies", *Nature*, 2006.

Winner, L., "Do Artifacts Have Politics?", *Daedalus*, 1980.

Yoo, C. S., *The Dynamic Internet: How Technology, Users, and Businesses are Transforming the Network*, AEI Press, 2012.

Zeitlin, J., "The Historical Alternatives Approach", in Jones, G., Zeitlin, J., (eds.), *Oxford Handbook of Business History*, Oxford University Press, 2008.

Zittrain, J., "Internet Points of Control", *Boston College Law Review*, 2003.

Zittrain, J., "The Generative Internet," *Harvard Law Review*, 2006.

Zuboff, S., *The Age of Surveillance Capitalism: The Fight for a Human Future at the New Frontier of Power*, PublicAffairs, 2019.

后　记

　　本书的写作起点可追溯至 2021 年 8 月 1 日至 5 日的南澳岛。在凯风基金会支持的"数字媒介的社会想象"研读营中,四天八本书的阅读与交流把我们反复引向了政经结构下的技术演化与技术治理问题。在将技术"还原"给历史、国家、法律以及更为具体的技术精英或劳动者的过程中,我们开始意识到互联网(以及更一般的数字技术)可能同样需要这样的"还原"工作。这既是因为发展到目前的数字化转型进程已经普遍涉及要素、劳动、生产、分配等政治经济核心议题,也是因为当前的理论视野或许又忘记了数字技术与同时代政经结构的相互关联。以此为起点,本书从"技术—结构—规则—理念"四个维度展开的探讨,是我们试图梳理、统合进而提炼新范式的一次理论尝试。

　　在这样的理论尝试中,不同于曾引起过关注的"平台合作主义",我们并未将分析视角局限在产权层面,而更希望突出具体数字生产过程中的合作行为与机制。这与互联网发展初期围绕开源软件(Open Source)、大众生产(Peer Production)的讨论更为相近,但彼时的数字实践明显尚未体现出足够的普遍性与复杂性:数字平台与数字网络的多种角色、数据秩序与数字规则的多重面向,以及数字化作为一种转型现象而在整体上呈现的福特或后福特特征,都只在当前才以更完整的形式体现出来,并因此要求理论上的重新界定。

　　但这些工作并不完全是为了理论的发展,它同样包含对于实践改革需求的回应与推动。如果说世纪之交时围绕互联网的讨论还主要体现为对此新生事物的憧憬与期许,那么当前的讨论则更直接源于现实的对立与冲突。平台与个体、公地与私权、合法与非法、市场与社会、机器与人文、流动与整合,这些张力关系背后反映的都是数字生产过程中的竞争与博弈,并在对某些利益相关方(乃至全人类)带来事实上或可能的权益损失时,开始引发社会的集体性反思。在此背景下,我们希望突出"合作"这一主题,并将其视为拓展数字治理理论视野和实践改革的新想法。

在本书的讨论范畴中,"旧想法"主要源于两个方面:继承于前数字时代的理论沿袭(例如对于财产权的理解、对于可计算性的公理化界定),或者是建基于既成现实的梳理总结(例如用户数据与应用程序必然被绑定在一起并因此导致数据竖井难以避免、数字平台因网络效应而必然走向寡头垄断)。与此相对,本书试图呈现的新想法,一方面源于对过往历史的更完整呈现(例如对于开源软件左版权的回顾),另一方面则源于对于既成现实的生产性反思(例如对于要素财产权与架构财产权的对比分析)。在此意义上,本书与批判理论——在当前更具体体现为"批判数字"(Critical Digital)、"批判人工智能"(Critical AI)研究——同样具有内在的关联性。相关讨论最终都指向了互联网作为现实生产力和生产关系的历史演化,而非形式逻辑上的理性演绎。

当然,为实现这一目标,本书的讨论必定是跨学科的。阿克塞尔·霍耐特(Axel Honneth)曾提道:"在无目标的专业化的强迫之下,哲学与社会分析之间的纽带面临最终被撕裂的危险。"[1]但或许不仅仅是哲学,本书两位作者分属的法学、政治学、公共管理学科事实上都面临类似挑战。但究竟如何才能做好跨学科,本书仍然只是一个尝试。缘于兴趣与专长,全

---

[1] 阿克塞尔·霍耐特:《理性的病理学:批判理论的历史与当前》,谢永康、金翱等译,上海人民出版社2022年版,第8页。

后　记

书的第零章、第一章、第二章、第三章、第五章、第九章、第十二章为贾开所著,第四章、第六章、第七章、第八章、第十章、第十一章为胡凌所著。我们试图在这样的交叉对话中提供一些关于互联网和数字未来的新知识。

全书的写作过程同样离不开学界、业界各位前辈、朋辈的支持,非常感谢郑戈老师拨冗作序,序言不仅在智识上简明扼要地回应了全书内容,在感情上也极大鼓舞了我们未来研究的持续热情。感谢黄琪轩、汪玉、桑本谦、王维佳老师的推荐与评语,各位老师横跨自然科学、社会科学多个学科的丰富视角,同样也是本书主旨的最好表达。当然,在两位作者的研究过程中,要感谢的老师、朋辈有太多。正是在与共同体的交流中,才激发了这本书的形成。

图书在版编目（CIP）数据

合作的互联网/贾开,胡凌 著.—北京:商务印书馆,2024.2（2024.7重印）
ISBN 978-7-100-23298-2

Ⅰ.①合… Ⅱ.①贾…②胡… Ⅲ.①互联网络—经济发展—研究 Ⅳ.①F49

中国国家版本馆 CIP 数据核字（2024）第 004972 号

权利保留，侵权必究。

合作的互联网
贾开 胡凌 著

商 务 印 书 馆 出 版
（北京王府井大街36号 邮政编码100710）
商 务 印 书 馆 发 行
南京新世纪联盟印务有限公司印刷
ISBN 978-7-100-23298-2

2024年2月第1版 开本 890×1240 1/32
2024年7月第2次印刷 印张 12 5/8
定价：68.00元

已出书目

新启·法政

代议制的尝试与改良：中国近代国会制度的探索	聂鑫 著
法律系统的自我反思：功能分化时代的法理学	泮伟江 著
英国政治思想新论	李筠 著
"联合"秩序的建立与演变：从大不列颠到美利坚	郭小雨 著
超越公私二分：风险领域的公私法合作理论	宋亚辉 著
大国立法的逻辑	封丽霞 著
系统论法学新思维	陆宇峰 著
道德的法律强制：原则与界限	郑玉双 著
从共同法到都市法：法哲学的另一种叙事	许小亮 著
▶ 合作的互联网	贾开 胡凌 著

新启·哲社

反思与自反：反身性视野下的社会学与风险社会	肖瑛 著
劳工神圣：中国早期社会学的视野	闻翔 著
传承与断裂：剧变中的中国社会学与社会学家	陆远 著
被束缚的过去：记忆伦理中的个人与社会	刘亚秋 著
社会远观：人文社科的大数据视野	陈云松 著
酒神与世界城邦	罗峰 著译
抽空：加尔文与现代秩序的兴起	孙帅 著
从自然时间到精神历史：黑格尔耶拿哲学体系规划研究	余玥 著